南亚硕果丰歌

中国热带农业科学院南亚热带作物研究所科技成果与媒体报道（2019—2023年）

楚小强　李　威　黄炳钰　主编

中国农业科学技术出版社

图书在版编目（CIP）数据

南亚硕果丰歌：中国热带农业科学院南亚热带作物研究所科技成果与媒体报道：2019—2023年 / 楚小强，李威，黄炳钰主编. -- 北京：中国农业科学技术出版社，2024.12. -- ISBN 978-7-5116-7233-9

Ⅰ.S59；I253

中国国家版本馆 CIP 数据核字第 202481F8H4 号

责任编辑	史咏竹　白　净
责任校对	马广洋
责任印制	姜义伟　王思文

出 版 者	中国农业科学技术出版社
	北京市中关村南大街 12 号　邮编：100081
电　　话	（010）82105169（出版中心）　（010）82106624（发行部）
	（010）82109709（读者服务部）
网　　址	https://castp.caas.cn
经 销 者	各地新华书店
印 刷 者	北京科信印刷有限公司
开　　本	185mm×260mm　1/16
印　　张	22.75
字　　数	458 千字
版　　次	2024 年 12 月第 1 版　2024 年 12 月第 1 次印刷
定　　价	128.00 元

版权所有·翻印必究

《南亚硕果丰歌：中国热带农业科学院南亚热带作物研究所科技成果与媒体报道（2019—2023年）》

编委会

主　　编：楚小强　李　威　黄炳钰

副 主 编：陈　曙　陈荣豪　李琬琪　王　姬　唐远红

参编人员：杜丽清　罗志强　涂行浩　李　颖　张　森
　　　　　邢姗姗　陈世海　曹　娟　李俊峰　袁晓丽
　　　　　黄丽君　陈田娟

前言

党的二十大报告提出加快实施创新驱动发展战略。习近平总书记在学习贯彻党的二十大精神研讨班开班式上发表了重要讲话，并指出："要把创新摆在国家发展全局的突出位置，顺应时代发展要求，着眼于解决重大理论和实践问题，积极识变应变求变，大力推进改革创新，不断塑造发展新动能新优势，充分激发全社会创造活力。"

中国热带农业科学院作为我国唯一一家从事热带农业科学研究的国家级综合性科研机构，认真贯彻习近平总书记关于"打造国家热带农业科学中心""做强做优热带特色高效农业"的重要指示，落实中央一号文件"树立大农业观、大食物观，多渠道拓展食物来源，探索构建大食物监测统计体系"的精神，以加快实现高水平热带农业科技自立自强为目标，科技工作不断取得新进展、新突破，科技创新引领能力显著提升，为我国热区乡村全面振兴、热区农业现代化加速发展和服务"一带一路"倡议提供重要科技支撑。

2024年是中国热带农业科学院南亚热带作物研究所（以下简称南亚所）建所70周年。70年来，南亚所情注"三农"，从无到有、自小到大、由弱变强，几代人接续奋进，几经风雨，紧跟滚滚前行的历史车轮，谱写了一曲又一曲华丽的乐章，每一个重要时刻都镌刻了南亚所人难以忘怀的足迹。半个多世纪的栉风沐雨、改革创新，南亚所时刻秉承"应国家战略而生，为国家使命而战"的崇高情怀，始终以国家需求、产业需要为己任，长期致力于热带作物种质资源与遗传育种、作物栽培、采后贮运与保鲜、农业资源高效利用与良好环境生态建设等学术基础、应用基础和共性关键技术研究，在多个领域取得重要突破并填补了国内热带作物领域的空白。70年来，南亚所从最初广东省雷州半岛最南端徐闻县后塘乡坑仔村的徐闻试验站逐步发展成如今分支机构遍布广东、广西和四川三省（区）的新局面，为端牢"中国饭碗"、实现"种业自强"、科技引领"攀枝花模式"助力乡村振兴、服务"一带一路"倡议作出了突出贡献。

70年的沧桑巨变，70年的风雨兼程，在历史的长河中，只不过是弹指一挥间。然而，70年却是南亚所从诞生到成长的一个漫长历程。回首过去，这是一条充满艰辛、坎坷和挑战的道路，也是一条充满创新、梦想和喜悦的道路，未来南亚所任重而道远。

以铜为镜，可正衣冠；以史为镜，可知兴衰。时值南亚所建所70周年之际编撰出版本书，将南亚所过去5年的学术成就、发展历程汇编成集，记录南亚所人"团结、务实、厚德、创新"的创业干事精神风貌，总结快速发展的成功经验，全面回顾南亚所以人为本、以科研为中心的各项事业的变化动态以及1 800余个日夜数百人孜孜不倦攀登科研高峰的奋斗历程。本书既是对科技工作者过去5年所取得成就的肯定和鼓励，也是南亚所人承前启后、继往开来的精神财富。

笃耕热土七十载，春华秋实三两言。说不完，道不尽。新时代，新征程，新起点，相信本书的出版，将进一步激励南亚所的今人和来者，坚定"立足广东、服务热区、面向世界"的决心，聚焦"国之大者"和热区全面乡村振兴战略，以创建世界一流的南亚热带农业科技创新中心为目标，以服务国家战略需求为导向，以解决制约热带农业发展的重大科技问题为出发点和落脚点，不忘初心、牢记使命，发扬科学家精神，继续开拓创新，实现热带农业科技自立自强，为推动我国热带农业高质量发展贡献更多科技力量，创造出无愧于祖国的更加辉煌的业绩。

由于时间和水平有限，本书中错误和遗漏在所难免，敬请读者批评指正。

编　者

2024年11月

目录

第一章　成果简介 … 1

一　国家级奖励 … 3
二　省部级奖励 … 4
三　院校级奖励 … 32
四　获各级领导批示的重要报告 … 44

第二章　选育品种简介 … 59

一　橡　胶 … 61
二　芒　果 … 62
三　澳洲坚果 … 68
四　甘　蔗 … 71
五　香　蕉 … 72
六　菠　萝 … 75
七　荔　枝 … 79

第三章　科研产出概况及名录 … 81

一　各类科研产出概况 … 83
二　获奖成果名录 … 84
三　鉴定、评价、登记成果名录 … 94

四　选育品种名录 …………………………………… 97
五　研制标准名录 …………………………………… 105
六　授权专利名录 …………………………………… 109
七　软件著作权名录 ………………………………… 136
八　出版专著名录 …………………………………… 140
九　发表论文名录 …………………………………… 143

第四章　媒体报道 ………………………………… **195**

一　领导活动 ………………………………………… 197
二　科技创新 ………………………………………… 199
三　服务"三农" ……………………………………… 258
四　合作交流 ………………………………………… 294
五　科学普及 ………………………………………… 309
六　其　他 …………………………………………… 334

第一章
成果简介

一、国家级奖励

植物源油脂包膜肥控释关键技术创建与应用

主要完成单位：华南农业大学、五洲丰农业科技有限公司、施可丰化工股份有限公司、吉林农业大学、中国热带农业科学院南亚热带作物研究所、华中农业大学、全国农业技术推广服务中心

主要完成人员：樊小林、王学江、解永军、高强、谢江辉、刘芳、张立丹、孟远夺、鲁剑巍、刘海林

工作起止时间：1998—2018 年

奖项及等级：2019 年度国家科学技术进步奖二等奖

成果简介：中国用世界 9% 的耕地，施用世界 35% 的化肥，解决了世界 20% 人口的粮食安全问题。然而，粮食高产、稳产依赖于化肥投入；高投入、高产出已导致化肥过量施用、利用率低、环境污染、耕地质量退化等问题。为解决这些问题，国内外长期以来围绕如何提高肥料利用对包膜肥进行了研究，但是由于膜材难降解、养分释放不可控、包膜工艺落后、包膜成本高等原因，造成包膜肥推广应用难，并未在农业生产中发挥应有的作用。为此，项目组经过 20 年的联合攻关，取得如下创新成果。

（1）研发可降解的植物源油脂包膜材料、包膜致孔促释技术、复式包膜控释技术，为调控包膜肥养分释放提供技术支撑。①研发了植物源油脂包膜材料，替代聚烯烃和石化聚醚多元醇，该植物油膜材料可降解、无污染。②通过嵌段有机物、包埋无机物的致孔促释技术，在包膜层上形成养分释放的通道，解决了包膜肥养分释放无"门"、释放不可控的问题。③研发了复式包膜控释技术，调整膜层结构，实现养分释放曲线呈抛物线、类直线或"S"形，解决了包膜肥养分释放曲线模式单一的问题。

（2）创建核芯肥料表面密封延释技术、创建双流体喷涂表面聚合反应包膜技术，解决了膜材预聚须用溶剂的难题；研发自动化包膜装置和工艺，连续化生产包膜尿素，提高包膜效率，降低包膜成本。①创建肥料表面脲醛修饰、包膜材料改性密封延释技术，使表面光滑、包膜完整，解决了肥料表面结晶和凹凸影响包膜控释期的难题。②创新表面反应包膜技术，以高压双流体雾化喷枪分别将植物油和等离子（PPI）喷涂材料在肥料表面进行聚合反应成膜，无须制备预聚体，避免了使用挥发性溶剂。③研发融合表面反应包膜技术、密封延释技术、致孔促释技术、复式包膜控释技术的尿素包膜连续化生产系统,创制"筛、磨、吹、包、振"工艺,解决了尿素颗粒大小、棱角、粉尘对包膜控释性能的影响,实现了连续化、高效化、低成本生产包膜肥。

(3)针对纯包膜肥价格较高、推广难,以及常规化肥一次施用前期烧苗后期缺肥、分次施用费时费工的问题,发明了以异粒变速为理论基础的同步营养肥技术,研发了玉米、香蕉等同步营养配方肥,实现了既节本又增效,推动了包膜肥的大面积应用。建立和公开发布了包膜肥释放速度和肥效期快速检测方法的中华人民共和国化工行业标准,用于指导选择包膜肥原料。发明了同步营养肥专利技术,实现供肥与作物需求匹配。研发了作物专用肥同步营养肥配方和同步营养肥制造技术。建立了同步营养肥施肥技术规程,实现一次施肥或轻简施肥,提高肥效、节约人工。同步营养肥已在全国推广应用,包膜肥已远销瑞士、新西兰、新加坡、墨西哥、中国香港等国家和地区。

项目在全国20多个省(区、市)建立570个示范点,2010年以来累计推广1.2亿亩(1亩≈667米²,1公顷=15亩,全书同),增产5.0%~31%,氮肥利用率平均提高10.3个百分点,累计增收节支39.82亿元,技术成果辐射东北80%玉米主产区、70%以上香蕉产区,解决了包膜肥推广应用难的问题,产生了重大的经济效益和社会效益。技术成果被8个化肥企业转化,被列入农业部①主推技术和产品,引领了世界包膜缓控释肥料研究前沿。

二 省部级奖励

(一)神农中华农业科技奖

1. 中国热带农业科学院晚熟芒果育种与优质栽培创新团队

主要完成单位:中国热带农业科学院南亚热带作物研究所、中国热带农业科学院海口实验站、攀枝花市锐华农业开发有限责任公司、攀枝花市经济作物技术推广站、华坪县有机晚熟芒果研究中心

主要完成人员:詹儒林、王松标、姚全胜、许文天、吴婧波、马小卫、张鲁斌、柳凤、武红霞、李国平、梁清志、常金梅、洪克前、罗纯、马蔚红、贾志伟、李丽、

---
① 中华人民共和国农业部,简称农业部。2018年国务院机构改革,将农业部职责整合,组建中华人民共和国农业农村部,简称农业农村部。

钟方祥、王建芳、郭学红

工作起止时间：1997 年成立

奖项及等级：2018—2019 年度神农中华农业科技奖优秀创新团队奖

成果简介：中国热带农业科学院晚熟芒果育种与优质栽培创新团队针对晚熟芒果（杧果）产业发展中存在的主要问题，系统开展新品种引进、试种与筛选，晚熟芒果丰产稳产栽培、病虫害绿色防控及采后贮运与保鲜等关键技术的研发。筛选出晚熟芒果优良品种 6 个，国审芒果品种 1 个，推广 70 余万亩。良种覆盖率 85% 以上，商品果率 90% 以上，平均亩产超过 1 500 千克，产量提高了 2.8 倍。成功创建了我国"海拔最高、纬度最北、成熟最迟、品质最优"的晚熟芒果优势产业带，在我国晚熟芒果研究领域中具有重要地位。目前该团队拥有研究生导师 8 人，博士学位人员 8 人，高级职称人员 16 人，团队带头人为詹儒林研究员。该团队主持各类科研项目 46 项，获得国家发明专利 7 项，发表论文 168 篇，其中 SCI 收录 24 篇，出版专著 4 部，培养硕士研究生 20 名，获省部级一等奖 2 项、合作奖 1 项、二等奖 3 项、三等奖 5 项。

2. 中国农业科学院土壤培肥与改良创新团队

主要完成单位：中国农业科学院农业资源与农业区划研究所、中国热带农业科学院南亚热带作物研究所

主要完成人员：徐明岗、卢昌艾、张文菊、张淑香、张会民、孙楠、段英华、张建峰、蔡泽江、文石林、王旭、石伟琦、刘红芳、李桂花、申华平、保万魁、马海洋、刘亚男、邬磊

工作起止时间：1996—2018 年

奖项及等级：2018—2019 年度神农中华农业科技奖优秀创新团队奖

成果简介：该团队取得如下主要成就。

（1）科学研究。中国农业科学院土壤培肥与改良创新团队围绕农业土壤培肥与改良的国家重大科技需求，主要集中于土壤肥力演变、土壤培肥、低产土壤改良与高效利用 3 个方向，牵头组织土壤培肥与改良科研大协作，连续主持了"九五"至"十二五"期间的国家科技攻关计划、国家科技支撑计划、"863"计划、"973"计划、自然科学基金、农业行业专项等国家主体计划项目（课题）。20 余年来，立足田间地头，解决了一系列土壤培肥与改良重大科学问题和技术难点。在"主要粮食产区农田土壤有机质演变与提升综合技术及应用"方面，探明了我国农田土壤有机质的演变规律，构建了多区域农田土壤有机质预测模型，实现了有机质提升潜力的量化表征；揭示了土壤有机质提升与作物高产稳产的定量耦合关系，明确了有机质提升的定向培育目标；探明了农田土壤有机质提升的主要限制因素，创建了有机质提升的关键技术；

集成创新了不同区域土壤有机质提升的综合技术模式。在"我国典型红壤区农田酸化特征及防治关键技术构建"方面，探明了红壤农田酸化时空演变特征；阐明了有机肥降低硝化潜势阻酸、中和氢离子和络合活性铝控酸的双重作用机制；构建了石灰类物质精准施用降酸技术，创建了有机肥阻酸与减氮控酸关键技术；创建了极强酸性土壤降酸治理、强酸性土壤调酸增产、中度酸性土壤阻酸培肥以及弱酸性土壤控酸稳产4种综合防治技术模式。在"施肥与改良剂修复Pb、Cd污染土壤技术研究与产品应用"方面，系统阐明了不同化肥、有机肥和改良剂及其组合修复Pb、Cd污染土壤的原理与技术途径。明确了Pb、Cd等典型重金属在土壤中的老化过程符合二级动力学方程，pH值是影响其老化的关键因子。阐明了不同磷肥、钾肥、有机肥与改良剂及其组合通过改变土壤中重金属的吸附特性、pH值和重金属形态来改善作物生长和重金属吸收特性，针对性地提出了调节土壤中Pb、Cd生物有效性的施肥与改良剂修复技术和途径；研制出钝化土壤重金属活性的专用肥料和改良剂产品。

团队建立了"耕地培育技术国家工程实验室""国家农田土壤肥料长期试验网络"等创新平台，以及良好的办公实验条件。近10年来，团队共主持国家级及省部级科研项目43项，发表科技论文401篇，其中SCI期刊论文159篇；主编出版著作11部；获得国家专利15项，其中，国家发明专利6项；发布行业标准8项；获得省部级以上科技奖励31项，其中，团队成员作为第一完成人获得国家科学技术进步奖二等奖2项、省部级一等奖3项、省部级二等奖2项，省部级三等奖1项。

（2）社会贡献与学术影响。团队参与《国家耕地质量监测体系建设规划》《东北黑土地保护规划纲要》《国家耕地质量保护与提升行动方案》《耕地质量调查监测与评价办法》等多项国家土壤培肥与改良战略研究和建设规划编制。恢复与创建了全国土壤培肥与改良的科学研究网络，建立的土壤肥力演变数据库为国家规划决策提供了基础数据，发挥了指导全国耕地质量提升的建设性作用；团队始终坚持科技成果与生产实践相结合的原则，采取研究—示范—推广联动机制，依托典型试验站和国家耕地质量提升相关工作，促进关键技术和科技成果的推广应用。"十二五"以来仅土壤有机质提升与酸化防治两项成果，累计应用面积就达到约20 192万亩，新增纯收入260亿元，经济效益、社会效益和生态效益巨大。

团队科研成果得到政府部门和国内外同行的高度认同，研究成果获得多项国家科技奖励，是农业农村部耕地质量建设与管理专家组的组长单位。"十二五"以来，团队的专著和论文受到国内外广泛关注，其中被SCI网络版数据库收录论文95篇，被SCI引用837次、他引680次；团队积极参与国际合作，从2001年开始，与美国加州大学戴维斯分校、杜克大学、马里兰大学，英国洛桑研究所，澳大利亚墨尔本大学、西澳大学，荷兰瓦赫宁根大学等世界一流院校有长期的国际合作，主持完成相关国际合作项目 6 项，组织召开国际学术研讨会 5 次，合作培养博士研究生 4 人；团队成员应邀在国际大会上作学术报告 19 人次。来中国交流访问的外国专家 15～20 人次 / 年；出国交流访问的团队成员 8～12 人次 / 年，是国际土壤培肥与改良领域的一支主要力量。

（3）团队建设与人才培养：拥有一支富有活力的创新队伍，团队成员 45 岁以下青年骨干占 50%、博士学位人员占 68.4%，合作氛围良好，创新能力强。该团队培养博士后 12 人；引进青年英才 3 人，培养青年英才 1 人；出国进修（3 个月以上）12 人次；培养团队年轻骨干 9 人，其中 5 人晋升为研究员，4 人晋升为副研究员，且有 1 人入选科技部[①]人才推进计划中青年科技创新领军人才。

3. 热带农业"走出去"实用技术系列丛书

主要完成单位：中国热带农业科学院热带作物品种资源研究所、中国热带农业科学院橡胶研究所、中国热带农业科学院香料饮料研究所、中国热带农业科学院椰子研究所、中国热带农业科学院南亚热带作物研究所、中国热带作物学会

主要完成人员：刘国道、游雯、王金辉、张雪、黄艳、刘永花、周泉发、黄循精、周建南、党选民、郑里程、廖易、荣光、薛茂富、朱自慧、董云萍、周文钊、侯本军、孙卫平、王秀全

工作起止时间：1975—1984 年

奖项及等级：2018—2019 年度神农中华农业科技奖科学普及奖

成果简介：农业科技是国家优质的战略资源和外交资源，推进农业"走出去"是中共中央、国务院统筹国内、国际两个大局作出的重大决策，对开创我国全方位对外开放新格局、促进地区及世界和平发展具有重大意义。全球有 100 多个热带国家（地区），面积约 5 300 万千米^2，人口约 35 亿人，主要分布在东南亚、南亚、非洲、拉丁美洲和南太平洋地区，这些国家大多位于"21 世纪海上丝绸之路"的重要节点，其气候、作物等方面与我国热区类似，且土地资源丰富，但农业科技力量相对薄弱，农业产业发展相对落后，不仅是我国农业服务国民经济建设"走出去"开发境外资源的重点目标区域，也是我国国际交往中重点发展和巩固友好关系的目标国家。

为了以科技支撑中国企业在境外开展热带农业产业开发，同时让更多的热区发展中国家享受到中国热带农业的成果，中国热带农业科学院在充分调研世界热带农业发展需求的基础上，组织近百名资深农业专家，利用现有成熟成果，结合当地的农业生产实际，历经 5 年，采用汉语、英语、法语 3 种语言编写了"热带农业"走出去"实

---

① 中华人民共和国科学技术部，简称科技部。

用技术系列丛书"。该丛书分别从木薯、橡胶、油棕、水稻、椰子、柱花草、玉米、咖啡、香草兰、剑麻、腰果、瓜类蔬菜、茄果类蔬菜、叶菜类蔬菜14类热区重要农作物的种植技术，以及蛋鸡、肉鸡2种家禽养殖技术入手，既融合了作者多年的研究成果和实践经验，同时也考虑到世界热区农业发展的现实条件和发展瓶颈，内容具有较强的针对性、技术性、科普性、易读性和可操作性。

主要技术经济指标有：①中国热带农业科学院通过组织相关领域的近百名农业专家赴68个亚非拉和太平洋岛屿国家，重点与22家农业走出去企业，以及中国援多哥、贝宁、利比里亚、科特迪瓦、坦桑尼亚、莫桑比克、赞比亚、卢旺达、刚果（布）、乌干达10个农业技术示范中心，以实地考察、座谈交流、问卷调查等形式，深入调研热带农业生产现状及技术需求，有针对性地提出木薯、橡胶、油棕、水稻、椰子、柱花草、玉米、咖啡、香草兰、剑麻、腰果、瓜类蔬菜、茄果类蔬菜、叶菜类蔬菜14种热带农作物，以及蛋鸡、肉鸡2种家禽作为该套丛书的编写对象，这些对象既是热区国家的主要农产品，也是我国农业走出去企业的重要开发对象。②根据世界热区发展中国家的官方语言使用情况，90多个国家使用英语和法语，因此采用汉语、英语、法语3种语言编撰丛书，有效保证丛书的受众面和影响度。③该套丛书的技术已通过中国热带农业科学院历年的国际培训、国际学术论坛、国际技术转移对接会等形式，向90多个国家的近4 000名外国农业生产者和管理者进行推广普及，辐射面达到世界热区的70%，有国际组织、科研合作机构、培训机构、外国学员对该套丛书进行书面反馈评价。④该丛书的部分技术，如木薯健康种苗快繁技术、香蕉组培技术、果树矮化种植技术、柱花草间套作技术等在境外得到示范推广，该套丛书被列为联合国粮食及农业组织（FAO）热带农业研究培训参考中心培训教材。其中，在瓦努阿图推广应用的油棕栽培模式，实现年均鲜果穗产量达30吨/公顷，形成了配套抗风高产栽培技术体系1套，建立了油棕试验示范基地1 000亩，技术培训人员300人次，结束了瓦努阿图不能种植油棕的历史，实现了瓦努阿图油棕从无到有的跨越，为下一步油棕产业化开发打下了坚实基础；在刚果（布）推广应用的木薯健康种苗快繁技术以及配套高效栽培技术，实现当地每公顷木薯产量从9吨增长到51吨；在中国热带农业科学院接受过培训的肯尼亚学员Lucy，意识到香蕉组培技术在肯尼亚有广阔的应用前景，利用该项技术在肯尼亚开设组培工厂，并带动了当地香蕉产业的发展。2016年，Lucy与中国热带农业科学院合作的香蕉组培项目获得非洲商业竞赛奖。⑤该系列丛书总印数已近2万册，其中《木薯栽培实用技术》和《蛋鸡养殖实用技术》再版印刷1 000册，旨在满足"走出去"企业和科教机构对部分适用技术的实际需求。

（二）全国农牧渔业丰收奖

优质菠萝周年供果关键技术的集成与示范推广

主要完成单位：中国热带农业科学院南亚热带作物研究所、徐闻县农业技术推广中心、雷州市农业技术推广中心、广东省农业科学院植物保护研究所、徐闻县诺香园农产品专业合作社、万宁旺农菠萝专业合作社、云南农业大学热带作物学院

主要完成人员：张秀梅、姚艳丽、吴青松、韩钦酬、沈会芳、孙光明、刘胜辉、陈标、赵维峰、苏顿、张耀国、陈如约、何六、庞铭、金坤、林国胜、李志远、曾郁权、蔡凤英、吴四、郑腾峰、梁月保、何廷雄、何承京、郑振港

工作起止时间：2006—2021 年

奖项及等级：2019—2021 年度全国农牧渔业丰收奖三等奖

成果简介：针对我国菠萝产业中存在主栽品种单一、产期集中和品质欠佳而导致种植效益较低的问题，研发集成了以优质品种配置、产期与品质调控、养分管理等为核心的优质菠萝周年供果关键技术体系。在农业主管部门支持下，联合推广机构和合作社等，利用创建的"科技小院"等3个服务平台和"科研单位＋企业＋基地＋农户"等3种推广模式，建立示范基地116个，举办培训班100多期，培训指导农业技术人员1.78万人次。近10年，累计推广应用244.5万亩，新增产值62.8亿元，纯收益50亿元，总效益31.5亿元；新品种覆盖率从0增加到11%，新技术普及率达到70%以上；减肥减药30%以上，增产8%～20%，投入产出比由0.75降到0.52，大幅提高了生产效益。同时，该技术成为菠萝规范化生产技术，支撑"诺香园"和"旺农"等知名企业的品牌打造，推动种植区域扩展，种植面积增加20%，产量增加1.1倍，产值提高3.8倍，有力推动了菠萝产业转型升级。

（三）广东省科学技术进步奖

不同熟期优质荔枝系列新品种选育和高接换种技术创新及应用

主要完成单位：华南农业大学、中国热带农业科学院南亚热带作物研究所、深圳职业技术学院、阳江市农村盛宴农业发展有限公司、广州市从化华隆果菜保鲜有限公司、茂名市水果科学研究所、东莞市农业科学研究中心

主要完成人员：胡桂兵、黄旭明、刘成明、李建国、陈厚彬、傅嘉欣、赵杰堂、李伟才、乔方、补建华、欧阳建忠、钟声、马锞、魏永赞、秦永华

工作起止时间：1991—2017 年

奖项及等级：2019年度广东省科学技术进步奖一等奖

成果简介：我国是世界第一荔枝生产大国，种植面积稳定在870万亩，2018年总产量突破300万吨，面积和产量均占全球总量的70%以上。荔枝产业是华南地区重要的农业支柱产业之一。广东是国内最大的荔枝产区，然而'黑叶''怀枝''双肩玉荷包'等低效品种比例过大，导致熟期过于集中，销售压力大，售价低。此外，优质品种少，比例小，且传统优质品种'桂味''糯米糍'等成花不稳定、落果裂果问题突出，发展受限。品种结构不合理、产期集中已成为限制荔枝产业健康发展的"瓶颈"。改变产业被动局面的重要途径是培育产期错开、综合性状优异的新品种并推广应用，实现产季延伸、品种结构改善。

针对产业"瓶颈"问题，该项目展开了以下研发，取得系列成果。①广泛收集评价荔枝种质资源，建立种质资源综合评价技术体系；构建国际第一张荔枝高密度分子遗传图谱，开发熟期和果实大小等重要性状的分子标记；创制一批具有特早熟、特晚熟、特优质、特大果、抗寒性强等优异性状的荔枝种质资源，其中，'9918'等特早熟及'1470'等特晚熟种质资源，分别比'三月红'早熟20天，比'怀枝'晚熟20天。②育成不同熟期、优质大果、丰产稳产荔枝新品种11个。其中，特早熟'早荔1号'和特晚熟'马贵荔'将同一产区产期延长了40天；选育出优质丰产稳产可采期长的品种'井岗红糯'和'岭丰糯'等，综合性状全面优于'糯米糍'；选育出品质特优的品种'观音绿''冰荔'，成为精品荔枝。③创新荔枝高接换种技术。广泛评价了优质荔枝品种与'黑叶''双肩玉荷包'等大宗低效品种的嫁接亲和性，构建了砧穗亲缘关系与嫁接亲和性的回归模型，指导砧木—接穗组合优化；探明了嫁接愈合进程组织学特点和嫁接亲和性的生理机制；建立低位大枝嫁接为关键的高接换种技术体系，与传统的小枝嫁接相比，有效克服了嫁接亲和性差的问题，使'糯米糍'类亲缘关系远的品种可以高接在'黑叶'上，接穗生长势旺、抗风力强、树冠形成提早1~2年，显著提高了高接换种和品种更新的效率。

该项目历经26年，整体水平居同类研究国际领先水平。育成国审品种3个、省审品种7个、申请植物新品种权1个；发表论文47篇、出版图书1部，制定国际植物新品种保护联盟（UPOV）标准1项、国家农业行业标准3项、地方和企业标准3项；建成国家瓜果改良中心荔枝分中心和荔枝品种资源圃2个育种平台；培养博士后2名、博士4名、硕士20名，开展技术培训500余场，培训产业从业人员4万余人次。该项目依托国家荔枝龙眼产业技术体系，构建"高校+科研院所+专业合作社+社员"和"高校+行业协会+会员"高效推广模式，建设了高接换种示范园和荔枝新品种接穗圃，组建了荔枝高接换种专业服务队，成果在荔枝主产区大面积推广应用，培育的新品种占同期新品种推广面积的80%以上，高接换种技术推广超过42.4万亩，2015—

2017年新增销售额累计49.91亿元，新增利润累计34.23亿元，优质品种覆盖率从2000年的35%提高到目前的45%，促进了荔枝品种结构调整、产业升级和科技进步，社会效益、经济效益和生态效益显著。

（四）广东省优秀科技成果奖

1. 菠萝周年供果优质高效栽培技术创建与应用

主要完成单位：中国热带农业科学院南亚热带作物研究所、广东农业科学院植保研究所

主要完成人员：刘胜辉、李运合、陈菁、林壁润、姚艳丽、沈会芳、魏长宾、孙伟生、张秀梅、孙光明

工作起止时间：2006—2017年

奖项及等级：2018年度广东省优秀科技成果奖

成果简介：针对我国菠萝鲜果供应期高度集中以及产期调节过程中夏季催花难、自然开花率高、冬季果产量低、品质差等产业问题，开展了花期与品质调控、养分管理及主要病害防治研究，创建了菠萝周年供果优质高效栽培技术体系，实现了周年供果。

（1）花期与品质调控：①国内首次对菠萝花芽分化和成花规律进行了研究，提出了菠萝成花的生理机制，为菠萝产期调节提供理论指导。明确了菠萝花芽分化和成花规律，提出了种苗分级分期定植技术，使菠萝自然开花率从55%～95%降低至5%～15%，解决了自然开花率高的问题。②创建了高效催花技术，使易催花品种的乙烯利使用浓度降低75%，单果重增加3%～14.8%；分子筛吸附乙烯的轻简催花技术可诱导'巴厘'等品种100%开花；"电石2次+乙烯利1次"的催花技术可使难催花品种'台农17'的开花率达到98%以上。③国际首次对'巴厘'菠萝的果实细胞学变化规律进行了研究，并明确了细胞数目、大小其与果实大小的关系，为生产中调节菠萝果实大小奠定了理论。揭示了不同季节果实糖、芳香物质等重要品质性状形成机制，建立了生理调控和营养调控技术，提出了花后20～30天果面喷施DA-6、稀土元素等系列品质改良栽培关键技术，使冬季果产量提高8%以上，可溶性固形物含量提高2个百分点。

（2）养分管理及主要病害防治：①在国际上首次明确了周年供果的养分需求规律以及心腐病、黑腐病等主要病害的发病规律，为实现菠萝产业的减肥减药、提质增效提供了技术支撑。明确了菠萝周年供果的养分需求规律和关键施肥时期，采用滴喷灌水肥一体化施肥技术，可节约肥料用量30%～50%，产量增加17.9%，商品果

率提高 13.9%。②研发出菠萝专用叶面肥配方，使产量提高 17.2%，果实商品率提高 12.4%。③揭示了菠萝周年生产过程中心腐病、黑腐病等主要病害的发病规律，建立了绿色、高效的综合防控技术，心腐病防治效果达 95%，减少病害损失 15%；黑腐病发病率和病情指数分别降低 53.9% 和 74.73%，延长货架期约 10 天。

中国农学会组织的由陈温福院士、宋宝安院士等 8 位知名专家组成的"菠萝周年供果优质高效栽培技术的创建与应用"成果评价组认为："该成果针对我国菠萝产期集中、果实品质不佳、病害严重等产业发展的瓶颈，开展了 10 余年的系统研究，阐明了菠萝成花机理、果实品质形成的调控机制、养分需求规律和主要病害的成因等，创建了菠萝花期与品质调控、养分管理及主要病害防治等技术，实现了菠萝周年供果。成果整体达到了国际先进水平。"

该项目从 2010 年开始，采取边研究、边推广、边示范的方式，通过长期定位试验的引领、企业和种植大户的示范带动、菠萝栽培技术宣传手册等资料发放、推广技术人员及果农现场培训等方式进行推广应用。在我国菠萝最大种植区广东省湛江市徐闻县与中国农业大学合作建立科技小院 1 个；参与建设广东省村村通动植物医院，可随时在线为农户进行菠萝病虫害诊断，并提供防治技术指导，避免了科技与生产的脱节，加快新技术的推广；举办菠萝优质栽培技术班培训 50 期，发放栽培技术资料 4 200 份。新技术应用推广后，采用叶面施肥、滴灌施肥技术及产期调节技术平均增产率为 15%～30%，每亩增产 500～1 000 千克，商品果率增加 10%，售价平均高 0.2～0.3 元/千克；采用病害防治技术，心腐病发生率下降了 15.8%，凋萎病发病率在 3.2% 以下，商品果率增加 5%，使用长效缓释肥及主要病害绿色防控技术，平均每亩节约成本 250 元。2015—2017 年，在广东省、海南省和云南省累计示范和推广 14 万余亩，累计新增利润近 4 亿元。其中，广东省示范和推广 12.92 万亩，新增利润 3.46 亿元；海南省示范和推广 1 万亩，新增利润 3 250 万元；云南省示范推广 8 000 亩，新增利润 1 980 万元。项目实施以来，获国家授权发明专利 10 件，实用新型专利 9 件，制定农业行业标准 2 项，发表论文 40 余篇，出版专著 4 部。

2. 胡椒鲜果脱皮工艺及配套设备的研究与示范推广

主要完成单位：中国热带农业科学院农业机械研究所、中国热带农业科学院南亚热带作物研究所、中国热带农业科学院热带生物技术研究所、湛江市一兀农业科技有限公司

主要完成人员：张园、李明福、邓怡国、李明、韦丽娇、李玉林、葛畅、罗文扬、陈雄庭、张晓红

工作起止时间：2012—2017 年

奖项及等级：2018 年度广东省优秀科技成果奖

成果简介：项目针对胡椒鲜果脱皮加工过程周期长、效率低、劳动强度大、污染严重且对工人有腐害等问题开展新型高效环保的胡椒鲜果加工工艺及配套技术装备研究，技术直接受益对象为农户，属农产品初加工技术领域。

（1）首创性提出了一种胡椒鲜果联合脱皮工艺，即利用自主研发的胡椒鲜果表皮预破损机先对胡椒鲜果表皮进行机械预处理，再使用酶制剂进行浸泡，后利用胡椒鲜果脱皮机进行脱皮的连贯技术方案，脱皮周期从传统浸泡法的 5～7 天缩短至 24 小时以内，将产业工人从恶臭的工作环境中解放出来。

（2）创新发明了一种胡椒鲜果脱皮洗涤一体机，在柔性水域摩擦环境中，将机械脱皮率提升到 96% 以上，果核破损率控制在 3% 以下，大大降低了机加工造成的产品浪费问题，且有效节省了水资源。

（3）依托风压式胡椒磨皮机构的分离作用，一次投料完成脱粒、表皮预破损、脱皮、核渣分离及一级洗涤等工序，替代传统水池浸泡、手搓足踩、网滤等人工作业，显著降低了劳动强度，产品新鲜度大大提高。同时，避免了胡椒碱等化学成分挥发对工人造成的伤害，并显著降低了废水发酵带来的环境污染问题。

项目以总体工艺及配套设备关键技术为核心内容，已取得 9 项国家专利，其中发明专利 2 项，新型专利 7 项；发表论文 12 篇；完成技术成果鉴定 1 项；制定企业标准（Q/RJ 04—2015《胡椒鲜果脱皮机》）1 项；获湛江市科技进步奖二等奖和广东省机械工业科技二等奖各 1 项。

项目整体技术经专家鉴定达到国内领先水平，填补了胡椒脱皮加工规模化、产业化的技术空白，同时解决了脱皮周期长、成本高、质量差等多个问题。该工艺及配套设备已在广东省湛江市徐闻县下桥镇以及海南省琼海市、儋州市等地的近 10 家单位进行示范和推广应用 5 年以上，用户累计产值近 1 亿元。

经长期示范、推广和验证，每套该工艺及配套设备可替代 200 人以上的工作任务，脱皮周期从 5～7 天缩短至 24 小时以内，纯工作生产率为 153 千克/小时，脱粒率可达 93% 以上，果粒表皮预破损率可达 90% 以上，脱皮率可达 95% 以上，果核破损率低于 3%，耗电量和耗水量分别为 9.56 千瓦/小时和 0.66 吨/小时。劳动强度和成本明显下降，脱皮率进一步提高，有效解决了现有脱皮技术周期长，污染大、效率低、劳动强度高及浪费严重等问题，有较高的市场认可度。

通过生产胡椒鲜果脱皮配套机械或合作社开展承包式技术服务已产生显著的社会效益和经济效益，同时，产品具有出口创汇潜力。成果的大面积推广应用，进一步降低了胡椒脱皮加工成本，改善了工作环境和解放了劳动力强度，有助于促进胡椒产业的快速发展。

（五）广东省农业技术推广奖

1. 菠萝优质高效与周年生产关键技术示范与推广

主要完成单位：中国热带农业科学院南亚热带作物研究所、徐闻县农业技术推广中心、雷州市农业技术推广中心、徐闻县诺香园农产品专业合作社

主要完成人员：刘胜辉、吴青松、张耀国、李瑞民、孙光明、孙伟生、陈菁、姚艳丽、陆新华、林文秋、陈为棠、苏顿、陈玉玲、林国忠、朱莹莹、陈如约

工作起止时间：2006—2019 年

奖项及等级：2019 年度广东省农业技术推广奖二等奖

成果简介：中国热带农业科学院牵头承担了农业农村部"948"计划"菠萝加工技术引进与产业化"、公益性行业（农业）科研专项"菠萝安全高效栽培及加工技术研究"、公益性行业（农业）科研专项"菠萝产业技术研究与试验示范"等项目。针对我国菠萝鲜果供应期高度集中以及产期调节过程中夏季催花难、自然开花率高、冬季果产量低、品质差等产业问题，开展了 10 余年的新品种选育及栽培技术攻关，研究集成出以产期调节与优质栽培为核心的菠萝优质高效与周年生产关键技术成果，其中包括菠萝产期调节（催花和抑制开花）技术、品质调控技术及养分综合管理技术。

本项目通过多年的实施，以"科研院所＋地方农业局／农业技术推广中心＋基地＋农户""科研院所＋合作社＋基地＋农户""科研院所＋科技小院＋农户"等推广模式，在全国菠萝主产区应用推广面积 210 万亩，其中在广东省推广应用面积 191 万余亩，综合应用了花期与品质调控、养分综合管理等系列技术措施，产量每亩增加 530～660 千克，应用新增销售额达 30 亿元，新增利润近 36 亿元。实现了科技创造效益、节本增效的目标，经济效益和社会效益显著；推动了"诺香园""旺农"等一批菠萝龙头企业和知名品牌的发展壮大，辐射带动了一大批种植大户，促进了我国菠萝产业结构调整与升级。

该项技术在我国菠萝主产区的推广应用，提高了广大菠萝种植者的菠萝栽培技术水平，减少了乙烯利的使用量，提高了化肥的利用率，降低了生产成本，减轻了土壤退化和环境污染，促进了菠萝产业的可持续发展。

2. 岭南特色水果副产物高值化关键技术研究及推广应用

主要完成单位：仲恺农业工程学院、中国热带农业科学院南亚热带作物研究所、惠东县农业科学研究所、广东南派食品有限公司、广东汉光超顺农业股份有限公司、

广东李金柚农业科技有限公司、广东中兴绿丰发展有限公司、连平县桃花缘生态农业有限公司、珠海十亿人社区农业科技有限公司、西乐健康科技股份有限公司、阳西县西荔王果蔬专业合作社、广东荔园食品有限公司

主要完成人员：刘袆帆、王琴、马路凯、张秀梅、谢曦、张宏康、叶倚歆、井敏敏、张文超、李永生、郑英豪、胡勇、朱海天、谢宏峰、王梦兰、王淑雯、陈沃添、陈迪、陈龙舟、吴丽英

工作起止时间：2016—2019 年

奖项及等级：2019 年度广东省农业技术推广奖一等奖

成果简介：岭南特色水果副产物高值化关键技术研究及应用推广体系该技术体系共授权专利 49 件，研发新产品 49 个，已发表论文 37 篇，主推岭南特色水果副产物的精深加工和高值化利用技术体系 1 套，围绕广东特色水果的副产物（如残次果、落果、果皮、果渣、果核等）进行高值化利用。一方面，采用冷冻干燥技术对残次果进行精深加工，开发了包括即食冻干片、凉果、果酱、果干、果酒等一系列深受消费者喜欢的产品；同时，对加工工艺进行有效的安全控制，开发了针对一系列危害物的高效检测方法，有效保证岭南特色水果的营养和安全品质。另一方面，针对传统加工副产物，构建"定制化"功能因子提取技术。该项目根据不同功能成分的营养学特性开发系列产品，为水果副产物的高值化利用提供了较好的应用方向。上述相关技术体系的具体应用实现了岭南特色水果副产物的循环综合利用，降低了企业生产成本，同时，解决了环境污染等问题。

该项目推广期为 2016—2019 年，共有 12 家单位参与，推广区域包括广东省梅州市、广州市、珠海市、阳江市、河源市、罗浮市等，以点带面，将该技术体系辐射至广东省全省。在推广期内，经济效益巨大，广东省范围内推广面积总计 12.36 万亩，产量 6.56 万吨，新增销售额 7.06 亿元，新增利润 7 860.91 万元，节约成本 4 618.73 万元。社会效益显著，共组织培训（观摩）639 场，推广与培训人数 4.68 万人，发放宣传资料 6.84 万册。生态效益显著，在保护环境、资源利用等方面作出贡献。

3. 高效低风险农药在安全荔枝果品生产中的推广应用

主要完成单位：广东省农产品质量安全中心、广东省农业科学院植物保护研究所、茂名市水果科学研究所、中国热带农业科学院南亚热带作物研究所、深圳职业技术学院、广州市从化华隆果菜保鲜有限公司、阳西县事事成果蔬种植专业合作社、阳江市农村盛宴农业发展有限公司、茂名市农产品质量监督检验测试中心、肇庆市农产品质量监督检验测试中心、湛江市农产品质量安全中心

主要完成人员：何强、孙海滨、林海丹、王思威、朱文斌、钟声、李伟才、常虹、刘艳萍、王潇楠、周庆祥、刘锐波、曾广丰、补建华、崔贵标、邓彩联、刘怀韬、方秋盛、严珊珊、郭文燕

工作起止时间：2015—2019 年

奖项及等级：2019 年度广东省农业技术推广奖一等奖

成果简介：在荔枝病虫害防治上，化学防治具有快速高效、及时精准、使用方便、收效显著等优点，是荔枝产量的重要保障。未来荔枝高质量绿色发展离不开化学防治，是当前乃至今后一段时间荔枝病虫害防控的最有效手段。针对生产中荔枝果品农药残留限量标准缺乏、高效低风险农药品种不足、农药安全合理使用技术不规范等问题，项目各成员单位开展联合攻关，取得以下成果。①完成 11 项荔枝高效低风险农药残留限量标准制定项目。②率先制定 7 种农药在荔枝上的残留标准。率先在我国开展 11 种高效低风险农药在荔枝上应用的技术研究。集成了病虫害发生防治历、高效低风险农药准入谱、果品溯源追踪安全保障机制的荔枝果品生产中高效低风险农药推广技术体系。③联合国家荔枝龙眼产业技术体系专家团队、综合试验站等组成专业技术推广攻关组，大力促进了技术推广的高效化、标准化。

研究成果解决了现阶段果品安全标准缺乏、农药品种选择少、农药使用技术不规范等问题，在广东省主产区荔枝生产上广泛应用。2015—2019 年，在广东省茂名市、广州市从化区、湛江市、阳江市阳西县等荔枝主产区设备类型示范区 18 个，示范面积累计 30 万亩次；组织技术培训会和技术咨询会 160 余场次，培训技术骨干和荔枝种植户 1.2 万人次以上；《有荔可图》宣传报道累计阅读量达 1.4 万余人次；派发《荔枝龙眼农药合理使用指南》宣传册 2 000 余份，发放技术资料 2.5 万份。在广东省 8 个荔枝主产区累计推广应用面积 254.4 万亩。创造直接经济效益 76.62 亿元，经济效益显著。通过该项成果的推广应用，极大地提高了果农科学、合理、安全的用药意识和技术水平，推广示范区农药使用次数每年减少 1～2 次，1 984 批次荔枝果品中农药残留结果均符合我国荔枝上最大残留限量的要求，有效降低了荔枝生产过程中产地环境和生态环境污染，提高了荔枝种植户的生产积极性，达到了广东省安全优质荔枝生产标准，整体提高了荔枝果品的产量和质量，促进了广东省荔枝种植户增产增收和荔枝产业的绿色高质量发展。

4. 荔枝省力化栽培技术集成与推广应用

主要完成单位：东莞市农业科学研究中心、华南农业大学、茂名市水果科学研究所、广东省农产品质量安全中心、广东省增城区农业技术推广中心、中国热带农业科学院南亚热带作物研究所、东莞市厚街镇农业技术服务中心、东莞市阿吉科技农业有

限公司

主要完成人员：马锞、李建国、罗剑斌、马细兰、廖美敬、李伟才、张湛辉、陈应球、胡锐清、李加强、钟声、张海岚、罗诗、张瑞萍、赵吉庆、王泽槐

工作起止时间：2010—2017 年

奖项及等级：2019 年度广东省农业技术推广奖二等奖

成果简介：目前荔枝生产中存在的突出问题是栽培方式落后，主要表现为树体高大、果园密闭、立地环境差、喷药、采收管理不方便等，导致管理费工费力、机械化难、果品质量差，近年果园生产成本飙升、劳动力不足的现状与落后栽培方式的矛盾加剧，严重影响到荔枝产业的可持续发展和果农增收。随着社会不断发展，青年劳动者越来越不愿意从事荔枝园管理，荔枝园的产出效益也无法应对劳动力成本上升。因此，发展荔枝省力化栽培是破解劳动力资源不足的迫切要求，是降低生产成本的主要途径，更是现代荔枝产业发展的必然需求。根据荔枝的生长特性，进行合理稀植，改善果园的生态条件，改变传统耕作方法，应用控穗疏花技术、建设喷药管道、简易肥水管道、简化修剪、省力化土壤管理等技术，以减轻生产劳动强度、减少肥料农药的使用，节省生产管理成本，最大程度地发挥生产潜力，从而达到提高产量、品质与效益的一种轻便简化高效的生产方式。

从 2010 年开始，项目各成员单位针对上述问题，开展联合攻关，通过 7 年努力，取得以下成果。①集成了荔枝省力化栽培技术，包括密闭荔枝园改造、简化修剪、肥水一体化、管道喷药、省力化花果管理及土壤管理技术等；在东莞市阿吉科技农业有限公司的荔枝园开展生产试验，应用荔枝省力化栽培，稀植矮化果园通风透光，操作方便，省时省力。应用管道系统施用肥料、农药，减轻劳动强度，减少人工投入；简化修剪方式，效率提升 3~4 倍。总结出一套荔枝省力化栽培集成技术，发表论文 5 篇，授权发明专利 1 项、实用新型专利 3 项，制定了《密闭荔枝园改造技术操作规程》。② 2010 年开始，在广东省农业农村厅、广东省科学技术厅等部门的立项资助下，项目组与各地农业技术推广单位、种植企业等紧密合作，通过建设示范基地、技术培训、现场观摩、田间技术指导、电话咨询、发放技术资料、发表论文、申请专利等推广方式，在东莞、广州、茂名、惠州、江门、湛江、潮州等地大面积推广，先后举行各类技术培训 30 余次，培训人数 5 000 余人次，田间指导 2 000 人次以上。③ 2010—2017 年，经过 8 年的推广示范，据不完全统计，累计推广约 180 万亩，新增产值 20 多亿元。与传统栽培模式相比，实施荔枝省力化栽培技术能够简化技术操作，降低对劳动力的依赖，减少肥料、农药的应用及人工投入，有效节约成本，能够解决困扰果园多年的封行密蔽的难题，有利于提高生产潜力和果实品质，经济、生态效益明显，深受果农欢迎。项目成果"荔枝省力化栽培技术研究与集成示范"于 2018 年 6 月 20 日

通过东莞市高产业技术协会组织的现场会议鉴定，鉴定委员会对项目研究的系统性、先进性以及实际应用的可操作性和社会影响力等作出了充分肯定，一致认为"本成果整体达到国内领先水平"。

以东莞市农业科学研究中心、华南农业大学作为技术依托单位，通过国家荔枝龙眼产业技术体系、广东省现代农业产业技术体系岭南水果创新团队2个研究和示范推广平台，与广东省荔枝产区的各市农业技术推广部门、荔枝专业合作社、种植大户等单位相互配合，成立了成果联合推广团队，建立了示范推广网络。制定"定点示范、以点带面、逐步推广"的推广方针，建立示范基地，开展技术培训、讲座、现场指导、田间观摩等，把推广工作落到基层。经过多年的研究、试验，总结出一套荔枝省力化栽培集成技术。

5. 秸秆和畜禽粪便混合高效能源化利用关键技术与装备研究及推广应用

主要完成单位：中国热带农业科学院农业机械研究所、中国热带农业科学院南亚热带作物研究所、湛江市正融农业专业合作社、中国热带农业科学院农产品加工研究所、深圳市昂为电子有限公司

主要完成人员：焦静、黄小红、杜嵇华、李尊香、王刚、郭昌进、张劲、刘信鹏、徐贵旺、卢荻、刘泉凌、李彦涵、周锦洋、张苏婷、孙喆、张文国

工作起止时间：2010—2020年

奖项及等级：2020年度广东省农业技术推广奖二等奖

成果简介：针对广东省农业废弃物资源化利用瓶颈问题，为提高秸秆转化利用率、解决养殖畜禽粪便难处理、沼液二次污染以及配套技术装备不完善等问题，在农业部公益性行业科研专项、广东省公益研究与能力建设专项等支持下，取得以下成果。①构建纤维素高效降解菌系，提升秸秆纤维素降解率26.2%以上。②创新多元物料混合发酵工艺，沼气工程容积产气率可达米^3/（米^3·天）。③研发物料预处理设备、发酵罐进出料系统、增温保温系统、在线监控系统等干发酵全链条装备，实现高效、节能和智能化。④构建热带农业废弃物能源化利用技术体系，实现农业废弃物资源高效利用和气肥联产。

项目以连续式恒温滚筒干发酵技术为核心，与国内外同类技术相比容积产气率提高20%以上，采用"空气能—太阳能"增温保温模式，节能环保。经同行专家评价，认为该技术达到国际先进水平。

项目实施以来，获国家专利17项，取得软件著作权3项，发表论文27篇，出版专著1部，编写技术规程2项，登记成果1项，获得中国热带农业科学院科技创新奖一等奖。项目成果已在广东湛江正大猪业有限公司、广东绿能热力供应有限公司等企

业应用。同时，以农业合作社为推广主体，以点带面，服务粤西及广东地区。累计培训人员 800 余人次，发放宣传资料 2 200 余册；设立微信公众号 1 个，制作技术短视频 1 部，参加技术推广会、展览会等 5 次。项目负责人及其他 4 名成员被聘为广东省科技特派员，获企业委托项目 2 项。2018—2020 年，日处理畜禽粪便和秸秆约 2 550 吨，年产沼气约 1 100 万米^3 以及沼渣有机肥 6.53 万吨，年减排 CO_2 约 25 万吨，总效益 7 721.04 万元，新增利润 3 695.73 万元，生态效益、社会效益和经济效益显著。对广东省农业废弃物资源综合利用提供了重要科技支撑。通过技术推广应用，减少了广东省农业面源污染，改善了农村居住环境，提高了废弃物资源利用率，获得了高附加值产品，促进了农民增收和企业增效。

6. 荔枝高接换种提质增效技术研发与推广

主要完成单位：华南农业大学、中国热带农业科学院南亚热带作物研究所、阳江市农村盛宴农业发展有限公司、茂名市农业科技推广中心、广州市荔鼎生态农业开发有限公司、深圳职业技术学院、惠来县农业局土肥站、广州市从化华隆果菜保鲜有限公司、惠州市农业农村综合服务中心、广州市从化区农业技术推广中心、惠东县荔龙种养专业合作社

主要完成人员：赵杰堂、李伟才、胡桂兵、朱文斌、黄旭明、补建华、赵俊生、邓志锋、张树飞、吴河坤、肖建、单泽林、魏永赞、欧阳建忠、乔方、蔡尚勇、潘建君、董晨、王弋、卢永泉

工作起止时间：2009—2020 年

奖项及等级：2020 年度广东省农业技术推广奖一等奖

成果简介：针对广东省荔枝产业低效品种比例过大、成熟期集中等突出问题，在国家荔枝龙眼产业技术体系和广东省荔枝育繁推一体化创新发展联盟建设项目支持下，研究形成了"荔枝高接换种提质增效技术"。广泛评价了优质荔枝品种与'黑叶''双肩玉荷包''怀枝'等大宗低效品种的嫁接亲和性，阐明了荔枝砧穗亲和的原理。建立以大枝挑皮嫁接技术为核心的荔枝高接换种新技术，与传统的小枝嫁接相比，有效克服了嫁接亲和性差的问题，接穗生长势旺、抗风力强、树冠形成提早 1～2 年，显著提高了高接换种效率。制定了茂名市农业地方标准《荔枝高接换种技术规程》以及企业标准《'双肩玉荷包'荔枝高接换种技术规程》《'黑叶'荔枝高接换种技术规程》，规范了荔枝高接换种技术。发表学术论文 4 篇，其中 SCI 论文 1 篇，培养博士和硕士各 1 名。开展技术培训 150 余场，培训和指导果农、农技人员 2.5 万余人次，发放宣传资料约 3 700 册。荔枝高接换种提质增效技术入选 2021 年广东省农业主推技术，建设了荔枝高接换种示范园和优质品种接穗圃，组建了荔枝高接换种专业服务队，成果

在荔枝主产区大面积推广应用。全国高接换种推广面积超过45万亩，其中广东省完成高接换种21.9万亩，2020年已投产面积达到17.42万亩。2018—2020年新增销售额累计26.42亿元，新增利润累计17亿元，增收节支总额累计14亿元。优质品种覆盖率从2009年的40%提高到2020年的45%，促进了荔枝品种结构调整、产业升级和科技进步，社会效益、经济效益和生态效益显著。

7. 甘蔗种植机械化技术与装备的推广应用

主要完成单位：华南农业大学、广东省农业机械试验鉴定站、广东省农业机械化技术推广总站、中国热带农业科学院南亚热带作物研究所、湛江市农业技术推广中心、广东省湛江农垦科学研究所、广东广垦糖业集团有限公司、湛江市糖业协会、雷州市调风镇桂珠机械有限公司、广州悍牛农业机械股份有限公司

主要完成人员：刘庆庭、杨丹彤、甄文斌、蒋姣丽、武涛、陈永志、刘胜敏、苏俊波、何留伟、郑乾坤、陈雯雯、陈光、邹颖婕、陆斌、黄朝伟、区颖刚、麦茂良、黄小文、谭国锋、黄海强

工作起止时间：2009—2019年

奖项及等级：2020年度广东省农业技术推广奖一等奖

成果简介：甘蔗产业的可持续发展关系到我国食糖的战略安全。中共中央、国务院以及相关部委多次印发文件对推进甘蔗机械化提出了要求。从2013年开始，华南农业大学甘蔗机械化团队依托国家甘蔗/糖料产业技术体系岗位专家和"十二五"国家科技支撑计划农业领域项目，联合了广东省农业机械化技术推广总站等9家单位，通过研发甘蔗宽行距机械化种植农机农艺融合关键技术并改进提升甘蔗种植机技术，解决了蔗农对甘蔗宽行距机种产量低的担忧以及现有机种技术存在的断垄和行距不均匀问题。在示范点布局上，利用国家甘蔗产业技术体系平台，岗站专家结合，迅速启动广东省2个综合试验站的10个示范县进行甘蔗宽行距试验示范和推广应用。在团队组织上，采用产学研结合，打通技术研发到成果转化的障碍；糖企、机企和蔗企结合，协调甘蔗产业内部各环节之间的利益冲突。省级、市级农业推广中心结合，把握技术推广的方向和落实。在培训与宣传上，采用专项技术培训、现场会、在线交流等多种方式，向蔗农、农机管理部门、糖企等介绍甘蔗机械化种植的各项技术，促进技术交流。在各级政府指导和各界人士的大力支持和推动下，通过项目的实施，推进了适合广东省甘蔗种植机械化技术与装备的大面积推广应用，实现了广东省甘蔗种植机械化率从2013年的1.4%逐年提高到2020年的48.9%，基本实现甘蔗种植环节由人工生产模式向机械化生产模式的转变，取得了良好的社会效益。在推广期，机械化种植作业总收入2.58亿元，新增利润6 302.75万元，与人工作业相比节约种植成本3 855.8万

元,单台机组人平均作业效率是人工作业效率的5倍。本项目获发明专利授权6项、实用新型专利授权1项,甘蔗种植机获得省级科技成果鉴定2项、省级新产品鉴定2项、省级农业机械化推广鉴定证书1项;发表论文10篇,出版专著1部;培养硕士研究生3名、博士研究生2名。

8. 澳洲坚果产地加工技术与装备的研发与推广

主要完成单位：中国热带农业科学院南亚热带作物研究所、中国热带农业科学院农业机械研究所、阳春市农业技术推广中心、广东澳盛农业科技发展有限公司、阳春市离退休农业科技工作者协会、广州晟启能源设备有限公司、云浮市旭诚农业发展有限公司、佛冈智垄农业有限公司

主要完成人员：杜丽清、薛忠、曾辉、涂行浩、莫国潘、帅希祥、廖景云、邹明宏、熊威武、张明、朱其钦、戴均尧、陈江明、刘永红、梁厚德、王芳

工作起止时间：2009—2021年

奖项及等级：2021年度广东省农业技术推广奖二等奖

成果简介：针对广东省澳洲坚果产地初加工技术薄弱、中小规模脱皮破壳加工工艺及配套设备关键技术缺乏的瓶颈问题,在公益性行业(农业)科技专项等项目的支持下,历时10余年,项目组开展了澳洲坚果脱皮破壳加工关键技术与装备的系统研发。该成果集成突破了澳洲坚果机械化破壳成套技术,研制了多套脱皮破壳关键技术装备,包括手持式、半自动破壳机、全自动破壳机以及脱皮机等设备,解决了山地丘陵中小规模集中加工对设备的需求,使我国澳洲坚果脱皮破壳效率得到明显提升、坚果表皮损伤率显著下降,显著高于国内同类设备。创新点主要体现在以下几个方面。①研发的轻简脱皮破壳设备,非常适应于山区丘陵地带,对动力要求较低(220伏电压和小型发电机即可带动),可以直接放置于田间地头对澳洲坚果进行产地初加工,适用于种植合作社和中小型企业。②研发的澳洲坚果小型轻简脱皮破壳机,脱皮率≥97.73%;破壳率≥95.00%;整仁率≥90.00%;生产效率200千克/小时,产地初加工能力至少提高30%。③研发了低温烘干工艺,澳洲坚果加工全过程处于低温条件下,很好地保留了坚果的营养成分,特别是避免了高温处理造成不饱和脂肪酸氧化变质,同时,加工过程易控,成本低廉,适于大规模推广应用。"澳洲坚果产地初加工关键技术与应用"被遴选为2021年广东省主推技术,该技术在广东省地方龙头企业示范推广以后,澳洲坚果产地初加工能力显著提高30%以上;澳洲坚果趁鲜加工,大大减少了有效成分的流失,果品品质得到有效提升;研发的适应山地丘陵地带的小型设备降低中小型企业劳力成本40%以上,澳洲坚果经过脱皮低温烘干,物流成本也显著降低。

该成果极大地提高了我国澳洲坚果产地加工技术水平和生产企业的生产效率及核心竞争力，降低了农户的劳动强度和加工成本，产生了重大的经济效益与社会效益，显著推动了行业科技进步，为带动广东山地丘陵地区坚果种植产业发展、促进区域经济发展作出了突出贡献。

9. 荔枝主要病害绿色防控技术研发与推广

主要完成单位：华南农业大学、广东省农业科学院植物保护研究所、广东省农业有害生物预警防控中心、茂名市农业科技推广中心、广州市增城区农业技术推广中心、深圳职业技术学院、中国热带农业科学院南亚热带作物研究所、广州市从化区农业环境与植物保护站、东莞市农业科学研究中心、揭阳市农业综合技术推广中心、高州市农作物病虫测报站、阳江市农村盛宴农业发展有限公司

主要完成人员：姜子德、习平根、凌金锋、范兰兰、张荣、钟声、张树飞、吴颜洲、孙海滨、李伟才、孔广辉、彭埃天、赖永超、谢载兴、丁成泽、郭晓玲、欧阳建忠、周富亮、肖建、曾瑞彪

工作起止时间：2009—2022 年

奖项及等级：2022 年度广东省农业技术推广奖一等奖

成果简介：针对广东省荔枝病害种类多、病因复杂、危害严重、农药使用不规范、防治低效果品农药残留超标等突出问题，2009 年起，在国家荔枝龙眼产业技术体系和广东省级科技计划项目的资助下，研究了广东省荔枝病害种类和为害特点，阐明了主要病害发生成灾的规律。通过病害早期诊断和发生预测技术、农业措施、生物制剂和化学农药筛选与创制、抗药性监测、农药残留特性与最大残留限量标准等研究，集成了一套以农业措施为基础、病害早期精准诊断与预警为前提、高效低风险农药为载体、果品安全评价与溯源追踪管理制度为保障的荔枝主要病害绿色防控技术，实现了农药减量增效、环境友好、果品质量安全的有机统一；通过编制荔枝霜疫病、炭疽病、麻点病、干腐病综合防治技术手册并开展线下线上病害防控技术培训，创立"荔枝龙眼产业技术体系岗位团队—综合试验站—荔枝种植者""省市县农业技术推广机构—荔枝种植者""高校—研究所—地方协会—荔枝种植者"三套技术应用推广体系；通过建立试验示范基地，保障了荔枝主要病害绿色防控技术的落地应用。项目实施期间，获授权专利 10 件，参与出版著作 3 部，发表学术论文 38 篇，培养博士和硕士 27 名，发放技术资料 6 万余册，培训和指导果农 32 万余人次。项目实施区荔枝病害防效提高 30%～60%，荔枝增产 35～60 千克/亩，减少杀菌剂喷施 1～3 次/年，降低杀菌剂使用量 20%～50%，每年节省农药费和施药人工费 40～120 元/亩，减轻了用工压力和农药对环境的污染。2020—2022 年，项目推广累计 697.3 万亩，覆盖全省

荔枝面积 60% 以上，其中包括茂名荔枝国家现代农业产业园、4 个省级荔枝现代农业产业园及 7 个省级龙头企业，新增销售额 34.87 亿元，新增利润 39.05 亿元；荔枝果品检测 1 840 批次，均符合我国果品农药最大残留限量标准的要求，保障了荔枝生产安全和果品质量安全，促进了广东省荔枝产业高质量发展，社会效益、经济效益和生态效益显著。

10. 适合机械化生产的强宿根性丰产高糖甘蔗新品种选育与推广应用

主要完成单位：广东省科学院南繁种业研究所湛江研究中心、广东省科学院南繁种业研究所、广东省科学院生物与医学工程研究所、中国热带农业科学院南亚热带作物研究所、湛江市农业技术推广中心、湛江市农业科学研究院、广东省遂溪县种子管理站、翁源县农业技术推广办公室

主要完成人员：文明富、陈骏佳、吴嘉云、潘方胤、谭嘉娜、官锦燕、蔡伟俊、李琳、苏俊波、刘振帮、翟少萍、林海荣、卢治友、涂慧明、罗海莲、梁华川

工作起止时间：2008—2020 年

奖项及等级：2022 年度广东省农业技术推广奖二等奖

成果简介：甘蔗是广东省重要的糖料作物，现有种植面积 130 多万亩，年产糖 70 多万吨，全面实现蔗糖产业的高质量发展，对促进糖企增效、蔗农增收，推动乡村振兴具有重要意义。当前制约广东糖业发展的核心在于原料蔗生产成本高、产业竞争力低等问题。只有从品种改良入手，才能从根本上解决制约蔗糖业发展的关键问题。该项目以实现国家食糖供给安全、推动广东糖业高质量发展为目标，以广东省甘蔗产业技术体系创新团队作为技术支撑，全面构建以产业需求为导向，企业为主体、科研院所和科技人员共同参与的产学研协同的甘蔗良种育繁推成果转化体系，全面提升了广东省甘蔗育种创新能力、良种培育能力和繁育推广能力，有效延伸了甘蔗产业链、提升价值链、完善利益链，实现广东糖业产业高质量发展，助力产业兴旺、推动乡村振兴。项目成果实施期间，在团队共同努力和协作下，通过对甘蔗种质资源评价与创新利用，培育出适合机械化生产的优良新品种 4 个，其中，1 个品种获 2022 年度农业农村部主导品种推荐，3 个品种获 2019 年度和 2023 年度广东省农业主导品种推荐；研发制定了地方标准 1 项；建立了"科研单位 + 农技推广部门 + 制糖企业 + 种植户"四位一体甘蔗良种育繁推成果转化体系，快速解决科研成果与生产实际脱节的问题，实现研发成果的快速应用，逐步改善了蔗区种植品种结构，提高了甘蔗产量和产糖率，增加了糖企效益。统计表明，2020—2022 年度选育的新品种在广东省蔗区合计推广种植 55.18 万亩，平均产量比当地主栽品种增产 0.50 吨 / 亩，实现连续两个榨季产糖率超过 10%，新增工农销售额 2.8 亿元，新增利润 9 115.74 万元。此外，该项目还获得植物新

品种权 1 个，授权专利 6 项，发表论文 6 篇，开展技术培训与指导 15 场次 1 008 人次。项目研究成果推广应用提高了蔗农种蔗收益，增加了糖企经济效益，稳定了糖业产业高质量健康发展，实现产业兴旺、助力乡村振兴。

（六）广西科学技术进步奖

1. 芒果商品性提升及品质评价技术集成与应用

主要完成单位：广西百色国家农业科技园区管理委员会、广西壮族自治区农业科学院农产品加工研究所、华南农业大学、中国热带农业科学院南亚热带作物研究所、中国热带农业科学院环境与植物保护研究所

主要完成人员：邓立宝、张娥珍、弓德强、朱世江、黄梅华、何全光、谷会

工作起止时间：2010—2018 年

奖项及等级：2019 年度广西科学技术进步奖三等奖

成果简介：芒果是世界和我国南方重要的水果，目前广西芒果种植面积和产量均居全国第一位。但长期以来，广西芒果采前、采中、采后各环节的生产管理缺乏密切配合，加上缺乏相关技术标准指导，致使品质参差不齐，商品率低。

针对以上问题，开展了芒果全产业链的技术研发和集成创新，取得如下创新成果及效益。①首次研发以植物源茉莉酸甲酯为诱导因子的芒果采前/采后抗性诱导技术及产品，采前诱抗芒果好果率达 93.61%，比常规方法提高 14.62%，采后诱抗降低贮藏期芒果病情指数 38.22%；研发广西芒果主栽品种采后零农残热处理技术，对炭疽病和蒂腐病防效达 98.6%，比常规方法提高 9.8%；研发基于食品添加剂的新型芒果保鲜剂 3 种，其中新型保鲜剂与咪鲜胺混配对炭疽病和蒂腐病防效达 92.61%，比常规方法提高 12.46%，同时，减少 50% 化学杀菌剂用量，解决了芒果保鲜长期依赖大量化学杀菌剂处理的难题，确保芒果保鲜食用安全性，实现广西芒果产业突破技术壁垒进入国际市场。②研发以"树盘坑穴诱发根系—根系富集区分期施肥—环保塑料大瓶持续、缓慢为根系富集区滴灌水分"为核心的芒果高效施肥方法，根区土壤湿润时间比常规方法延长 15～20 天，大幅提高水分和养分利用效率，获国家发明专利 1 项；研发嫁接、环剥、拉枝、修剪、采摘等生产环节使用的创新型装置，提高劳动效率 30%，减少果实采收损伤 25%，突破了山地和丘陵地带发展芒果的局限性。③在国内首次创立芒果 TPA 质构测定和多种有机酸同时测定的技术方法以及多维价值理论综合评价体系，筛选出适宜芒果粉和速冻加工的芒果品种各 3 个，克服了芒果果肉口感评价长期依赖笼统描述而缺乏多参数客观定量评价的技术难题；将微胶囊包埋工艺与喷雾干燥技术相结合，研发出芒果微胶囊速溶粉产品并获发明专利，解决了芒果粉活性成

分易氧化和不耐贮藏的难题。④开展芒果栽培和商品化处理基础性研究，在广西首次制定芒果采前、采中、采后的 2 项地方标准，相关技术比常规生产技术芒果产量提高 15%，果实商品率提高 3.5%，采后腐烂损失减少 4.5%，果品符合出口标准，解决了芒果生产长期存在的采前、采中、采后管理技术脱节导致品质良莠不齐和商品率低的难题。

农业农村部科技发展中心组织国内同行专家鉴定评价，认为项目整体技术达到国内领先水平。成果技术在广西、海南、云南等芒果产区累计推广应用 49.036 万亩，新增产值 4.930 亿元；商品化处理芒果 54.705 万吨，新增产值 2.042 亿元。取得国家专利 16 项，制定地方标准 2 项，发表论文 15 篇，取得显著的经济效益、社会效益和生态效益。

2. 芒果优异种质创制和多熟期新品种培育与利用

主要完成单位：广西壮族自治区亚热带作物研究所、中国热带农业科学院南亚热带作物研究所、贵州省亚热带作物研究所

主要完成人员：黄国弟、李日旺、陈永森、罗世杏、张宇、王松标、赵英、唐莹莹、龚德勇、郭丽梅

工作起止时间：2007—2020 年

奖项及等级：2021 年度广西科学技术进步奖二等奖

成果简介：针对广西芒果产业长期存在优异种质资源缺乏、育种技术落后、品种熟期单一且优质品种少、种植效益低等突出问题，持续 13 年攻关，构建了"表型＋分子标记"的芒果种质资源鉴定技术体系，评价筛选出优异种质 54 份；首创综合利用有性杂交、实生选种技术和基于分子标记辅助育种与缩短实生苗童期的芒果高效育种技术体系，突破性状预测难、田间筛选量大导致效率低的技术瓶颈；选育审定优质早、中、晚熟品种 6 个，育成的'桂七芒''热农 1 号'芒果成为广西主导品种；创新集成品种区划、健康种苗培育、矮化栽培、高效肥水管理、果实保护五大关键技术为一体的高效栽培技术模式，制定国家标准 1 项、地方标准 1 项，取得发明专利 1 项，发表学术论文 13 篇。成果在广西、云南、贵州、四川 4 省（区）推广面积 61.67 万亩，累计新增销售额 59.63 亿元，新增利润 25.98 亿元。

（七）海南省科学技术奖

1. 热带主要经济作物种植园酸化土壤改良技术与应用

主要完成单位：中国热带农业科学院橡胶研究所、中国热带农业科学院南亚热

带作物研究所、中国热带农业科学院品种资源研究所、海南天然橡胶产业集团股份有限公司

主要完成人员：吴敏、吴炳孙、韦家少、何鹏、石伟琦、罗微、魏志远、黄飞、马海洋、吴文冠

工作起止时间：2008—2019 年

奖项及等级：2019 年度海南省科学技术进步奖一等奖

成果简介：海南省热带经济作物适宜种植土壤 81 万公顷，占全国适宜热带经济作物种植总面积的 42%，近年来热带经济作物园土壤由于高强度利用导致普遍酸化，且酸化驱动因子不明确，精准防治技术缺乏，严重制约了产业发展和热区生态安全。为此，该项目面向热带经济作物园土壤，通过由点及面、示范和推广结合的方法，经过 11 年的不懈攻关，取得如下创新性成果。

（1）揭示了海南省近 25 年热带经济作物园土壤酸化趋势，解析了土壤酸化驱动因子贡献率。首次绘制了 2008 年海南省热带经济作物园土壤酸度分布图，与 1984 年土壤普查数据对比分析，明确了热带经济作物园土壤酸化全面加剧，土壤 pH 值平均降低了 0.6 个单位，且高经济价值作物土壤 pH 值下降幅度更大。施肥、土壤性质和高温多雨的气候条件对土壤酸化的贡献率分别为 41%、24% 和 35%。

（2）创建了治酸阻酸和控酸为核心的 4 项热带经济作物园酸化土壤防治关键技术。①农业废弃物及其生物炭治酸技术，明确了热带典型农业废弃物（富含灰化碱、碱性官能团和盐基离子）及其生物炭的施用量、施用方法等土壤酸化防治关键技术，可提高土壤 pH 值 0.3～0.9。②有机无机配施阻酸技术，明确了高有机质、高比表面积、孔隙度丰富的有机物料与无机物料配施的阻酸增肥施用配方和方法，可提升土壤 pH 值 0.2～0.5。③土壤改良剂协同增效治酸技术，研制了"三高"（高有机质、高盐基离子、高碱性）型南方专用酸化土壤调理剂产品，创建了其与化肥等协同施用增效治酸关键技术，常规用量下（250 千克/亩）可提升土壤 pH 值 0.4～1.1，提升产量 13%～33%。④化肥平衡施用减量增效控酸技术，解析了热带经济作物及热区土壤养分特点，提出了化肥减量施用增效技术，比常规化肥施用量减少 20%～50%，土壤 pH 值提高 0.2～0.7。

（3）构建了酸化土壤分区信息化管理技术模式，大面积推广应用成效显著。根据土壤酸化及养分状况，将热带经济作物园划分为五大治理区域，并开发出分区信息化管理系统，普及应用酸化防治与培肥相结合的智能化土壤管理方案，有效解决了土壤酸瘦同存问题。经多点大面积示范，土壤 pH 值平均提高 0.5，作物增产 10%～33%。2017—2019 年累计推广 637 万亩，新增经济效益 12.2 亿元，社会经济生态效益显著。

成果共获发明专利 4 项和软件著作权 12 项，发表论文 37 篇，建立了一支稳定的

热区酸化土壤研究团队，为土壤酸化治理提供了技术支撑。第三方评价表明，成果处于国际先进水平。

2. 橡胶树抗寒优异种质创制

主要完成单位：中国热带农业科学院湛江实验站、中国热带农业科学院南亚热带作物研究所、中国热带农业科学院橡胶研究所

主要完成人员：罗萍、贺军军、李言、张华林、李文秀、田维敏

工作起止时间：1980—2020 年

奖项及等级：2022 年度海南省科学技术奖技术发明奖二等奖

成果简介：橡胶树是我国热区重要的经济作物，是海南省"三棵树"（橡胶树、椰子、槟榔）之一，对于老少边穷地区的精准脱贫、乡村振兴和支撑"一带一路"倡议具有深远意义。我国植胶区地处北纬 17° 以北的非传统植胶区，经常遭受极端低温（≤5℃）和霜冻灾害，对植胶区造成严重灾害。培育抗寒高产优良品种是保障我国橡胶种植面积和产量的基础。然而，橡胶树育种周期长（橡胶树品种平均选育周期为 25 年）、抗寒种源缺乏、优异种质选出率低等技术难题，制约了抗寒高产优良品种的选出。该项目针对上述问题，在国家科技攻关计划等项目的资助下，在前期抗寒品种选育（93-114、IAN873 和天任 31-45 等）的基础上，经过 40 多年的联合攻关，在橡胶树抗寒新种质创制和低温胁迫机理方面取得重大进展，强有力地支持了抗寒新品种培育和我国天然橡胶产业发展。

（1）通过对"高抗 × 高抗""高抗 × 中抗"和"高抗 × 低抗"等 6 种类型 339 个组合后代的抗寒性定向评价，优选出 93-114×PR107 等 12 个配合力强的亲本组合，提高优异种质选出率 10 倍以上；从 10 286 株选育出抗寒优异新种质 35 个，在保持或增强抗寒力的同时，产量提高 14.0%～32.6%，有力地推进了橡胶树抗寒种质创制进程。

（2）以橡胶树抗寒优异种质的种子、花粉为材料进行辐射诱变，通过花药组织培养，创制表型变化丰富以及不同染色体数目的新种质，应用于抗寒高产优良品种选育，选育抗寒新种质 158 个、高产新种质 34 个，开辟了种质创制新途径，为抗寒高产优良品种选育提供材料与技术支持。

（3）创建了规模化高效鉴定橡胶树种质抗寒性的技术体系，揭示了自主选育抗寒品种 93-114 和湛试 32713 等低温胁迫抗性形成的生理和分子基础，鉴定了 9 个关键调控节点基因，为定向改良橡胶树品种的抗寒性和有效解决品种的"抗寒不高产"或"高产不抗寒"问题提供了理论依据和候选靶基因。

（4）以创制的橡胶树优异种质为材料，培育出国审抗寒优良新品种 4 个，优

良品系 12 个；培育品种聚合了亲本的抗寒和产量性状，显著提高抗寒品种的产量 6.46%～64.75%；并在我国寒害重的植胶区推广应用 6.53 万亩，产量平均提高 18.42%，新增销售额 3 346 万元，新增产值 642 万元，支撑了我国寒害重的植胶区天然橡胶产业的可持续发展。

该成果培育出国审抗寒优良品种 4 个，获橡胶树新品种保护权 3 个；创制抗寒优异新种质 227 份，选育出抗寒优良品系 12 个，挖掘抗寒关键基因 9 个；授权发明专利 1 项，发表论文 20 篇，其中 8 篇 SCI 论文他引频次为 47 次。

项目成果"橡胶树抗寒优异种质创制"于 2022 年通过中国热带作物学会成果鉴定，为国际先进水平，其中规模化高效鉴定橡胶树抗寒性技术体系构建达到国际领先水平。

（八）云南省自然科学奖

甘蔗野生种质割手密资源鉴定评价及其抗旱基因挖掘

主要完成单位：云南省农业科学院甘蔗研究所、广西壮族自治区农业科学院甘蔗研究所、中国热带农业科学院南亚热带作物研究所、福建农林大学

主要完成人员：刘新龙、张革民、刘洋、邓祖湖、李旭娟、姚艳丽、徐超华、刘昔辉、胡小文、苏火生、刘洪博、罗霆、徐磊、苏俊波、毛钧

工作起止时间：2007—2017 年

奖项及等级：2019 年度云南省自然科学奖三等奖

成果简介：割手密（*Saccharum spontaneum* L.）是现代甘蔗品种十分重要的野生型原始种亲本，为了丰富我国割手密资源，了解割手密野生资源遗传背景，筛选优异材料，挖掘野生资源优异基因，项目针对尚未采集的区域开展补充式收集，并利用表型、分子数据对割手密的遗传背景开展评价，对保育的割手密开展农艺性状和抗性评价，筛选出一批优异的材料供育种利用；同时，使用基因克隆和转录组学技术从优异割手密材料中挖掘抗旱基因，取得以下重要创新成果。

（1）针对我国割手密采集的空白区域，连续开展 9 次野外采集，涉及云南、福建、海南等 9 省（区）62 个县（市），收集割手密资源 167 份，使国家甘蔗种质资源圃保育割手密资源份数达到 770 份，总数量居世界第二；并通过产量、品质、抗性评价，筛选出一批优异割手密材料，同时，挖掘出一批抗旱基因，为甘蔗品种改良提供了重要的基因源。

（2）基于荧光原位杂交技术，在国内外首次解决了割手密倍性鉴定的问题，证实了热带种与割手密杂交 F_1 代存在 2 种方式（$2n+n$，$n+n$）染色体传递方式，且主要以

$2n+n$ 的方式传递，为甘蔗高贵化育种理论提供了实证数据。

（3）在国内外首次对不同倍性割手密开展多样性和育种潜力评价研究，证实 AQP 和 $DREB$ 抗性基因被利用得较为充分，而 $HSP70$ 和 $WRKY1$ 抗性基因还具有较大的开发潜力。针对割手密复杂的倍性问题，在国内外首次摸清了 4 种常见倍性割手密群体的遗传及演化关系，为探讨甘蔗野生种割手密的演化提供了重要科学数据。

（4）项目组共发表研究论文 28 篇，其中 SCI 论文 5 篇。8 篇代表性论文影响因子累计 8.823，他引总数为 95 次；20 篇主要核心论文影响因子累计 17.267。代表性论文被《Scientific Reports》《International Journal of Molecular Sciences》《PLoS ONE》《Environmental Science and Pollution Research》等 SCI 期刊论文引用，8 篇代表性引文累计影响因子 18.815。

（九）贵州省农业丰收奖

特色马铃薯'洋人洋'的选育及推广

主要完成单位：盘州市农业科学研究所、中国热带农业科学院南亚热作物研究所、六盘水市马铃薯技术推广站、盘州市农业技术推广站

主要完成人员：邹盘龙、金辉、周维群、邹华芬、唐黑、王邦良、黄和超、黄永、孔三启、蒋泽艳、刘伟、张英

工作起止时间：2005—2019 年

奖项及等级：2020 年度贵州省农业丰收奖三等奖

成果简介：贵州省盘州市是贵州省马铃薯的主产区，近年来年马铃薯播种面积为 40 万亩左右，种植的品种主要为威芋系列、宣薯系列、云薯系列等，这些品种都是从外地引进，而本地品种只是一些以乌洋芋为主的农家老品种，如'铃铛乌''转心乌''普古乌''马尔科'等，这些农家品种虽然品质好，但不抗晚疫病，病毒性退化严重，产量较低，难于大面积推广种植。随着国家对农作物品种权管理的日益加强，选育出自主知识产权的品种在生产中推广应用显得尤为重要。针对这一问题，贵州省盘州市农业科学研究所为牵头单位，与项目成员单位开展联合攻关，通过多年的努力，取得如下成果。

（1）项目选育的'洋人洋'品种，为盘州市第一个具有自主知识产权的马铃薯新品种，2008 年 6 月通过贵州省农作物品种委员会审定，被命名为'洋人洋'（黔审薯 2008008 号）。该品种属彩色马铃薯，紫皮白肉（肉带一圈紫环纹），抗逆性强、对晚疫病有一定的抗性、产量高、耐贮藏，市场价格好，为种植户带来了显著的经济效益，在脱贫攻坚中发挥了重要的作用。

（2）2015—2019 年，采用配套的集成创新高产栽培技术进行'洋人洋'推广种植，5 年时间共推广种植 16.91 万亩，平均产量为 1 401.81 千克/亩，比对照平均产量（1 475.94 千克/亩）减产 74.13 千克/亩。虽然'洋人洋'产量低于对照，但市场价格高，经济效益明显。'洋人洋'品种 5 年新增纯收益 1 173.64 元/亩，年经济效益 2 493.93 万元，总经济效益 12 469.64 万元，推广投资年纯均收益率 14.89 元/元，经济效益显著。

（3）'洋人洋'推广种植，采取配方施肥、病虫害综合防治等集成创新高产栽培技术，合理使用化肥和农药，在实现粮食增产的同时，一定程度上减少了因使用农药、化肥不当造成的环境污染、农药残留、土壤结构破坏等，对改善生态环境、提高农产品品质、维护土地可持续利用等起到了积极作用。

（4）项目实施中，聘请中国热带农业科学院南亚热带作物研究所和华中农业大学马铃薯研究团队作为技术顾问，依托贵州省马铃薯研究所，实行"科研院所＋农技部门＋合作社＋农户"的推广模式，加快了创新技术的利用和'洋人洋'的推广步伐，提高了成果转化效率。

（5）2015—2019 年累计兴办示范样板点 70 个（乡级 60 个，县级 10 个）、培训农技人员 252 人次、培训农民 5 840 人次、发放技术资料 2 000 余份，培养了一批技术骨干和技术能手，提升了马铃薯种植户的科技意识。

（6）培养农业技术推广研究员 1 名、高级农艺师 7 名、农艺师 3 名、六盘水市市管专家 2 名，贵州省"千层次"创新人才 1 名、中共中央组织部"西部之光"访问学者 1 名，进一步提高了盘州市专业技术人员的业务水平，加强了盘州市专业技术人才队伍的建设，为盘州市农业的发展提供了人才和技术保障。在省级以上刊物发表学术论文 9 篇。

（十）四川省科学技术进步奖

芒果畸形病绿色防控技术体系创建及应用

主要完成单位：攀枝花市农林科学研究院、中国热带农业科学院南亚热带作物研究所、攀枝花市农业技术推广服务中心、凉山彝族自治州林业草原科学研究院、华坪县有机晚熟芒果研究中心、攀枝花市仁和区农业经济促进中心、永仁县植保植检站、四川省农业广播电视学校攀枝花市中心分校、米易县现代农业园区服务中心

主要完成人员：李桂珍、柳凤、吴婧波、朱俚遐、杨永利、詹儒林、白明祥、何平、李国平、杜邦、郭学红、郑战江、夜明珠、潘宏兵、冯娟、姚全胜、黄丹、尧美英、李倩、衡晓容、吕盼云、陈华、罗照西、李贵利、虎海波

工作起止时间：2008—2021 年

奖项及等级：2022 年度四川省科学技术进步奖三等奖

成果简介：芒果是四川省最具特色的热带水果，是攀西地区农民增收和脱贫致富的重要支柱产业。随着种植规模的迅速扩大及国内外新品种的引进，生产上出现了危险性新病害——畸形病，该病轻则影响生长或降低产量，重则大幅减产或绝收毁园，且有不断蔓延扩张和加重的趋势。畸形病成为最重要的区域性病害之一，极大地威胁着产业的发展。针对这一难题，团队于 2008—2021 年开展了"芒果畸形病绿色防控技术体系创建及应用"。

该项目采用传统生物学和分子生物学方法，在国内首次确定了我国芒果畸形病病原菌为芒果镰孢菌（*Fusarium mangiferae* Britz）；利用营养亲和性和 ISSR 分子标记揭示了其丰富遗传多样性，发现我国芒果镰孢菌有 5 个营养亲和群，证实该菌有较强的适应性和危险性。率先系统研究了病原菌的生长特性，明确了影响其菌丝生长、孢子产生和萌发的环境和营养条件。在国际上首次从生理生化、转录组学系统研究了芒果与芒果镰孢菌的互作机制，比较了病健组织解剖形态差异，揭示了病部内源激素含量、活性氧代谢、内酚类代谢等变化规律，探索了寄主产生畸形的原因。在国际上首次采用 ISSR 分子标记技术，筛选出芒果镰孢菌 SCAR 特异分子标记，创建了芒果畸形病病原菌的 PCR 快速检测技术。在国内首次系统研究了芒果畸形病发生流行规律，明确了温度是病害发生流行的关键因子之一，率先制定了不同树龄病害严重度分级标准。这些结果为创建绿色防控技术奠定了坚实的科学基础。

该研究筛选出高效抑菌药剂咪鲜胺和嘧菌酯 2 种。筛选出对芒果畸形病抗性强的'缅甸 8 号'等抗性品种砧木 3 个。创新了二级枝重度修剪、短截畸形花序延迟花期的避病技术。创建了以抗病砧木、重度修剪、延迟花期、科学用药结合监测预警为核心的芒果畸形病绿色防控技术体系，为芒果产业安全持续健康发展提供了强有力的技术支撑。取得国家发明专利 1 项，出版专著 3 部，发表学术论文 26 篇（SCI 论文 5 篇）。

在四川省攀西地区（攀枝花市和西昌市）以及云南省华坪县、永仁县等 12 个县（区）推广，累计培训从业人员 3.3 万余人次，发放技术资料 3.6 万份，带动了区域内贫困户脱贫。2018—2021 年，累计推广应用面积 418 万亩，获得经济效益 25.56 亿元，经济、社会、生态效益显著。

2021 年 4 月 25 日，四川省农村科技发展中心组织省内外专家对"芒果畸形病绿色防控技术体系创建及应用"成果进行评价，经专家集体讨论一致认为：该成果创新性突出，技术先进，实用性强，经济效益、社会效益、生态效益显著，整体达国际先进水平。

三 院校级奖励

（一）中国热带农业科学院科学技术奖

1. '热农1号'芒果新品种及配套技术示范推广

主要完成单位： 中国热带农业科学院南亚热带作物研究、华坪县有机晚熟芒果研究中心、攀枝花市农业技术推广服务中心经作站、广西百色市现代农业技术研究推广中心、攀枝花市农林科学研究院

主要完成人员： 王松标、马小卫、梁清志、许文天、李丽、郑斌、潘宏兵、何小龙、武红霞、王建芳、郭学红、杨谨瑛、陈千付

工作起止时间： 2014—2019年

奖项及等级： 2020年度中国热带农业科学院成果转化奖一等奖

成果简介： 西南干热河谷流域是我国中晚熟芒果的优势产区，也是我国"十三五"期间国家脱贫攻坚的主战场，主产区包括云南省丽江市华坪县、元江县、永德县，四川省攀枝花市，广西壮族自治区百色市田阳县、田东县和右江区等地。在项目实施前的2014年，上述区域芒果种植面积约125万亩，产量约58万吨，占我国芒果种植面积和产量的1/2。但由于品种结构单一、缺乏自主选育的高抗广适优质新品种，制约了上述区域芒果产业的进一步发展，因品种结构单一带来的季节性滞销、病虫害加剧等问题越来越严重，种植比较效益逐年下降，投入产出比为285%～433%，亟须选育推广高抗广适优质的绿色新品种带动产业新的增长点，满足种植者对绿色高效品种及消费者对优质果品的需求。

良种是产业发展的基础，新品种是提高农产品质量、产量和效益的第一要素，可实现产业质的跨越。从2014年开始，项目团队针对上述问题，以自主选育的高抗广适优质丰产稳产芒果新品种'热农1号'为主推品种，以高接换冠低产劣质芒果园改造技术、轻简高效花果调控技术、提质增效养分综合管理技术、果实套袋护果技术和采收品质控制等新品种配套技术为主推技术，以市场为导向，以示范基地引领为着力点，以品牌营销和市场推介为抓手，以新型职业农民技术培训为突破口，强化政产研合作，整合项目资源，创新性应用"基地示范+营销推介+互联网+培训+指导"等技术推广模式，通过营销推介和基地示范培训推广，促进新品种及其配套技术在我国中晚熟优势产区快速推广应用。

2014—2019 年，项目团队协同合作建立新品种示范基地 11 个，累计推广 9.9 万亩，新增纯收益 7.06 亿元，总经济效益为 17.62 亿元。新品种每亩平均增收 4 181.5 元，投入产出比提高 1.32～1.96 倍，有效推动了我国西南地区芒果供给侧结构性改革，增加了果农收入，促进了品牌创建和优势农产品基地建设，培养带动了一批乡土人才和大学生返乡创业，有效激活乡村振兴内生动力。新品种也成为西南地区产业扶贫的主导品种，使原先生态脆弱的荒山荒坡变成了真正意义上的金山银山，取得了显著的经济效益、社会效益和生态效益。

2. 秸秆和畜禽粪便混合高效能源化利用关键技术与装备

主要完成单位： 中国热带农业科学院农业机械研究所、中国热带农业科学院南亚热带作物研究所、中国热带农业科学院农产品加工研究所、江西省农业科学院农业应用微生物研究所、深圳市昂为电子有限公司

主要完成人员： 焦静、黄小红、杜嵇华、李尊香、郭昌进、张劲、王金丽、陈柳荫、陈庆隆、徐贵旺、卢荻

工作起止时间： 2010—2017 年

奖项及等级： 2020 年度中国热带农业科学院科技创新奖一等奖

成果简介： 面向资源、能源与环境等重大问题，以典型的甘蔗叶、香蕉茎秆等秸秆以及猪粪、牛粪等畜禽粪便为原料，以连续式恒温滚筒干法厌氧发酵技术为核心，开展秸秆和畜禽粪便能源化利用技术与装备研究，针对秸秆类原料纤维素含量高、难降解，捡拾打捆、连续进料易缠绕堵塞，发酵温度对产气率影响波动大、无法实时掌握发酵动态等难题，创新农业废弃物能源化利用技术，取得以下成果。

（1）构建纤维素高效降解菌系。分析糙皮侧耳、枯草芽孢杆菌、康宁木霉对甘蔗叶等秸秆降解作用效果，明确糙皮侧耳是预处理秸秆的关键菌种，可有效破坏木质素结构，提前释放纤维素和半纤维素，与未经纤维素降解菌处理的对照组相比，VS（挥发性固体）降解率提高 26.2%。

（2）创新多元物料混合发酵工艺。针对原料难降解等特性，采用干湿互补、长短结合的方式，分析不同发酵条件对产气效果的影响，明确在草粪比 1∶1、水力滞留期 20 天、返料比 0.5∶1 条件下，容积产气率可达 1.55 米^3/（米^3·天），与同类技术相比提高 20% 以上。

（3）研发预处理、进出料、增温保温和在线监控全链条发酵设备。创新秸秆打捆压缩模块、高效防堵全密封进料装置、沼气发酵过程智能监控系统，研发基于曲柄滑块式压缩的秸秆打捆机、物料塞自密封式进出料系统，以及由空气能空调、太阳能集热管、发酵罐盘管、储水箱、管路与控制系统组成的多功能互补型沼气干发酵反应器

增温系统。

（4）构建热带农业废弃物沼气利用技术体系。以连续式恒温滚筒干法厌氧发酵为核心技术，实现农业废弃物资源高效利用和气肥联产。通过技术示范，日处理有机废弃物500吨，生产的清洁能源可替代燃油消耗4 000吨/年，获得沼渣有机肥2.74万吨/年。

与国内外技术相比，连续式恒温滚筒干发酵具有连续进出料、中温恒温低能耗发酵、发酵数据远程与集中监控、容积产气率高等优点。通过全链条装备研发，实现了发酵设备的高效、节能和智能化。经相关专家评价，认为该成果在同类技术领域达到国际先进水平。

项目实施以来，获国家专利10项、软件著作权3项，发表论文27篇，编写相关规程2项，成果登记1项。项目成果已在广东、江西、广西、海南、湖南等十几家企业推广应用。沼气利用具有缓解能源紧缺、节能减排的作用；沼渣生产生物有机肥，用于特色经济作物种植，具有改良土壤、提升作物品质的效果。项目成果先后在广东、江西、广西、海南、湖南等地区的十几家大中型企业应用推广。秸秆以甘蔗叶、香蕉茎秆和菠萝茎叶为主，畜禽粪便以猪粪和牛粪为主，开展多元物料混合干法厌氧发酵。2015—2017年，日处理畜禽粪便和农业秸秆约2 550吨，年产沼气约1 100万米^3，年减排CO_2约25万吨，获得沼渣有机肥6.53万吨，实现了大量秸秆和畜禽粪便的资源化利用。2015—2017年新增利润1.64亿元，生态效益、社会效益、经济效益显著。2017年4月12日，生物质能源课题组专家作为培训教师开展2016年新型职业农民培育工程专业技能型职业农民培训授课，分别赴海南省三亚市抱前村和北岭村进行农民沼气工培训，共培训农民70人次。全国热带农业科技协作网以"农机所专家赴三亚开展农民沼气工培训"为题进行了报道，海口网、湛江农业信息港对该报道同时进行转发。相关技术与理论为我国热区农业废弃物资源综合利用提供了重要科技支撑，可广泛应用于秸秆和畜禽养殖废弃物资源化利用，同时辐射带动了整个热区农业废弃物资源利用技术的发展。

3. 澳洲坚果脱皮破壳关键技术装备研发与应用

主要完成单位：中国热带农业科学院南亚热带作物研究所、中国热带农业科学院农业机械研究所、中国热带农业科学院农产品加工研究所、贵州南亚热带农业发展有限公司

主要完成人员：薛忠、涂行浩、王棨、崔振德、范建新、曾辉、王刚、黄茂芳

工作起止时间：2009—2017年

奖项及等级：2020年度中国热带农业科学院科技创新奖三等奖

成果简介： 中国热带农业科学院南亚热带作物研究所1979年引进澳洲坚果到中国，经过40多年的推广种植，已在我国云南、广西、广东及贵州等省（区）广泛种植，截至2019年底，种植面积已达300万余亩，占世界总种植面积的56%以上，位居世界第一。国内中小型企业澳洲坚果初加工技术落后，劳动强度大，生产效率低，脱皮破壳不及时；随着现有幼龄果园陆续投产及现有结果园进入丰产期，澳洲坚果的产量将大幅度增长，小型初加工装备需求越来越大。项目组针对山地丘陵澳洲坚果中小规模脱皮破壳加工工艺及配套设备关键技术缺乏的瓶颈，系统开展了关键技术攻关与装备研发，历时10余年，取得了重大突破，主要创新成果如下。

（1）主要创新内容。明确了澳洲坚果物理机械特性参数。基于澳洲坚果物理机械特性在果实分级、加工工艺、装备研发等方面的重要性，研究获得了各物理机械特性随含水率变化的规律，探明了各物理机械特性与含水率之间的相关关系；明晰了试验因素对各种物理机械特性的影响显著性；测定了各物理特征参数和破壳力，为针对研发适合山地丘陵的脱皮机、破壳机提供理论依据。

探明了澳洲坚果低温干燥特性及干燥工艺。针对传统工艺加工过程中温度过高，果仁中心容易褐变且对其营养和风味有较大影响的问题，研究揭示了澳洲坚果干燥特性及干燥条件对干燥后品质、能耗的影响研究规律，发明了澳洲坚果低温干燥技术，解决了坚果干燥过程中果仁中心易褐变、容易裂果等难题。

研发了系列澳洲坚果破壳/脱皮装备。针对中小型规模坚果脱皮破壳机械化程度低、劳动强度大等问题，集成突破了澳洲坚果机械化破壳成套技术，研制了手持式破壳器、基于剪切的半自动破壳机、基于冲剪理论的自适应全自动破壳机以及螺旋对辊脱皮机等关键设备，解决了山地丘陵小规模集中加工对设备的需求。

（2）取得成果。项目逐步完成从手动破壳器、半自动破壳机到全自动破壳机系统研发，共取得发明专利4项、实用新型专利19项；发表论文8篇；制定企业标准2项；研发手持式破壳器、半自动、全自动破壳机、全自动脱皮机样机40多台套；建立推广示范点4个、加工生产线2条，培训果农3 000余人。

（3）技术经济指标。研制的全自动高效脱皮机，使脱皮由单果敲击到批量加工，处理量509千克/小时，脱皮率96.5%，单位时间脱皮量比链式脱皮机提高40%，且不需要二次脱皮。研制的自适应全自动澳洲坚果脱壳机，处理量102千克/小时，破壳率95.6%，比坚果锯壳机械破壳率提高近45%，实现破壳加工无须分级，批量加工机械化水平极大提高。

（4）应用情况及效益。该成果已在云南、贵州、广西、广东等地推广应用，累计产生直接效益约3 000万元，依托合作企业帮扶贫困户500户。极大地提高了我国澳洲坚果产业加工技术水平和企业的生产效率及核心竞争力，降低了农户的劳动强度和加工成本，产生了重大的经济效益与社会效益，显著推动了行业科技进步，为带动山地丘陵地区坚果种植产业发展、促进区域经济发展作出了突出贡献。

4. 南亚所党建工作模式创新与实践

主要完成单位：中国热带农业科学院南亚热带作物研究所、中国热带农业科学院湛江实验站

主要完成人员：陈佳瑛、唐远红、黄炳钰、袁晓丽、曾文可、马德勇、邢姗姗、邱桂妹

工作起止时间：2014—2020年

奖项及等级：2020年度中国热带农业科学院管理创新奖三等奖

成果简介：党建工作中存在的内在活力不足、创新性不强、缺少有效抓手、党建与业务工作"两张皮"等问题一直是党务工作的难点。在科研事业单位中，党建工作弱化、基层党组织战斗堡垒作用发挥不明显、党员先锋模范作用不突出等问题一直存在。新形势下，中共中央对党建工作的要求更加严格，为了适应新时代要求，项目团队在南亚所党委的带领下，以党的政治建设为统领，深入推进党的思想建设、组织建设、作风建设、纪律建设，不断创新党建工作机制和科学化水平。坚持强化"党建带动科研和成果转化、党建提升管理"的理念，坚持统筹谋划把方向、凝心聚力管大局、攻坚克难保落实，带领全所党员努力增强责任意识和担当品质，充分发挥了基层党组织战斗堡垒和党员的先锋模范作用，为落实院所、站工作目标，实施乡村振兴战略、促进南亚所科技创新事业发展发挥了重要作用。

项目主要完成人均从事党务工作多年，先后集成创新以下党建工作新模式。

（1）党支部"6个1"学习教育模式和党日主题活动模式。即深读1本好书、上好1堂党课、集中观看1部专题片、撰写1篇学习心得、组织学做专题研讨1次、进行主题学习交流1次。除了南亚所党委集中开展的红色教育主题党日活动、廉政教育主题党日活动外，还引导支部不断创新党日活动，如基地参观学习、与湛江市海关和湛江市直属机关工作委员会联合开展主题党日活动等，不断完善支部工作方法，提升了党支部组织力、凝聚力和战斗力，激发了创造力。

（2）理论学习中心组"五步走"学习模式。打破原来的理论学习中心组学习就是传达文件的模式，创新形成了年初有计划、次次有重点，与实际相结合，学前有准备、学中有讨论、学后有思考的模式，采用"五步走"即"观看警示教育片、第一议题学习、PPT导学、重点发言、结合所站实际讨论"流程，避免了学习枯燥无味，真正让学习入脑入心。

（3）党建工作"三个融合"模式。一是党建工作与中心工作深度融合；二是党建

工作与服务"三农"深度融合；三是党建工作与湛江市发展深度融合。以党建促业务、以业务强党建，做到党建与业务工作同安排、同部署、同落实，统筹推进，使党建工作与中心任务目标同向、工作合拍、措施配套。

这些新模式、新思路在工作中进行实践，取得了一定成效，所站各项事业再上新台阶，党建工作连续7年被湛江市直属机关工作委员会评定为"优秀"等级，先后7次被湛江市、中国热带农业科学院党组和农业农村部授予先进基层党组织荣誉称号。团队成员第一次组队参加2020年广东省和湛江市党建创新大赛，取得了广东省优秀奖和湛江市转变作风组第三名的好成绩。

5. 天然胶乳及其制品加工关键技术与应用

主要完成单位：中国热带农业科学院南亚热带作物研究所、中国热带农业科学院农产品加工研究所、湛江嘉力手套制品有限公司

主要完成人员：李普旺、吕明哲、杨子明、余和平、刘运浩、王超、周闯、何祖宇、王永周、何大民

工作起止时间：2004—2019年

奖项及等级：2020年度中国热带农业科学院科技创新奖三等奖

成果简介：天然橡胶是海南省乃至热带地区农业经济的重要支柱产业，天然胶乳及其制品加工是天然橡胶产业的重要组成部分，事关社会民生。然而，由于天然胶乳高氨保存体系环境污染严重、质量稳定性较差，制品蛋白质致敏性和粉尘问题使行业面临安全性挑战，天然胶乳及制品加工技术落后、装备自动化程度低等问题严重制约了我国天然胶乳制品行业的可持续发展。针对上述问题，该成果开展了天然胶乳及其制品加工关键技术研发与应用研究，突破了行业发展的技术瓶颈，取得多项突破性成果，主要创新如下。

（1）建立了天然胶乳低氨和无氨保存体系，发明了乳液接枝共聚法和氢氧化铝吸附沉淀法脱蛋白新技术，提高了天然胶乳原材料的质量。采用硫醇基苯并噻唑和磷脂等作为胶乳保存剂，使胶乳氨含量由常规的0.7%降至0.2%以下，实现天然胶乳低氨保存；三嗪类衍生物与月桂酸铵等稳定剂并用，进一步实现天然胶乳无氨保存，改善了生产环境。建立非酶水解法降低胶乳蛋白质的新技术，使胶乳氮含量降至0.15%以下，克服了酶水解法脱蛋白质后胶体稳定性降低的缺陷，有效提高制品的使用安全性。

（2）建立了纳米二氧化硅和贝壳粉表面改性及其复合增强天然胶乳技术，发明了壳聚糖接枝改性橡胶分子技术，创制了胶乳制品纳米抗菌隔离剂和抗菌剂，实现无粉化清洁生产，优化了胶乳制品产品性能。采用静电自组装技术将改性纳米SiO_2、贝壳粉等与天然胶乳共混，显著提高了纳米填料与橡胶基体的界面相容性，提高胶膜的力

学强度。利用氩等离子体激发结合紫外光辐照引发单体接枝共聚的处理技术，提高制品表面浸润性，改善制品亲水性；以香草醛壳聚糖作为多元抗菌因子赋予制品优异抗菌性，合成二氧化钛—聚硅氧烷乳液作为隔离剂实现无粉化清洁生产，并赋予制品抑菌性。

（3）研制了天然胶乳干胶含量快速测定仪及胶乳制品自动化生产设备，提高了生产效率。研制出便携式天然胶乳干胶含量快速测定仪，克服了国标烘干法耗时长、微波测量法误差大的缺陷；研制了胶乳制品自动浸渍机、凝固及烘干设备，大幅降低了劳动强度和人工成本，显著提高了生产效率和产品质量。

该成果获取得专利14项，其中发明专利9项；发表论文34篇，其中SCI/EI收录6篇；整体技术经专家评价达到国际先进水平，解决了制约天然胶乳及其制品行业的技术问题。技术工艺及生产设备已在广东、海南等多家胶乳加工及制品生产企业进行推广应用，2017—2019年累计实现新增产值8亿余元。该成果技术的推广应用有力推动了我国天然橡胶产业升级，取得了良好的经济效益、社会效益和生态效益。

6. 海产品加工废弃物高值化绿色利用技术研究及应用

主要完成单位：中国热带农业科学院南亚热带作物研究所、中国热带农业科学院农产品加工研究所、广东海洋大学、广东恒兴集团有限公司、海南路氏农业生产资料有限公司

主要完成人员：李普旺、杨子明、周闯、王超、何祖宇、刘运浩、宋书会、吕明哲、李思东、陈康健、陈苗、路永强、于鸽、聂宏

工作起止时间：2011—2020年

奖项及等级：2021年度中国热带农业科学院科技创新奖一等奖

成果简介：针对鱼虾等海产品加工废弃物资源利用率低、高值化利用技术缺乏、环境污染严重和产品附加值低等行业发展的瓶颈，开展了鱼虾加工废弃物绿色高值化利用关键技术攻关，取得以下创新成果。

（1）针对鱼虾加工废弃物有机质转化利用效率低、污染大和利用成本高的难题，创建了微生物菌发酵与生物酶协同降解新技术，研制了海产品加工废弃物肥料化利用自动化生产设备，突破鱼虾加工废弃物中蛋白质高效转化成小分子多肽及氨基酸，解决了废弃物高效转化和充分利用问题。与传统单一微生物或酸碱水解法相比，有机质转化利用效率提高15%以上，开发的氨基酸生物肥料中游离氨基酸含量为113.9克/升，比标准值（100克/升）提高了13.9%。

（2）针对鱼类加工废弃物制备饲料用鱼粉鱼油产品纯度低、质量不稳定的问题，研发了内源酶与外源酶复合酶解技术以及物理与化学耦合的鱼油精炼技术，与传统湿

法鱼粉生产工艺和传统高温高压鱼油精炼技术相比，避免了高温高压和浓酸浓碱对活性成分的影响，提高鱼粉鱼油的质量稳定性；开发的饲料用鱼粉粗蛋白质含量≥60%，精炼鱼油纯度达到99%以上。

（3）针对传统浓酸浓碱法制备壳聚糖污染大、生产成本高的问题，首创了弱酸替代强酸，弱碱替代强碱一步法脱钙脱乙酰技术用于处理虾加工废弃物制备壳聚糖材料，减少浓酸浓碱使用量60%以上，实现壳聚糖绿色高效制备，解决传统浓酸浓碱法污染环境和严重腐蚀设备的技术难题；开发了壳聚糖纳米祛斑化妆品、壳聚糖抗菌喷雾剂等系列高附加值功能产品，提高了废弃物的利用价值。

本成果获授权专利12项，其中发明专利9项；发表论文25篇，其中SCI/EI收录15篇，整体技术达到国际先进水平，解决了制约海产品加工废弃物利用的技术难题。技术工艺及生产设备已在广东、海南等地的多家企业进行推广应用，2018—2020年累计实现新增产值3.5亿余元。该成果技术的推广应用有力推动了我国海产品加工废弃物利用技术升级，取得了良好的经济效益、社会效益和生态效益。

7. 南亚所服务"三农"模式创新与实践

主要完成单位：中国热带农业科学院南亚热带作物研究所、中国热带农业科学院湛江实验站

主要完成人员：陈佳瑛、黄小华、左雪冬、邢姗姗、黄炳钰、马智玲、刘江平、曾辉、魏茹丹、欧阳红军、赵艳龙、韩建成、郑昊天、姚全胜、何小龙

工作起止时间：2006—2021年

奖项及等级：2021年度中国热带农业科学院科技创新奖一等奖

成果简介：2006年以来，中国热带农业科学院南亚热带作物研究所、湛江实验站积极响应国家精准扶贫和科技创新支撑乡村振兴的号召，"立足广东、服务热区"，大力开展科技帮扶，服务"三农"工作。创新服务"三农"模式，如"新型农民学校""农家课堂"和"科技小院"等，推动了"四川攀枝花晚熟芒果""广东雷州半岛菠萝"和"云南临沧澳洲坚果"等优势产区的建立和发展。共组织选派专家进驻乡村开展技术培训和技术指导1 500多人次，培训农技人员和农民10多万人次；推广应用新品种9个，推广应用面积10万亩以上，推广新技术与新模式18项。对口支援地方贫困村3个，全部提前实现精准扶贫，总结推介科技助推乡村振兴模式或典型经验2个。在四川省攀枝花市、西藏自治区林芝市、广东省湛江市南三镇巴东村等地建立助推乡村振兴及科技帮扶产业扶贫示范点7个。南亚所湛江站的科技服务"三农"工作取得了广泛的社会认可，多次被上级部门评为先进单位，央视网、农民日报网、广西新闻网等媒体先后刊发了所站服务"三农"工作的先进事迹。

2017年，农业部余欣荣副部长视察攀枝花芒果示范基地时，对南亚所驻扎攀枝花的科研人员给予高度评价，称其是把"论文写在大地上"的典范。

8. 澳洲坚果综合加工关键技术创新与应用

主要完成单位：中国热带农业科学院南亚热带作物研究所、广西南亚热带农业科学研究所、西南林业大学、临沧市林业科学院、江城中澳农业科技发展有限公司

主要完成人员：杜丽清、涂行浩、邓旭、王文林、张明、马飞跃、乔健、帅希祥、陈妹、李娅、施蕊、杨建荣、万举河、薛忠、刘灿

工作起止时间：2012—2021年

奖项及等级：2021年度中国热带农业科学院科技创新奖二等奖

成果简介：该项目属农林科技应用领域。我国澳洲坚果种植规模世界第一，产业的快速发展为促进群众增收和脱贫攻坚作出了积极的贡献。但澳洲坚果产业也面临很多难题，例如，健康属性物质基础不明，加工贮藏过程中功效成分变化机制不清；生产成本不断增加、质量控制体系不健全、产品同质化问题比较突出、生产工艺落后，与国外产品相比品质普遍较差，精深加工发展缓慢，梯次加工技术缺乏，附加值低，导致市面上的澳洲坚果产品同质化严重，严重阻碍了产业的进一步发展。项目组针对澳洲坚果加工基础薄弱、产品附加值低以及梯次加工技术缺乏的突出问题，系统开展了澳洲坚果健康属性挖掘与梯次加工关键技术体系创新，历时10余年，取得了重大突破，主要创新成果如下。

（1）挖掘了澳洲坚果特有健康属性功效成分，发明了节能高效的功能成分提取技术。对国内澳洲坚果主产区15个主栽品种的品质与加工特性进行了系统挖掘与整理，挖掘了其特有健康属性功效成分，构建了坚果脂质组学专用数据库；发明了澳洲坚果omega-7、多酚及黄酮等功能成分节能高效提取技术，实现了高品质澳洲坚果增值加工的原理创新，为驱动澳洲坚果健康消费提供了科学支撑。

（2）突破产地高效加工共性关键技术和装备，创建了澳洲坚果标准化加工与质量控制技术体系。针对传统工艺加工过程中温度过高，澳洲坚果果仁中心易褐变，营养和风味有较大散失的问题，突破产地高效加工共性关键技术和装备，创建了澳洲坚果标准化加工与质量控制技术体系，产地"趁鲜加工"，解决了加工过程中果仁中心易褐变裂果、产品易酸败氧化等产业难题；产地初加工能力显著提高30%以上，劳动力成本降低40%以上，产品货架期延长6个月以上。

（3）创制梯次加工及高值化利用新技术，破解了澳洲坚果产品形式单一、经济附加值低的瓶颈。针对澳洲坚果产品附加值低以及梯次加工技术缺乏的突出问题，研发了澳洲坚果果壳液熏香料、果壳活性炭、果壳棕色素、微胶囊及化妆品五大系列深加

工产品 12 款，全果 100% 利用，实现了澳洲坚果"吃干榨净"全产业链发展，破解了澳洲坚果产品形式单一、经济附加值低的瓶颈，实现了国内澳洲坚果产业多元化发展，促进了产业转型升级。

项目取得发明专利 10 项、实用新型专利 19 项，发表论文 31 篇，出版专著 1 部，制定农业行业标准 1 项，研发澳洲坚果五大系列精深加工产品 12 款，建立推广示范点 12 个、加工生产线 6 条。

该成果已在云南、贵州、广西、广东等主产地的 12 家企业推广应用，2019—2021 年累计直接产值 10 695 万元，依托合作企业帮扶贫困户 500 户。极大地提高了我国澳洲坚果产业加工技术水平及核心竞争力，产生了重大的经济效益与社会效益，为带动澳洲坚果产业发展、促进区域经济发展作出了突出贡献。

9. 橡胶树抗寒优良新品种'湛试 32713'选育与应用

主要完成单位：中国热带农业科学院湛江实验站、中国热带农业科学院南亚热带作物研究所、中国热带农业科学院橡胶研究所

主要完成人员：罗萍、贺军军、张华林、李文秀、姚艳丽、戴小红、李维国、高新生、张晓飞、程儒雄、庞廷祥、张健珍、郭森元

工作起止时间：1973—2021 年

奖项及等级：2021 年度中国热带农业科学院科技创新奖二等奖

成果简介：天然橡胶是我国战略资源的重要农产品，在国防军工、航空航天、海洋工程与高端制造等领域发挥了不可替代的作用。在复杂多变的国际形势下，需要保持一定数量的植胶面积和产量以保障国防基本需求。我国橡胶种植区域突破北纬 17º，扩展到北纬 24º。随着气候变化引起的极端低温和霜冻灾害，导致中重寒植胶区残次低效胶园比例大，极大地影响了产业的稳定发展。项目针对上述问题，在国家科技攻关、橡胶产业技术体系等项目资助下，开展了橡胶树抗寒高产选育种。经过 40 多年的协同攻关，研发了抗寒高产定向亲本选配技术，了解了亲本重要性状遗传特性，选育出抗寒优良品种'湛试 32713'，主要技术内容如下。

（1）针对抗寒高产杂交亲本组合缺乏，解析了橡胶树抗寒性的遗传规律，研发了定向亲本选配技术，指导构建了特殊配合力强的亲本组合。利用不同抗寒力、同父异母、同母异父和配合力测试等 356 个亲本组合杂交，调查 10 940 个杂交后代的抗寒力表明，杂交后代抗寒力的强弱受父母本抗寒力强弱制约，亲本间存在特殊配合力。构建了具有优良性状多、性状互补和具有特殊配合力的亲本定向选配技术；提出配合力较强的亲本（母本为'93-114''天任 31-46''IAN873'等，父本为'PR107''RRIM623''合口 3-11'等）和特殊配合力较强的组合（'93-

114'בֿ'PR107'、'GT1'בֿ'PR107'和'93-114'בֿ'IAN873'等），广泛应用于抗寒高产选育种。其中，'93-114'בֿ'PR107'作为典型代表，选育出抗寒性强、产量好的有性系'湛试327''湛试32713'和'湛试3274'品种，显著提高了抗寒高产育种材料的选出率。

（2）针对杂交组合遗传特性不清问题，利用表型鉴定和分子标记辅助手段，了解了后代的遗传特性，指导后代抗寒优良品种选育。以'93-114'בֿ'PR107'为亲本组合进行杂交，获得杂交后代282个单株，从中筛选出生长、产量和抗寒等单一或组合性状优良单株35个。利用表型鉴定和分子标记技术，解析了亲本和后代的重要性状和遗传关系，鉴定了后代的变异程度及优劣，指导后代抗寒高产良种选出。研究发现，'93-114'בֿ'PR107'杂交后代树围增长6.7～8.8厘米，杂种优势117.2%；相对电导率为19.33%～44.29%，杂种优势109.23%；年株增产0.80～7.96克，杂种优势为95.38%。说明，亲本组合的橡胶树生长和抗寒力杂交优势强，产量杂交优势较高，有利于选出速生、抗寒力强和产量较高的品种。

（3）针对极端温度低和霜冻的植胶环境，选育出国内外领先的抗寒优良新品种'湛试32713'，聚合了抗寒与产量性状，缓解了中重寒区良种短缺的问题。选育的'湛试32713'聚合了'93-114'的抗寒和'PR107'的产量性状，抗寒力与抗寒当家品种'93-114'相当，1～3年平均产量比'93-114'高10%以上，是国内外领先的抗寒优良新品种。'湛试32713'成为广东新一代橡胶园建设的主推品种，特别是在中重寒的广东省高州市、化州市和阳江市等地，为生产保护区建设和产品竞争力提供支撑。'湛试32713'于2017年获得植物新品种权证书，2020年进行非主要农作物品种登记。目前该品种累计推广面积5万亩以上，开割2万亩以上，2019—2021年干胶总产量2050吨以上，总产值2660万元以上。该项目选育出抗寒优良新品种3个，发表学术论文12篇，取得发明专利1项、实用新型专利1项。

10. 优质菠萝周年供果关键技术的创建与应用

主要完成单位：中国热带农业科学院南亚热带作物研究所、广东省农业科学院植物保护研究所、华南农业大学、陆丰市农产品产地检测站

主要完成人员：吴青松、陈菁、刘胜辉、陆新华、姚艳丽、孙伟生、高玉尧、林文秋、黄泽展、朱世江、沈会芳、魏长宾、张秀梅、孙光明、张红娜

工作起止时间：2007—2021年

奖项及等级：2021年度中国热带农业科学院科技创新奖三等奖

成果简介：菠萝是我国热区最具特色的优势水果之一，其中广东省和海南省是我国菠萝最大的主产区，占我国菠萝总种植面积和产量的80%和90%。菠萝产业是当

地农业经济发展、农民增收和精准脱贫的重要支撑产业。但菠萝产业中凸显出品种退化、品质下降、上市期集中和保鲜期短等问题，严重制约了产业的可持续发展。该项目经过10年的协同攻关，创建了以优良品种为基础、产期调节技术为核心、养分调控技术和病害绿色综合防控为保障的优质菠萝周年供果关键技术体系，具体技术要点如下。

（1）集资源优势创建了国家菠萝种质圃，选育出系列优质菠萝品种。从世界菠萝资源国引进菠萝种质130份，建成了我国菠萝资源份数最多、种类最全的国家种质资源圃；在杂交育种技术建立健全的基础上，选育出鲜食型优良株系20个，筛选出优质、高产、成熟期不同的'台农17号''金菠萝'和'台农21号'等10个优良品种，分别在不同季节成熟，为周年供果提供品种基础。

（2）发明了基于高效催花和控花的精准产期调控技术，实现了菠萝周年供果。在揭示菠萝花芽分化和成花规律的基础上，一方面，研发了单次和复合催花技术，可诱导夏季难催花品种'金菠萝''台农17号'成花率提高88%以上；另一方面，研发了控花叶面肥和生长调节剂、创建了种苗分级和分期定植技术，可分别降低自花率30%和65%左右。产期调控技术为周年供果提供核心技术支持。

（3）创建了基于果实发育和养分需求规律的品质调控和营养管理技术，显著提升了菠萝果实品质。在解析了果实发育细胞调控、品质变化和养分需求特征的基础上，一方面，研发了叶面肥，使产量提高17%，商品果率提高12%，可溶性固形物提高4.6%；另一方面，集成了果面喷施氨基酸钙等系列品质提升技术，使单果重增加6%~37%，糖酸比提高28%。品质调控促进了果实品质的提升。

（4）提出了脱落酸和低温2项绿色防控黑心病的技术，减少采后损失50%~80%，为果实的贮运提供了技术支持。

该成果总体达到国际先进水平。共取得发明专利4项，出版专著1部，发表学术论文23篇（SCI收录5篇），培养华南农业大学、华中农业大学等单位的硕士、博士研究生7名，制定了国家"菠萝产业优势布局"方案；近3年在广东、海南累计推广面积达5万亩，新增利润3亿元，对促进广东、海南等地的乡村振兴和产业精准扶贫作出了重要贡献，取得了显著社会效益、经济效益和生态效益。

（二）广西壮族自治区农业科学院科学技术奖

澳洲坚果产业关键技术研究与创新

主要完成单位：广西南亚热带农业科学研究所、云南省热带作物科学研究所、中国热带农业科学院南亚热带作物所、暨南大学、三只松鼠股份有限公司、洽洽食品股

份有限公司、龙州顺成苗木发展有限公司

主要完成人员：王文林、宋海云、汤秀华、张涛、韦媛荣、许鹏、贺鹏、陶亮、黄雪松、曾辉、贺熙勇、魏本强、金龙、顾千辉、谭秋锦、黄锡云、郑树芳、覃振师、何铣扬、莫庆道、韦哲君、周春衡、钟剑章、谭德锦、徐冬英、陈海生

工作起止时间：2008—2019 年

奖项及等级：2020 年度广西壮族自治区农业科学院科学技术奖一等奖

成果简介：我国是世界澳洲坚果第一大生产国，面积 403 万亩（全球占比 69.13%），但面临着优异种质缺乏、优质品种少，缺乏配套高效栽培技术，以及加工基础薄弱、产品单一等突出问题。该成果围绕上述问题开展研究，取得创新性成果如下。

（1）收集保存澳洲坚果数量居国内之首，集成杂交、辐射等方法创制优异种质 132 份，挖掘出调控成花、果实发育和干旱抗性等性状的 8 个基因，定向选育出优势品种 3 个，打破了国外品种垄断，新品种全国推广 222.36 万亩（占比 55.18%），广西推广 55.18 万亩（占比 95%），引领我国澳洲坚果产业发展。

（2）创新"活支柱品种改良""立体修剪＋'V'形整形""病虫害高效防控"等新品种配套高效栽培技术，有效加速低产林改造，提高亩产量 37.29%，减少坏果率 27.25%；制定喀斯特地区澳洲坚果栽培技术规程，填补石漠化区域坚果栽培技术空白，有力支撑我国澳洲坚果产业可持续发展。

（3）研创澳洲坚果专用破壳清洗、智能烘干关键技术与装备，降低人工成本 70%；使开口合格率达 95% 以上，延长货架期 6 个月；开发奶油、芥末等市场主流风味坚果产品，实现了产品多元化，引领中国坚果消费市场新风潮。

（4）该成果获品种宣定 3 个，地方标准 1 个，授权专利 6 项，出版著作 1 部，发表学术论文 33 篇。成果技术在广西、云南、广东、贵州等适宜区广泛应用，在广西 52 个县（市）114 个贫困村开展培训 158 期，累计培训 10 410 人次。2017—2019 年累计新增产值 112.33 亿元，新增利润 56.98 亿元，节约成本 7.66 亿元，取得显著的经济效益。项目成果总体居国际先进水平，新品种选育居国际领先水平。

四　获各级领导批示的重要报告

中国热带农业科学院关于科技支撑海南香蕉产业发展的报告

主要完成单位：中国热带农业科学院、国家香蕉产业技术研发中心、中国热带农

业科学院热带生物技术所、中国热带农业科学院南亚热带作物研究所

主要完成人员：谢江辉等

报告时间：2020年4月

批示情况：海南省沈晓明省长（时任）批示

报告内容：该报告全文如下。

中国热带农业科学院关于科技支撑海南香蕉产业发展的报告

一、研究背景

（一）香蕉产业比较效益突出

香蕉是世界鲜果贸易量第一和产量第二的大宗水果。我国是世界第二大香蕉生产国，海南省是我国香蕉发展的优势产区，2018年全省香蕉种植面积51.58万亩、产值35.64亿元，产值居全省种植业第三位，单位面积产值效益居全省第二位，是海南热带特色高效农业的优势产业和支柱型产业。

（二）受枯萎病等多因素影响，海南香蕉产业规模和效益快速下降

20世纪90年代中后期开始，随着社会资本的积极参与以及良种良苗良法的推广应用，海南香蕉产业得到了快速发展，成为中国香蕉产业化发展的领头羊，产业规模在2011—2012年达到历史高峰，种植面积达96.2万亩，产量达209.1万吨，分别占当年全省水果的61.2%和62.5%。海南香蕉也成为国产香蕉抗衡进口香蕉的主力军和中国高品质香蕉的代名词。然而，自2013年以来，受到香蕉枯萎病持续蔓延、气象灾害频发，以及广西、云南和东盟香蕉产业迅猛发展带来的市场冲击等多方面影响，海南香蕉产业逐渐衰落。2018年，海南香蕉收获面积51.51万亩、产量123.63万吨，仅分别为2012年最高峰的60.4%、58.2%；2018年海南香蕉总产值35.64亿元，为近10年最低，比2014年产值（82.9亿元）降低了52.7%。

（三）海南香蕉产业迎来新的发展机遇

首先，热带特色高效农业作为海南自贸试验区（港）三大产业之一和12个重点产业之一。海南省委、省政府出台一系列如金融、保险、土地等支持政策，为香蕉产业高质量发展带来新机遇。其次，全国香蕉产业区域布局和结构

调整已趋于尾声,广西和云南非优势产区与密集产区的种植面积已进行了大调减;"走出去"企业香蕉产能下降,国内市场缺口进一步加大(国内市场年消费量1 400万吨,现年产量为1 000万吨,缺口400万吨)。再次,新品种、新技术的研发使香蕉枯萎病可防可控,不再谈"枯"色变,产业效益稳步增长。'南天黄''宝岛蕉'等抗病品种的研发推广,"五位一体"香蕉枯萎病综合防控技术的应用,使得制约香蕉产业发展的最大障碍逐步解除。最后,海南香蕉产业经过多年的市场洗礼,品质、品牌效应仍然屹立不倒,市场认可度高;同时,该产业的规模化、组织化和社会化程度高,新技术、新成果相对容易产业化。海南香蕉产业应该紧紧抓住机遇,乘势而上,高起点谋划产业发展规划,高效率实施产业发展工程,重振海南香蕉产业雄风,打造百亿元产业,助力海南热带特色高效农业发展,为乡村振兴奠定坚实基础。

二、海南香蕉产业发展综合分析

(一)发展概况

1. 面积和产量

从20世纪90年代开始,海南香蕉产业快速发展,1990年海南香蕉种植面积和产量分别为11.67万亩和5.2万吨,1990—2018年产业呈先上升后下降的发展趋势,2011—2012年达到历史高峰期,2012年收获面积和产量分别为85.3万亩和209.1万吨,此后逐年下降,2018年收获面积和总产量分别为51.51万亩和121.6万吨。1999—2018年海南香蕉收获面积和产量变化趋势如图1和图2所示。

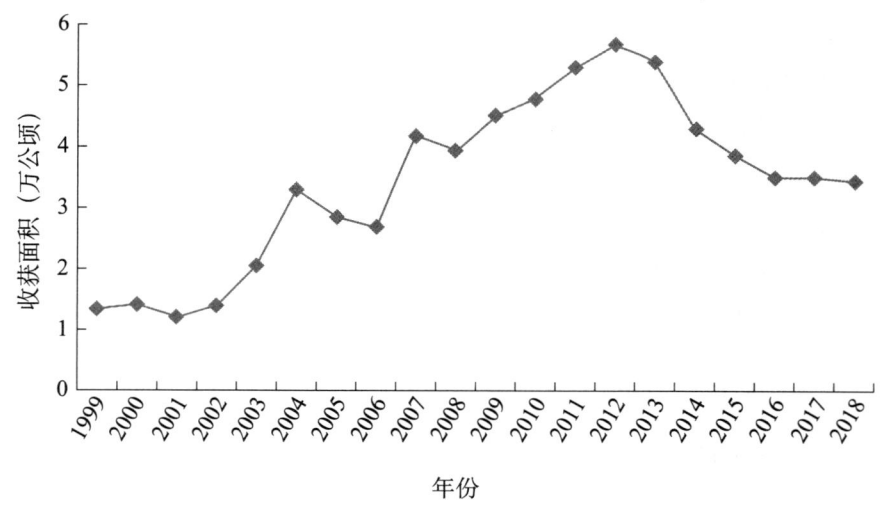

图1 海南省1999—2018年香蕉收获面积变化趋势

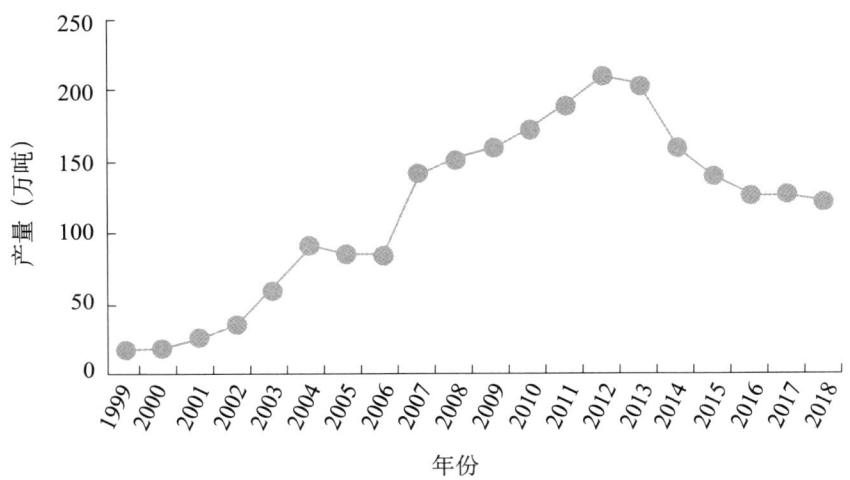

图 2　海南省 1999—2018 年香蕉产量变化趋势

2. 区域布局

海南省除三沙市外，其他 18 个市县均有香蕉种植。2018 年香蕉种植/收获面积达 4.5 万亩以上的市县有 4 个，为澄迈、临高、昌江、乐东；产量达 10 万吨以上的市县有 4 个，为澄迈、临高、昌江、乐东。2018 年海南各主产市县香蕉收获面积和产量如图 3 和图 4 所示。

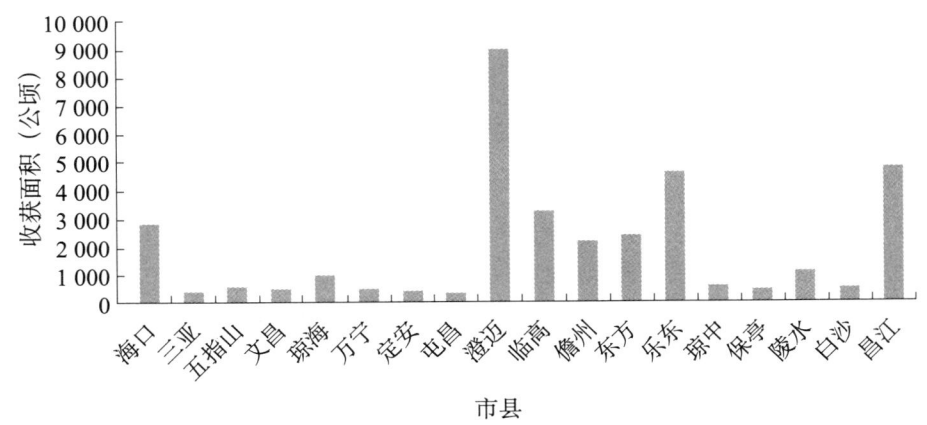

图 3　2018 年海南省各主产市县香蕉收获面积

香蕉的优势区域主要集中在海南省西北部和西南部 7 个市县（图 5），以'巴西蕉''威廉斯''宝岛蕉''南天黄''皇帝蕉'等为主栽品种，以 200 亩以上规模种植为主。现已形成琼西北优势产区（澄迈、海口、临高、儋州），收获面积约 25 万亩，其中，澄迈县特色蕉（'皇帝蕉''粉蕉''佳丽蕉'等）种植初具规模，面积约 7.1 万亩；琼西南优势产区（乐东、东方、昌江、白沙），收获面积约 17 万亩。上述两大优势产区收获面积占全岛的 81%。

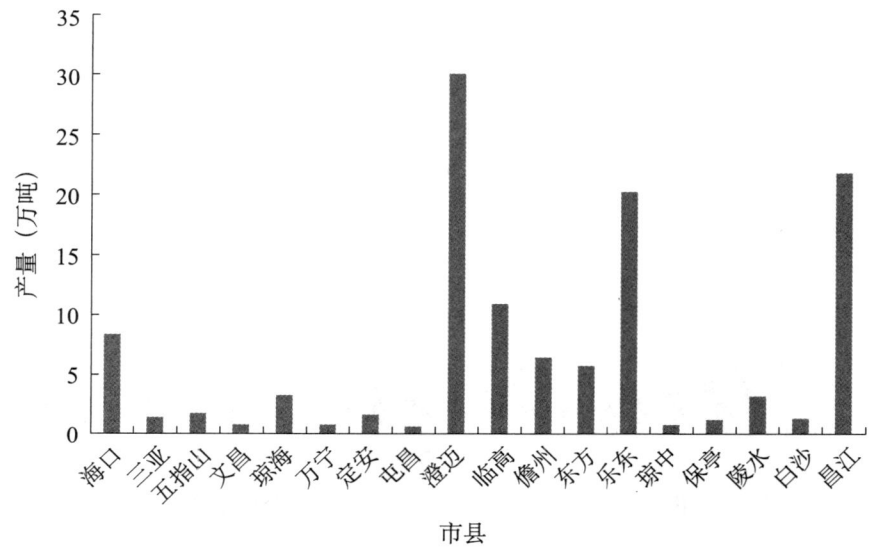

图4　2018年海南省各主产市县香蕉产量

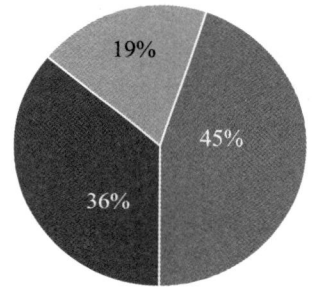

■ 琼西北（澄迈、海口、临高、儋州）
■ 琼西南（乐东、东方、昌江、白沙）
■ 其他市县

图5　2018年海南省香蕉种植区域分布

3.上市期

海南香蕉主要集中在4—8月上市，这一期间仅海南有大批量的优质香蕉上市，外观品相好、品质优，价格相对较高。我国香蕉各产区集中收获期不同，广西产区主要在9—11月上市，云南产区主要在11月至翌年3月上市，广东香蕉主要集中在6—8月上市（品质不如海南香蕉，产量有限）。

（二）社会效益和经济效益

2009—2018年海南香蕉产值平均每年达51.4亿元，2018年实现产值35.6亿元。根据海南农业产业损害监测预警项目组监测，2019年海南香蕉产值达

49.8亿元。同时，香蕉产业带动了相关行业的繁荣发展，包括土地流转、劳动力就业、化肥农药、运输、餐饮、包装等行业。

（1）带动当地群众增收。一是农民通过流转土地获得土地租金收入，2018年全省香蕉生产每亩土地租金约750元，每年香蕉种植的土地租金收入近3.8亿元。二是农民在种植企业和合作社等的带动下，逐步掌握种植技术并开始自己种植香蕉，种植香蕉的当地农户每户平均年收入超过5万元。

（2）带动就业。香蕉种植面积在60亩以上，一般都要请固定工对香蕉进行日常管护，如施肥、除草、喷药、抹花、疏果、套袋等，采收后按0.5～0.7元/千克支付固定工年度报酬，平均每亩产量按2 500千克计，每亩固定工劳动成本为1 250元，一般每50亩需要聘请2人进行日常管护，单固定工就能解决2.04万人就业；采收香蕉时，需要请挑蕉工将香蕉从植株旁挑到索道边再运输到包装房或直接挑到包装房，一般工价为4.0元/挑，每亩需640元；再加上整地、定植等的零工成本，每亩人工成本总计2 450元。

（3）带动农业生产资料、包装品行业发展。一是香蕉种植对肥料、农药用量较大，按照每亩化肥与农药成本3 200元计算，2018年海南51万亩香蕉每年带动16.3亿元农业生产资料流通。二是香蕉果实垫把、套袋、包装箱等用量较大，按照每株香蕉套袋材料1.5元计算，每亩套袋成本240元（按每亩种植160株计）；按照每13千克香蕉使用1个包装箱、包装箱每个5.0元、每亩香蕉产量2 500千克计算，每亩包装箱成本为962元。2018年，海南香蕉生产带动价值5.0亿元的套袋材料和包装箱销售。

（4）带动物流运输业、餐饮住宿业的发展。一是由于化肥、农药、包装品的大量流通，带动了运输行业的发展。二是香蕉运输主要以30吨左右的大型货车集中运输为主，2018年海南省香蕉产量121.6万吨，需要大型货车运4.05万车次，运输环节产生3亿元的价值。三是香蕉采购、代办、运输等带动了大批人员流动，同时带动了餐饮、住宿等服务业的发展。

（三）产业规划

海南省人民政府出台的《海南省热带特色高效农业发展规划（2018—2020年）》提出，以龙头企业和新型经营主体为平台，建设标准化特色果品基地，开展香蕉枯萎病等防治试点，推广活性生物菌肥的施用，提升作物对病害的免疫力。

(四)面临的挑战

1. 传统栽培品种抗病性差,部分抗病品种市场接受度不高,特色品种偏少

目前海南省香蕉以传统的'巴西蕉''威廉斯'品种为主,抗病性差,枯萎病发病率通常为10%~30%,严重的甚至高达60%~70%,植株一旦发病就会绝收,严重影响蕉农收入。'中蕉9号'高产、高抗枯萎病,但风味品质不如传统的'香牙蕉',市场接受度不高。'宝岛蕉''南天黄'和'热科2号'等抗病品种商品性状优良,但很多农户对它们的品种特性认识不足,部分配套技术研发和推广滞后,如采后保鲜催熟技术没有及时推广,经销商还是按照老经验催熟,导致'宝岛蕉'外观商品性能差,影响了市场推广,使得抗病品种在全省种植比例不高,仅占约20%。'皇帝蕉''粉蕉'等特色蕉初具规模(全省约10万亩),但'红香蕉''牛角蕉''酸蕉'等地方特色品种开发不足,对地方特色优良香蕉种质资源的收集、鉴定、提纯复壮的程度不够。

2. 健康种苗统繁统供能力不足,种苗市场缺乏监管

根据调研,香蕉二级育苗完全处于自发状态,缺乏统一严格的市场监管和可参考的标准繁育体系;种苗质量安全监管体系不健全,出现二级苗圃选址不规范、违规育苗、品种混杂、质量不稳定、带病劣质种苗流入市场等现象,导致种苗市场混乱,加剧了香蕉病虫害的蔓延,严重制约了海南香蕉产业可持续发展。

3. 香蕉枯萎病综合防控技术的推广力度须进一步加大

在国家香蕉产业技术体系、业界和政府的共同努力下,初步形成"五位一体"香蕉枯萎病综合防控技术体系,取得了一定成效,但技术的推广应用受多种因素影响,加上技术本身需要继续熟化,生产成本有所提高,蕉农可持续生产意识淡薄,存在"最后一公里"问题,多数种植户尤其是中小规模农户缺乏有效防控措施,因此,枯萎病综合防控技术的熟化推广力度须进一步加大。

4. 采后商品处理意识不足

在国内市场上,国产香蕉和进口香蕉零售价格存在很大差距,2019年,国内市场上,国产香蕉零售价为6~9元/千克,而进口香蕉零售价为9~12元/千克,二者的价格差异很大程度上取决于采后处理措施。我国进口香蕉主要来自菲律宾、厄瓜多尔和越南等国,香蕉采后严格按标准进行分级分类,如正牌大把蕉、小把蕉、切割蕉、根蕉,副牌大把蕉、小把蕉、切割蕉、根蕉,不同的产品销往具有不同需求的市场和国家;而国产香蕉一般是统货,

未针对不同的目标市场进行分级分类，好蕉和差蕉混装在一起，产品及品牌单一，严重影响香蕉销售价格。

5. 贮存与流通环节设施薄弱

香蕉属于鲜活农产品，在贮存和流通环节需要温度控制设施，三亚、澄迈、乐东等地都建有冷库，可以用于贮存香蕉，但总体上冷库、冷藏运输车等设施量少、规模小、成本高，根本不能满足香蕉贮存和运输需求。香蕉易腐的特点决定了建设贮存设施的迫切性和重要性，如不能在香蕉主产区内建立充足的贮存设施，一方面不利于缓解市场价格异常波动对香蕉产业造成的不利影响，无法维护蕉农的合法收益，另一方面也不利于香蕉品质的保证，间接降低香蕉的市场竞争力，甚至不利于香蕉产业形成地区规模效应。总的来说，贮存设施（如冷藏库、低温运输车等）对于香蕉产业的发展十分重要，这也是与国外香蕉主产国比较，我国基础建设较为薄弱的地方。例如，菲律宾香蕉采后的常温时间不超过4小时，大农场的香蕉采收包装后立即装入冷藏货柜，而国产香蕉从产地采收到销地批发市场存在长达2～3天的常温时间。

6. 产业链条短，附加值低

海南香蕉基本以鲜果销售为主，缺乏深加工，香蕉副产物的饲料化、肥料化等利用严重不足。香蕉采收后产生大量的副产物，如香蕉茎秆、香蕉叶和香蕉果轴等。有研究表明，香蕉茎叶废弃物与香蕉产量的重量比约为2.4，可以推算，海南每年香蕉茎叶废弃物达300万吨左右。在海南省，香蕉茎叶主要堆放在田边空闲地，甚至被当作"废物"直接焚烧，只有澄迈和三亚有少量香蕉茎叶粉碎还田。此外，海南未开发以香蕉为主题的休闲农业与乡村旅游项目，产业多功能挖掘不足。

（五）产业复兴条件

1. 方向更加明确

根据海南省委出台的《以创新为引领推进供给侧结构性改革的实施意见》，香蕉产业可重点从调精调优结构、提升品牌质量、培育新型经营主体、促进产业融合发展以及绿色生产等方面，全面推进产业供给侧结构性改革，助力热带特色农产品有效供给，为打造"王牌产业"奠定坚实基础。

海南特色蕉已初具规模，占海南香蕉种植面积的20%左右，特色蕉每千克平均价格比'香芽蕉'高1.5～3.0元，经济效益明显；海南香蕉大品牌效应仍然存在，区域竞争力和市场竞争力较强；海南全域旅游战略为香蕉产业融合发展创造了良好条件；国家香蕉产业技术体系通过在海南香蕉基地的试验示范，在水肥管理、轻简增效等方面取得了较好成效。

2. 区位优势更加突出

海南省地处热带地区，光温水条件独特，具备发展香蕉产业的优势，是为数不多的产品能与进口蕉媲美的产区。《中共中央 国务院关于支持海南全面深化改革开放的指导意见》（中发〔2018〕12号）明确提出"实施乡村振兴战略，要发挥热带地区气候优势，做强做优热带特色高效农业，打造国家热带现代农业基地"。热带特色高效农业作为海南自贸试验区（港）三大产业之一和12个重点产业之一，全岛建设自由贸易试验区和中国特色自由贸易港为其带来了全新的战略机遇和发展动力。香蕉作为海南第一大热带水果，是海南热带特色高效农业的重要组成部分，自贸区（港）的建设将为香蕉产业带来新优势。

3. 产业基础好

海南是最早成立香蕉组培苗公司的省区，健康种苗生产体系相对健全。香蕉在海南的适宜栽种区域广，正常年景投入产出比高、效益好，投入产出比一般在1：1，甚至达到2：1。种植规模一般在200亩以上，新型经营主体占比高，产业组织化程度是海南省水果中最高的，新技术、新成果相对容易产业化。2018年，海南省香蕉产量占全国总产量的10%左右。生产中，已出现香蕉生产专业化管理团队，以入股、派遣场长与技术员的方式承包蕉园的生产技术管理，托管部分关键生产环节，并负责销售，取得了很好的效果。蕉园专业技术和经营管理的社会化服务，解决了一家一户"办不了、办不好、办了也不合算"的难题，开创了香蕉高品质生产和规模化经营的新模式，实现了香蕉枯萎病的大面积有效防控（发病率最终控制在5%以内），以及香蕉标准化技术的无缝推广，是新型经营主体和新型经营模式的有益探索。

4. 产业发展的瓶颈已经取得突破

香蕉枯萎病是全球香蕉产业可持续发展的最大限制因子。受枯萎病等因素影响，近年来广西、云南产区香蕉种植面积相比最高峰分别减少了30%和40%。中国热带农业科学院在国际上率先创建了以土壤病原菌快速检测为指导、土壤调理为基础、抗病品种应用为核心、有益微生物添加为补充、免耕（少耕）标准化栽培为配套的"五位一体"香蕉枯萎病综合防控技术体系。该技术可使重病区（发病率50%以上）枯萎病发生率降低至10%以下，中度和轻度感病区（发病率30%以下）枯萎病发生率降低至3%以下。实现了香蕉枯萎病"有病无害""可防可控"，有效遏制香蕉枯萎病的蔓延和为害，现已出现香蕉企业从广西、云南回流海南的势头。

5. 市场认可度高

海南香蕉较早实现产业化、规模化和组织化，海南独特的气候环境，使得香蕉外观品相好、品质优，产品市场认可度高，主要在国内中高端市场销售。在20世纪90年代初至21世纪初，我国西北地区和西南地区的中高端市场几乎不进口香蕉，主要以海南香蕉满足市场的需求。云南、广西香蕉产业在21世纪初的起步阶段，多采取贴"海南香蕉"牌的方式进行销售，包装箱一般印制"海南香蕉"。加之上市期的因素，海南香蕉地头价格一般高于全国平均水平0.5元/千克甚至更高。

三、海南香蕉产业复兴目标

（一）复兴思路

遵循"绿水青山就是金山银山"的生态理念，按照"适度规模调结构，品种品质强品牌，轻简绿色提效益，三产融合可持续"的发展思路，立足海南资源禀赋，坚持以市场为导向、以科技为支撑、以政策为保障，通过统筹规划、科学布局、突出重点、分区发展，优化品种结构，适度规模发展。通过政策引导，鼓励减肥减药，机械作业，建立规模化、专业化、现代化的生态绿色香蕉产业体系；以科技为支撑，加快优良品种、抗病品种和特色品种的培育及其相关技术的研发及应用，推动果品深加工和秸秆的资源化利用，通过标准化生产示范园和现代产业示范园等载体，集成熟化推广关键技术；培育新型经营主体，强化品牌打造，推进产业向高端发展。

（二）复兴目标

通过5～8年的努力，建成一批品种良种化、基地规模化、生产专业化、设施现代化、运作市场化、质量标准化、服务社会化的香蕉示范基地。形成种苗繁育规范、产区布局合理、产品结构科学、冷藏物流发达、社会化服务完善的现代优质绿色香蕉产业体系，带动一二三产业融合发展；稳步提升香蕉质量，通过"绿色有机、地理标志、名优稀特"认定，培育一批区域品牌、企业品牌和产品品牌，进一步提升品牌知名度和价值，着力打造特色蕉品牌。

产业规模和经济效益稳步上升。到2028年，种植面积达到90万亩，单产达到2.6吨/亩，全省香蕉产业实现综合收入100亿元。特色蕉面积和占比进一步提高，至2025年，特色蕉种植面积达到20万亩。产业融合发展程度进一步提高，至2025年，创建以香蕉为主题的"省级休闲农业与乡村旅游示范点"1～2个。产业质量效益明显提升,至2025年,香蕉质量安全监管能力进一步增强,农药、肥料抽检合格率达到99.8%以上。"三品一标"认证面积达到25万亩,品牌香蕉产值占香蕉总产值的比例达35%以上。生产技术装备水平显著提升。到2025年,水肥一体化设施普及率达80%以上,香蕉机械化耕作与采收水平达40%以上。新型经营主体占比大幅提升。到2025年,香蕉新型经营主体占比达85%以上。

香蕉园区化建设成效明显。到2025年,新建3个生产要素集聚、产业技术集成、综合配套健全、体制机制创新的省级现代香蕉产业示范园,率先实现现代化。香蕉绿色发展取得更好成效。到2025年,化肥、农药减施5%以上,香蕉副产物综合利用率达到50%以上。

四、产业复兴重大举措

(一)优化区域布局

根据香蕉产区的特点、自然地理条件和区位优势,以生态环境条件、产业发展基础和对生产要素的优化配置为依据,遵循香蕉市场供求规律,形成香蕉可周年上市的合理熟期结构。同时,以'香芽蕉'为主,贡蕉('皇帝蕉''佳丽蕉')、粉蕉和大蕉等特色蕉也将适度规模发展,形成优质多元的种植结构,2025年海南省香蕉优势产区总体布局如下。

1. 琼西北香蕉优势区(澄迈、海口、临高、儋州)

发展优势:热量与光照条件较好,土地平整、肥沃,水源充足,种植历史悠久,单产水平较高;较其他香蕉产区,该优势区产品上市期属国产蕉生产空档期,香蕉品质优于同期其他产区。

主攻方向:以生产夏秋蕉(5—8月)为主,种植品种以'巴西蕉''宝岛蕉''南天黄'等'香芽蕉'为主,特色蕉以'皇帝蕉''粉蕉'等为主,该区特色蕉发展基础较好。不断扩大'宝岛蕉''南天黄'等抗病品种,'皇帝蕉''粉蕉'等特色蕉的种植比例;加快抗风、枯萎病综合防控、化肥农药减施增效等技术的示范推广,稳定种植面积,提高单产和品质,打造知名品牌尤其是特色蕉品牌。主攻国内中高端市场。

发展目标:到2025年,稳定种植面积45万亩,平均单产达到2.5吨/亩,鲜果总产稳定在110万吨。

2. 琼西南香蕉优势区(乐东、东方、昌江、白沙)

发展优势:热量充足,年积温高,几乎无霜冻,光照好,雨量充沛,土地平整，易成片开发，具有良好的产业基础；该优势区所产香蕉品质最优，与同期其他产区相比，果品质量、外观、催熟口感等方面均属国产蕉上乘水平，同期售价高于其他产区。

主攻方向：以生产春夏蕉（3—6月）为主，香蕉的生长周期为10～12个月，种植品种应以'宝岛蕉''南天黄'等抗病品种为主。加强抗病品种的试验示范与推广；加快枯萎病综合防控、化肥农药减施增效等技术的示范与推广，适当扩大种植规模，壮大产销联盟。主攻国内中高端市场。

发展目标：到2025年，稳定种植面积35万亩，平均单产达到2.75吨/亩，鲜果总产达到90万吨。

3. 琼中南香蕉特色区（琼海、陵水、五指山、三亚）

发展优势：热量充足，年积温高，几乎无霜冻，光照好，雨量充沛；该优势区的产品上市期属海南省旅游旺季，旅游人口多，特色水果需求旺盛，结合传统销售渠道和网络电商销售平台，能有效促进旅游消费，创造更多附加值。

主攻方向：以生产冬春蕉（12月至翌年3月）为主，香蕉的生长周期为12～13个月，种植品种应以海南本地特色、附加值高的品种为主，如'海南皇帝蕉''红香蕉''粉蕉''牛角蕉''酸蕉'等。主攻本地市场和我国港澳地区旅游市场。

发展目标：到2025年，巩固种植面积10万亩，平均单产达到2.0吨/亩，鲜果总产达到20万吨。

（二）调整产品结构

一是增加特色蕉种植比例。海南'香芽蕉'目前占比80%，特色蕉占20%（特色蕉是相对于传统'香芽蕉'而言的，主要有'粉蕉''贡蕉'和大蕉等）。相对于'香芽蕉'行情而言，特色蕉价格稳定且较高。相关数据显示，2018—2020年，'粉蕉'和'皇帝蕉'每千克地头平均价格比'香芽蕉'高1.5～3.0元和0.5～1.0元，'红香蕉'（大蕉类）地头价格高达10～12元/千克。通过示范推广，至2025年，海南省特色蕉面积达20万亩。二是创建以香蕉为主体的休闲农业与乡村旅游，实现农业与旅游业的融合，提高附加值。

（三）强化科技创新

1. 设立香蕉重大研发专项

建议海南省政府相关部门继续发挥国家香蕉产业技术体系、中国热带农业科学院、海南大学等科研院所和高校在香蕉产业复兴中的引领作用，重点围绕种质创新培育、香蕉园土壤环境监测、枯萎病综合防控、健康栽培、机械采收、采后处理等关键技术予以立项支持。力争经过 5~8 年的时间，解决海南香蕉生产中重大关键技术的基础研究、应用研究与集成创新，具体包括：①香蕉抗病品种和特色品种选育及健康种苗培育繁殖技术研究；②香蕉轻简化（机械化）生产技术体系的建立与应用；③香蕉枯萎病综合防控技术研究与集成应用；④香蕉高品质、可持续标准化生产技术体系的研究与应用；⑤香蕉采后保鲜与冷链物流体系的建立与推广；⑥香蕉果品深加工与副产物综合利用研究与示范，建立规模化、标准化的绿色生产和产品加工示范基地。

2. 加大技术示范和推广力度

（1）加大标准化技术示范与推广力度。推广"五位一体"的枯萎病综合防控技术，降低枯萎病发生面积，减轻为害程度，恢复海南香蕉产业规模；示范推广抗病品种和特色品种；建设规模化、标准化的绿色生产示范基地。

（2）成立海南香蕉产业技术创新联盟。为了健全产业发展长效机制，建议由政府倡导，由中国热带农业科学院、海南大学、海南省农业科学院、相关香蕉种植企业、香蕉专业合作组织等科研院所、高校、企业及社会团体组成海南香蕉产业技术创新联盟，以市场为导向，研究制定海南省香蕉产业复兴规划和香蕉枯萎病综合治理规划，同时，组织行业专家研究完善相关技术标准和规程。

（四）推进产业融合

以香蕉标准示范园和观赏景观园为载体，开发香蕉文化旅游线路，构建"种植+物流+互联网""种植+加工+销售""种植+旅游"产业融合模式，集成香蕉种植、加工、贸易、旅游、文化为一体，扶持建设香蕉主题旅游线路 1~2 条，实现香蕉产业融合，构建融合度较高的现代香蕉产业体系。

（五）重视品牌打造

在继续提高海南香蕉大品牌效应的基础上，培育"澄迈皇帝蕉""儋州酸蕉""兴隆奶蕉"等具有浓郁地域特色的公共品牌 2~3 个，加强地方文化与香蕉地理标志产品的营销融合，历史文化之根是打造区域品牌的源头活水，通过挖掘香蕉产业与地方文化在历史、文学、古今人物、民俗餐饮和民族文化等领域的结合点，打造香蕉区域品牌推广的点睛之笔，实现"产业链相加、价值链相乘、供应链相通"的三链重构格局。加强香蕉品牌宣传，以"绿色有机、地理标志、名优稀特"认定为抓手，扶持培育知名香蕉品牌2～3个。

（六）强化政策扶持与监管

健全联防联治机制。农业主管部门要建立健全香蕉联防联治机制。一方面，要规范香蕉种苗市场，严禁携带病毒、种质不纯的劣等种苗流入市场，切实加强香蕉病虫害传播源头管理，抓好产地检疫和监管，推进应施检疫的香蕉种苗全过程追溯监管平台建设。另一方面，要香蕉主产市县要加强协作配合，建立香蕉枯萎病等病虫害信息通报和定期会商制度，并严格按照技术规程开展病虫害防控工作。

加强农技推广体系建设。建议海南省和各级市县政府完善农业技术推广机构建设，加强基层农业技术人员力量，提升专业素养，完善管理机制。为香蕉种植、病虫害防控等提供指导和培训，推动香蕉产业新技术开发、技术推广和示范等。

完善财政支持政策。建议农业与财政等主管部门建立产业发展基金，积极引导社会资本进入香蕉产业发展；完善香蕉保险条款，提高蕉农投保积极性，扩大保险覆盖面，提升产业抗灾害风险能力；加大财政投入、支持香蕉蕉园土壤改良、农田水利设施、冷链物流设施等基础设施升级改造，试点香蕉秸秆回收利用补贴等。

第二章
选育品种简介

一 橡 胶

1.'湛试 4961'橡胶树

主要完成单位：中国热带农业科学院湛江实验站、中国热带农业科学院南亚热带作物研究所

主要完成人员：贺军军、李文秀、罗萍、张华林、姚艳丽、程儒雄

品种培育起止时间：1983—2021 年

鉴定情况：2021 年获得农业农村部授权

品种简介：'湛试 4961'是'湛试 334-5'בIAN873'进行杂交选育的优良新品种。该品种属早熟品种，树冠扁圆形；叶蓬弧形，叶痕心脏形；叶片倒卵形，顶/端部芒尖，基部渐尖，叶色深，三小叶显著分离；胶乳颜色白。定植后 8 年达到开割标准，开割后茎围年均增粗 2 厘米。正常割胶第一年平均干胶含量 27.23%，第一年平均亩产 30.88 千克，第二年平均亩产 45.65 千克。寒害级别和 4 级受害率分别比'93-114'重 0.20～0.97 级和 0.49%～27.27%，抗寒性中等偏上；风害级别和断倒率分别比'93-114'重 0.02～0.38 级和 0.49%～7.82%，抗风性中等。

2.'湛试 8673'橡胶树

主要完成单位：中国热带农业科学院南亚热带作物研究所、中国热带农业科学院湛江实验站

主要完成人员：贺军军、张华林、罗萍、庞廷祥、戴小红、李土荣、姚艳丽

品种培育起止时间：1964—2021 年

鉴定情况：2021 年获得农业农村部授权

品种简介：'湛试 8673'是'天任 31-45'×'PR107'进行杂交选育的优良新品种。该品种叶蓬半球形，叶痕心脏形；叶片椭圆形，顶端部芒尖，基部渐尖，叶色中，三小叶显著分离；胶乳颜色白。定植后 8 年达到开割标准，开割后茎围年均增粗 2 厘米。正常割胶平均干胶含量 26.30%，第一年平均亩产 17.23 千克，第二年平均亩产 21.58 千克。抗寒性强，与'93-114'相同。

3.'湛试 873'橡胶树

主要完成单位：中国热带农业科学院南亚热带作物研究所、中国热带农业科学院

湛江实验站

主要完成人员：罗萍、戴小红、贺军军、庞廷祥、张华林、李土荣、姚艳丽

品种培育起止时间：1988—2022年

鉴定情况：2022年获得农业农村部授权

品种简介：'湛试873'是'IAN873'自交选育的优良新品种。该品种树干圆滑直立，树冠卵圆形，叶蓬截顶圆锥形，叶痕心脏形；叶片倒卵形，顶端部芒尖，基部楔形，叶色深，三小叶分离等。定植后8年达到开割标准，开割后茎围年平均增粗2厘米。'湛试873'产量比'93-114'高50%以上，抗风性和'93-114'相等，抗寒性比'93-114'差，比'南华1号'强，产量较高，抗风性较差，易爆皮流胶。

二 芒果

1.'攀育2号'芒果

主要完成单位：攀枝花市农林科学研究院、中国热带农业科学院南亚热带作物研究所、攀枝花市仁和区仁和镇农业农村服务中心、百色市现代农业技术研究推广中心、攀枝花市鸿鹄农业开发有限公司、攀枝花康伯农业开发有限公司

主要完成人员：杜邦、马小卫、苟怀科、潘宏兵、李贵利、李桂珍、钟勇、刘斌、黄云、王成、陈千付、王松标、罗照西、刘彦彬、胡洪超

品种培育起止时间：2007—2021年

鉴定情况：2021年通过全国热带作物品种审定委员会审定

品种简介：'攀育2号'是从'乳芒'实生后代群体中筛选出的优良新品种。该品种树势强，枝梢旺长直立，株高3.5～4.8米；叶缘密波浪，幼叶颜色古铜绿色，成熟叶绿色；圆锥花序，花轴黄绿色，花瓣浅黄色，彩腺深黄色，两性花比例为6.61%～11.72%；核果椭圆形，单果重307.0～369.0克，果喙乳头状微突，果皮浅绿色；果核凸起，椭圆形，种子多胚。在四川攀枝花市仁和区、广西百色市，花期为2月下旬至3月上旬，在四川攀枝花市米易县为3月中下旬。成熟期在四川攀枝花市仁和区和广西百色市为7月中下旬，在四川攀枝花市米易县为8月中旬，果实发育期为120～160天，无大小年，表现稳产。鲜果果肉橙黄色，质地滑腻，纤维极少，可食率79.0%，可溶性固形物含量为20.2%，总糖含量为16.3%，总酸含量为0.20%，维生素C含量为70微克/克。

2. '热农 3 号' 芒果

主要完成单位： 中国热带农业科学院南亚热带作物研究所、攀枝花市锐华农业开发有限责任公司

主要完成人员： 武红霞、钟方祥、詹儒林、姚全胜

品种培育起止时间： 2009—2022 年

鉴定情况： 2022 年获得农业农村部授权

品种简介： '热农 3 号'是'热农 1 号'דP农 1 号'进行杂交选育的优良新品种。采集单株芽条嫁接扩繁获得 10 株无性系。

3. '热农 8 号' 芒果

主要完成单位： 中国热带农业科学院南亚热带作物研究所；攀枝花市锐华农业开发有限责任公司

主要完成人员： 姚全胜、钟方祥、詹儒林

品种培育起止时间： 2008—2022 年

鉴定情况： 2022 年获得农业农村部授权

品种简介： '热农 8 号'是'热农 1 号'×'金煌'进行杂交选育的优良新品种。采集单株芽条嫁接扩繁获得 10 株无性系。

4. '热农 9 号' 芒果

主要完成单位： 中国热带农业科学院南亚热带作物研究所、攀枝花市锐华农业开发有限责任公司

主要完成人员： 詹儒林、钟方祥、姚全胜

品种培育起止时间： 2008—2022 年

鉴定情况： 2022 年获得农业农村部授权

品种简介： '热农 9 号'是'热农 1 号'×'金煌'进行杂交选育的优良新品种。采集单株芽条嫁接扩繁获得 10 株无性系。

5. '热农 12 号' 芒果

主要完成单位： 中国热带农业科学院南亚热带作物研究所、攀枝花市锐华农业开发有限责任公司

主要完成人员： 马小卫、钟方祥、詹儒林、姚全胜

品种培育起止时间： 2009—2022 年

鉴定情况：2022 年获得农业农村部授权

品种简介：'热农 12 号'是'热农 1 号'ב台农 1 号'进行杂交选育的优良新品种。采集单株芽条嫁接扩繁获得 10 株无性系。

6. '热农 13 号'芒果

主要完成单位：中国热带农业科学院南亚热带作物研究所、攀枝花市锐华农业开发有限责任公司

主要完成人员：谢江辉、钟方祥、詹儒林、姚全胜

品种培育起止时间：2009—2022 年

鉴定情况：2022 年获得农业农村部授权

品种简介：'热农 13 号'是'热农 1 号'ב台农 1 号'进行杂交选育的优良新品种。采集单株芽条嫁接扩繁获得 10 株无性系。

7. '热农 15 号'芒果

主要完成单位：中国热带农业科学院南亚热带作物研究所、攀枝花市锐华农业开发有限责任公司

主要完成人员：詹儒林、钟方祥、姚全胜

品种培育起止时间：2009—2022 年

鉴定情况：2022 年获得农业农村部授权

品种简介：'热农 15 号'是'热农 1 号'ב台农 1 号'进行杂交选育的优良新品种。采集单株芽条嫁接扩繁获得 10 株无性系。

8. '热农 16 号'芒果

主要完成单位：中国热带农业科学院南亚热带作物研究所、攀枝花市锐华农业开发有限责任公司

主要完成人员：马小卫、钟方祥、詹儒林、姚全胜

品种培育起止时间：2009—2022 年

鉴定情况：2022 年获得农业农村部授权

品种简介：'热农 16 号'是'热农 1 号'ב台农 1 号'进行杂交选育的优良新品种。采集单株芽条嫁接扩繁获得 10 株无性系。

9. '热农 17 号'芒果

主要完成单位：中国热带农业科学院南亚热带作物研究所、攀枝花市锐华农业开

发有限责任公司

  主要完成人员：姚全胜、钟方祥、詹儒林

  品种培育起止时间：2009—2022 年

  鉴定情况：2022 年获得农业农村部授权

  品种简介：'热农 17 号'是'热农 1 号'בEF;'台农 1 号'进行杂交选育的优良新品种。采集单株芽条嫁接扩繁获得 10 株无性系。

10. '热农 18 号'芒果

  主要完成单位：中国热带农业科学院南亚热带作物研究所、攀枝花市锐华农业开发有限责任公司

  主要完成人员：姚全胜、钟方祥、詹儒林

  品种培育起止时间：2009—2022 年

  鉴定情况：2022 年获得农业农村部授权

  品种简介：'热农 18 号'是'热农 1 号'ב台农 1 号'进行杂交选育的优良新品种。采集单株芽条嫁接扩繁获得 10 株无性系。

11. '热农 20 号'芒果

  主要完成单位：中国热带农业科学院南亚热带作物研究所、攀枝花市锐华农业开发有限责任公司

  主要完成人员：姚全胜、钟方祥、詹儒林

  品种培育起止时间：2007—2022 年

  鉴定情况：2022 年获得农业农村部授权

  品种简介：'热农 20 号'是'金煌'ב爱文'进行杂交选育的优良新品种。采集单株芽条嫁接扩繁获得 10 株无性系。

12. '热农 25 号'芒果

  主要完成单位：中国热带农业科学院南亚热带作物研究所、攀枝花市锐华农业开发有限责任公司

  主要完成人员：柳凤、钟方祥、詹儒林、姚全胜

  品种培育起止时间：2007—2022 年

  鉴定情况：2022 年获得农业农村部授权

  品种简介：'热农 25 号'是'金煌'ב爱文'进行杂交选育的优良新品种。采集单株芽条嫁接扩繁获得 10 株无性系。

13. '热农 26 号'芒果

主要完成单位：中国热带农业科学院南亚热带作物研究所、攀枝花市锐华农业开发有限责任公司

主要完成人员：姚全胜、钟方祥、詹儒林

品种培育起止时间：2010—2022 年

鉴定情况：2022 年获得农业农村部授权

品种简介：'热农 26 号'是'凯特'בGÇ热农 1 号'进行杂交选育的优良新品种。采集单株芽条嫁接扩繁获得 10 株无性系。

14. '锐华 3 号'芒果

主要完成单位：中国热带农业科学院南亚热带作物研究所、攀枝花市锐华农业开发有限责任公司

主要完成人员：姚全胜、钟方祥、詹儒林

品种培育起止时间：2008—2022 年

鉴定情况：2022 年获得农业农村部授权

品种简介：'锐华 3 号'是'金煌'×'热农 1 号'进行杂交选育的优良新品种。采集单株芽条嫁接扩繁获得 10 株无性系。

15. '锐华 5 号'芒果

主要完成单位：中国热带农业科学院南亚热带作物研究所、攀枝花市锐华农业开发有限责任公司

主要完成人员：钟方祥、詹儒林、姚全胜

品种培育起止时间：2008—2022 年

鉴定情况：2022 年获得农业农村部授权

品种简介：'锐华 5 号'是'金煌'×'热农 1 号'进行杂交选育的优良新品种。采集单株芽条嫁接扩繁获得 10 株无性系。

16. '锐华 6 号'芒果

主要完成单位：攀枝花市锐华农业开发有限责任公司、中国热带农业科学院南亚热带作物研究所

主要完成人员：钟方祥、詹儒林、姚全胜

品种培育起止时间：2009—2022 年

鉴定情况：2022 年获得农业农村部授权

品种简介：'锐华 6 号'是'热农 1 号'דʼ台农 1 号'进行杂交选育的优良新品种。采集单株芽条嫁接扩繁获得 10 株无性系。

17. '锐华 7 号'芒果

主要完成单位：攀枝花市锐华农业开发有限责任公司、中国热带农业科学院南亚热带作物研究所

主要完成人员：钟方祥、詹儒林、姚全胜

品种培育起止时间：2008—2022 年

鉴定情况：2022 年获得农业农村部授权

品种简介：'锐华 7 号'是'热农 1 号'דʼ金煌'进行杂交选育的优良新品种。采集单株芽条嫁接扩繁获得 10 株无性系。

18. '锐华 8 号'芒果

主要完成单位：攀枝花市锐华农业开发有限责任公司、中国热带农业科学院南亚热带作物研究所

主要完成人员：钟方祥、詹儒林、姚全胜

品种培育起止时间：2008—2022 年

鉴定情况：2022 年获得农业农村部授权

品种简介：'锐华 8 号'是'热农 1 号'דʼ金煌'进行杂交选育的优良新品种。采集单株芽条嫁接扩繁获得 10 株无性系。

19. '热农 29 号'芒果

主要完成单位：中国热带农业科学院南亚热带作物研究所

主要完成人员：武红霞、王松标、许文天、马小卫

品种培育起止时间：2006—2023 年

鉴定情况：2023 年获得植物新品种权

品种简介：'热农 29 号'是从'热农 1 号'开放授粉后代群体中选育出来的优良新品种。该品种树冠中等开张，树势较旺，分枝能力强；圆锥形花序；果实圆球形，果皮光滑细腻，果形端正，果实外观好，青熟果呈绿黄色，成熟果黄色，果肉橙黄色；果实中等大小，平均单果重 522 克；果肉可溶性固形物含量 18.0%～22.2%，可滴定酸含量 0.36%，还原糖含量 2.5%，维生素 C 含量 0.264 1 毫克/克，可食率 80.0%；种核椭圆形，纤维中等偏少。对低温阴雨和干旱等逆境的适应能力强，耐贮性好。和亲本

'热农1号'相比，其成花坐果能力和抗病能力相当，但其成熟期早7～15天，可溶性固形物含量更高，甜酸适口，鲜食风味更佳，属优良的早中熟品种。

三 澳洲坚果

1. 'OC' 澳洲坚果

主要完成单位：中国热带农业科学院南亚热带作物研究所

主要完成人员：邹明宏、陆超忠、曾辉、张汉周、杨为海、杜丽清、詹儒林、罗炼芳、王一承、万继锋

品种引进时间：1984年引进（澳大利亚选育品种）

鉴定情况：2021年通过广东省农作物品种审定委员会审定

品种简介：'OC'澳洲坚果是澳大利亚著名澳洲坚果育种家Norm Greber在昆士兰州比瓦（Beerwah）地区自然授粉实生树群体中选育出的优良品种'Own Choice'。1984年2月18日由广东土产进出口公司从澳大利亚引进该品种嫁接苗并赠送南亚所，同年，南亚所陆超忠研究员从云南德宏带回该品种的芽条，对其进行嫁接繁殖。该品种树冠密集，灌木型，树形开张，呈圆形，自然分枝力强，枝条小而多，抗风性强；新梢绿色，节间长约3.6厘米；叶片倒卵形，嫩叶淡绿色，老叶亮绿色，三叶轮生，长11.29厘米、宽4.22厘米，叶柄长0.91厘米，叶端比叶基宽、圆形，叶全缘或波浪形、扭曲，叶缘无刺或极少刺、反卷；花穗较短，长10～15厘米，每个花穗有小花100～200朵，小花两性、乳白色；带皮果（果实）卵圆形、亮绿色、较大，果皮光滑，果顶乳状突起物大、长而尖，果柄极粗短，果实底部与果柄连接处锥形、有棱，纵径3.80厘米，横径3.32厘米，平均单粒重19.68克；壳果光滑，淡咖啡色斑纹多且集中在萌发孔附近，壳果的一端有一明显裂片，缝合线无浅沟，靠近脐端有许多大的斑点，腹缝线不明显，萌发孔小，平均单粒重9.40克；果仁乳白色，平均单粒重2.78克，出仁率34.1%，一级果仁率100%，果仁中总糖含量2.58%，蛋白质含量9.52%，含油率73.3%。

2. 'A16' 澳洲坚果

主要完成单位：云南省热带作物科学研究所、中国热带农业科学院南亚热带作物研究所、贵州省亚热带作物研究所、广西壮族自治区亚热带作物研究所、广西南亚热带农业科学研究所

主要完成人员：贺熙勇、陶亮、曾辉、倪书邦、陶丽、康专苗、邹明宏、曾黎明、耿建建、宫丽丹、王文林、王代谷、罗炼芳、吴超、马静

品种引进时间：1997 年引进（澳大利亚选育品种）

鉴定情况：2022 年通过全国热带作物品种审定委员会审定

品种简介：'A16'澳洲坚果是 1981 年由澳大利亚隐谷种植场从'Renown'澳洲坚果的开放授粉杂交后代中选育。该品种树姿为半开张，树势中等，枝条健壮；叶片为三叶轮生，宽阔，叶缘上几乎没有刺；果仁大小中等，呈乳白色，出仁率为 34.7%～37.5%。生产性试验结果表明，云南地区 6～8 年和 15～17 年树龄的植株年均鲜壳果亩产为 190.98 千克，贵州地区 6～8 年和 9～11 年树龄的植株年均鲜壳果亩产为 200.68 千克。适宜在云南临沧、德宏、保山、普洱、西双版纳，贵州南北盘江、红水河河谷地带，以及广东中部无明显台风影响的地区推广种植。

3. 'A4'澳洲坚果

主要完成单位：云南省热带作物科学研究所、贵州省亚热带作物研究所、中国热带农业科学院南亚热带作物研究所、云南省农业科学院热带亚热带经济作物研究所

主要完成人员：贺熙勇、陶亮、倪书邦、陶丽、康专苗、曾辉、何双凌、宫丽丹、王代谷、马静、杨帆、岳海、耿建建、吴超、李志强

品种引进时间：1997 年引进（澳大利亚选育品种）

鉴定情况：2022 年通过全国热带作物品种审定委员会审定

品种简介：1981 年由澳大利亚隐谷种植场从'Renown'澳洲坚果开放授粉杂交后代中选育。该品种树姿开张，树势中等，枝条健壮；三叶或四叶轮生，叶缘刺步，叶面平整；果仁中等大，乳白色，出仁率 38.73%～40.50%。生产性试验结果表明，云南地区树龄 8 年的植株鲜壳果亩产 103.93～150.86 千克，贵州地区树龄 9～11 年的植株鲜壳果亩产 244.64～278.08 千克。适宜在云南临沧、德宏、保山、普洱、西双版纳，以及贵州南北盘江、红水河河谷地带等澳洲坚果产区推广种植。

4. 'O.C'澳洲坚果

主要完成单位：贵州省亚热带作物研究所、中国热带农业科学院南亚热带作物研究所、云南省热带作物科学研究所

主要完成人员：王代谷、康专苗、张燕、曾辉、邹明宏、范建新、陶亮、贺熙勇、杜丽清

品种培育起止时间：1993—2022 年

鉴定情况：2023 年通过贵州省林草品种审定委员会审定

品种简介：20世纪50年代中期由澳大利亚著名澳洲坚果育种家Norm Greber从澳大利亚昆士兰州Amamoor附近的实生树群体中选育的优良新品种。1993年贵州省亚热带作物研究所从中国热带农业科学院南亚所引进该品种到贵州望谟县种植。该品种平均单果仁重3.0克，平均鲜果出籽率50.3%，平均出仁率32.2%，一级果仁率100%，果仁含油率76.7%。贵州省望谟县、兴义市、贞丰县、赤水市的试验表明，定植后第三年开始初花试果，第七年平均单株带壳果产量为3.2～6.4千克；在望谟县、兴义市、贞丰县试验点，定植后第十三年平均单株带壳果产量为12.8～14.5千克。

5. '南亚1号'澳洲坚果

主要完成单位：贵州省亚热带作物研究所、中国热带农业科学院南亚热带作物研究所、贵州省兴义市种苗站

主要完成人员：朱文华、康专苗、郭广正、曾辉、雷静、邹明宏、王代谷、杜丽清、张健

品种培育起止时间：2016—2022年

鉴定情况：2023年通过贵州省林草品种审定委员会审定

品种简介：由中国热带农业科学院南亚所从引进的商业性澳洲坚果种子播种的实生苗群体中选育的优良新品种。该品种平均单果仁重3.1克，平均鲜果出籽率45.9%，平均出仁率34.1%，一级果仁率100%，果仁含油率78.6%。贵州省望谟县、兴义市的试验表明，2年生苗定植后第三年开始初花试果，定植5年平均单株带壳果产量为1.42～2.5千克；在兴义试验点定植7年后平均单株带壳果产量为6.30千克。

6. '南亚3号'澳洲坚果

主要完成单位：贵州省亚热带作物研究所、中国热带农业科学院南亚热带作物研究所、兴义市种苗站

主要完成人员：康专苗、曾辉、张燕、雷静、郭广正、邹明宏、宋喜梅、杜丽清、张健

品种培育起止时间：2009—2023年

鉴定情况：2023年通过贵州省林草品种审定委员会审定

品种简介：中国热带农业科学院南亚所从引进的商业性澳洲坚果种子播种的实生苗群体中选育的优良新品种。该品种平均单果仁重3.2克，平均鲜果出籽率49.5%，平均出仁率32.8%，一级果仁率100%，果仁含油率75.6%，在贵州省望谟县、兴义市的试验点，2年生苗定植3年后开始初花试果，定植5年平均单株带壳果产量为2.32～2.62千克；在兴义试验点，定植7年平均单株带壳果产量为9.43千克。

四 甘 蔗

1.'热甘1339'甘蔗

主要完成单位：中国热带农业科学院南亚热带作物研究所

主要完成人员：苏俊波、孔冉、罗炼芳、雷新涛、李栋梁、冯文星

品种培育起止时间：2013—2021年

鉴定情况：2021年获得农业农村部授权

品种简介：'热甘1339'是'粤糖94-128'דROC22号'进行杂交选育的优良新品种。该品种植株直立，脱叶性较好，中大茎，节间圆筒形，曝光节间为绿色，未曝光节间为黄绿色，节间蜡粉较多，生长带颜色为黄绿色，内叶耳大小为披针形，芽形状为三角形，芽沟深度很浅，芽翼相对位置为下缘达芽1/2处，芽翼形状为冒状两边有突出物。2019年终测产表明，'热甘1339'平均产量达7.23吨/亩，比对照'ROC22'增产8.5%；平均含糖量为14.77%，与对照持平；抗花叶病、梢腐病，弱感黑穗病。

2.'热甘14291'甘蔗

主要完成单位：中国热带农业科学院南亚热带作物研究所

主要完成人员：苏俊波、孔冉、刘洋、罗炼芳、徐磊、高玉尧、胡小文、窦美安、安东升、冯文星

品种培育起止时间：2014—2022年

鉴定情况：2022年获得农业农村部授权

品种简介：'热甘14291'是'粤糖92-1287'ד新台糖22号'进行杂交选育的优良新品种，该品种节间颜色（曝光）为浅灰紫色，未曝光为黄绿色，节间形状为圆筒形，有节间条纹，有少量拉粉，生长带黄绿色，茎基部芽突起明显，芽形状芽为卵圆形，沟深度为中等，芽沟长度短，叶鞘花青苷显色强度弱，外叶耳形状为过渡型，叶鞘包茎程度松。具有高产稳产、早熟高糖、适宜机械化等特性，生产上表现为萌芽率好、分蘖力强、脱叶性好、中至中大茎，抗花叶病、梢腐病，弱感黑穗病。经过多年观察，新植蔗平均产量为6.72吨/亩，第一年宿根产量为7.14吨/亩，第二年宿根产量为6.65吨/亩，分别比对照'ROC22'增产7.63%、18.52%；全期平均糖分为15.42%，比对照'ROC22'的15.13%增加0.29个百分点。

3. '热甘 16239' 甘蔗

主要完成单位：中国热带农业科学院南亚热带作物研究所

主要完成人员：苏俊波、孔冉、刘洋、徐志军

品种培育起止时间：2016—2023 年

鉴定情况：2023 年获得农业农村部授权

品种简介：'热甘 16239' 是 '热甘 10-1680' × '粤糖 00-236' 进行杂交选育的优良新品种。该品种出苗整齐，分蘖强，中大茎，蔗茎均匀，宿根性好，植株直立，高度中等；节间呈圆筒形，蔗茎未曝光部分为黄绿色，曝光部分为绿色；芽呈椭圆形，芽尖未达生长带，芽基与叶痕相平，脱叶性好。新植产量与对照 'ROC22' 相当，平均蔗糖含量约为 15.49%，比对照 'ROC22' 高 0.27 个百分点。适宜于粤西蔗区及气候类似区域冬植或早春植。

4. '热甘 16117' 甘蔗

主要完成单位：中国热带农业科学院南亚热带作物研究所

主要完成人员：孔冉、苏俊波、刘洋

品种培育起止时间：2016—2023 年

鉴定情况：2023 年获得农业农村部授权

品种简介：'热甘 16117' 是 'ROC26' × '内江 03-218' 进行杂交选育的优良新品种。该品种出苗整齐，大茎，植株直立、整齐、均匀；节间呈圆筒形，蔗茎未曝光部分黄绿色，曝光部分灰紫色；芽呈圆形，芽尖未达生长带，芽基与叶痕相平，脱叶性好。新植产量较对照 'ROC22' 增产约 8.5%。适宜于粤西蔗区及气候类似区域冬植或早春植。

五 香 蕉

1. '南角 1 号' 香蕉

主要完成单位：中国热带农业科学院南亚热带作物研究所

主要完成人员：李伟明、庞振才、谢江辉、胡会刚、胡玉林、孙德权、段雅婕

品种培育起止时间：2016—2023 年

鉴定情况：2023 年获得农业农村部授权

品种简介：'南角 1 号'是'小果野蕉'בˊ东莞中把大蕉'进行杂交选育的优良新品种。该品种每串果穗有果梳 6~8 把，通常有 2 把以上整把果实无法正常发育，整穗果实则有 1/3 以上果指无法正常发育，这些不能正常发育的果指果肉极少，属于瘪果；而其他正常发育的果指则果形比较饱满，横切面近似圆形，果棱不明显，果指的先端呈瓶颈状，果皮光滑，类似粉蕉。另外，在冬季最低温度低于 16℃ 的条件下，1 周内叶片中脉正面呈现十分明显的浓重紫红色。近似品种'东莞中把大蕉'（母本）通常整穗果实正常发育，果指的果棱比较明显，果指先端呈钝尖状，低温条件下叶片中脉正面保持绿色不变。

2. '南角 2 号'香蕉

主要完成单位：中国热带农业科学院南亚热带作物研究所

主要完成人员：李伟明、谢江辉、庞振才、胡会刚、孙德权、段雅婕、胡玉林

品种培育起止时间：2016—2023 年

鉴定情况：2023 年获得农业农村部授权

品种简介：'南角 2 号'是'长梗蕉'בˊ东莞中把大蕉'进行杂交选育的优良新品种。该品种每串果穗通常着生果梳 9~12 把。突出特点是头把果梳有一边侧的一个果实呈四棱形，且其中两棱靠得较近。该特征与近似品种'东莞中把大蕉'（母本）以及其他大蕉类品种头把果梳两边侧果实均呈三棱形的特征具有明显区别。

3. '南角 7 号'香蕉

主要完成单位：中国热带农业科学院南亚热带作物研究所

主要完成人员：谢江辉、李伟明、庞振才、段雅婕、胡会刚、孙德权、胡玉林

品种培育起止时间：2016—2023 年

鉴定情况：2023 年获得农业农村部授权

品种简介：'南角 7 号'是'长梗蕉'בˊ东莞中把大蕉'进行杂交选育的优良新品种。该品种每串果穗通常着生果梳 7~9 把。突出特点是果皮呈青色，与近似品种'东莞中把大蕉'（母本）和其他常见大蕉类品种果皮呈绿色的特征具有明显区别。

4. '南角 16 号'香蕉

主要完成单位：中国热带农业科学院南亚热带作物研究所

主要完成人员：李伟明、孙德权、段雅婕、胡玉林、庞振才、胡会刚、谢江辉

品种培育起止时间：2016—2023 年

鉴定时间：2023年获得农业农村部授权

品种简介：'南角16号'是'小果野蕉'ב东莞中把大蕉'进行杂交选育的优良新品种。该品种生育期较短，在广东省湛江市麻章区从吸芽栽植到树上出现黄熟果实仅需9~11个月时间。产量较低，每果穗仅有果梳5~7把，果指偏小，呈细长形。突出特征是成龄抽穗植株叶翼在夏季高温条件下呈绿色或轻微红色，冬季随着温度降低（日最低温低于18℃）逐渐呈现红色，且日最低温度越低，红色越深。近似品种'东莞中把大蕉'（母本）和其他常见大蕉类栽培品种生育期为11~13个月，一般冬季低温条件下成龄植株的叶翼及整个植株能够保持绿色，不发生随温度变化而出现明显红色。

5.'南角22号'香蕉

主要完成单位：中国热带农业科学院南亚热带作物研究所

主要完成人员：李伟明、胡会刚、谢江辉、庞振才、段雅婕、胡玉林、孙德权

品种培育起止时间：2016—2023年

鉴定时间：2023年获得农业农村部授权

品种简介：'南角22号'是'小果野蕉'ב东莞中把大蕉'进行杂交选育的优良新品种。该品种每串果穗有果梳6~8把。突出特点是整根果指呈细长状，果指先端呈瓶颈状或乳头状，与近似品种'东莞中把大蕉'（母本）以及其他大蕉类品种整根果指较粗、果指先端呈钝尖状的特征具有明显区别。

6.'南角30号'香蕉

主要完成单位：中国热带农业科学院南亚热带作物研究所

主要完成人员：李伟明、谢江辉、胡会刚、孙德权、胡玉林、段雅婕、庞振才

品种培育起止时间：2016—2023年

鉴定情况：2023年获得农业农村部授权

品种简介：'南角30号'是'长梗蕉'ב东莞中把大蕉'进行杂交选育的优良新品种。该品种每串果穗通常着生果梳8~10把。突出特点是头把果梭比较整齐紧密，第二把果梭的两排果反而松散分离，与近似品种'东莞中把大蕉'（母本）以及其他大蕉类品种头把果梭比较松散分离、自第二把起变得整齐紧密的特征具有明显区别。

7.'南角50号'香蕉

主要完成单位：中国热带农业科学院南亚热带作物研究所

主要完成人员：李伟明、谢江辉、胡会刚、段雅婕、孙德权、庞振才、胡会刚

品种培育起止时间：2016—2023 年

鉴定情况：2023 年获得农业农村部授权

品种简介：'南角 50 号'是'长梗蕉'בmap莞中把大蕉'进行杂交选育的优良新品种。该品种每串果穗通常着生果梳 8~10 把。突出特点是头把果梳的果指没有向上弯转或只有轻微的弯转，使得果梳之间显得更加紧密，加上果指的果棱突出，整穗果看起来像一个流星锤，与近似品种'东莞中把大蕉'（母本）以及其他大蕉类品种头把果梳向上弯转、整穗果穗似长圆柱体的特征具有明显区别。

8.'南角 79 号'香蕉

主要完成单位：中国热带农业科学院南亚热带作物研究所

主要完成人员：李伟明、胡玉林、孙德权、谢江辉、段雅婕、胡会刚、庞振才

品种培育起止时间：2016—2023 年

鉴定情况：2023 年获得农业农村部授权

品种简介：'南角 79 号'是'长梗蕉'בmap莞中把大蕉'进行杂交选育的优良新品种。该品种属中秆型品种，建议栽培于土壤肥沃，气候比较温度的地区；由于其品质优，而产量略低于主栽大蕉品种，管理上建议大肥大水，以获得更高产量。

六　菠　萝

1.'热农 1 号'菠萝

主要完成单位：中国热带农业科学院南亚热带作物研究所、贵州省果树研究所

主要完成人员：孙伟生、窦美安、吴青松、马玉华、毛永亚

品种培育起止时间：2007—2023 年

鉴定情况：2023 年获植物新品种保护权（品种权号：CNA20201004481）

品种简介：'热农 1 号'是由'台农 4 号'菠萝芽变选育而来，主要变异为果形发生变化，果形由圆锥形（'台农 4 号'）变异为圆球形（'热农 1 号'）。该品种生长势较强，株型较开张；叶色灰绿，无彩色光泽；果柄较短，果实圆球形，果眼较浅，单果小果数量 80~90 个，特点为果目大、扁平；果肉淡黄色，肉质香甜、多汁，可溶性固形物含量为 19.0%，可溶性糖含量为 14.50%，可滴定酸含量为 0.48%，维生素 C 含量为 140 毫克/千克；平均单果重 1.2 千克。

2. '热农 3 号'菠萝

主要完成单位：中国热带农业科学院南亚热带作物研究所、广东省湛江市农垦科学研究所

主要完成人员：孙伟生、吴青松、孙光明、吴文龙、张曼其、刘伟清、陈士伟

品种培育起止时间：2007—2023 年

鉴定情况：2023 年获植物新品种保护权（品种权号：CNA20201004482）

品种简介：'热农 3 号'是由'金菠萝'芽变选育而来，主要变异为叶刺变异，由无刺（'金菠萝'）变为有刺（'热农 3 号'）。该品种生长势强，株型较紧凑；叶色深绿，无紫红色光泽；果柄较短，果实圆柱形，果眼较浅，单果小果数量 90～120 个；果肉黄色、肉质香甜、多汁，可溶性固形物含量为 16.0%，可溶性糖含量为 12.5%，可滴定酸含量为 0.65%，维生素 C 含量为 240 毫克 / 千克；平均单果重 1.4 千克。熟期比'金菠萝'早 5 天左右。

3. '热农 5 号'菠萝

主要完成单位：中国热带农业科学院南亚热带作物研究所、利亚湾事业有限公司

主要完成人员：孙伟生、詹儒林、吴青松、蓝启添、梁庆河

品种培育起止时间：2007—2023 年

鉴定情况：2023 年获植物新品种保护权（品种权号：CNA20201006390）

品种简介：'热农 5 号'是由'台农 21 号'菠萝芽变选育而来，主要变异为叶刺变异，由无刺（'台农 21 号'）变为有刺（'热农 5 号'）。该品种生长势较弱，但比'台农 21 号'生长势强；株型较开张；叶色翠绿，无紫红色光泽；果柄较短，果实圆球形，果眼较浅，单果小果数量 80～100 个；果肉黄色、肉质香甜、多汁，可溶性固形物含量为 21.0%，可溶性糖含量为 16.2%，可滴定酸含量为 0.48%，维生素 C 含量为 150 毫克 / 千克；平均单果重 1.2 千克。早熟型品种，较'台农 21 号'早熟 3～5 天。

4. '热农 7 号'菠萝

主要完成单位：中国热带农业科学院南亚热带作物研究所、中大绿谷实业有限公司

主要完成人员：孙伟生、林文秋、吴青松、蓝启添、方宜文

品种培育起止时间：2007—2023 年

鉴定情况：2023 年获植物新品种保护权（品种权号：CNA20201006392）

品种简介：'热农 7 号'是由'Josapine'菠萝芽变选育而来，主要变异为叶刺变异，由无刺（'Josapine'）变为有刺（'热农 7 号'）。该品种生长势较弱，但比

'Josapine'生长势强。株型较紧凑；叶色浅绿色，有紫红色光泽；果柄较短，果实圆球形，果眼较浅，单果小果数量80～100个；果肉黄色，肉质香甜、多汁，可溶性固形物含量为19.0%，可溶性糖含量为14.8%，可滴定酸含量为0.56%，维生素C含量为180毫克/千克。小果型早熟品种，平均单果重0.7千克。

5. '热农8号'菠萝

主要完成单位：中国热带农业科学院南亚热带作物研究所

主要完成人员：孙伟生、孙光明、窦美安、吴青松、刘胜辉、陆新华、张秀梅

品种培育起止时间：2007—2023年

鉴定情况：2023年通过广东省农作物品种审定委员会审定

品种简介：'热农8号'是'金菠萝'בPerola'杂交选育的优良新品种。该品种生长势强、株型较紧凑；叶片较直立、叶面平展、叶缘无刺、叶色浓绿、有紫色光泽；生育期18个月，平均单果重1.46千克，折合亩产4 088千克；果实圆柱形，果眼浅，小果数量120～140个，小果平均直径22.8毫米，果皮平均厚度8.0毫米；果肉淡黄色，可溶性固形物含量为24.30%，可溶性糖含量为16.24%，可滴定酸含量为0.35%，维生素C含量为98.9毫克/千克。

6. '热农9号'菠萝

主要完成单位：中国热带农业科学院南亚热带作物研究所

主要完成人员：孙伟生、刘胜辉、张秀梅、吴青松

品种培育起止时间：2007—2023年

鉴定情况：2023年获植物新品种保护权（品种权号：CNA20201002175）

品种简介：'热农9号'是由'Puket'菠萝芽变选育而来，主要变异为果形变异，由圆锥形（'Puket'）变为圆球形（'热农9号'）。该品种生长势较弱，株型较紧凑；叶色浅绿色，有少量紫红色光泽；果柄较长，果实圆球形，果眼较深，单果小果数量80～100个；果肉黄色，肉质香甜、多汁，可溶性固形物含量为19.0%，可溶性糖含量为14.8%，可滴定酸含量为0.55%，维生素C含量为160毫克/千克。小果早熟性品种，平均单果重0.8千克。

7. '热农10号'菠萝

主要完成单位：中国热带农业科学院南亚热带作物研究所

主要完成人员：孙伟生、林文秋、张红娜、张秀梅

品种培育起止时间：2007—2023年

鉴定情况：2023年获植物新品种保护权

品种简介：'热农10号'是'巴厘'ב台农21号'进行杂交选育的优良新品种。该品种植株生长势较强，株型较紧凑；叶色浓绿，果柄较短，果实圆筒形，果眼较浅，单果小果数量120～150个；果肉黄色，肉质香甜、多汁，可溶性固形物含量为21.5%，可溶性糖含量为16.0%，可滴定酸含量为0.53%。

8. '热农17号'菠萝

主要完成单位：中国热带农业科学院南亚热带作物研究所

主要完成人员：孙伟生、窦美安、吴青松、刘胜辉、林文秋、姚艳丽、张秀梅

品种培育起止时间：2007—2023年

鉴定情况：2023年通过广东省农作物品种审定委员会审定

品种简介：'热农17号'是'巴厘'ב台农17号'进行杂交选育的优良新品种。该品种植株生长势较强，株型较紧凑；叶色浓绿，有紫红色光泽；果柄较短，果实圆柱形，果眼较浅，单果小果数量120～140个；果肉黄色，肉质香甜、多汁，可溶性固形物含量为19.5%，可溶性糖含量为14.84%，可滴定酸含量为0.49%，维生素C含量为111毫克/千克。丰产性好，生育期约18个月，平均单果重1.41千克，按亩栽3 000株折合平均亩产4 230千克。

9. '热农18号'菠萝

主要完成单位：中国热带农业科学院南亚热带作物研究所

主要完成人员：孙伟生、李运合、陆新华、张秀梅

品种培育起止时间：2007—2023年

鉴定情况：2023年获植物新品种保护权

品种简介：'热农18号'是'卡因'ב巴厘'进行杂交选育的优良新品种。该品种植株生长势较强，株型较紧凑；叶色浓绿，有紫红色光泽，叶片大；果柄较短，果实圆筒形，果眼较浅，单果小果数量100～110个；果肉黄色，肉质香甜、多汁，可溶性固形物含量为19.5%，可溶性糖含量为16.6%，可滴定酸含量为0.60%，维生素C含量为110毫克/千克。

10. '热农21号'菠萝

主要完成单位：中国热带农业科学院南亚热带作物研究所

主要完成人员：孙伟生、林文秋、吴青松、刘胜辉、张秀梅、高玉尧、姚艳丽、付琼、杨玉梅、朱祝英

品种培育起止时间：2007—2023 年

鉴定情况：2023 年获植物新品种保护权

品种简介：'热农 21 号'是'台农 21 号'בר厘'进行杂交选育的优良新品种。该品种植株生长势较强，株型较紧凑；叶色浓绿；果柄较短，果实圆筒形，果实较小，果眼较浅，单果小果数量 80~100 个；果肉黄色，肉质香甜、多汁，可溶性固形物含量为 20.5%，可溶性糖含量为 16.6%，可滴定酸含量为 0.50%，维生素 C 含量为 110 毫克/千克。

11.'热农 56 号'菠萝

主要完成单位：中国热带农业科学院南亚热带作物研究所

主要完成人员：孙伟生、詹儒林、谢江辉、吴青松、林文秋、姚艳丽、高玉尧、张秀梅

品种培育起止时间：2007—2023 年

鉴定情况：2023 年通过广东省农作物品种审定委员会审定

品种简介：'热农 56 号'是'台农 4 号'בר厘'进行杂交选育的优良新品种。该品种植株生长势较强，株型紧凑；叶色翠绿，叶背部蜡粉较厚；果柄较短，果实圆柱形，果眼较浅，小果易剥离，果径细；果肉黄色，肉质香甜、多汁，可溶性固形物含量为 21.9%，可溶性糖含量为 15.1%，可滴定酸含量为 0.6%，维生素 C 含量为 91 毫克/千克。丰产性好，生育期约 18 个月，平均单果重 1.3 千克，按亩栽 3 000 株折合平均亩产 3 900 千克。

七 荔 枝

'迟美人'荔枝

主要完成单位：华南农业大学园艺学院、中国热带农业科学院南亚热带作物研究所、岭南现代农业科学与技术广东省实验室

主要完成人员：刘成明、傅嘉欣、胡桂兵、李伟才、黄旭明、董晨、王弋、郑雪文

品种培育起止时间：2003—2022 年

鉴定情况：2023 年通过广东省农作物品种审定委员会审定

品种简介：'迟美人'是'马贵荔'ב焦核三月红'进行杂交选育的优良新品

种。该品种树势壮旺,树型开张,果实在广州地区 7 月上中旬成熟,果实正心形,果皮红色,果肉蜡白,肉质细嫩,清甜微酸,有微香;平均单果重 58.2 克,果皮厚度 1.28 毫米,可食率 77.3%,可溶性固形物含量为 17.5%,总酸含量为 1.92 克/千克,总糖含量为 0.168 克/克,还原糖含量为 0.111 克/克,维生素 C 含量为 487 毫克/千克。

第三章
科研产出概况及名录

一 各类科研产出概况

2019年至今，南亚所取得各类科研成果1 065项，其中，获奖成果36项；获得成果鉴定22项；选育橡胶、澳洲坚果、芒果等新品种52个；取得专利259件，包括发明专利105件、实用新型专利154件；出版专著42部；获软件著作权作品51部；发表论文564篇；制定修订标准19项。各时期科研产出总体情况见表3-1。

表3-1　2019—2023年南亚所主要科研成果统计

成果类型		2019年	2020年	2021年	2022年	2023年	合计	总计
获奖成果（项）	国家级	0	1	0	0	0	1	36
	省部级	6	8	3	4	3	24	
	地市及院校级	0	5	6	0	0	11	
	小计	6	14	9	4	3	36	
成果鉴定（项）	鉴定/评价	0	0	3	4	0	7	22
	登记	1	6	5	1	2	15	
	小计	1	6	8	5	2	22	
新品种（个）	审定登记	0	0	4	3	7	14	52
	新品种保护	0	0	1	18	19	38	
	小计	0	0	5	21	26	52	
授权专利（项）	发明专利和国际专利	7	8	15	35	40	105	259
	实用新型	41	54	32	22	5	154	
	小计	48	62	47	57	45	259	
著作（部）	专著	12	7	9	5	9	42	93
	软件著作权	0	7	31	8	5	51	
	小计	12	14	40	13	14	93	
论文（篇）	中文	55	45	102	111	63	376	564
	外文	17	26	39	57	49	188	
	小计	72	71	141	168	112	564	
制/修订标准（项）		2	6	5	2	4	19	19

二 获奖成果名录

2019—2023年，南亚所获奖成果36项，其中，国家级奖励1项，省部级奖励24项，地市及院校级奖励11项。各年度获得奖励情况见表3-2和表3-3。

表3-2 2019—2023年南亚所获奖成果概况

年份	数量（项）	奖项级别
2019	6	省部级6项
2020	14	国家级1项、省部级8项、地市及院校级5项
2021	9	省部级3项、地市及院校级6项
2022	4	省部级4项
2023	3	省部级3项
合计	36	国家级1项、省部级24项、地市及院校级11项

表3-3 2019—2023年南亚所获奖成果名录

序号	成果名称	主要完成单位	奖励类别	授予单位	主要完成人	获奖时间	奖项级别
1	植物源油脂包膜肥控释关键技术创建与应用	华南农业大学，五洲丰农业科技有限公司，施可丰化工股份有限公司，吉林农业大学，中国热带农业科学院南亚热带作物研究所，华中农业大学，全国农业技术推广服务中心	2019年度国家科学技术进步奖二等奖	中华人民共和国国务院	樊小林、王学江、解永军、高强、谢江辉、刘芳、张立丹、孟远夺、鲁剑巍、刘海林	2020年1月	国家级
2	中国热带农业科学院南亚热带作物研究所海口实验站、攀枝花市锐华农业开发有限责任公司、攀枝花市经济作物技术推广站、华坪县有机晚熟芒果研究中心 芒果育种与优质栽培创新团队	中国热带农业科学院南亚热带作物研究所海口实验站、攀枝花市锐华农业开发有限责任公司、攀枝花市经济作物技术推广站、华坪县有机晚熟芒果研究中心	2018—2019年度中华农业科技奖优秀创新团队奖	农业农村部、中国农学会	詹儒林、王松标、姚全胜、文天、吴婧波、武红霞、柳凤、常金梅、洪克前、罗纯、马蔚红、贾志伟、李丽、钟方祥、王建芳、郭学红	2019年12月	省级

续表

序号	成果名称	主要完成单位	奖励类别	授予单位	主要完成人	获奖时间	奖项级别
3	中国农业科学院土壤肥料与改良创新团队	中国农业科学院农业资源与农业区划研究所、中国热带农业科学院南亚热带作物研究所	2018—2019年度神农中华农业科技奖优秀创新团队奖	农业农村部、中国农学会	徐明岗、卢昌艾、张文菊、张淑香、张会民、孙楠、段英华、张建峰、蔡泽江、文石林、王旭、石伟琦、刘红芳、李桂花、申华平、保万魁、马海洋、刘亚男、邹磊	2019年12月	省部级
4	热带农业"走出去"实用技术系列丛书	中国热带农业科学院热带作物品种资源研究所、中国热带农业科学院橡胶研究所、中国热带农业科学院香料饮料研究所、中国热带农业科学院椰子研究所、中国热带农业科学院南亚热带作物研究所、中国热带作物学会	2018—2019年度神农中华农业科技奖科普及奖	农业农村部、中国农学会	刘国道、游雯、王金辉、张雪艳、刘永花、周泉发、黄俏精、周建南、党选民、郑里程、廖易、荣光、薛茂富、朱自慧、董云萍、周文钊、侯本军、孙卫平、王秀全	2019年12月	省部级
5	优质菠萝周年供果关键技术的集成与示范推广	中国热带农业科学院南亚热带作物研究所、徐闻县农业技术推广中心、广东省农业科学院植物保护研究所、雷州市农业技术推广中心、广东省农业科学院农产品公共监测中心、万宁市诺香园农产品专业合作社、旺农菠萝专业合作社、云南农业大学热带作物学院	2019—2021年度全国农牧渔业丰收奖三等奖	农业农村部	张秀梅、姚艳丽、韩饮酬、沈会芳、孙光明、刘胜辉、陈标、赵维峰、苏顿、张耀国、陈如约、何六、庞铭、金坤、林国胜、李志远、曾郁权、蔡凤英、吴四、郑腾峰、梁月保、何廷健、何承京、郑振港	2022年9月	省部级
6	不同熟期优质荔枝系列新品种选育和高接换种技术创新及应用	华南农业大学、中国热带农业科学院南亚热带作物研究所、深圳职业技术学院、阳江市农科盛蔓农业发展有限公司、广州市从化华隆果菜保鲜有限公司、茂名市水果科学研究所、东莞市农业科研中心	2019年度广东省科学技术进步奖一等奖	广东省人民政府	胡桂兵、黄旭明、刘成明、李建国、陈厚彬、傅嘉欣、赵杰堂、李伟才、乔方、朴建华、欧阳建忠、钟声、马锞、魏永赞、秦永华	2020年2月	省部级

续表

序号	成果名称	主要完成单位	奖励类别	授予单位	主要完成人	获奖时间	奖项级别
7	菠萝周年供果优质高效栽培技术创建与应用	中国热带农业科学院南亚热带作物研究所、广东农业科学院植保研究所	2018年度广东省优秀科技成果奖	广东省科学技术协会、广东省科学技术厅	刘胜辉、李运合、陈菁润、姚艳丽、沈会芳、张秀梅、孙伟生、魏长宾、孙光明、林壁润	2019年5月	省部级
8	胡椒鲜果脱皮工艺及配套设备的研究与示范推广	中国热带农业科学院农业机械研究所、中国热带农业科学院南亚热带作物研究所、湛江市一兆热带生物技术研究所农业科技有限公司	2018年度广东省优秀科技成果奖	广东省科学技术协会、广东省科学技术厅	张园、李明福、邓怡国、李明、韦丽娇、李玉林、葛畅、罗文扬、陈雄庭、张晓红	2019年5月	省部级
9	菠萝优质高效周年生产关键技术示范与推广	中国热带农业科学院南亚热带作物研究所、徐闻县农业技术推广中心、雷州市农业技术推广中心、徐闻县诺香园农产品专业合作社	2019年度广东省农业技术推广奖一等奖	广东省农业技术推广奖评审委员会	刘胜辉、吴青松、张耀国、李瑞民、孙光明、孙伟生、陈菁、姚艳丽、陆新华、林文秋、陈为荣、苏顿、陈玉玲、林国忠、朱莹莹、陈如约	2020年12月	省部级
10	岭南特色水果关键技术研究及推广应用	仲恺农业工程学院、中国热带农业科学院南亚热带作物科学研究所、广东南派食品有限公司、广东汉光超顺农业股份有限公司、广东李金柚农业科技有限公司、广东中兴绿丰发展有限公司、连平县桃花缘生态农业有限公司、珠海十亿人社区农业科技股份有限公司、西乐园西果蔬王果蔬专业合作社、广东荔西食品有限公司、阳西县健康王食品有限公司	2019年度广东省农业技术推广奖一等奖	广东省农业技术推广奖评审委员会	刘祎帆、王琴、马路凯、张秀梅、谢曦、张宏康、叶尚欣、井敏敏、张文超、李永生、郑英豪、胡勇、朱海天、谢宏生、王梦兰、王淑雯、陈沃添、陈迪、陈龙舟、吴丽英	2020年12月	省部级

续表

序号	成果名称	主要完成单位	奖励类别	授予单位	主要完成人	获奖时间	奖项级别
11	高效低风险农药在荔枝果品生产中的推广应用	广东省农产品质量安全中心，广东省农业科学院植物保护研究所，茂名市水果科学研究所，中国热带农业科学院南亚热带作物研究所，广州市从化华隆果菜保鲜有限公司，阳西县事成果蔬种植专业合作社，茂名市农产品质量监督检验检测中心，肇庆市盛宴农业发展有限公司，茂名市农产品质量监督检验检测中心，湛江市农产品质量安全中心	2019年度广东省农业技术推广奖一等奖	广东省农业技术推广奖评审委员会	何强、孙海滨、林海丹、王思威、朱文斌、钟声、李伟才、常虹、刘艳萍、王瀚楠、周庆祥、刘锐波、曾广丰、邓建华、崔贵标、邓彩联、刘怀稻、方秋盛、严珊珊、郭文燕	2020年12月	省部级
12	荔枝省力化栽培技术集成与推广应用	东莞市农业科学研究中心、华南农业大学、茂名市农产品质量安全中心、广东省农业科学院、广东省增城区农业技术推广中心、中国热带农业科学院南亚热带作物研究所、东莞市厚街镇农业技术服务中心、东莞市阿吉科技农业有限公司	2019年度广东省农业技术推广奖二等奖	广东省农业技术推广奖评审委员会	马镲、李建国、罗剑斌、马细兰、廖美敬、胡锐清、李伟才、张湛辉、陈应球、胡锐清、李韵凌、钟吉庆、张海凤、罗诗、张瑞萍、赵吉庆、王泽槐	2019年12月	省部级
13	秸秆和畜禽粪便混合高效能源化利用关键技术与装备研究及推广应用	中国热带农业科学院农业机械研究所、中国热带农业科学院南亚热带作物研究所、湛江正融农业专业合作社、中国热带农业科学院农产品加工研究所、深圳市昂为电子有限公司	2020年度广东省农业技术推广奖二等奖	广东省农业技术推广奖评审委员会	焦静、黄小红、杜磕华、李尊香、王刚、郭昌进、张劲、刘信鹏、徐贵旺、卢荻、刘泉凌、李彦涵、周锦洋、张苏婷、孙喆、张文国	2021年12月	省部级

续表

序号	成果名称	主要完成单位	奖励类别	授予单位	主要完成人	获奖时间	奖项级别
14	荔枝高接换种与提质增效技术研发与推广	华南农业大学，中国热带农业科学院南亚热带作物研究所，阳江市农村盛宴农业发展有限公司，茂名市农业科技推广中心，广州市荔鼎生态农业开发有限公司，深圳职业技术学院，惠来县农业农村局土肥站，广州市农业农村综合服务中心，广东县荔龙种养专业合作社	2020年度广东省农业技术推广奖一等奖	广东省农业技术推广奖评审委员会	赵杰堂、李伟才、胡桂兵、朱文斌、黄旭明、朴树华、赵俊生、邓志锋、张树飞、吴河坤、肖建、单泽林、魏永赞、欧阳建忠、乔方、蔡尚勇、潘建君、董晨、王飞、卢永泉	2021年12月	省部级
15	甘蔗种植机械化技术与装备的推广应用	华南农业大学，广东省农业机械化技术试验鉴定站，广东省农业机械化技术推广总站，中国热带农业科学院南亚热带作物研究所，湛江市农业技术推广中心，广东省湛江农垦集团有限公司，广东广垦糖业集团有限公司，湛江市糖业协会，雷州市调风镇桂珠机械股份有限公司，广州牵牛农业机械股份有限公司	2020年度广东省农业技术推广奖一等奖	广东省农业技术推广奖评审委员会	刘庆庭、杨丹彤、甄文斌、蒋姣丽、武涛、陈永志、刘胜敏、苏俊波、何留伟、郑乾坤、陈雯、陈光、邹颖婕、陆斌、黄朝伟、区颖刚、麦茂良、黄小文、谭国锋、黄海强	2021年12月	省部级
16	澳洲坚果产地加工技术与装备的研发与推广	中国热带农业科学院南亚热带作物研究所，中国热带农业科学院农业机械研究所，阳春市农业技术推广中心，广东澳盛农业科技发展有限公司，阳春市离退休农业科技工作者协会，广州市晟启能源设备有限公司，云浮市旭诚农业发展有限公司，佛冈智垄农业有限公司	2021年度广东省农业技术推广奖二等奖	广东省农学会	杜丽清、薛忠、曾辉、涂行浩、莫国潘、熊威武、廖景云、邹明宏、帅希祥、张明、朱其欣、戴均尧、陈江明、朱永红、梁厚德、王芳	2022年12月	省部级

续表

序号	成果名称	主要完成单位	奖励类别	授予单位	主要完成人	获奖时间	奖项级别
17	荔枝主要病害绿色防控技术研发与推广	华南农业大学，广东省农业科学院植物保护研究所，广东省农业有害生物预警防控中心，茂名市农业科技推广中心，广州市增城区农业技术推广中心，深圳职业技术学院，中国热带农业科学院南亚热带作物研究所，广州市从化区农业环境与植物保护站，东莞市农业综合技术推广中心，揭阳市农作物病虫测报站，阳江市农村盛宴农业发展有限公司	2022年度广东省农业技术推广奖一等奖	广东省农学会	姜子德，习平根，凌金锋，范兰，张荣，钟声，张树飞，吴颜洲，孙海滨，李伟才，孔广辉，彭埈天，赖永超，谢载兴，丁成泽，郭晓玲，欧阳建忠，周富亮，肖建，曾瑞彤	2023年12月	省部级
18	适合机械化生产的强宿根性丰产高糖甘蔗新品种选育与推广应用	广东省科学院南繁种业研究中心，广东省科学院湛江研究所，广东省农业科学院生物医学工程研究所，中国热带农业科学院南亚热带作物研究所，湛江市农业科学研究院，湛江市农业技术推广中心，广东省遂溪县种子管理站，翁源县农业技术推广办公室	2022年度广东省农业技术推广奖二等奖	广东省农学会	文明富，陈骏佳，吴嘉云，潘方胤，谭嘉娜，曾锦燕，蔡伟俊，李琳，苏俊波，刘振帮，翟少萍，林海荣，卢治友，涂慧明，罗海连，梁华川	2023年12月	省部级
19	芒果商品性提升及品质评价技术集成与应用	广西百色国家农业科技园区管理委员会，广西壮族自治区农业科学院农产品加工研究所，华南农业大学，中国热带农业科学院南亚热带作物研究所，中国热带农业科学院环境与植物保护研究所	2019年度广西科学技术进步奖三等奖	广西壮族自治区人民政府	邓立宝，张娥珍，弓德强，朱世江，黄梅华，何全光，谷合	2020年4月	省部级

续表

序号	成果名称	主要完成单位	奖励类别	授予单位	主要完成人	获奖时间	奖项级别
20	芒果优异种质创制和多熟期新品种培育与利用	广西壮族自治区亚热带作物研究所，中国热带农业科学院南亚热带作物研究所，贵州省亚热带作物研究所	2021年度广西科学技术进步奖二等奖	广西壮族自治区人民政府	黄国弟、李日旺、陈永森、罗世杏、张宇、王松标、赵英、唐莹莹、龚德勇、郭丽梅	2022年5月	省部级
21	热带主要经济作物种植园酸化土壤改良技术与应用	中国热带农业科学院橡胶研究所，中国热带农业科学院南亚热带作物研究所，中国热带农业科学院品种资源研究所，海南天然橡胶产业集团股份有限公司	2019年度海南省科学技术进步奖一等奖	海南省人民政府	吴敏、吴炳孙、韦家少、何鹏、石伟琦、罗微、魏志远、黄飞、马海洋、吴文冠	2020年8月	省部级
22	橡胶树抗寒优异种质创制	中国热带农业科学院湛江实验站，中国热带农业科学院南亚热带作物研究所，中国热带农业科学院橡胶研究所	2022年海南省技术发明奖二等奖	海南省人民政府	罗萍、贺军军、李言、张华林、李文秀、田维敏	2023年11月	省部级
23	甘蔗野生种质割手密资源鉴定评价及其抗旱基因挖掘	云南省农业科学院甘蔗研究所，广西农业科学院甘蔗研究所，中国热带农业科学院南亚热带作物研究所，福建农林大学	2019年度云南省自然科学奖三等奖	云南省人民政府	刘新龙、张革民、刘洋、邓祖湖、李旭娟、姚艳丽、徐超华、刘洪博、昝辉、胡小文、苏火生、罗霆、徐磊、苏俊波、毛钧	2020年7月	省部级
24	特色马铃薯"洋人洋"的选育及推广	盘州市农业科学研究所，中国热带农业科学院南亚热带作物研究所，六盘水市马铃薯技术推广站，盘州市农业技术推广站	2020年贵州省农业丰收奖三等奖	贵州省农业农村厅	邹盘龙、金辉、周维群、邹华芬、唐墨、王邦良、黄和超、黄永、蒋泽艳、刘伟、张英、孔三启	2020年12月	省部级

续表

序号	成果名称	主要完成单位	奖励类别	授予单位	主要完成人	获奖时间	奖项级别
25	芒果畸形病绿色防控技术体系创建及应用	攀枝花市农林科学研究院，中国热带农业科学院南亚热带作物研究所，攀枝花市农业技术推广服务中心，凉山彝族自治州林业草原科学研究院，华坪县有机晚熟芒果研究中心，攀枝花市仁和区农业经济促进中心，永仁县植保植检站，四川省农业广播电视学校攀枝花市中心分校，米易县现代农业园区服务中心	2022年四川省科学技术进步奖三等奖	四川省人民政府	李桂珍，柳凤，吴情波，朱俐遐，杨永利，詹儒林，白明祥，何平，李国平，杜邦，郭学红，郑战江，夜明珠，潘宏兵，冯娟，姚全胜，黄丹，尧美英，李肯，衡晓容，吕盼云，陈华，罗照西，李贵利，虎海波	2022年11月	省部级
26	'热农1号'芒果新品种及配套技术示范推广	中国热带农业科学院南亚热带作物研究所，华坪县有机晚熟芒果研究中心，攀枝花市农业技术推广服务中心经作站，广西百色市现代农业技术研究推广中心，攀枝花市农林科学研究院	2020年度中国热带农业科学院成果转化奖一等奖	中国热带农业科学院	王松标，马小卫，梁清志，许文天，李丽，郑斌，潘宏兵，何小龙，武红霞，王建芳，郭学红，杨瑾瑛，陈千付	2021年1月	地市及院校级
27	秸秆和畜禽粪混合高效能源化利用关键技术与装备	中国热带农业科学院农业机械研究所，中国热带农业科学院南亚热带作物研究所，中国热带农业科学院农产品加工研究所，江西省农业应用微生物研究所，深圳市昂为电子有限公司	2020年度中国热带农业科学院科技创新奖一等奖	中国热带农业科学院	焦静，黄小红，杜毓华，李尊香，郭昌进，张劲，王金丽，陈柳萌，陈庆隆，徐贵廷，卢核	2021年1月	地市及院校级
28	澳洲坚果脱皮破壳关键技术装备研发与应用	中国热带农业科学院南亚热带作物研究所，中国热带农业科学院农业机械研究所，中国热带农业科学院农产品加工研究所，贵州南亚热带农业发展有限公司	2020年度中国热带农业科学院科技创新奖三等奖	中国热带农业科学院	薛忠，涂行浩，王橡，崔振德，范建新，曾辉，王刚，黄茂芳	2021年1月	地市及院校级

续表

序号	成果名称	主要完成单位	奖励类别	授予单位	主要完成人	获奖时间	奖项级别
29	南亚所党建工作模式创新与实践	中国热带农业科学院南亚热带作物研究所、中国热带农业科学院湛江实验站	2020年度中国热带农业科学院管理创新奖三等奖	中国热带农业科学院	陈佳瑛、唐远红、黄炳钰、晓丽、曾文可、马德勇、邢姗姗、邱桂珠、袁	2021年1月	地市及院校级
30	天然胶乳及其制品加工关键技术与应用	中国热带农业科学院南亚热带作物研究所、中国热带农业科学院农产品加工研究所、湛江嘉力手套制品有限公司	2020年度中国热带农业科学院科技创新奖三等奖	中国热带农业科学院	李普旺、吕明哲、杨子明、余和平、刘运浩、王超、周闯、何祖宇、王永周、何大民	2021年1月	地市及院校级
31	海产品加工废弃物高值化绿色利用关键技术研究及应用	中国热带农业科学院南亚热带作物研究所、中国热带农业科学院农产品加工研究所、广东海洋大学、广东恒兴集团有限公司、海南路氏农业生产资料有限公司	2021年度中国热带农业科学院科技创新奖一等奖	中国热带农业科学院	李普旺、杨子明、周闯、王超、何祖宇、刘运浩、宋书会、吕明哲、李思东、陈康健、陈苗、路永强、于鸽、晏宏	2021年12月	地市及院校级
32	南亚所服务"三农"模式创新与实践	中国热带农业科学院南亚热带作物研究所、中国热带农业科学院湛江实验站	2021年度中国热带农业科学院管理创新奖一等奖	中国热带农业科学院	陈佳瑛、黄小华、左雪冬、邢姗姗、黄炳钰、马智玲、刘江平、曾辉、魏茹丹、欧阳红军、赵艳龙、李飞跃、乔健、姚全胜、韩建成、郑昊天、帅希祥、何小龙	2021年12月	地市及院校级
33	澳洲坚果综合加工关键技术创新与应用	中国热带农业科学院南亚热带作物研究所、广西亚热带农业科学研究所、西南林业大学、临沧市林业科学院、江城中澳农业科技发展有限公司	2021年度中国热带农业科学院科技创新奖二等奖	中国热带农业科学院	杜丽清、涂行浩、邓旭、王文林、张明、马飞跃、乔健、帅希祥、陈姝、李娅、施恋、杨建荣、万举河、薛忠、刘灿	2021年12月	地市及院校级

续表

序号	成果名称	主要完成单位	奖励类别	授予单位	主要完成人	获奖时间	奖项级别
34	橡胶树抗寒优良新品种'湛试327-13'选育与应用	中国热带农业科学院湛江实验站、中国热带农业科学院南亚热带作物研究所、中国热带农业科学院橡胶研究所	2021年度中国热带农业科学院科技创新奖二等奖	中国热带农业科学院	罗萍、贺军军、张华林、李文秀、姚小红、戴艳丽、李维国、高新生、张晓飞、程儒雄、庞廷祥、张健珍、郭秦元	2021年12月	地市及院校级
35	优质波萝周年供果关键技术的创建与应用	中国热带农业科学院南亚热带作物研究所、广东省农业科学院植物保护研究所、华南农业大学、陆丰市农产品产地检测站	2021年度中国热带农业科学院科技创新奖三等奖	中国热带农业科学院	吴青松、陈菁、刘胜辉、陆新华、姚艳丽、孙伟生、高玉尧、林文秋、黄泽展、朱世江、沈会芳、魏长宾、张秀梅、孙光明、张红娜	2021年12月	地市及院校级
36	澳洲坚果产业关键技术研究与创新	广西南亚热带农业科学研究所、云南省农业科学院南亚热带作物暨南大学、三只松鼠股份有限公司、洽洽食品股份有限公司、龙州顺成苗木发展有限公司	2020年度广西壮族自治区农业科学院科学技术奖一等奖	广西壮族自治区农业科学院	王文林、宋海云、汤秀华、张涛、韦媛荣、许鹏、贺鹏、陶亮、黄贞松、曾辉、贺熙勇、魏本强、金龙、顾干辉、谭秋锦、黄锡云、郑树芳、覃振师、何铣扬、莫庆金、韦哲君、周春衡、钟剑章、谭德锦、徐冬英、陈海生	2021年8月	地市及院校级

93

三 鉴定、评价、登记成果名录

2019—2023年，南亚所共评价成果7项，达国际先进水平成果4项，国内先进水平成果3项。2019—2023年，南亚所完成登记成果15项。各时期评价、登记成果名录见表3-4和表3-5。

表3-4 2019—2023年南亚所评价成果名录

序号	评价时间	成果名称	完成单位	评价方式	评价机构	评价结果	完成人
1	2021年	鱼虾加工副产物绿色高值化利用关键技术及其应用	中国热带农业科学院南亚热带作物研究所，中国热带农业科学院农产品加工研究所，广东海洋大学，广东恒兴集团有限公司，海南路氏农业生产资料有限公司	会议评价（书面委托）	农业农村部科技发展中心	国际先进	杨子明、李普旺、周闯、王超、何祖宇、刘运浩、宋书会、吕明哲、谷会、李思东、陈康健、陈苗、路永强、陈允、晏宏
2	2021年	芒果畸形病绿色防控技术体系创建及应用	攀枝花市农林科学研究院，中国热带农业科学院南亚热带作物研究所	会议评价	四川省农村科技发展中心	国际先进	李桂珍、柳凤、吴婧波、朱俐遐、杨永利、詹儒林、白明祥、何平、李国平、杜邦
3	2021年	厌氧消化自动监测与智能控制技术装备	中国热带农业科学院农业机械研究所，中国热带农业科学院南亚热带作物研究所，深圳市昂为电子有限公司	会议评价	北京农业工程学会	国内领先	焦静、李尊香、郑勇、卢狄、黄小红、杜稻华、刘信鹏、徐贵旺、王金丽、张劲、郑金、张文国
4	2022年	澳洲坚果产业链关键技术集成创新与示范推广	中国热带农业科学院南亚热带作物研究所，中国热带农业科学院南亚热带作物研究所，广西中澳盛农业科技研究所，广东家明科技发展有限公司	会议评价	湛江嘉诚科技服务有限公司	国内领先	杜丽清、曾辉、涂行浩、薛忠、王文林、邹明宏、帅希祥、张明、廖景云、常金梅、陈菁、李娅

续表

序号	评价时间	成果名称	完成单位	评价方式	评价机构	评价结果	完成人
5	2022年	荔枝高接换种提质增效技术创建与应用	华南农业大学，中国热带农业科学院南亚热带作物研究所，深圳职业技术学院，云南省农业科学院热带亚热带经济作物研究所，阳江市农村农业科技发展有限公司，茂名市农业科推广中心，广州市从化华隆果菜保鲜有限公司	会议评价	中国农学会	国际先进	赵杰堂、李伟才、胡桂兵、张惠云、黄旭明、朴建华、张树飞、钟声、欧阳建忠、乔方、罗心平、莫振勇、蔡建兴、丁晓波、肖建
6	2022年	橡胶树抗寒优异种质创制	中国热带农业科学院湛江实验站，中国热带农业科学院南亚热带作物研究所、中国热带农业科学院橡胶所	会议评价	中国热带作物学会	国际先进	罗萍、贺军军、李言、华林、李文秀、田维敏
7	2022年	澳洲坚果产业关键技术集成创新与应用	中国热带农业科学院南亚热带作物研究所，广西省热带作物科学研究所，贵州省农业科学研究院、云南省澳盛农业科技发展有限公司	会议评价	中国热带作物学会	国内领先	杜丽清、薛忠、涂行浩、曾辉、贺熙勇、王文林、邹明宏、康专苗、帅希祥、张明、廖景云

表3-5 2019—2023年南亚所登记成果名录

序号	评价时间	成果名称	成果类型	组织评价单位	完成单位	完成人
1	2019年	热带优稀果树种质资源圃青少年科技教育基地建设	软科学类	广东省科学技术厅	中国热带农业科学院南亚热带作物研究所	邓旭、陈明侃、左雪冬、李端奇、胡会刚、石胜友、张莉、冯芹、蒋美兰、冯海燕、张广明
2	2020年	引进优质油梨种质驯化及配套栽培技术研究	应用技术类	广东省科学技术厅	中国热带农业科学院南亚热带作物研究所	魏永赞、石胜友、李伟才、王一承、刘丽琴、梁清志、舒波

续表

序号	评价时间	成果名称	成果类型	组织评价单位	完成单位	完成人
3	2020年	澳洲坚果果实质量控制技术规程	应用技术类	农业农村部	中国热带农业科学院南亚热带作物研究所	杜丽清、涂行浩、曾辉、帅希祥、张明、马飞跃、乔健、陈妹
4	2020年	'热甘一号'	应用技术类	农业农村部（知识产权授予）	中国热带农业科学院南亚热带作物研究所	苏俊波、孔冉、刘洋、徐志军、雷新涛、罗炼芳
5	2020年	神秘果制剂及其应用	应用技术类	国家知识产权局	中国热带农业科学院南亚热带作物研究所	马飞跃、袁晓丽、付琼、张秀梅、刘玉革
6	2020年	菠萝组织培养过程中体细胞无性系变异的研究	基础理论、软科学类	海南省科学技术厅	中国热带农业科学院南亚热带作物研究所	林文秋、张红娜、孙伟生、刘胜辉
7	2020年	'热引1462'	应用技术类	农业农村部	中国热带农业科学院南亚热带作物研究所	孔冉、苏俊波、罗炼芳、李栋梁
8	2021年	澳洲坚果果蛋白肽抗氧化特性及其应用	应用技术类	中国热带农业科学院	中国热带农业科学院南亚热带作物研究所	张明、帅希祥、杜丽清、涂行浩
9	2021年	一种坚果油微乳喷雾剂制备方法及其应用	应用技术类	国家知识产权局	中国热带农业科学院南亚热带作物研究所	涂行浩、杜丽清、张帅中、曾辉、帅希祥、马飞跃
10	2021年	普通玉米和甜玉米Iv2基因等位变异分析及其在籽粒糖分累积的功能研究	基础理论类	广东省科学技术厅	中国热带农业科学院湛江实验站、中国热带农业科学院南亚热带作物研究所	刘洋、庆登伟、姚艳丽、邢艳莲、徐磊、胡小文、高玉尧
11	2021年	芒果品种对细菌性角斑病的抗性评价	基础研究类	中国热带农业科学院	中国热带农业科学院南亚热带作物研究所	柳凤、吴婧波、欧雄常
12	2021年	基于代谢学的神秘果叶体内抗乳腺癌物质基础及作用机制研究	应用技术类	海南省科学技术厅	中国热带农业科学院南亚热带作物研究所	马飞跃、帅希祥、张秀梅、刘玉革、付琼、张明

续表

序号	评价时间	成果名称	成果类型	组织评价单位	完成单位	完成人
13	2022年	澳洲坚果优良品种引进、繁殖与示范	应用技术类	广东省科学技术厅	中国热带农业科学院南亚热带作物研究所	杨为海、陆超忠、曾辉、邹明宏、万继锋、张汉周
14	2023年	液泡蔗糖转化酶VIN2基因等位变异分析及其在甜玉米抗旱反应中的功能研究	基础理论类	广东省科学技术厅	中国热带农业科学院湛江实验站	高玉尧、刘洋、胡小文、徐磊
15	2023年	甜玉米BCH1基因等位变异分析及其在干旱逆境中的功能研究	基础理论类	广东省科学技术厅	中国热带农业科学院湛江实验站	高玉尧、许文天、刘洋、姚艳丽、胡小文、徐磊

四 选育品种名录

2019—2023年，南亚所共鉴定、评价、审定、授权选育品种52个，包括橡胶3项、澳洲坚果6项、香蕉8项、菠萝11项、荔枝1项、果树45项（芒果19项、甘蔗4项）。各品种名录详见表3-6。

表3-6 2019—2023年南亚所选育品种名录

序号	鉴定年份	类型	名称	证书编号	选育单位	鉴定部门	主要选育人
1	2021	品种审定	'湛试4961'橡胶树	GPD橡胶树(2021)44004	中国热带农业科学院湛江实验站、中国热带农业科学院南亚热带作物研究所	农业农村部	贺军军、李文秀、罗萍、张华林、姚艳丽、程儒雄

97

续表

序号	鉴定年份	类型	名称	证书编号	选育单位	鉴定部门	主要选育人
2	2021	品种审定	'湛试8673'橡胶树	GPD橡胶树(2021)440003	中国热带农业科学院南亚热带作物研究所，中国热带农业科学院湛江实验站	农业农村部	罗萍、戴小红、贺军军、庞廷祥、张华林、李士荣、姚艳丽
3	2022	品种审定	'湛试873'橡胶树	GPD橡胶树(2022)410001	中国热带农业科学院南亚热带作物研究所，中国热带农业科学院湛江实验站	农业农村部	罗萍、戴小红、贺军军、庞廷祥、张华林、李士荣、姚艳丽
4	2021	品种审定	'攀育2号'芒果	热品审2021012	攀枝花市农林科学研究院、中国热带农业科学院南亚热带作物研究所、攀枝花市仁和区仁和镇农业农村服务中心、百色市现代农业技术研究推广中心、攀枝花市鸿鹄农业开发有限公司、康伯农业开发有限公司	全国热带作物品种审定委员会	杜邦、马小卫、苟怀科、潘宏兵、李贵利、李桂珍、钟勇、刘斌、黄云、王成、陈干付、王松标、罗照西、刘彦彬、胡洪超
5	2022	植物新品种权	'热农3号'芒果	CNA20172575.8	中国热带农业科学院南亚热带作物研究所、攀枝花市锐华农业开发有限责任公司	农业农村部	武红霞、钟方祥、姚全胜
6	2022	植物新品种权	'热农8号'芒果	CNA20172587.4	中国热带农业科学院南亚热带作物研究所、攀枝花市锐华农业开发有限责任公司	农业农村部	姚全胜、钟方祥、詹儒林
7	2022	植物新品种权	'热农9号'芒果	CNA20172588.3	中国热带农业科学院南亚热带作物研究所、攀枝花市锐华农业开发有限责任公司	农业农村部	詹儒林、钟方祥、姚全胜

续表

序号	鉴定年份	类型	名称	证书编号	选育单位	鉴定部门	主要选育人
8	2022	植物新品种权	'热农12号'芒果	CNA20172591.8	中国热带农业科学院南亚热带作物研究所、攀枝花市锐华农业开发有限责任公司	农业农村部	马小卫、钟方祥、詹儒林、姚全胜
9	2022	植物新品种权	'热农13号'芒果	CNA20183021.5	中国热带农业科学院南亚热带作物研究所、攀枝花市锐华农业开发有限责任公司	农业农村部	谢江辉、钟方祥、詹儒林、姚全胜
10	2022	植物新品种权	'热农15号'芒果	CNA20183020.6	中国热带农业科学院南亚热带作物研究所、攀枝花市锐华农业开发有限责任公司	农业农村部	詹儒林、钟方祥、姚全胜
11	2022	植物新品种权	'热农16号'芒果	CNA20183019.9	中国热带农业科学院南亚热带作物研究所、攀枝花市锐华农业开发有限责任公司	农业农村部	马小卫、钟方祥、詹儒林、姚全胜
12	2022	植物新品种权	'热农17号'芒果	CNA20183018.0	中国热带农业科学院南亚热带作物研究所、攀枝花市锐华农业开发有限责任公司	农业农村部	姚全胜、钟方祥、詹儒林
13	2022	植物新品种权	'热农18号'芒果	CNA20183017.1	中国热带农业科学院南亚热带作物研究所、攀枝花市锐华农业开发有限责任公司	农业农村部	姚全胜、钟方祥、詹儒林
14	2022	植物新品种权	'热农20号'芒果	CNA20183015.3	中国热带农业科学院南亚热带作物研究所、攀枝花市锐华农业开发有限责任公司	农业农村部	姚全胜、钟方祥、詹儒林
15	2022	植物新品种权	'热农25号'芒果	CNA20191003624	中国热带农业科学院南亚热带作物研究所、攀枝花市锐华农业开发有限责任公司	农业农村部	柳凤、钟方祥、詹儒林、姚全胜

续表

序号	鉴定年份	类型	名称	证书编号	选育单位	鉴定部门	主要选育人
16	2022	植物新品种权	'热农26号'芒果	CNA20191003625	中国热带农业科学院南亚热带作物研究所、攀枝花市锐华农业开发有限责任公司	农业农村部	姚全胜、钟方祥、詹儒林
17	2022	植物新品种权	'锐华3号'芒果	CNA20172593.6	中国热带农业科学院南亚热带作物研究所、攀枝花市锐华农业开发有限责任公司	农业农村部	姚全胜、钟方祥、詹儒林
18	2022	植物新品种权	'锐华5号'芒果	CNA20172592.7	中国热带农业科学院南亚热带作物研究所、攀枝花市锐华农业开发有限责任公司	农业农村部	钟方祥、詹儒林、姚全胜
19	2022	植物新品种权	'锐华6号'芒果	CNA20183023.3	攀枝花市锐华农业开发有限责任公司、中国热带农业科学院南亚热带作物研究所	农业农村部	钟方祥、詹儒林、姚全胜
20	2022	植物新品种权	'锐华7号'芒果	CNA20183022.4	攀枝花市锐华农业开发有限责任公司、中国热带农业科学院南亚热带作物研究所	农业农村部	钟方祥、詹儒林、姚全胜
21	2022	植物新品种权	'锐华8号'芒果	CNA20191003596	攀枝花市锐华农业开发有限责任公司、中国热带农业科学院南亚热带作物研究所	农业农村部	钟方祥、詹儒林、姚全胜
22	2023	植物新品种权	'热农29号'芒果	CNA20201002729	中国热带农业科学院南亚热带作物研究所	农业农村部	武红霞、王松标、马小卫
23	2021	品种登记	'OC'澳洲坚果	粤登果2016003	中国热带农业科学院南亚热带作物研究所	广东省农作物品种审定委员会	邹明宏、陆超忠、曾辉、张汉周、杨为海、杜丽清、詹儒林、罗炼芳、王一承、万继锋

续表

序号	鉴定年份	类型	名称	证书编号	选育单位	鉴定部门	主要选育人
24	2022	品种审定	'A16'澳洲坚果	热品审2022004	云南省热带作物科学研究所，中国热带农业科学院南亚热带作物研究所，广西壮族自治区亚热带作物研究所，广西南亚热带农业科学研究所	全国热带作物品种审定委员会	贺熙勇、陶亮、曾辉、倪书邦、陶丽、康专苗、邹明宏、曾黎明、耿建建、宫丽丹、王文林、王代谷、罗炼芳、吴超、马静
25	2022	品种审定	'A4'澳洲坚果	热品审2022003	云南省热带作物科学研究所，贵州省亚热带作物科学研究所，中国热带农业科学院南亚热带作物研究所，云南省农业科学院热带亚热带经济作物研究所	全国热带作物品种审定委员会	贺熙勇、陶亮、倪书邦、陶丽、康专苗、曾辉、宫双陵、宫丽丹、王代谷、马静、杨帆、岳沛海、耿建建、吴超、李忠强
26	2023	品种审定	'O.C'澳洲坚果	黔S-ETS-MI-007-2022	贵州省亚热带作物研究所，中国热带农业科学院南亚热带作物研究所	贵州省林草品种审定委员会	王代谷、康专苗、张燕、曾辉、邹明宏、范建新、陶亮、贺熙勇、杜丽清
27	2023	品种审定	'南亚1号'澳洲坚果	黔R-ETS-MI-009-2022	贵州省亚热带作物研究所，中国热带农业科学院南亚热带作物研究所，兴义市种苗站	贵州省林草品种审定委员会	朱文华、康专苗、曾辉、郭广正、雷静、邹明宏、王代谷、杜丽清、张健
28	2023	品种审定	'南亚3号'澳洲坚果	黔R-ETS-MI-010-2022	贵州省亚热带作物研究所，中国热带农业科学院南亚热带作物研究所，兴义市种苗站	贵州省林草品种审定委员会	康专苗、曾辉、张燕、雷静、郭广正、邹明宏、宋喜梅、杜丽清、张健
29	2021	植物新品种权	'热甘1339'甘蔗	CNA20171879.3	中国热带农业科学院南亚热带作物研究所	农业农村部	苏俊波、孔冉、罗文芳、雷新涛、李栋梁、冯文星

序号	鉴定年份	类型	名称	证书编号	选育单位	鉴定部门	主要选育人
30	2022	植物新品种权	'热甘14291'甘蔗	CNA20182865.6	中国热带农业科学院南亚热带作物研究所	农业农村部	苏俊波、孔冉、刘鳞斐、罗炼芳、徐磊、高玉尧、胡小文、窦美安、安东升、冯文星
31	2023	植物新品种权	'热甘16239'甘蔗	CNA20191003782	中国热带农业科学院南亚热带作物研究所	农业农村部	苏俊波、孔冉、刘洋、徐志军
32	2023	植物新品种权	'热甘16117'甘蔗	CNA20191003781	中国热带农业科学院南亚热带作物研究所	农业农村部	孔冉、苏俊波、刘洋
33	2023	植物新品种权	'南角1号'香蕉	CNA20201000805	中国热带农业科学院南亚热带作物研究所	农业农村部	李伟明、庞振才、谢江辉、胡会刚、胡玉林、孙德权、段雅婕
34	2023	植物新品种权	'南角2号'香蕉	CNA20201000855	中国热带农业科学院南亚热带作物研究所	农业农村部	李伟明、谢江辉、庞振才、胡会刚、孙德权、胡玉林
35	2023	植物新品种权	'南角7号'香蕉	CNA20201000847	中国热带农业科学院南亚热带作物研究所	农业农村部	谢江辉、李伟明、庞振才、段雅婕、胡会刚、孙德权、胡玉林
36	2023	植物新品种权	'南角16号'香蕉	CNA20201000849	中国热带农业科学院南亚热带作物研究所	农业农村部	李伟明、孙德权、段雅婕、胡玉林、庞振才、胡会刚、谢江辉
37	2023	植物新品种权	'南角22号'香蕉	CNA20201000854	中国热带农业科学院南亚热带作物研究所	农业农村部	李伟明、胡会刚、谢江辉、庞振才、段雅婕、胡玉林、孙德权

续表

序号	鉴定年份	类型	名称	证书编号	选育单位	鉴定部门	主要选育人
38	2023	植物新品种权	'南角30号'香蕉	CNA20201000856	中国热带农业科学院南亚热带作物研究所	农业农村部	李伟明、谢江辉、胡合刚、孙德权、胡玉林、段雅婕、庞振才
39	2023	植物新品种权	'南角50号'香蕉	CNA20201000857	中国热带农业科学院南亚热带作物研究所	农业农村部	李伟明、谢江辉、胡合刚、段雅婕、孙德权、庞振才、胡合刚
40	2023	植物新品种权	'南角79号'香蕉	CNA20201000858	中国热带农业科学院南亚热带作物研究所	农业农村部	李伟明、胡玉林、孙德权、谢江辉、段雅婕、胡合刚、庞振才
41	2023	植物新品种权保护	'热衣1号'菠萝	CNA20201004481	中国热带农业科学院南亚热带作物研究所、贵州省果树研究所	农业农村部	孙伟生、窦美安、吴青松、马玉华、毛永亚
42	2023	植物新品种权保护	'热衣3号'菠萝	CNA20201004482	中国热带农业科学院南亚热带作物研究所、广东省湛江市农垦科学研究所	农业农村部	孙伟生、吴文龙、陈士伟、吴青松、张曼其、孙光明、刘伟清
43	2023	植物新品种权保护	'热衣5号'菠萝	CNA20201006390	中国热带农业科学院南亚热带作物研究所、利亚湾农业有限公司	农业农村部	孙伟生、蓝启添、詹儒林、梁庆河、吴青松
44	2023	植物新品种权保护	'热衣7号'菠萝	CNA20201006392	中国热带农业科学院南亚热带作物研究所、中大绿谷实业有限公司	农业农村部	孙伟生、蓝启添、林文秋、吴青松、方盲文
45	2023	品种审定	'热衣8号'菠萝	粤评果20220003	中国热带农业科学院南亚热带作物研究所	广东省农作物品种审定委员会	孙伟生、吴青松、张秀梅、孙光明、刘胜辉、窦美安、陆新华

续表

序号	鉴定年份	类型	名称	证书编号	选育单位	鉴定部门	主要选育人
46	2023	植物新品种权保护	'热农9号'菠萝	CNA20201002175	中国热带农业科学院南亚热带作物研究所	农业农村部	孙伟生、刘胜辉、张秀梅、吴青松
47	2023	植物新品种权保护	'热农10号'菠萝	CNA20211002905	中国热带农业科学院南亚热带作物研究所	农业农村部	孙伟生、林文秋、张红娜、张秀梅
48	2023	品种审定	'热农17号'菠萝	粤评果20230004	中国热带农业科学院南亚热带作物研究所	广东省农作物品种审定委员会	孙伟生、窦美安、刘胜辉、林文秋、张秀梅、吴青松、姚艳丽
49	2023	植物新品种权保护	'热农18号'菠萝	CNA20211001808	中国热带农业科学院南亚热带作物研究所	农业农村部	孙伟生、张秀梅、李运合、陆新华
50	2023	植物新品种权保护	'热农21号'菠萝	CNA20211006849	中国热带农业科学院南亚热带作物研究所	农业农村部	孙伟生、林文秋、刘胜辉、姚艳丽、张秀梅、付凉、杨玉梅、朱祝英、吴青松、高玉尧
51	2023	品种审定	'热农56号'菠萝	粤评果20230005	中国热带农业科学院南亚热带作物研究所	广东省农作物品种审定委员会	孙伟生、詹儒林、谢江辉、吴青松、林文秋、姚艳丽、高玉尧、张秀梅
52	2023	品种审定	'迟美人'荔枝	粤评果20230001	华南农业大学园艺学院、中国热带农业科学院南亚热带作物研究所、岭南现代农业科学与技术广东省实验室	广东省农作物品种审定委员会	刘成明、傅嘉欣、胡桂兵、李伟才、黄旭明、董晨、王飞、郑雪文

五 研制标准名录

2019—2023年，南亚所共研制发布的标准19项，其中，农业行业标准12项，地方标准6项，企业标准1项。各年度标准统计情况及标准名录详见表3-7和表3-8。

表3-7　2019—2023年南亚所研制标准概况

发布年度	数量（项）	研究对象
2019	2	菠萝1项，剑麻1项
2020	6	橄榄2项，澳洲坚果1项，剑麻1项，砂仁1项，其他1项
2021	5	芒果4项，澳洲坚果1项
2022	2	菠萝2项
2023	4	澳洲坚果2项，芒果1项，其他1项
合计	19	芒果5项，澳洲坚果4项，菠萝3项，橄榄2项，剑麻2项，砂仁1项，其他2项

表3-8　2019—2023年南亚所研制标准名录

序号	标准名称	标准编号	发布日期	实施日期	成果类型	完成单位	主要完成人
1	菠萝种苗繁育技术规程	NY/T 3520—2019	2019年12月27日	2020年4月1日	农业行业标准制定	中国热带农业科学院南亚热带作物研究所	吴青松、孙伟生、刘胜辉、林文秋、孙光明、李运合、张红娜
2	热带作物品种试验技术规程 第14部分：剑麻	NY/T 2668.14—2019	2019年12月27日	2020年4月1日	农业行业标准制定	中国热带农业科学院南亚热带作物研究所	周文钊、李俊峰、杨子平、鹿志伟、张燕梅、陆军迎

续表

序号	标准名称	标准编号	发布日期	实施日期	成果类型	完成单位	主要完成人
3	澳洲坚果质量控制技术规程	NY/T 3602—2020	2020年3月20日	2020年7月1日	农业行业标准制定	中国热带农业科学院南亚热带作物研究所	杜丽清、涂行浩、曾辉、帅希祥、张明、马飞跃、乔健、陈妹
4	植物品种特异性（可区别性）、一致性和稳定性测试指南砂仁	NY/T 3725—2020	2020年8月26日	2021年1月1日	农业行业标准修订	中国热带农业科学院湛江实验站、农业农村部植物新品种测试（儋州）分中心、农业农村部科技发展中心（农业农村部植物新品种测试中心）	贺军军、姚艳丽、罗萍、张华林、高玲、徐丽、戴小红、杨旭红、刘迪发
5	农产品质量安全追溯操作规程蛋与蛋制品	NY/T 3817—2020	2020年11月12日	2021年4月1日	农业行业标准制定	中国农垦经济发展中心、中国热带农业科学院南亚热带作物研究所、农业农村部乳品质量监督检验测试中心	韩学军、张明、张宗城、薛刚、陈杨
6	热带作物品种审定规范 第14部分：剑麻	NY/T 2667.14—2020	2020年11月12日	2021年4月1日	农业行业标准制定	中国热带农业科学院南亚热带作物研究所	周文钊、李俊峰、杨子平、鹿志伟、张燕梅
7	热带作物品种审定规范 第16部分：橄榄	NY/T 2667.16—2020	2020年11月12日	2021年4月1日	农业行业标准制定	福建省农业科学院果树研究所、中国热带农业科学院南亚热带作物研究所	吴如建、万继峰、陈瑾、韦晓霞、赖瑞联
8	热带作物品种试验技术规程 第16部分：橄榄	NY/T 2668.16—2020	2020年11月12日	2021年4月1日	农业行业标准制定	福建省农业科学院果树研究所、中国热带农业科学院南亚热带作物研究所	吴如建、万继峰、陈瑾、韦晓霞、赖瑞联
9	澳洲坚果 等级规格	NY/T 3973—2021	2021年11月9日	2022年5月1日	农业行业标准制定	中国热带农业科学院南亚热带作物研究所、西南林业大学	杜丽清、张明、帅希祥、涂行浩、马飞跃、李娅、施蕊

续表

序号	标准名称	标准编号	发布日期	实施日期	成果类型	完成单位	主要完成人
10	菠萝水心病测报技术规范	NY/T 4236—2022	2022年11月11日	2023年3月1日	农业行业标准制定	中国热带农业科学院南亚热带作物研究所、中国热带农业科学院湛江实验站	姚艳丽、高玉尧、付琼、张秀梅、林秀松、吴青松、朱祝英、刘胜辉、杨玉梅
11	攀枝花芒果 凯特芒果登记规格	DB5104/T 44—2021	2021年1月29日	2021年2月28日	地方标准制定	中国热带农业科学院南亚热带作物研究所、攀枝花市农业技术推广服务中心	许文天、王松标、武红霞、王建芳、何小龙、马小卫、梁清志、李丽、苏穆清
12	攀枝花芒果 采收、贮运和包装	DB5104/T 45—2021	2021年1月29日	2021年2月28日	地方标准制定	中国热带农业科学院南亚热带作物研究所、攀枝花市农业技术推广服务中心	合会、许文天、王松标、姚全胜、宋康华、王建芳
13	灾害性天气防御技术规范	DB5104/T 46—2021	2021年1月29日	2021年2月28日	地方标准制定	中国热带农业科学院南亚热带作物研究所	梁清志、王松标
14	攀枝花芒果农业气象观测规范	DB5104/T 47—2021	2021年1月29日	2021年2月28日	地方标准制定	中国热带农业科学院南亚热带作物研究所	梁清志、王松标
15	石漠化地区澳洲坚果栽培技术规程	DB5223/T 51—2023	2023年10月10日	2024年1月10日	地方标准制定	贵州省亚热带作物研究所、兴义市林业局、贵州热带农业发展有限公司、黔西南州木老果种植养殖农民专业合作社、广西南亚热带农业科学研究所、中国热带农业科学院南亚热带作物研究所、云南省热带作物科学研究所	康专苗、郭广正、张健、王代谷、潘学军、李向勇、何凤平、杨明挙、张燕、朱文华、付瑜华、吴格榕、吴金培、宋大方、王文林、曾辉、陶亮、耿建建

续表

序号	标准名称	标准编号	发布日期	实施日期	成果类型	完成单位	主要完成人
16	澳洲坚果采收及采后处理技术规程	DB5223T 52—2023	2023年10月10日	2024年1月10日	地方标准制定	贵州省亚热带作物研究所，兴义市林业局，贵州南亚热作农业发展有限公司，黔西南州不老果种植养殖农民专业合作社，贵州大学，广西南亚热带农业科学研究所，中国热带农业科学院南亚热带作物研究所，云南省热带作物科学研究所	何凤平、康专苗、郭广正、张健、张燕、王代谷、杨明举、李向勇、朱文华、潘学军、宋大方、吴格格、吴金培、王文林、曾辉、陶亮、耿建建
17	菠萝等级规格	NY/T 4237—2022	2022年11月11日	2023年3月1日	农业行业标准制定	中国热带农业科学院农产品加工研究所〔农业农村部食品质量监督检验测试中心（湛江）〕，中国热带农业科学院南亚热带作物研究所，海南大学	刘元靖、叶剑芝、潘晓威、杨春亮、孙伟生、李积华、邵龙、章程辉、杨健荣、周伟、林丽静
18	水稻秸秆机械化还田技术规程	QJLGNY 001—2023	2023年1月1日	未发布	地方标准制定	临高县农业农村局，中国热带农业科学院南亚热带作物研究所，中国热带农业科学院农业机械研究所，临高县农机服务中心，临高县农业技术推广服务中心	文彤明、符小琴、李尊香、黄伟华、王架、李明、王义雄、王祥、洪绵良、符杨、陈英泽、杜冬杰、刘信鹏、牛钊君、王莹
19	芒果品质评价技术规范	NY/T 4416—2023	2023年12月22日	2024年5月1日	农业行业标准制定	中国热带农业科学院分析测试中心，中国热带农业科学院南亚热带作物研究所，中国热带农业科学院热带作物品种资源研究所，中国热带农业科学院环境与植物保护研究所	徐志、陈显柳、武红霞、胡美姣、党志国、张艳玲

六 授权专利名录

2019—2023年,南亚所共获授权专利259项,其中,发明专利和国际专利105项,实用新型专利154项。各类专利名录详见表3-9和表3-10。

表3-9 2019—2023年南亚所授权发明专利和国际专利名录

序号	名称	授权时间	专利权人	发明人	专利号
1	一种芒果果实的天然防腐保鲜方法及其保鲜剂	2019年3月5日	中国热带农业科学院南亚热带作物研究所	弓德强、朱世江、洪克前、谷会、张鲁斌、贾志伟	ZL201510138139.7
2	一种解决老龄郁闭澳洲坚果园低产低效的方法	2019年1月11日	中国热带农业科学院南亚热带作物研究所	杨为海、曾辉、邹明宏、万继锋、陆超忠、张汉周	ZL201610418623.X
3	延缓芒果衰老的方法	2019年2月22日	中国热带农业科学院南亚热带作物研究所	张鲁斌、贾志伟、吴晓燕、洪克前、谷会、弓德强	ZL201510463888.7
4	一种芒果加工废弃物中多糖的提取方法及应用	2019年8月30日	中国热带农业科学院南亚热带作物研究所	胡会刚、赵巧丽、谢江辉、胡玉林、陈晶晶、段雅婕	ZL201611009154.2
5	一种菠萝皮渣多糖的提取方法	2019年2月1日	中国热带农业科学院南亚热带作物研究所	胡会刚、赵巧丽、谢江辉、陈晶晶、胡玉林、段雅婕	ZL201711187400.8
6	神秘果制剂及其应用	2019年11月19日	中国热带农业科学院南亚热带作物研究所	马飞跃、袁晓丽、付琼、张秀梅、刘玉革	ZL201610289951.4
7	从番麻叶片中提取天然抑菌物质的方法、提取物及其应用	2019年12月27日	中国热带农业科学院南亚热带作物研究所	常金梅、詹儒林、柳凤、何衍彪、赵艳龙、李国平、吴靖波	ZL201610887846.0
8	诱导胚性愈伤组织的方法	2020年7月28日	中国热带农业科学院南亚热带作物研究所	张鲁斌、孙曼丽、宋康华、贾志伟	ZL201711176722.2
9	一种基于转录组测序开发剑麻SSR引物的方法	2020年10月2日	中国热带农业科学院南亚热带作物研究所	张燕梅、周文剑、李俊峰、鹿志伟、杨子平、陆军迎	ZL201710577729.9

续表

序号	名称	授权时间	专利权人	发明人	专利号
10	一种茄子无土育苗基质及其制备方法	2020年3月27日	中国热带农业科学院南亚热带作物研究所	李威、肖熙鸥、吕玲玲、高晓敏	ZL201610958967.X
11	一种喀斯特石漠化山区澳洲坚果早结丰产园快速营建方法	2020年1月10日	中国热带农业科学院南亚热带作物研究所	万继锋、邹明宏、曾辉、杨为海、张汉周、陆超忠	ZL201610654612.1
12	多孔氧化石墨烯及其制备方法以及多孔氧化石墨烯包膜缓释化肥及其制备方法	2020年4月14日	中国热带农业科学院南亚热带作物研究所	刘亚男、何东宁、石伟琦、王琚钢、马海洋、李普旺、冼皑敏	ZL201710800166.5
13	一种青枣环剥留干修剪方法	2020年2月7日	中国热带农业科学院南亚热带作物研究所	武丽琼、左雪冬、李端奇、胡会刚、邓旭、李国平	ZL201710828019.9
14	一种基于石墨烯复合材料的电化学传感器的防护装置	2020年12月29日	中国热带农业科学院南亚热带作物研究所	刘玉革、马飞跃、张秀梅、付琼	ZL201910111753.2
15	一种放线菌及其应用	2020年9月1日	中国热带农业科学院南亚热带作物研究所	段雅婕、庞振才、陈晶晶、胡会刚、李伟明、胡玉林、孙德权、谢江辉	ZL201711023706.X
16	一种以澳洲坚果蛋白肽和青皮提取液为活性成分的柔肤水及其制备方法	2021年3月21日	中国热带农业科学院南亚热带作物研究所	王树昌、帅希祥、杜丽清、耿涛、张明、涂行浩、卢芙萍、王娜玉	ZL201810608248.4
17	一种坚果油微乳喷雾剂制备方法及其应用	2021年3月23日	中国热带农业科学院南亚热带作物研究所	涂行浩、杜丽清、张帅中、曾辉、帅希祥、张明、马飞跃	ZL201810526822.1
18	一种环剥促小叶榄仁主干定点发芽的方法	2021年8月6日	中国热带农业科学院南亚热带作物研究所	左雪冬、李土荣、武丽琼、胡玉林、邹明宏	ZL201710567339.3
19	一种智能芒果采收机	2021年8月20日	中国热带农业科学院南亚热带作物研究所	王宏轩、于珍珍、汪春、邹华芬、李海亮、孙海天、严晓丽、马国庆、董其昌、张皓尘	ZL202011427155.5

续表

序号	名称	授权时间	专利权人	发明人	专利号
20	一种富含Omega-7的水溶性坚果油微胶囊及其制备方法	2021年8月17日	中国热带农业科学院南亚热带作物研究所	涂行浩、杜丽清、曾辉、陈海芳、帅希祥、张明、马飞跃	ZL201810527001.X
21	剑麻PGIP基因及其应用	2021年10月22日	中国热带农业科学院南亚热带作物研究所	张燕梅、周文剑、王瑞芳、杨子平、鹿志伟、李俊峰、陆军迎	ZL201810480427.4
22	一种基于UV光催化壳聚糖植物油基多元醇及其制备方法和应用	2021年11月30日	中国热带农业科学院南亚热带作物研究所	周闯、李普旺、杨子明、张利、何祖宇、王超、刘运浩、宋书会	ZL202110452970.5
23	一种防治香蕉枯萎病的复合精油微囊制剂及其制备方法	2021年4月6日	中国热带农业科学院南亚热带作物研究所、加工所	周闯、谢江辉、李普旺、杨子明、何祖宇、王超、焦静、吕明哲、宋书会、刘运浩	ZL202010505222.4
24	一种石墨微片/天然胶乳复合材料的制备方法及产品	2021年10月22日	中国热带农业科学院南亚热带作物研究所	刘运浩、吕明哲、李普旺、杨子明、王超、何祖宇、周闯、宋书会	ZL202110688668.X
25	一种澳洲坚果叶片总蛋白质的高效提取方法	2021年12月10日	中国热带农业科学院南亚热带作物研究所	井敏敏、陈倪、刘恒、曾辉	ZL201911378326.7
26	一种平躺式抗风易摘果番木瓜种植方法	2021年2月9日	中国热带农业科学院南亚热带作物研究所	石伟琦、徐明岗、马海洋、刘亚男、刘思汝、何衍彪	ZL201810736462.8
27	湿润根围节水种植方法	2021年10月22日	中国热带农业科学院南亚热带作物研究所、新疆农垦科学院	石伟琦、郭绍杰、李铭、徐明岗	ZL201911005804.X
28	一种纳米药物制剂及其在防控香蕉枯萎病中的应用	2021年5月18日	中国热带农业科学院南亚热带作物研究所	谢江辉、孙德权、陆新华、李普旺、胡会刚	ZL202010433325.4

续表

序号	名称	授权时间	专利权人	发明人	专利号
29	一种辣木扦插生根的方法	2021年4月2日	中国热带农业科学院南亚热带作物研究所、广东海洋大学、湛江市麻章区湖光茶厂	何小龙、杨转英、丰锋、王俊宁、杨荣超、马朝明、冯海燕、冯芹	ZL201811398906.8
30	浅层补水方法和应用	2021年10月22日	中国热带农业科学院南亚热带作物研究所	石伟琦、徐明岗、刘亚男、马海洋、刘思汝	ZL201911005794.X
31	Slow-Release Chitosan-Based Micro-nano Capsule Fruit and Vegetable Liquid Bagging Composite Material and Preparation Method and Application Thereof	2022年1月4日	中国热带农业科学院南亚热带作物研究所	周闯、李普旺、张利、杨子明、何祖宇、王超、刘运浩、宋书会	LU500376
32	Nano Microcapsule Made of Modified Chitosan-Coated *Macadamia* Oil and Preparation Method and Application Thereof	2022年1月4日	中国热带农业科学院南亚热带作物研究所	杨子明、李普旺、周闯、王超、何祖宇、刘运浩、宋书会	LU500375
33	Hemp Oil Nanomicrocapsules and Their Preparation Methods and Applications	2022年1月4日	中国热带农业科学院南亚热带作物研究所	何祖宇、李普旺、杨子明、周闯、王超、宋书会、刘运浩	LU500373
34	疏水改性生物基包膜控释肥料及制备方法	2022年1月4日	中国热带农业科学院南亚热带作物研究所	王超、宋书会、杨子明、李普旺、杜丽清、刘运浩、何祖宇、周闯	ZL202111148423.4

续表

序号	名称	授权时间	专利权人	发明人	专利号
35	一种具有夹持结构能够翻转且便于清理果皮的菠萝削皮机	2022年2月8日	中国热带农业科学院南亚热带作物研究所、中国热带农业科学院农业机械研究所	薛忠、潘睿、王槊、王刚	ZL202011592854.5
36	剑麻内参基因ACT/GAPDH及其应用	2022年2月8日	中国热带农业科学院南亚热带作物研究所	张燕梅、周文剑、王瑞芳、杨子平、鹿志伟、李俊峰、陆军迎	ZL201810479757.1
37	Preparation Method of Banana Stem and Leaf Straw Fiber Composite Material	2022年2月10日	中国热带农业科学院南亚热带作物研究所	刘云浩、李普旺、杨子明、刘雅琪、王超、宋书会、何祖宇、周闯	LU500525
38	一种光热双重响应型壳聚糖基衍生物及其制备方法和应用	2022年3月1日	中国热带农业科学院南亚热带作物研究所、中国热带农业科学院农产品加工研究所	周闯、张利、李普旺、屈云慧、杨子明、于丽娟、何祖宇、王超、刘运浩、宋书会、李雪瑞	ZL202110697252.4
39	一种增加芒果糖度的方法	2022年3月1日	中国热带农业科学院南亚热带作物研究所	李丽、李伟明、王松标、武红霞、马小卫、许文天、梁清志、郑斌	ZL202110483536.3
40	一种具有无损风干结构的芒果果胶清洗机	2022年3月18日	中国热带农业科学院南亚热带作物研究所、中国热带农业科学院农业机械研究所	薛忠、郑斌、王松标、王槊、何小龙、郝秋菊、李晓婷、潘睿、许文天、王刚	ZL 202011592831.4
41	促进台风灾后倒伏澳洲坚果成年树快速恢复生产的方法	2022年4月8日	中国热带农业科学院南亚热带作物研究所、广东澳盛农业科技发展有限公司、广东海洋大学	万继锋、曾辉、邹明宏、廖景云、李冬芬、张汉周、陈菁、罗炼芳、林北金	ZL202010875200.7

续表

序号	名称	授权时间	专利权人	发明人	专利号
42	悬浮型液体肥料及其制备方法	2022年4月8日	中国热带农业科学院南亚热带作物研究所、岭南师范学院	刘亚男、何东宁、徐明岗、李普旺、石伟琦、马海洋、马小卫、谭德新、王艳丽、韩志萍	ZL202010562677.X
43	一种用于种植菠萝起垄覆膜和铺设滴管的装置	2022年4月12日	中国热带农业科学院南亚热带作物研究所	孙伟生、戴小红、吴青松、张秀梅	ZL202011096251.6
44	光热双重响应性壳聚糖衍生物、其制备方法和应用	2022年4月29日	中国热带农业科学院南亚热带作物研究所	周闯、李普旺、杨子明、谢江辉、何祖宇、王超、焦静、吕明哲、宋书会、刘运浩	ZL202010560070.8
45	一种防治菠萝实验田鼠害的方法	2022年5月17日	中国热带农业科学院南亚热带作物研究所	孙伟生、吴青松、林文秋、刘胜辉、张秀梅	ZL202110162558.X
46	一种测定土壤样品保水保肥性的装置	2022年5月17日	中国热带农业科学院南亚热带作物研究所	孙伟生、戴小红	ZL202011097191.X
47	一种长效水溶性铁肥及其制备方法	2022年5月24日	中国热带农业科学院南亚热带作物研究所、岭南师范学院	刘亚男、何东宁、徐明岗、李普旺、王艳丽、谭德新、刘思汝、陈菁、龚伟	ZL202010526767.3
48	一种果蔬套袋复合材料及其制备方法与应用	2022年5月27日	中国热带农业科学院南亚热带作物研究所	周闯、李普旺、杨子明、谢江辉、张利、杨卓鸿、蒋刚彪、何祖宇、王超、刘运浩、宋书会	ZL202010735915.2
49	一种芒果的新型成花调控方法	2022年6月6日	中国热带农业科学院南亚热带作物研究所	许文天、王松标、武红霞、高玉尧、薛忠、郑斌、梁清志、何小龙、马小卫、李丽	ZL202110392757.X

续表

序号	名称	授权时间	专利权人	发明人	专利号
50	自修复功能的生物基膜、包膜控释肥料及制备方法	2022年6月10日	中国热带农业科学院南亚热带作物研究所	王超、宋书会、杨子明、李普旺、杜丽清、刘运浩、何祖宇、周闯	ZL20211147748.0
51	水稻秸秆营养穴盘生产线及其制备穴盘方法	2022年7月5日	中国热带农业科学院南亚热带作物研究所	李海亮、汪春、梁琦、付强、严晓丽、孙海天	ZL201610975954.3
52	Device for Ridging, Covering Film and Laying Dropper for Plantingpineapple	2022年7月18日	中国热带农业科学院南亚热带作物研究所	孙伟生、戴小红	LU501253
53	一种神秘果叶复合物及在抗黑色素形成产品中的应用	2022年8月23日	中国热带农业科学院南亚热带作物研究所	马飞跃、帅希祥、杜丽清、张秀梅、张明、涂行浩	ZL201911066745.7
54	一种双行菠萝种植机	2022年9月23日	中国热带农业科学院南亚热带作物研究所	薛忠、张秀梅、陈如约、刘胜辉、王槊、郝秋菊、李肖婷、高玉尧、潘睿、姚艳丽	ZL202011592803.2
55	一种液体水果套袋材料、其制备方法及应用	2022年10月4日	中国热带农业科学院南亚热带作物研究所	杨子明、李普旺、杜丽清、蒋刚彪、周闯、何祖宇、刘运浩、王超、宋书会	ZL202110852536.6
56	一种适用于流化床锅炉的连续式自动喂料输送系统	2022年10月10日	中国热带农业科学院南亚热带作物研究所、中国热带农业科学院农业机械研究所、广东绿能热力供应有限公司	李尊香、杜秸华、刘信鹏、焦静、黄小红、梁栢强、赵廷林、陈维聪	ZL202110129071.1
57	一种玉米育种试验用的精量排种装置	2022年10月12日	中国热带农业科学院南亚热带作物研究所	陈曙、金辉、邹华芬、张彧、陈卓	ZL202110752765.0

续表

序号	名称	授权时间	专利权人	发明人	专利号
58	一种单行粉末状固态有机肥施肥机	2022年11月18日	中国热带农业科学院南亚热带作物研究所、中国热带农业科学院农业机械研究所	刘信鹏、杜嵇华、焦静、黄小红、李尊香、李普旺、杨子明、王超、刘运浩、宋书会、周闯、何祖宇、张宇晗、郑金	ZL202111554571.6
59	一种壳聚糖/植物油/多酚衍生物及其制备方法与应用	2022年11月25日	中国热带农业科学院南亚热带作物研究所	周闯、何祖宇、李普旺、杨子明、王超、刘运浩、宋书会	ZL202210550881.9
60	一种复合种养用生态浮岛	2022年11月25日	中国热带农业科学院南亚热带作物研究所	李海亮、王宏轩、孙海天、邹华芬、于珍珍、董其昌、马国庆、张皓尘、汪春、梁琦、刘国柱	ZL202110172634.5
61	一种农药残留样品前处理浓缩方法	2022年11月29日	中国热带农业科学院南亚热带作物研究所	马智玲、严程明、乔健、魏长宾	ZL202110653387.0
62	一种增加芒果糖度的方法	2022年3月1日	中国热带农业科学院南亚热带作物研究所	李丽、李伟明、王松标、武红霞、马小卫、许文天、梁清志、郑斌	ZL202110483536.3
63	一种具有多种移动轮的山地运输机	2022年8月26日	中国热带农业科学院南亚热带作物研究所、中国热带农业科学院农业机械研究所	薛忠、潘睿、王槊、王刚	ZL202110116098.7
64	一种神秘果叶复合物及在抗黑色素形成产品中的应用	2022年8月23日	中国热带农业科学院南亚热带作物研究所	马飞跃、帅希祥、杜丽清、张秀梅、张明、涂行浩	ZL201911066745.7
65	高耐候性的生物降解地膜结构	2022年12月16日	中国热带农业科学院湛江实验站、中国热带农业科学院南亚热带作物研究所	高玉尧、许文天、付琼、张秀梅、刘洋、姚艳丽	ZL202111086745.0

续表

序号	名称	授权时间	专利权人	发明人	专利号
66	一种无花粉型雄性不育荔枝的诱导方法	2023年8月1日	中国热带农业科学院南亚热带作物研究所	全振炫、王弋、李伟才	ZL202310060843.X
67	一种具有促生作用的微生物植物生长调节剂和应用	2023年1月17日	中国热带农业科学院南亚热带作物研究所	段雅婕、庞振才、胡会刚、刘博、胡玉林、贾志伟、孙德权、肖伟军	ZL202211330800.0
68	一种香蕉胚性愈伤组织的诱导方法及其培养基	2023年4月7日	中国热带农业科学院南亚热带作物研究所	胡玉林、胡会刚、谢江辉、孙德权、肖伟军、梁桂琼	ZL 202210859466.1
69	谷胱甘肽S转移酶基因在提高芒果维生素C含量中的应用	2023年5月5日	中国热带农业科学院南亚热带作物研究所	梁清志、李丽、王松标、武红霞、许文天、郑斌、何小龙	ZL202210442366.9
70	一种芒果幼苗嫁接方法	2023年4月11日	中国热带农业科学院南亚热带作物研究所	郑斌、王松标、薛忠、武红霞、许文天、李丽、马小卫、梁清志、何小龙	ZL202210093964.X
71	一种芒果自根砧木的培育方法	2023年4月28日	中国热带农业科学院南亚热带作物研究所	郑斌、王松标、薛忠、武红霞、许文天、李丽、马小卫、梁清志、何小龙	ZL202210582430.3
72	一种具有开沟功能便于调节深度的果园施肥机	2023年2月28日	中国热带农业科学院南亚热带作物研究所、中国热带农业科学院农业机械研究所	薛忠、王檠、潘睿、王刚、郝秋菊、李肖婷	ZL202011590808.1
73	一种提高澳洲坚果整仁率的烘烤方法及澳洲坚果整仁制备方法	2023年5月23日	中国热带农业科学院南亚热带作物研究所	宋喜梅、曾辉、邹明宏、罗炼芳、万继锋、杨倩、陈菁	ZL202210889523.0
74	一种氨基酸水溶肥	2023年3月14日	中国热带农业科学院南亚热带作物研究所	乔健、马智玲、魏长宾、杜丽清、李甜子	ZL20210380858.5

续表

序号	名称	授权时间	专利权人	发明人	专利号
75	一种腐植酸钠水溶肥	2023年2月28日	中国热带农业科学院南亚热带作物研究所	乔健、马智玲、魏长宾、杜丽清、李甜子	ZL20210386391.5
76	一种防止水菠萝的综合生产方法	2023年2月7日	中国热带农业科学院南亚热带作物研究所	中国热带农业科学院南亚热带作物研究所	ZL202210479318.7
77	一种创制菠萝突变体的EMS离体诱变方法	2023年7月28日	中国热带农业科学院南亚热带作物研究所	戴小红、陈晶晶、李栋梁、井敏敏、陈志辉、马朝明、顾帅磊、王禄利	ZL202211687252.7
78	一种防治香蕉枯萎病的微生物菌剂及其制备方法和应用	2023年9月2日	中国热带农业科学院南亚热带作物研究所	段雅婕、庞振才、胡会刚、胡玉林、孙德权、李伟明、谢江辉	ZL202210400089.5
79	一种芒果保鲜用能够根据果实大小自动调节的包装装置	2023年5月9日	中国热带农业科学院南亚热带作物研究所	洪克前、姚全胜、宋康华、侯晓婉、李国平	ZL202210277980.4
80	一种芒果储存用可以保持湿度的运输转运设备	2023年6月9日	中国热带农业科学院南亚热带作物研究所	洪克前、姚全胜、宋康华、侯晓婉、李国平	ZL202210278595.1
81	一种基于刮板运输自走式菠萝采收机	2023年11月21日	中国热带农业科学院南亚热带作物研究所	薛忠、张秀梅	ZL202310278644.6
82	一种菠萝AcRCI2A基因的应用	2023年6月9日	中国热带农业科学院南亚热带作物研究所	宋康华、谷会、洪克前、侯晓婉、姚全胜	ZL202110392757.X
83	一种菠萝种资源鉴定的SNP分子标记及应用	2023年8月11日	中国热带农业科学院南亚热带作物研究所	林文秋、吴青松、张秀梅、孙伟生、刘胜辉、姚艳丽、高云飞、杨如艳	ZL202211312485.9
84	一种提高菠萝果形指数的催花方法和催花药剂	2023年7月28日	中国热带农业科学院南亚热带作物研究所	刘胜辉、张秀梅、杨玉梅、朱祝英、付琼、吴青松、陆新华、林文秋、姚艳丽、孙伟生、高玉尧	ZL202111385409.6

续表

序号	名称	授权时间	专利权人	发明人	专利号
85	一种可控淀粉基生物降解农用地膜	2023年1月10日	中国热带农业科学院南亚热带作物研究所	高玉尧、刘洋、安东升、徐磊；胡小文、窦美安、陈炫、徐志军、苏俊波、孔冉	ZL201810993983.1
86	一种荔枝抗寒调节剂及其应用	2023年10月3日	中国热带农业科学院南亚热带作物研究所	李甜子、乔健、李国鹏、魏长滨、杜丽清	ZL202111529680.2
87	两亲性壳聚糖/改性结冷胶复合膜的制备方法发明	2023年6月6日	中国热带农业科学院南亚热带作物研究所	周闯、何祖宇、李普旺、杨子明、张利、管晨、王超、刘运浩、宋书会、屈云慧、于丽娟	ZL202111311018.X
88	壳聚糖植物精油微胶囊复合涂膜保鲜剂及制备方法与应用	2023年3月21日	中国热带农业科学院南亚热带作物研究所	周闯、李普旺、杨子明、屈云慧、于丽娟、何祖宇、王超、刘运浩、宋书会	ZL202210551358.8
89	一种双改性壳聚糖载药纳米胶束、制备方法及应用	2023年2月7日	中国热带农业科学院南亚热带作物研究所	周闯、张利、李普旺、杨子明、屈云慧、于丽娟、何祖宇、王超、刘运浩、宋书会	ZL202210505823.4
90	一种汉麻油纳米微胶囊及其制备方法和应用	2023年7月1日	中国热带农业科学院南亚热带作物研究所	何祖宇、李普旺、杨子明、周闯、王超、吕明哲、刘运浩、宋书会、杨卓鸿、陈煜	ZL202010716884.6
91	一种羧甲基壳聚糖基水凝胶修饰电极的制备方法及其应用	2023年7月16日	中国热带农业科学院南亚热带作物研究所	何祖宇、杨子明、李普旺、周闯、王超、宋书会、刘运浩	ZL202211657501.8
92	一种差速皮带夹持式仿生菠萝采摘器及其采摘方法	2023年8月18日	中国热带农业科学院南亚热带作物研究所	李海亮、刘馨语、邹华芬、孙海天、王宏轩、于珍珍、史健伟、陈志轩、孙鹏	ZL202210673860.6

续表

序号	名称	授权时间	专利权人	发明人	专利号
93	一种荔枝无核果实的培育方法	2023年6月9日	中国热带农业科学院南亚热带作物研究所	王弋、全振炫、李伟才	ZL202211642280.7
94	一种用于茄子种资源鉴定的SNP组合标记	2023年6月30	中国热带农业科学院南亚热带作物研究所	肖熙鸥、欧雄常、吴彩玉、林文秋、冯恩友	ZL202210016550.7
95	促进土壤团聚体形成的组合物及施用方法	2023年11月21	中国热带农业科学院南亚热带作物研究所	石伟琦、刘思汝、徐明岗、刘亚男、马海洋、冼皑敏	ZL202110263317.4
96	Functional Fertilizer for Foliar Application and Preparation Method and Application Method Thereof	2023年3月21日	中国热带农业科学院南亚热带作物研究所	刘亚男、石伟琦、马海洋、刘思汝	2023/02631
97	一种拮抗作物病原微生物的链霉菌及其应用	2023年4月18日	中国热带农业科学院南亚热带作物研究所	陈晶晶、段雅婕、庞振才、胡会刚、李伟明、胡玉林、贾志伟、谢江辉	ZL202111660071.0
98	一种火龙果促花调节剂	2023年9月29日	中国热带农业科学院南亚热带作物研究所	乔健、马智玲、李甜子、张明、杜丽清	ZL202210248895.5
99	一种用于乡村生态环境重塑的固体废弃物处理装置的处理方法	2023年11月7日	中国热带农业科学院南亚热带作物研究所	邓旭、杜丽清、涂行浩、陈妹、张明、乔健、李娅	ZL202310405445.7
100	一种杧果品种的SNP标记组合及杧果育种中的应用	2023年10月13日	中国热带农业科学院南亚热带作物研究所	柳凤、刘静萍、卢乃会、姚全胜、詹儒林、李国平	ZL202211384412.0
101	防治菠萝采后黑腐病的组合物和方法	2023年5月23日	中国热带农业科学院南亚热带作物研究所	谷会、贾志伟、侯晓婉、宋康华	ZL202010305814.1
102	一种水心病菠萝内生菌及在植物病害防治上的应用	2023年3月21日	中国热带农业科学院南亚热带作物研究所	姚艳丽、张秀梅、杨家帅、刘裕、李明伟、刘胜辉、朱祝英、吴青松、林文秋、高玉尧、孙伟生、陆新华、付琼	ZL202211670543.5

续表

序号	名称	授权时间	专利权人	发明人	专利号
103	一种控制菠萝采后果心褐变的方法	2023年9月19日	中国热带农业科学院南亚热带作物研究所	谷会、宋康华、侯晓婉、洪克前	ZL202111458871.4
104	菠萝采后果心褐变的控制方法	2023年12月19日	中国热带农业科学院南亚热带作物研究所	谷会、宋康华、姚全胜	ZL202210145918.X
105	一种基于土壤检测的土壤样品传送系统	2023年12月15日	中国热带农业科学院南亚热带作物研究所	高玉尧、许文天、付琼、张秀梅、刘洋、姚艳丽	ZL202111026674.5

表3-10 2019—2023年南亚所授权实用新型专利名录

序号	名称	授权时间	专利权人	发明人	专利号
1	一种木本果树水肥均匀供应装置	2019年6月11日	中国热带农业科学院南亚热带作物研究所	陈菁、徐明岗、石伟琦、马海洋、刘亚男、刘思汝、冼皑敏	ZL201821390162.0
2	一种神秘果色素提取及色素粉生产设备线	2019年11月29日	中国热带农业科学院南亚热带作物研究所	马飞跃、杜丽清、张秀梅、帅希祥、张明	ZL201920452371.1
3	一种神秘果冻干果实处理装置	2019年10月1日	中国热带农业科学院南亚热带作物研究所	马飞跃、杜丽清、帅希祥、张明、涂行浩、张秀梅	ZL201822126666.8
4	一种神秘果叶微波超声波联用提取设备	2019年9月13日	中国热带农业科学院南亚热带作物研究所	马飞跃、杜丽清、帅希祥、张明、涂行浩、张秀梅	ZL201822126653.0
5	一种神秘果花青苷的储存装置	2019年10月25日	中国热带农业科学院南亚热带作物研究所	马飞跃、杜丽清、帅希祥、张明、涂行浩、张秀梅	ZL201822126670.4
6	一种神秘果低温保鲜包装盒	2019年10月25日	中国热带农业科学院南亚热带作物研究所	马飞跃、杜丽清、帅希祥、张明、涂行浩、张秀梅	ZL201822126668.7
7	一种芒果果皮的快速干燥装置	2019年1月18日	中国热带农业科学院南亚热带作物研究所	帅希祥、马飞跃、张明、杜丽清、涂行浩	ZL201821079529.7
8	一种便携式护肤品礼盒	2019年2月19日	中国热带农业科学院南亚热带作物研究所	帅希祥、马飞跃、张明、杜丽清、涂行浩	ZL201821078311.X

续表

序号	名称	授权时间	专利权人	发明人	专利号
9	一种澳洲坚果牛轧糖	2019年2月19日	中国热带农业科学院南亚热带作物研究所	帅希祥、马飞跃、张明、杜丽清、涂行浩	ZL201821078280.8
10	一种澳洲坚果饼粕酥饼加工模具	2019年3月5日	中国热带农业科学院南亚热带作物研究所	帅希祥、马飞跃、张明、杜丽清、涂行浩	ZL201820312072.3
11	一种新型果汁澄清过滤系统	2019年3月12日	中国热带农业科学院南亚热带作物研究所	帅希祥、马飞跃、张明、杜丽清、涂行浩	ZL201821079527.8
12	一种澳洲坚果饼粕功能多肽的生产装置	2019年3月5日	中国热带农业科学院南亚热带作物研究所	帅希祥、马飞跃、张明、杜丽清、涂行浩	ZL201821078841.4
13	一种菠萝护果袋	2019年1月25日	中国热带农业科学院南亚热带作物研究所	刘胜辉、张秀梅、吴青松、朱祝英、杨玉梅	ZL201821103203.3
14	一种坚果壳液熏香料提取装置	2019年4月26日	中国热带农业科学院南亚热带作物研究所	涂行浩、杜丽清、张秀梅、陈海芳、曾辉、帅希祥、张明	ZL201821243114.9
15	一种温室大棚用新型环境监测装置	2019年2月19日	中国热带农业科学院南亚热带作物研究所	孙伟生、刘胜辉、吴青松、张秀梅	ZL201820942270.8
16	一种农用植物保护机械	2019年1月1日	中国热带农业科学院南亚热带作物研究所	李国平、何衍彪、詹儒林、柳凤、赵艳龙	ZL201820829312.7
17	一种热带水果清洗设备	2019年6月14日	中国热带农业科学院南亚热带作物研究所	李国平、何衍彪、詹儒林、柳凤、赵艳龙	ZL201820865035.5
18	一种澳洲坚果月饼	2019年6月11日	中国热带农业科学院南亚热带作物研究所	帅希祥、马飞跃、张明、杜丽清、涂行浩	ZL201821079528.2
19	一种防控香蕉土传病害的育苗大棚	2019年4月26日	中国热带农业科学院南亚热带作物研究所	胡玉林、左雪冬、庞振才、胡会刚、段雅婕、孙德权、李伟明	ZL201821229239.6

续表

序号	名称	授权时间	专利权人	发明人	专利号
20	一种保护菠萝果实的保护盖	2019年9月4日	中国热带农业科学院南亚热带作物研究所	孙伟生、林文秋、张红娜、刘胜辉、吴青松、张秀梅	ZL201920105585.1
21	一种方便对香蕉进行保护套安装的装置	2019年7月16日	中国热带农业科学院南亚热带作物研究所	孙伟生、邹明宏、赵斌、戴小红、曾丽珍	ZL201822013702.X
22	一种菠萝护果袋	2019年1月25日	中国热带农业科学院南亚热带作物研究所	刘胜辉、张秀梅、吴青松、朱祝英、杨玉梅	ZL201821103203.3
23	一种采摘菠萝的装置	2019年1月18日	中国热带农业科学院南亚热带作物研究所	刘亚男、徐明岗、何东宁、安东升、王琚钢、刘思汝、冼皑敏、石伟琦	ZL201821351921.2
24	一种剑麻培育用钻心装置	2019年9月23日	中国热带农业科学院南亚热带作物研究所	张燕梅、周文钊、鹿志伟、李俊峰、杨子平、陆军迎	ZL201920163830.4
25	一种紊流式均匀溶解装置及采用该装置的复合肥料溶解系统	2019年3月29日	中国热带农业科学院南亚热带作物研究所	石伟琦、马海洋、刘亚男、刘思汝、何衍彪	ZL201821075431.4
26	一种捕虫器	2019年11月29日	中国热带农业科学院南亚热带作物研究所	常金梅、何衍彪、李国平	ZL201920104358.7
27	一种接种器	2019年11月22日	中国热带农业科学院南亚热带作物研究所	常金梅、柳凤、吴婧波	ZL201920104394.3
28	一种农用植物保护机械	2019年1月1日	中国热带农业科学院南亚热带作物研究所	李国平、何衍彪、詹儒林、柳凤、赵艳龙	ZL201820829312.7
29	一种剑麻花粉临时储藏器	2019年11月22日	中国热带农业科学院南亚热带作物研究所	鹿志伟、周文钊、侯晓婉、杨子平、张燕梅、李俊峰	ZL201920143206.8
30	一种剑麻处理设备的磨刀工具	2019年11月22日	中国热带农业科学院南亚热带作物研究所	鹿志伟、周文钊、侯晓婉、杨子平、张燕梅、李俊峰	ZL201920220163.9
31	一种剑麻割麻工具	2019年11月22日	中国热带农业科学院南亚热带作物研究所	鹿志伟、周文钊、侯晓婉、杨子平、张燕梅、李俊峰	ZL201920143825.7

续表

序号	名称	授权时间	专利权人	发明人	专利号
32	一种剑麻叶片处理设备	2019年11月22日	中国热带农业科学院南亚热带作物研究所	鹿志伟、周文钊、侯晓婉、杨子平、张燕梅、李俊峰	ZL201920220173.2
33	一种防控香蕉土传病害的育苗大棚	2019年4月26日	中国热带农业科学院南亚热带作物研究所	胡玉林、左雪冬、庞振才、胡会刚、段雅健、孙德权、李伟明、谢江辉	ZL201821229239.6
34	一种澳洲坚果等级分级装置	2019年12月31日	中国热带农业科学院南亚热带作物研究所	张明、杜丽清、马飞跃、帅希祥、涂行浩	ZL201920482796.7
35	一种澳洲坚果烘干晾晒装置	2019年12月27日	中国热带农业科学院南亚热带作物研究所	张明、杜丽清、马飞跃、帅希祥、涂行浩	ZL201920482557.1
36	一种澳洲坚果青皮浸膏生产装置	2019年12月20日	中国热带农业科学院南亚热带作物研究所	张明、杜丽清、帅希祥、马飞跃、涂行浩	ZL201920469283.2
37	一种澳洲坚果青皮脱皮装置	2019年12月17日	中国热带农业科学院南亚热带作物研究所	张明、杜丽清、马飞跃、帅希祥、涂行浩	ZL201920469284.7
38	一种芒果果脯快速浸糖装置	2019年12月20日	中国热带农业科学院南亚热带作物研究所	张明、杜丽清、帅希祥、马飞跃、涂行浩	ZL201920469281.3
39	一种神秘果果实采摘装置	2019年12月13日	中国热带农业科学院南亚热带作物研究所	马飞跃、杜丽清、张秀梅、帅希祥、张明	ZL201920450896.1
40	一种神秘果色素提取及色素粉生产设备线	2019年11月29日	中国热带农业科学院南亚热带作物研究所	马飞跃、杜丽清、张秀梅、帅希祥、张明	ZL201920452371.1
41	一种神秘果种子挥发油提取收集装置	2019年12月17日	中国热带农业科学院南亚热带作物研究所	马飞跃、杜丽清、张秀梅、张明、帅希祥	ZL201920451935.X
42	一种新型的自动增氧小型水稻浸种催芽箱	2020年1月31日	中国热带农业科学院南亚热带作物研究所	于珍珍、李海亮、汪春、邹华芬、孙海天、严晓丽、王宏轩、余兵兵、梁琦、李海源、马平、董其昌	ZL201920823572.8

续表

序号	名称	授权时间	专利权人	发明人	专利号
43	一种取样器	2020年1月10日	中国热带农业科学院南亚热带作物研究所	张鲁斌、侯晓婉、贾志伟、宋康华	ZL201920104356.8
44	香蕉果实套袋	2020年1月14日	中国热带农业科学院南亚热带作物研究所	胡玉林、庞振才、胡会刚、段雅婕、李伟明、孙德权	ZL201920690408.4
45	香蕉吸芽切除器	2020年1月14日	中国热带农业科学院南亚热带作物研究所	胡会刚、庞振才、孙德权、胡玉林、段雅婕、李伟明	ZL201920690417.3
46	香蕉育苗装置	2020年1月31日	中国热带农业科学院南亚热带作物研究所	胡玉林、段雅婕、胡会刚、孙德权、李伟明、庞振才	ZL201920768468.3
47	香蕉种植支撑架	2020年5月13日	中国热带农业科学院南亚热带作物研究所	胡玉林、段雅婕、胡会刚、孙德权、李伟明、庞振才	ZL201920690409.9
48	一种澳洲坚果青皮乙醇提取快速浓缩一体设备	2020年1月10日	中国热带农业科学院南亚热带作物研究所	张明、杜丽清、帅希祥、马飞跃、涂行浩	ZL201920460093.4
49	一种芒果保鲜存放装置	2020年9月25日	中国热带农业科学院南亚热带作物研究所	赵艳龙、姚全胜、柳凤、李国平、吴婧波、杨洁	ZL201922242826.X
50	一种用于番石榴中花青素提取的萃取罐	2020年10月26日	中国热带农业科学院南亚热带作物研究所	马智玲、严程明、魏长宾、汤昕明、乔健、唐丽珠	ZL202020296885.5
51	一种实验室用风干装置	2020年9月17日	中国热带农业科学院南亚热带作物研究所	马智玲、魏长宾、汤昕明、乔健、唐丽珠、严程明	ZL202020323300.4
52	一种芒果采后果柄沥胶装置	2020年8月14日	中国热带农业科学院南亚热带作物研究所	谷会、贾志伟、侯晓婉	ZL201922021930.6
53	畜禽粪便好氧发酵及蚯蚓养殖一体化装置	2020年4月10日	中国热带农业科学院南亚热带作物研究所	汪春、马平、孙海天、李海亮、邹华芬、严晓丽、余兵兵、于珍珍、王宏轩、董其昌	ZL201920967118.X
54	一种用于番石榴果皮前处理的粉碎装置	2020年11月11日	中国热带农业科学院南亚热带作物研究所	马智玲、魏长宾、汤昕明、乔健、唐丽珠、严程明	ZL202020296269.X

续表

序号	名称	授权时间	专利权人	发明人	专利号
55	一种多功能畜禽舍粪污自动处理装置	2020年5月5日	中国热带农业科学院南亚热带作物研究所	汪春、马平、李海亮、孙海天、邹华芬、严晓丽、余兵兵、于珍珍、王宏轩、董其昌	ZL201920912560.2
56	一种剑麻种植用喷雾装置	2020年1月30日	中国热带农业科学院南亚热带作物研究所	赵艳龙、姚全胜、何衍彪、常金梅、柳凤、吴婧波、李国平、杨洁	ZL201920429764.0
57	一种水肥气热一体化智能灌溉系统	2020年3月6日	中国热带农业科学院南亚热带作物研究所	于珍珍、汪春、李海亮、邹华芬、孙海天、严晓丽、王宏轩、余兵兵、梁琦、马平、李海源、董其昌	ZL201920930857.1
58	一种多功能鲜食玉米收获机	2020年10月13日	中国热带农业科学院南亚热带作物研究所	王宏轩、汪春、李海亮、孙海天、邹华芬、严晓丽、马国庆、张皓尘、董其昌、于珍珍	ZL202020078863.1
59	一种基质覆盖式玉米套种免耕播种机	2020年9月22日	中国热带农业科学院南亚热带作物研究所	李海亮、汪春、邹华芬、孙海天	ZL202020079550.8
60	一种葡萄培育用控根器	2020年7月24日	中国热带农业科学院南亚热带作物研究所	魏长宾、乔健、杜丽清、李甜子	ZL201922007261.7
61	一种果园割草机	2020年7月21日	中国热带农业科学院南亚热带作物研究所	乔健、李甜子、魏长宾、杜丽清	ZL201922007263.6
62	一种葡萄种植用水肥浇灌装置	2020年8月14日	中国热带农业科学院南亚热带作物研究所	魏长宾、乔健、杜丽清、李甜子	ZL201922059173.1
63	一种适用于长途运输的草莓包装盒	2020年7月10日	中国热带农业科学院南亚热带作物研究所	乔健、魏长宾、杜丽清、李甜子	ZL201922059174.6
64	一种太阳能振频式杀虫灯	2020年7月14日	中国热带农业科学院南亚热带作物研究所	魏长宾、乔健、杜丽清、李甜子	ZL201922115895.4

续表

序号	名称	授权时间	专利权人	发明人	专利号
65	一种新型甘蔗转运车	2020年1月10日	中国热带农业科学院南亚热带作物研究所、中国热带农业科学院湛江实验站	苏俊波、孔冉、刘洋、窦美安	ZL201920331774.0
66	一种新型甘蔗除虫器	2020年1月10日	中国热带农业科学院南亚热带作物研究所、中国热带农业科学院湛江实验站	苏俊波、孔冉、刘洋、窦美安	ZL201920331786.3
67	一种便携式甘蔗活体取汁器	2020年1月10日	中国热带农业科学院南亚热带作物研究所、湛江市金丰农业技术开发有限公司	苏俊波、孔冉、陈秋玲、杨建伟、杨忠禹	ZL201920331797.1
68	一种新型甘蔗收获用镰刀	2020年1月10日	中国热带农业科学院南亚热带作物研究所、湛江市金丰农业技术开发有限公司	苏俊波、孔冉、陈秋玲、杨建伟、杨忠禹	ZL201920332471.0
69	香蕉浇灌装置	2020年1月14日	中国热带农业科学院南亚热带作物研究所	段雅婕、胡会刚、庞振才、李伟明、胡玉林、孙德权	ZL201920583256.8
70	一种芒果花粉收集装置	2020年1月31日	中国热带农业科学院南亚热带作物研究所	许文天、王松标、武红霞、高玉尧、李丽、梁清志、马小卫、姚全胜、詹儒林	ZL201920517200.2
71	一种剑麻驱虫装置	2020年5月29日	中国热带农业科学院南亚热带作物研究所	赵艳龙、姚全胜、何衍彪、常金梅、柳凤、吴婧波、李国平、杨洁	ZL201921428475.5
72	香蕉采摘装置	2020年1月14日	中国热带农业科学院南亚热带作物研究所	段雅婕、胡会刚、庞振才、李伟明、胡玉林、孙德权	ZL201920690416.9
73	香蕉施液装置	2020年1月14日	中国热带农业科学院南亚热带作物研究所	段雅婕、胡会刚、庞振才、李伟明、胡玉林、孙德权	ZL201920583259.1

续表

序号	名称	授权时间	专利权人	发明人	专利号
74	香蕉诱虫装置	2020年1月31日	中国热带农业科学院南亚热带作物研究所	段雅婕、胡会刚、庞振才、李伟明、胡玉林、孙德权	ZL201920768469.8
75	一种便携式甘蔗活体取汁器	2020年1月10日	中国热带农业科学院南亚热带作物研究所、湛江市金丰农业技术开发有限公司	苏俊波、孔冉、陈秋玲、杨建伟、杨忠禹	ZL201920331797.1
76	一种菠萝种植用挖坑装置	2020年11月20日	中国热带农业科学院南亚热带作物研究所	赵艳龙、姚全胜、柳凤、李国平、吴婧波、杨洁	ZL201922222199.3
77	一种方便管理的神秘果幼苗用培育装置	2020年10月27日	中国热带农业科学院南亚热带作物研究所	马飞跃、杜丽清、帅希祥、张明、涂行浩、张秀梅	ZL202020095108.4
78	一种剑麻驱虫装置	2020年5月29日	中国热带农业科学院南亚热带作物研究所	赵艳龙、姚全胜、何衍彪、常金梅、柳凤、吴婧波、李国平、杨洁	ZL201921428475.5
79	一种剑麻种植用喷药装置	2020年1月31日	中国热带农业科学院南亚热带作物研究所	赵艳龙、姚全胜、何衍彪、常金梅、柳凤、李国平、吴婧波、杨洁	ZL201920429764.0
80	一种具有弯折型结构的摘果剪刀	2020年12月22日	中国热带农业科学院南亚热带作物研究所	陈丽、洪克前、谷会、贾志伟、宋康华、侯晓婉	ZL202020567331.4
81	一种芒果储存盒	2020年12月22日	中国热带农业科学院南亚热带作物研究所	陈丽、洪克前、谷会、贾志伟、宋康华、侯晓婉	ZL202020567319.3
82	一种芒果保鲜存放装置	2020年9月15日	中国热带农业科学院南亚热带作物研究所	赵艳龙、姚全胜、柳凤、李国平、吴婧波、杨洁	ZL201922242826.X
83	一种芒果用采摘装置	2020年1月3日	中国热带农业科学院南亚热带作物研究所	李国平、姚全胜、詹儒林、柳凤、何衍彪	ZL201920519877.X
84	一种芒果果柄沥胶托盘	2020年11月20日	中国热带农业科学院南亚热带作物研究所	谷会、侯晓婉、贾志伟	ZL201922091210.7

续表

序号	名称	授权时间	专利权人	发明人	专利号
85	一种芒果用储存装置	2020年12月22日	中国热带农业科学院南亚热带作物研究所	陈丽、洪克前、谷会、贾志伟、宋康华、侯晓婉	ZL202020568720.9
86	一种芒果栽培用除虫装置	2020年1月3日	中国热带农业科学院南亚热带作物研究所	李国平、姚全胜、詹儒林、柳凤、何衍彪	ZL201920519583.7
87	一种芒果栽培用灌溉装置	2020年1月3日	中国热带农业科学院南亚热带作物研究所	李国平、姚全胜、詹儒林、柳凤、何衍彪	ZL201920520106.2
88	一种清洗效果好的神秘果清洗粉碎机	2020年11月24日	中国热带农业科学院南亚热带作物研究所	马飞跃、杜丽清、帅希祥、张明、涂行浩、张秀梅	ZL202020095113.5
89	一种神秘果饮品生产用原料清洗设备	2020年10月16日	中国热带农业科学院南亚热带作物研究所	马飞跃、杜丽清、帅希祥、张明、涂行浩、张秀梅	ZL202020095111.6
90	一种用于芒果采后果柄沥胶的装置	2020年8月14日	中国热带农业科学院南亚热带作物研究所	谷会、贾志伟、侯晓婉	ZL201922021930.6
91	一种用于测定土壤样品保水保肥性的装置	2020年10月30日	中国热带农业科学院南亚热带作物研究所	戴小红、孙伟生、刘恒、刘汉明、张红娜、李运合、张秀梅	ZL202020392634.7
92	一种用于种植菠萝起垄覆膜和铺设滴灌的装置	2020年12月15日	中国热带农业科学院南亚热带作物研究所	孙伟生、戴小红、吴青松、刘汉明、张红娜、李运合、张秀梅	ZL202020392671.8
93	一种新型甘蔗种植用铲	2020年1月10日	湛江市金丰农业技术开发有限公司、中国热带农业科学院南亚热带作物研究所	陈秋玲、杨建伟、苏俊波、孔冉、杨忠禹	ZL201920332470.6
94	一种方便调节的神秘果包装机用下料装置	2020年10月16日	中国热带农业科学院南亚热带作物研究所	马飞跃、杜丽清、帅希祥、张明、涂行浩、张秀梅	ZL202020096625.3
95	一种新型甘蔗收获用镰刀	2020年1月10日	中国热带农业科学院南亚热带作物研究所、湛江市金丰农业技术开发有限公司	苏俊波、孔冉、陈秋玲、杨建伟、杨忠禹	ZL201920332471.0

续表

序号	名称	授权时间	专利权人	发明人	专利号
96	一种关于菠萝采摘具有可调节结构的采摘装置	2021年3月23日	中国热带农业科学院南亚热带作物研究所、湛江站	姚艳丽、张秀梅、刘胜辉、张红娜、吴青松、林文秋、朱祝英、高玉尧、孙伟生	ZL202021031119.2
97	一种菠萝花粉采集器	2021年3月23日	广东农工商职业技术学院、中国热带农业科学院南亚热带作物研究所	张祥会、姚艳丽、马晓晓、张秀梅、董斌、高玉尧、陶正平、林金海	ZL202021056844.5
98	一种坚果壳液熏香料提取分离纯化装置	2021年6月1日	中国热带农业科学院南亚热带作物研究所	涂行浩、杜丽清、陈妹、邓旭、薛忠、陈海芳、帅希祥、张明	ZL202021716033.3
99	一种水肥药智能喷洒系统	2021年1月5日	中国热带农业科学院南亚热带作物研究所	李海亮、汪春、孙海天、邹华芬、于珍珍	ZL202020540147.0
100	一种具有废水废渣处理机构的果蔬热处理机	2021年6月1日	中国热带农业科学院南亚热带作物研究所	陈丽、武丽琼、洪克前	ZL202022086543.3
101	一种种植菠萝苗的新型工具	2021年7月13日	中国热带农业科学院南亚热带作物研究所	孙伟生、梁师权、何勇德、陈喜花、农国裕	ZL202022756310.X
102	一种方便菠萝种植的打孔设备	2021年2月23日	中国热带农业科学院南亚热带作物研究所	孙伟生、戴小红、陈晶晶	ZL 202021278370.9
103	一种玉米育种用苗期培育装置	2021年11月9日	中国热带农业科学院南亚热带作物研究所	陈曙、金辉、张彧	ZL202120625887.9
104	一种提高产量的玉米栽培机构	2021年12月3日	中国热带农业科学院南亚热带作物研究所	陈曙、金辉、张彧、陈卓	ZL202120702551.8
105	一种智能芒果采收机	2021年8月20日	中国热带农业科学院、中国热带农业科学院南亚热带作物研究所	王宏轩、于珍珍、汪春、邹华芬、李海亮、孙海天、严晓丽、马国庆、董其昌、张皓尘	ZL202022930591.6

续表

序号	名称	授权时间	专利权人	发明人	专利号
106	一种可控磁场强度的装置	2021年4月27日	中国热带农业科学院南亚热带作物研究所	刘运浩、吕明哲、李普旺、杨子明、王超、周闯、何祖宇、宋书会	ZL202022562383.5
107	一种用于采后菠萝果实包装箱	2021年11月23日	中国热带农业科学院南亚热带作物研究所	洪克前、殷小兰、姚全胜、谷会、宋康华、侯晓婉、陈丽	ZL202120378621.9
108	一种用于采后芒果果皮刨子	2021年11月23日	中国热带农业科学院南亚热带作物研究所	洪克前、殷小兰、姚全胜、谷会、宋康华、侯晓婉、陈丽	ZL202120378614.9
109	一种单旋翼双喷洒甘蔗植保无人机装置	2021年11月23日	中国热带农业科学院南亚热带作物研究所	孙海天、张平、李海亮、邹华芬、王宏轩、于珍珍	ZL202120521857.3
110	一种蓝纸膜一体香蕉袋	2021年4月9日	中国热带农业科学院南亚热带作物研究所	欧阳红军、胡会刚	ZL202020241407.4
111	菠萝水心病诱导装置	2021年2月5	中国热带农业科学院南亚热带作物研究所、中国热带农业科学院湛江实验站	姚艳丽、张秀梅、刘胜辉、张红娜、吴青松、林文秋、朱祝英	ZL202020524600.9
112	一种芒果果树拉枝器	2021年12月14日	中国热带农业科学院南亚热带作物研究所	梁清志、王松标、李丽、许文天、郑斌、武红霞	ZL2021213362489.9
113	芒果花穗疏花剪刀	2021年12月14日	中国热带农业科学院南亚热带作物研究所	梁清志、王松标、李丽、许文天、武红霞、何小龙	ZL202121389652.0
114	芒果树便携式电动修剪装置	2021年12月14日	中国热带农业科学院南亚热带作物研究所	梁清志、王松标、何小龙、李丽、许文天、武红霞	ZL202121247724.8
115	便携式芒果清洗装置	2021年12月14日	中国热带农业科学院南亚热带作物研究所	梁清志、王松标	ZL202121243918.0
116	一种新型都市农业栽培装置	2021年3月26	中国热带农业科学院南亚热带作物研究所	陈妹、杜丽清、邓旭、涂行浩、张明	ZL202021045310.2

续表

序号	名称	授权时间	专利权人	发明人	专利号
117	一种可防玉米粒损坏的甜玉米加工用脱粒装置	2021年5月28日	中国热带农业科学院南亚热带作物研究所、中国热带农业科学院农产品加工研究所	刘洋、洪亚楠、徐磊、胡小文、徐志军	ZL202022156495.0
118	一种用于甜玉米深度加工的玉米浆液榨取灭菌装置	2021年6月1日	中国热带农业科学院南亚热带作物研究所、中国热带农业科学院农产品加工研究所	刘洋、洪亚楠、徐磊、胡小文、徐志军	ZL202022154203.X
119	一种对菠萝进行热空气处理的装置	2021年11月23日	中国热带农业科学院南亚热带作物研究所	宋康华、宋康华、谷会、姚全胜、侯晓婉	ZL202120289094.4
120	一种复合种养用浮岛	2021年11月16日	中国热带农业科学院南亚热带作物研究所	李海亮、王宏轩、孙海天、邹华芬、于珍珍、董其昌、马国庆、张皓尘、汪春、梁琦、刘国柱	ZL202120353531.4
121	一种菠萝授粉取样用保护装置	2021年12月3日	中国热带农业科学院南亚热带作物研究所	马朝明、陈志辉、陈晶晶、戴小红、井敏敏、李栋梁、陈东泉	ZL202121257815.X
122	一种菠萝授粉取样器	2021年12月14日	中国热带农业科学院南亚热带作物研究所	马朝明、陈志辉、陈晶晶、戴小红、井敏敏、李栋梁、陈东泉	ZL202120898040.8
123	一种芒果商品化处理装置	2021年11月23日	中国热带农业科学院南亚热带作物研究所	谷会、宋康华、侯晓婉	ZL202120627397.2
124	一种菠萝黑腐病防治装置	2021年11月23日	中国热带农业科学院南亚热带作物研究所	谷会、宋康华、侯晓婉	ZL202120627315.4
125	一种用于菠萝花粉收集的容器	2021年11月23日	中国热带农业科学院南亚热带作物研究所	孙伟生、吴青松、张秀梅、梁师权、何勇德	ZL202120597716.X

续表

序号	名称	授权时间	专利权人	发明人	专利号
126	一种菠萝根际高压液体可调施肥枪	2021年11月9日	中国热带农业科学院南亚热带作物研究所	孙伟生、吴青松、张秀梅、梁师权、何勇德	ZL202120821730.3
127	一种用于采后芒果果实处理装置	2021年10月22日	中国热带农业科学院南亚热带作物研究所	洪克前、殷小兰、姚全胜、谷会、宋康华、侯晓婉、陈丽	ZL202120378612.X
128	一种新型都市农业小型水肥自动浇灌装置	2022年1月4日	中国热带农业科学院南亚热带作物研究所	陈妹、杜丽清、邓旭、涂行浩、张明	ZL202121719954.X
129	芒果花穗剪刀	2022年1月28	中国热带农业科学院南亚热带作物研究所	梁清志、王松标、何小龙、薛忠	ZL202121734584.7
130	一种凤梨种植用农药喷洒装置	2022年2月8	中国热带农业科学院南亚热带作物研究所	郑昊天、欧阳红军、黄小华、魏如丹、钟宁	ZL202121366620.9
131	一种可调节高度方便拆卸防虫网的芒果防雨伞	2022年2月8	中国热带农业科学院南亚热带作物研究所	王松标、潘睿、薛忠、何小龙、郑斌、武红霞、梁清志、许文天、李丽、马小卫	ZL202122098108.7
132	一种南亚热带水果用双层套袋	2022年3月8	中国热带农业科学院南亚热带作物研究所	欧阳红军、李普旺、李国、刘志军	ZL202121307358.0
133	一种梳齿拨禾轮式菠萝采收机	2022年3月8	中国热带农业科学院南亚热带作物研究所	王宏轩、于珍珍、汪春、邹华芬、李海亮、孙海天、严晓丽、张皓尘、马国庆、董其昌	ZL202122139611.2
134	一种促进野生茄树嫁接成活的保护装置	2022年3月22	中国热带农业科学院南亚热带作物研究所	石伟琦、刘思汝、马海洋、刘亚男、冼皑敏	ZL202120170841.2
135	一种玉米高产栽培大棚	2022年4月8日	中国热带农业科学院南亚热带作物研究所	邹华芬、李海亮、孙海天、汪春、王宏轩、于珍珍、董其仓、马国庆、张皓尘	ZL202120675568.9

续表

序号	名称	授权时间	专利权人	发明人	专利号
136	一种新型玉米高产的育种栽培架	2022年4月29日	中国热带农业科学院南亚热带作物研究所	邹华芬、孙海天、李海亮、汪春、于珍珍、王宏轩、马国庆、董其仓、张浩尘	ZL202120684792.4
137	一种施肥机的螺旋排肥器	2022年5月13日	中国热带农业科学院南亚热带作物研究所	刘信鹏、杜嵇华、焦静、黄小红、李尊香、李普旺、杨子明、王超、刘运浩、宋书会、周闯、何祖宇、张宇晗、郑金	ZL202123082374.7
138	一种施肥机的深松旋耕起垄机构	2022年5月14日	中国热带农业科学院南亚热带作物研究所	刘信鹏、杜嵇华、焦静、黄小红、李尊香、李普旺、杨子明、王超、刘运浩、宋书会、周闯、何祖宇、张宇晗、郑金	ZL202123083882.7
139	一种方便菠萝套袋的装置	2022年6月7日	中国热带农业科学院南亚热带作物研究所	孙伟生、吴青松、刘胜辉、张秀梅	ZL202220236801.8
140	一种可过滤循环的采后水果用喷淋装置	2022年6月10日	中国热带农业科学院南亚热带作物研究所	洪克前、姚全胜、宋康华、侯晓婉	ZL202220360522.2
141	一种可过滤废水的芒果自动清洗装置	2022年6月10日	中国热带农业科学院南亚热带作物研究所	洪克前、姚全胜、宋康华、侯晓婉	ZL202220332610.1
142	香蕉种植保护袋	2022年6月17日	中国热带农业科学院南亚热带作物研究所	胡会刚、肖伟军、贾志伟、段雅婕	ZL202220240026.3
143	香蕉支撑装置	2022年11月1日	中国热带农业科学院南亚热带作物研究所	胡会刚、庞振才、贾志伟、肖伟军、胡玉林、段雅婕	ZL202221481069.7
144	一种一体化分类垃圾桶	2022年9月27日	中国热带农业科学院南亚热带作物研究所	张广明、张湛蓝、邓旭、张莉、冯芹	ZL202221422593.7

续表

序号	名称	授权时间	专利权人	发明人	专利号
145	一种菠萝果柄采后防腐处理装置	2022年11月25日	中国热带农业科学院南亚热带作物研究所	谷会、侯晓婉、宋康华	ZL202221197272.1
146	一种湿度监控的水果保温箱	2022年8月26日	中国热带农业科学院南亚热带作物研究所	洪克前、姚全胜、宋康华、侯晓婉	ZL202220360509.7
147	一种可调节空间的水果保鲜装置	2022年8月26日	中国热带农业科学院南亚热带作物研究所	洪克前、姚全胜、宋康华、侯晓婉	ZL202220311765.7
148	一种便于更换刀具的菠萝果实芽切割装置	2022年7月12日	中国热带农业科学院南亚热带作物研究所	洪克前、姚全胜、宋康华、侯晓婉	ZL202220311771.2
149	一种凤梨用果实套袋	2022年12月9日	中国热带农业科学院南亚热带作物研究所	欧阳红军、吴青松、蚁秀清、黄小华	ZL202222312584.9
150	一种橡胶树高筒苗育苗用网架	2023年4月7日	中国热带农业科学院南亚热带作物研究所	欧雄常、罗文扬、张汉周	ZL202210469318.0
151	一种菠萝筛选用输送分选平台	2023年1月3日	中国热带农业科学院南亚热带作物研究所	薛忠、何小龙、张秀梅、王松标、郑斌、高玉尧、许文天、姚艳丽、李丽	ZL202222440500.X
152	一种盆栽植物种质分类装置	2023年6月2日	中国热带农业科学院南亚热带作物研究所	邓旭、杜丽清、涂行浩、陈妹、张明、乔健、李娅	ZL202223540927.3
153	一种景观园林树木养护防护围栏	2023年5月19日	中国热带农业科学院南亚热带作物研究所	邓旭、杜丽清、涂行浩、陈妹、张明、乔健、李娅	ZL202223540941.3
154	一种坚果剖切夹具	2023年11月28日	中国热带农业科学院南亚热带作物研究所	宋喜梅、曾辉、邹明宏、万继锋、杨倩、王照、罗炼芳、左雪冬、白海东	ZL202321504667.6

七 软件著作权名录

2019—2023年，南亚所共获得软件著作权51件，详见表3-11。

表3-11 南亚所2019—2023年授权软件著作权名录

序号	名称	授权时间	著作权人	登记号
1	实验室学生信息智能管理软件	2020年12月6日	中国热带农业科学院南亚热带作物研究所	2021SR1074031
2	实验室信息数据分析提取系统	2020年9月28日	中国热带农业科学院南亚热带作物研究所	2021SR1074032
3	南亚热带作物种质资源管理信息平台V1.0	2020年6月15日	赵华、中国热带农业科学院南亚热带作物研究所、广州国家现代农业产业科技创新中心、陈晶晶、吴阿丹、郭建文、中国科学院西北生态环境资源研究所	2023SR0508204
4	湛江市农业科普创新联盟平台V1.0	2020年12月18日	中国热带农业科学院南亚热带作物研究所	2021SR0286477
5	坚果脂质组学数据库开发软件平台V1.0	2020年12月23日	中国热带农业科学院南亚热带作物研究所	2021SR0286375
6	坚果品质无损检测系统软件	2020年12月18日	中国热带农业科学院南亚热带作物研究所	2021SR0286478
7	芒果脂质组学数据库开发软件平台V1.0	2020年12月22日	中国热带农业科学院南亚热带作物研究所	2021SR0286479
8	菠萝杂交亲本选配系统	2021年1月7日	中国热带农业科学院南亚热带作物研究所	2021SR0437441
9	菠萝杂交后代性状调查系统	2021年1月5日	中国热带农业科学院南亚热带作物研究所	2021SR0437442
10	菠萝心腐病防治系统	2021年1月8日	中国热带农业科学院南亚热带作物研究所	2021SR0437443
11	菠萝凋萎病防治系统	2021年1月8日	中国热带农业科学院南亚热带作物研究所	2021SR0437371
12	菠萝杂交后代性状数据库系统	2021年1月13日	中国热带农业科学院南亚热带作物研究所	2021SR0437370

续表

序号	名称	授权时间	著作权人	登记号
13	土壤矿质营养配比智能检测系统 V1.0	2021年5月11日	中国热带农业科学院南亚热带作物研究所	2021SR1154902
14	土壤营养元素远程信息管理系统 V1.0	2021年5月30日	中国热带农业科学院南亚热带作物研究所	2021SR1153731
15	土壤磷元素特征数据分析系统 V1.0	2021年5月26日	中国热带农业科学院南亚热带作物研究所	2021SR1153703
16	土壤氮元素实时检测系统 V1.0	2021年5月19日	中国热带农业科学院南亚热带作物研究所	2021SR1153716
17	土壤矿质元素监测数据批量自动传送系统 V1.0	2021年6月2日	中国热带农业科学院南亚热带作物研究所	2021SR1153704
18	实验室综合管理软件	2021年1月22日	中国热带农业科学院南亚热带作物研究所	2021SR1073584
19	两亲性壳聚糖基纳米微胶囊性能测定软件 V1.0	2021年12月5日	中国热带农业科学院南亚热带作物研究所	2022SR0322171
20	可视化检测二价汞离子的比色型传感器性能测试系统 V1.0	2021年12月5日	中国热带农业科学院南亚热带作物研究所	2022SR0654024
21	芒果营养成分数据库管理系统 V1.0	2021年11月19日	中国热带农业科学院南亚热带作物研究所	2022SRE014617
22	热带水果数据库系统 V1.0	2021年12月15日	中国热带农业科学院南亚热带作物研究所	2022SRE014782
23	神秘果营养成分数据库及查询管理系统 V1.0	2021年12月15日	中国热带农业科学院南亚热带作物研究所	2022SSR0237072
24	澳洲坚果质量追溯信息管理系统 V1.0	2021年12月2日	中国热带农业科学院南亚热带作物研究所	2022SSR0245042
25	农业科普信息数据库软件 V1.0	2021年12月2日	中国热带农业科学院南亚热带作物研究所	2022SRE015639
26	温度响应性生物基包膜肥料智能化检测系统 V1.0	2021年12月17日	中国热带农业科学院南亚热带作物研究所、王超	2022SR0478932
27	生物基包膜控释肥料释放智能物联网控制系统 V1.0	2021年9月10日	中国热带农业科学院南亚热带作物研究所、王超	2022SR0478856
28	pH 响应性生物基包膜肥料释放控制系统 V1.0	2021年6月14日	中国热带农业科学院南亚热带作物研究所、王超	2022SR0478979

续表

序号	名称	授权时间	著作权人	登记号
29	生物基包膜控释肥料调配监测系统 V1.0	2021年4月19日	中国热带农业科学院南亚热带作物研究所、王超	2022SR0483431
30	生物基包膜肥料养分控制释放影响因素分析软件 V1.0	2021年7月14日	中国热带农业科学院南亚热带作物研究所、王超	2022SR0751239
31	水肥一体化自动化控制软件	2021年5月1日	中国热带农业科学院南亚热带作物研究所	2021SR1095202
32	厌氧消化过程智能化监控系统 V1.0	2021年6月8日	中国热带农业科学院南亚热带作物研究所	2021SR1308993
33	好氧发酵水分实时监控系统 V1.0	2021年6月23日	中国热带农业科学院南亚热带作物研究所	2021SR1309010
34	火龙果寒害评定和防治系统 V1.0	2021年1月1日	中国热带农业科学院南亚热带作物研究所、戴小红	2021SR0437375
35	菠萝突变体筛选和突变体库建立系统 V1.0	2021年1月11日	中国热带农业科学院南亚热带作物研究所、戴小红	2021SR0437374
36	土壤含水量及酸碱度检测系统	2021年5月19日	中国热带农业科学院南亚热带作物研究所、许文天、郑斌	2021SR1154669
37	土壤有机质检测软件	2021年6月9日	中国热带农业科学院南亚热带作物研究所、许文天、郑斌	2021SR1153730
38	农业种植施肥管理系统 V1.0	2021年6月3日	中国热带农业科学院南亚热带作物研究所、许文天、郑斌	2021SR1153715
39	菠萝种质资源果实糖风味数据库软件（简称AnanansSugarDB）V1.0	2022年1月18日	中国热带农业科学院南亚热带作物研究所	2022SR011476
40	菠萝夹持输送实验台控制系统 V1.0	2022年1月3日	中国热带农业科学院南亚热带作物研究所、薛忠、何小龙、王松标	2022SR0398412
41	以自由基光引发剂催化合成植物油酸—壳聚糖基多元醇制备管理系统 V1.0	2022年2月20日	中国热带农业科学院南亚热带作物研究所、加工所、周闯、张利	2022SR0464953

续表

序号	名称	授权时间	著作权人	登记号
42	植物油—壳聚糖基可生物降解PUA及其制备过程管理系统V1.0	2022年2月20日	中国热带农业科学院农产品加工研究所、中国热带农业科学院南亚热带作物研究所、张利、周闯	2022SR0464535
43	光热双重响应型壳聚糖基衍生物智能控制释放鉴定软件V1.0	2022年2月20日	中国热带农业科学院农产品加工研究所、中国热带农业科学院南亚热带作物研究所、张利、周闯	2022SR0464952
44	物联网农业种植环境监测吸入	2022年12月1日	中国热带农业科学院南亚热带作物研究所、陈佳瑛、涂行浩	2022SR0478979
45	南方马铃薯品质综合评价分析系统V1.0	2022年8月3日	中国热带农业科学院南亚热带作物研究所、唐景华、涂行浩	2022SR04831595
46	南方马铃薯表型数据采集系统V1.0	2022年8月15日	中国热带农业科学院南亚热带作物研究所、唐景华、涂行浩	2022SR0750413
47	水土重金属镉离子、铅离子、铜离子同时测定报告分析系统	2023年6月15日	中国热带农业科学院南亚热带作物研究所、何祖宇、杨子明	2023SR0678736
48	土壤重金属锌离子、铜离子、汞离子污染成分检测系统	2023年6月15日	中国热带农业科学院南亚热带作物研究所、何祖宇、杨子明	2023SR0678735
49	甘蔗智能化灌溉决策系统V1.0	2023年9月1日	赵宝山、安东升、苏俊波、严程明、中国热带农业科学院南亚热带作物研究所	2023SR1419992
50	菠萝采后保鲜膜包装控制系统V1.0	2023年4月12日	中国热带农业科学院南亚热带作物研究所、谷会、姚全胜	2023SR0844052
51	菠萝采后热烫处理控制系统V1.0	2023年4月26日	中国热带农业科学院南亚热带作物研究所、谷会、姚全胜	2023SR0815367

八 出版专著名录

2019—2023年，南亚所共参与出版专著42部。出版著作各年度统计情况见表3-12，各专著名录见表3-13。

表3-12 2019—2023年南亚所专著概况

年份	数量（部）	研究对象
2019	12	果树5部，其他7部
2020	7	果树3部，其他4部
2021	9	果树4部，其他5部
2022	5	果树5部
2023	9	果树6部，其他3部
合计	42	果树23部，其他19部

表3-13 2019—2023年南亚所专著名录

序号	论著名称	出版年份	完成人	出版社
1	菠萝水肥一体化技术	2019	石伟琦、马海洋、刘亚男、刘思汝	中国农业出版社
2	密克罗尼西亚联邦果蔬植物图鉴	2019	李伟明、王金辉	中国农业科学技术出版社
3	30年土地质量演变规律	2019	马常宝、徐明岗、薛彦东、卢昌艾	中国农业出版社
4	澳洲坚果病虫害	2019	詹儒林、常金梅	中国农业出版社
5	中国果树科学与实践：菠萝篇	2019	朱世江、何业华、孙光明	陕西新华出版传媒集团、陕西科学技术出版社
6	南亚丰歌：中国热带农业科学院南亚热带作物研究所媒体报道汇编（1954—2019）	2019	冯文星、陈佳瑛、黄炳钰	中国农业科学技术出版社
7	南亚迹忆：中国热带农业科学院南亚热带作物研究所画册（1954—2019）	2019	黄炳钰、冯文星、陈佳瑛、马德勇	中国农业科学技术出版社
8	南亚硕果：中国热带农业科学院南亚热带作物研究所科技成果集（1954—2019）	2019	刘思汝、欧雄常、李端奇、宋喜梅	中国农业科学技术出版社

续表

序号	论著名称	出版年份	完成人	出版社
9	南亚印记：中国热带农业科学院南亚热带作物研究所大事记（1954—2019）	2019	江杨、邱桂妹、江汉青、黄智敏	中国农业科学技术出版社
10	香蕉丰产栽培彩色图说	2019	胡会刚、董晨、段雅婕、胡玉林、李伟明、庞振才、孙德权	广东科技出版社
11	畜肉产品质量追溯实用技术手册	2019	秦福增、韩学军、张颖璐、张宗城、张明	中国农业出版社
12	谷物产品质量追溯实用技术手册	2019	秦福增、韩学军、张明等	中国农业出版社
13	海南省志科学技术志（1991—2010）	2020	马小卫、贾志伟、周文钊	方志出版社
14	检验检测机构质量管理实务	2020	马智玲、邱令冰	北京工业大学出版社
15	生物学实验室安全手册	2020	马智玲、赵秋芳、汤昕明、魏长宾	中国农业出版社
16	中国主要龙眼品种DNA指纹数据库	2020	石胜友、彭海、李论	华中科技大学出版社
17	澳洲坚果初加工技术	2020	帅希祥、涂行浩、杜丽清	中国农业科学技术出版社
18	禽畜粪便综合利用	2020	焦静、黄小红、杜稔华	国际学术出版社
19	果树施肥技术理论与实践	2020	李会合、欧阳红军	天津科学技术出版社
20	Field Guide to Fruits and Vegetables in the Federated States of Micronesia	2021	李伟明、王金辉、张雪、李小霞	中国农业科学技术出版社
21	芒果种质资源图谱	2021	武红霞、马小卫、詹儒林	中国农业出版社
22	菠萝加工副产物综合利用研究	2021	林丽静、方蕾、董晨、张彬	中国农业出版社
23	南亚勋业：中国热带农业科学院南亚热带作物研究所所志（1954—2019）	2021	杜丽清、邹明宏、段雅婕、宋喜梅、陈佳瑛	中国农业科学技术出版社
24	中国果树科学与实践：菠萝蜜、莲雾、毛叶枣	2021	叶春海、李映志、李新国、陈佳瑛	陕西科学技术出版社
25	壳聚糖改性材料及应用	2021	李普旺、杨子明、周闯、王超、何祖宇、刘运浩、宋书会	维泽科技出版社

续表

序号	论著名称	出版年份	完成人	出版社
26	热带作物秸秆综合利用技术	2021	李普旺、焦静、王刚、杨子明、李尊香、庄志凯	国际学术出版社
27	壳聚糖改性材料及应用	2021	李普旺、杨子明、周闯、王超、何祖宇、刘运浩、宋书会	维泽出版社
28	农业技术培训的创新研究	2021	吕玉霞、欧阳红军	吉林科学技术出版社
29	龙眼营养与功能	2022	谭飚、石胜友、柯尊丽	中国农业出版社
30	神秘果栽培与利用	2022	张秀梅、马飞跃、张明、袁晓丽、白净	中国农业科学技术出版社
31	优异菠萝种质资源	2022	吴青松、林文秋、姚艳丽、栾爱萍	中国农业科学技术出版社
32	澳洲坚果栽培与病虫害防治彩色图说	2022	万继锋、曾辉、李国平、王文林	中国农业出版社
33	热带水果栽培技术与机械装备	2022	薛忠、潘睿、刘丽琴、李海亮、孙海天、邱志峰	中国农业科学技术出版社
34	澳洲坚果加工与副产物综合开发利用	2023	王文林、陈海生、涂行浩、施蕊	中国农业出版社
35	菠萝生产机械化技术与装备	2023	薛忠、刘丽琴、姚艳丽	中国农业科学技术出版社
36	澳洲坚果 番石榴	2023	刘国道、邹明宏、曾辉等	中国农业出版社
37	南亚热带地区木本花卉识别与应用	2023	武丽琼、杜丽清、黄小华、陈英敏、冯海燕、陈佳瑛	中国农业出版社
38	菠萝种质资源图谱（上册）	2023	陆新华、张秀梅、刘胜辉、吴青松	中国农业科学技术出版社
39	老挝园林及果蔬植物（1）	2023	邓旭、杜丽清、谢非、陈妹、乔健、杨桦	广东科技出版社
40	农作物高产理论与种植技术研究	2023	马占飞、孔宪萍、邓学福、杨子平	吉林科学技术出版社
41	作物育种原理和技术研究	2023	郭延平、杨子平	延边大学出版社
42	果园机械化生产技术	2023	薛忠、牛彦明、王晓阳、刘丽琴、侯宪文、潘睿	中国农业科学技术出版社

九　发表论文名录

2019—2023年，南亚所发表论文565篇，其中英文文章188篇，中文文章376篇。各年份发表论文统计情况见表3-14。发表的论文名录见表3-15、表3-16。

表3-14　2019—2023年南亚所发表论文概况

年份	类别	总数（篇）
2019	英文17篇，中文55篇	72
2020	英文26篇，中文45篇	71
2021	英文39篇，中文102篇	141
2022	英文57篇，中文111篇	168
2023	英文49篇，中文63篇	112
合计	英文188篇，中文376篇	564

表3-15　2019—2023年南亚所发表英文论文名录

序号	论文题目	发表年份	发表期刊	完成人
1	Avocado fruit pulp transcriptomes in the after-ripening process	2019	Notulae Botanicae Horti Agrobotanici Cluj-Napoca	Liu Liqin, Shu Bo, Jue Dengwei, Wang Yicheng, Wei Yongzan, Shi Shengyou
2	Activities, transcript levels, and subcellular localizations of sucrose phosphate synthase, sucrose synthase, and neutral invertase and change in sucrose content during fruit development in pineapple (*Ananas comosus*)	2019	The Journal of Horticultural Science and Biotechnology	Zhang Xiumei, Liu Shenghui, Du Liqing, Yao Yanli, Wu Jianyang
3	Analysis of volatile components in Gui Qi mango fruit wine	2019	Food Biotechnology and Environmental Technology	Shuai Xixiang, Zhang Ming, Ma Feiyue, Du Liqing

续表

序号	论文题目	发表年份	发表期刊	完成人
4	Comprehensive analysis of the longan transcriptome reveals distinct regulatory programs during the floral transition	2019	BMC Genomics	Jue Dengwei, Sang Xuelian, Liu Liqin, Shu Bo, Wang Yicheng, Liu Chengming, Wang Yi, Xie Jianghui, Shi Shengyou
5	Differential expression of anthocyanin biosynthetic genes in relation to anthocyanin accumulation in the pericarp of mango (*Mangifera indica* Linn.)	2019	IOP Conf. Series: Materials Science and Engineering	Wang Songbiao, Wu Hongxia, Xu Wentian, Ma Xiaowei, Li Li, Zhan Rulin
6	Differential selection pressure exerted by root rot diseaseon the microbial communities in the rhizosphere of avocado (*Persea americana* Mill.)	2019	Annals of Applied Biology	Shu Bo, Liu Liqin, Wei Yongzan, Zhang Dejian, Shi Shengyou
7	Effects of exogenous plant hormones on sugar accumulation and related enzyme activities during the development of longan (*Dimocarpus Long*an Lour.) fruits	2019	The Journal of Horticultural Science and Biotechnology	Tan Si, Xie Jianghui, Wang Wei, Shi Shengyou
8	Effects of three drying methods on polyphenol composition and antioxidant activities of *Litchi chinensis* Sonn.	2019	Food Science and Biotechnology	Tan Si, Tang Jianmin, Shi Wenjing, Wang Zhuwei, Xiang Yuanyuan, Deng Tingwei, Gao Xiaoxu, Li Wenfeng, Shi Shengyou
9	First report of lasiodiplodia seudotheobromae causing husk rot in *Macadamia*	2019	Plant Disease	Chang Jinmei, Zhan Rulin, Liu Feng, Wu Jingbo
10	Genetic diversity of Ziziphus mauritiana germplasm based on SSR markers and ploidy level estimation	2019	Planta	Liang Tian, Sun Weisheng
11	Genome-wide analysis of artificial mutations induced by ethyl methanesulfonate in the eggplant (*Solanum melongena* L.)	2019	Genes	Xiao Xiou, Lin Wenqiu, Li Ke, Feng Xuefeng, Jin Hui, Zou Huafeng

续表

序号	论文题目	发表年份	发表期刊	完成人
12	High temperature reduces peel color in eggplant (*Solanum melonge*na) as revealed by RNA-seq analysis	2019	Genome	Lv Lingling, Feng Xuefeng, Li Wei, Li Ke
13	Nanoapplication of a resistance inducer to reduce phytophthora disease in pineapple (*Ananas comosus* L.)	2019	Frontiers in Plant Science	Lu Xinhua, Sun Dequan, Rookes James E, Kong Lingxue, Zhang Xiumei, Cahill David M
14	Polysaccharides from pineapple pomace: New insight into ultrasonic-cellulase synergistic extraction and hypoglycemic activities	2019	International Journal of Biological Macromolecules	Hu Huigang, Zhao Qiaoli, Xie Jianghui, Sun Dequan
15	Properties of selected biodegradable seedlings plugtrays	2019	Scientia Horticulturae	Zhang Xinyue, Wang Chun, Chen Ying
16	Transcriptome analysis of atemoya pericarp elucidates the role of polysaccharide metabolism in fruit ripening and cracking after harvest	2019	BMC Plant Biology	Chen Jingjing, Duan Yajie, Hu Yulin, Li Weiming, Sun Dequan, Hu Huigang, Xie Jianghui
17	Whole-genome bisulfite sequencing reveals a role for DNA methylation in variants from callus culture of pineapple (*Ananas comosus* L.)	2019	Genes	Lin Wenqiu, Xiao Xi'ou, Zhang Hongna, Li Yunhe, Liu Shenghui, Sun Weisheng, Zhang Xiumei, Wu Qingsong
18	Deep RNA-seq analysis reveals key responding aspects of wild banana relative resistance to *Fusarium oxysporum* f. sp. cubense tropical race 4	2020	Functional & Integrative Genomics	Li Weiming, Dita Miguel, Rouard Mathieu, Wu Wei, Roux Nicolas, Xie JiangHui, Ge XueJun
19	Effects of water deficit and nitrogen application on leaf gas exchange, phytohormone signaling, biomass and water use efficiency of oat plants	2020	Journal of Plant Nutrition and Soil Science	Li Li, Ma Haiyang, Xing Jiayi, Liu Fulai, Wang Yaosheng

续表

序号	论文题目	发表年份	发表期刊	完成人
20	A chromosome-level genome assembly provides insights into ascorbic acid accumulation and fruit softening in guava (*Psidium guajava*)	2020	Plant Biotechnology Journal	Feng Chen, Feng Chao, Lin Xinggu, Liu Shenghui, Li Yingzhi, Kang Ming
21	Analysis of anthocyanins in different parts of michelia with high performance liquid chromatography	2020	IOP Conference Series: Earth and Environmental Science	Ma Zhiling, Tang Lizhu, Gao Xiaomin, Yan Chengming
22	Analysis of volatile components in Gui Qi mango wine	2020	5th International Conference on Enviromental Science and Material Application	Shuai Xixiang, Zhang Ming, Ma Feiyue, Du Liqing
23	Auxin efflux carriers, MiPINs, are involved in adventitious root formation of mango cotyledon segments	2020	Plant Physiology and Biochemistry	Li Yunhe, Mo Yiwei, Wang Songbiao, Zhang Zhi
24	Banana at different developmental stages	2020	BMC Microbiology	Duan Yajie, Chen Jian, He Wei, Chen Jingjing, Hu Yulin, Pang Zhencai, Sun Dequan, Li Weiming, Hu Huigang, Xie Jianghui
25	Chitosan-modified halloysite nanotubes as a controlled-release nanocarrier for nitrogen delivery	2020	Applied Clay Science	Wang Chao, Yang Ziming, He Zuyu, Zhou Chuang, Jiao Jing, Liu Yunhao, Yang Yan, Sun Dequan, Lin Liyun, Li Puwang
26	Cucumber Fusarium wilt resistance induced by intercropping with celery differs from that induced by the cucumber genotype and is related to sulfur-containing allelochemicals	2020	Scientia Horticulturae	Gao Xiaomin, Li Ke, Ma Zhiling, Zou Huafen, Jin Hui, Wang Jugang

续表

序号	论文题目	发表年份	发表期刊	完成人
27	Detection of wampee damage based on hyperspectral imaging technology	2020	E3S Web of Conferences	Qiu Wenwu, Qiao Jian
28	Differences of sugar components in different mulberry cultivars during its ripening	2020	IOP Conference Series: Earth and Environmental Science	Gao Xiaomin, Hou Qi, Ma Zhiling
29	Drought priming improved water status, photosynthesis and water productivity of cowpea during post-anthesis drought stress	2020	Agricultural Water Management	Tankari Moussa, Wang Chao, Ma Haiyang, Li Xiangnan, Li Li, Soothar Rajesh Kumar, Cui Ningbo, Zaman-allah Mainassara, Hao Weiping, Liu Fulai, Wang Yaosheng
30	Dual drug delivery system of photothermal-sensitive carboxymethyl chitosan nanosphere for photothermal-chemotherapy	2020	International Journal of Biological Macromolecules	Liu Xianwu, He Zuyu, Chen Yu, Zhou Chuang, Wang Chao, Liu Yunhao, Feng Changgen, Yang Ziming, Li Puwang
31	Effect of bagging on the aroma compounds in mangoes during different postharvest stages	2020	E3S Web of Conferences	Wei Changbin, Ma Zhiling, Qiao Jian, Tang Xinming, Yan Qingze, Tang Lizhu, DU Liqing
32	Effect of bagging on the content of sugar and acid in postharvest "Jinhuang" mango fruit	2020	E3S Web of Conferences	Wei Changbin, Qiao Jian, Tang Xinming, Yan Qingze, Tang Lizhu, Ma Zhiling
33	Effects of different drying methods on volatile composition of Melaleuca alternifolia essential oil	2020	IOP Conf. Series: Earth and Environmental Science	Wei Changbin, Ma Zhiling, Qiao Jian, Lin Jingxin, Li Guopeng
34	Forced flowering of pineapple(*Ananas comosus* cv.Tainon16) in response to ethephon with or without calcium carbonate	2020	IOP Conf. Series: Materials Science and Engineering	Liu Shenghui, Zhang Xiumei, Li Yunhe, Yang Yumei, Zhu Zhuying
35	Modification of food macromolecules using dynamic high pressure microfluidization: A review	2020	Trends in Food Science and Technology	Guo Xiaojuan, Chen Mingshun, Li Yuting, Dai Taotao, Shuai Xixiang, Chen Jun, Liu Chengmei

续表

序号	论文题目	发表年份	发表期刊	完成人
36	Molecular and functional characterization of two DELLA protein-coding	2020	Gene	Wang Yi, He Shae, Wei Yongzan, Dong Chen, Liu Liqin, Jue Dengwei, Shi Shengyou, Li Weicai
37	Nutritional component changes in Xiangfen 1	2020	Food & Function	Hu Huigang, Wang Jiuxiang, Hu Yulin, Xie Jianghui
38	Optimization of test conditions for TPA Texture properties of avocado flesh	2020	Earth and Environmental Science	Ma Huifang, Liu Yijun, Tu Xinghao, Deng Dongyan, Ye Jianzhi, Yang Chunliang, Du Liqing, Li Liyun
39	Research on the management mode of information laboratory	2020	2020 5th International Conference on Electromechanical Control Technology and Transportation	Ma Zhiling, Tang Lizhu, Tang Xinming, Wei Changbin
40	Research progress in ordered nanomaterials via magnetic field induced preparation	2020	ISEESE2020; E3S Web of Conferences	Liu Yunhao, Lv Mingzhe, Wang Chao, He Zuyu, Zhou Chuang, Yang Ziming, Li Puwang
41	Research progress of preservative coating of natural polymer materials	2020	ICCEAM 2020	Pan Qingyan, Zhou Chuang, Yang Ziming, He Zuyu, Wang Chao, Gu Hui, Qu Yunhui, Li Puwang
42	The ankyrin-repeat gene GmANK114 confers drought and salt tolerance in arabidopsis and soybean	2020	Frontiers in Plant Science	Zhao Juanying, Lu Zhiwei, Sun Yue, Fang Zhengwu, Chen Jun, Zhou Yongbin, Chen Ming, Ma Youzhi, Xu Zhaoshi, Min Donghong
43	Yield prediction model of rice and wheat crops based on ecological distance algorithm	2020	Environment Technology & Innovation	Tian Li, Wang Chun, Li Hailiang, Sun Haitian
44	A comparative study on morphological and fruit quality traits of diploid and polyploid carambola (*Averrhoa carambola* L.) genotypes	2021	Scientia Horticulturae	Hu Yulin, Sun Dequan, Hu Huigang, Zuo Xuedong, Xia Tong, Xie Jianghui

续表

序号	论文题目	发表年份	发表期刊	完成人
45	A comprehensive study of raw and roasted *Macadamia* nuts: Lipid profile, physicochemical, nutritional, and sensory properties	2021	Food Science & Nutrition	Tu Xinghao, Wu Bangfu, Xie Ya, Xu Shuling, Wu Zongyuan, Lv Xin, Wei Fang, Du Liqing, Chen Hong
46	A gas-permeation controllable packaging membrane with porous microspheres as gas "switches" for efficient preservation of litchi	2021	Journal of Agricultural and Food Chemistry	Ma Jinju, Zhou Zhiqiang, Li Kai, Tu Xinghao, Li Kun, Liu Lanxiang, Xu Juan, Zhang Wenwen, Du Liqing, Li Chunyin, Zhang Hong
47	A plant leaf-mimetic membrane with controllable gas permeation for efficient preservation of perishable products	2021	ACS nano	Zhou Zhiqiang, Ma Jinju, Li Kun, Zhang Wenwen, Li Kai, Tu Xinghao, Liu Lanxiang, Xu Juan, Zhang Hong
48	Amino acid composition and functional properties of different molecular weight segments of *Macadamia* peptides	2021	IOP Conference Series: Earth and Environmental Science	Shuai Xixiang, Li Ya, Zhang Ming, Ma Feiyue, Du Liqing
49	Analysis of light-independent anthocyanin accumulation in mango (*Mangifera indica* L.)	2021	Horticulturae	Shi Bin, Wu Hongxia, Zheng Bin, Qian Minjie, Gao Aiping, Zhou Kaibing
50	Anti-fatigue effect of enzymatic protein hydrolysate from *Macadamia*	2021	IOP Conference Series: Earth and Environmental Science	Shuai Xixiang, Li Ya, Zhang Ming, Ma Feiyue, Du Liqing
51	Antifungal mechanism of Streptomyces ma. FS-4 on fusarium wilt of banana	2021	Journal of Applied Microbiology	Duan Yajie, Chen Jian, Pang Zhencai, Ye Xin, Zhang Chi, Hu Huigang, Xie Jianghui
52	Biocontrol of cladosporium cladosporioides of mango fruit with bacillus atrophaeus TE7 and efects on storage quality	2021	Current Microbiology	Jing Minmin, Huang Bingyu, Li Wen, Zeng Jiaoke, Shao Yuanzhi
53	Catechol functionalized chitosan/active peptide microsphere hydrogel for skin wound healing	2021	International Journal of Biological Macromolecules	Zhang Dongying, Ouyang Qianqian, Hu Zhang, Lu Sitong, Quan Weiyan, Li Puwang, Chen Yu, Li Sidong

续表

序号	论文题目	发表年份	发表期刊	完成人
54	Change of soluble acid invertase gene (SAI-1) haplotype in hybrid sorghum breeding program in China	2021	Molecular Breeding	Zhong Haili, Liu Yang, Nie Yuandong, Wang Zhi, Zhu Li, Wang Nai, Li Jihong, Han Fenxia, Li Guiying
55	Comparative analysis of nutritional components of maize with different planting densities from the perspective of ecological environment	2021	Arabian Journal of Geosciences	Tian Li, Wang Chun, Li Hailiang, Sun Haitian
56	Comparative study of chemical compositions and antioxidant capacities of oils obtained from 15 *Macadamia* (*Macadamia integrifol*ia) cultivars in China	2021	Foods	Shuai Xixiang, Dai Taotao, Chen Mingshun, Liang Ruihong, Du Liqing, Chen Jun, Liu Chengmei
57	Comparative study on the extraction of *Macadamia* (*Macadamia integrifolia*) oil using different processing methods	2021	LWT-Food Science and Technology	Shuai Xixiang, Dai Taotao, Chen Mingshun, Liang Ruihong, Du Liqing, Chen Jun, Liu Chengmei
58	Construction of pH/glutathione responsive chitosan nanoparticles by a self-assembly/self-crosslinking method for photodynamic therapy	2021	International Journal of Biological Macromolecules	Yang Ziming, Li Puwang, Chen Yu, Gan Qiang, Feng Zhipan, Jin Yiguang, Zhou Chuang, He Zuyu, Wang Chao, Liu Yunhao, Feng Changgen
59	Data statistics in volatile analysis by accurate HS-SPME-GC/MS measurement and calculation	2021	Journal of Physics	Ming Zhang, Du Liqing, Shuai Xixiang, Ma Feiyue, Li Ya, Qiao Jian, Tu Xinghao
60	Drought priming improved water status, photosynthesis and water productivity of cowpea during post-anthesis drought stress	2021	Agricultural Water Management	Tankari Moussa, Wang Chao, Ma Haiyang, Li Xiangnan, Li Li, Soothara Rajesh Kumar, Cui Ningbo, Zaman-Allahe Mainassara, Hao Weiping, Liu Fulai, Wang Yaosheng

续表

序号	论文题目	发表年份	发表期刊	完成人
61	Effect of foliar iron sulfate on the fruit growth and quality of pineapple (*Ananas comosus* cv. Yellow Mauritius) planted in lateritic soil in Leizhou Peninsula	2021	E3S Web of Conferences	Liu Shenghui, Zhu Zhuying, Zhang Yumei, Wu Qingsong, Zhang Xiumei
62	Effects of fruit bagging on anthocyanin accumulation and related gene expression in peach	2021	Journal of the American Society for Horticultural Science	Ma Yingtao, Zhao Mengmeng, Wu Hongxia, Yuan Congying, Li Huiyun, Zhang Yanzhao
63	Genome-wide analysis of AP2/ERF transcription factors in pineapple reveals functional divergence during flowering induction mediated by ethylene and floral organ development	2021	Genomics	Zhang Hongna, Pan Xiaolu, Liu Shenghui, Lin Wenqiu, Li Yunhe, Zhang Xiumei
64	Identification, characterisation, and expression profile analysis of the sucrose phosphate synthase gene family in pineapple (*Ananas comosus*)	2021	Journal of Horticultural Science and Biotechnology	Wu Jianyang, Chen Mei, Yao Yanli, Fu Qiong, Zhu Zhuying, Zhang Xiumei
65	In situ determination of guard cell ion flux underpins the mechanism of ABA-mediated stomatal closure in barley plants exposed to PEG-induced drought stress	2021	Environmental and Experimental Botany	Li Li, Xing Jiayi, Ma Haiyang, Liu Fulai, Wang Yaosheng
66	Integrative analysis of the coloring mechanism of red longan pericarp through metabolome and transcriptome analyses	2021	Journal of Agricultural and Food Chemistry	Yi Debao, Zhang Hongna, Lai Biao, Liu Liqin, Pan Xiaolu, Ma Zhiling, Wang Yicheng, Xie Jianghui, Shi Shengyou, Wei Yongzan
67	Integrative transcriptomic and metabolomic analysis of D-leaf of seven pineapple varieties differing in N-P-K% contents	2021	BMC Plant Biology	Chen Jing, Zeng Hui, Zhang Xiumei

序号	论文题目	发表年份	发表期刊	完成人
68	Long-term fertilization affects functional soil organic carbon protection mechanisms in a profile of Chinese loess plateau soil	2021	Chemosphere	Ali Shah Syed Atizaz, Xu Minggang, Abrar Muhammad Mohsin, Mustafa Adnan, Fahad Shah, Shah Tufail, Ali Shah Syed Aiazz, Yang Xueyun, Zhou Wei, Zhang Shulan, Nan Sun, Shi Weiqi
69	Multi-functional core-shell nanofibers for wound healing	2021	Nanomaterials	Li Zhen, Mei Shunqi, Dong Yajie, She Fenghua, Li Puwang, Li Yongzhen, Kong Lingxue
70	Multivariate multi-step agrometeorological forecast model for rapid spray	2021	IEEE Access	Shi Guobin, Wang Chun
71	Novel edible coating based on shellac and tannic acid for prolonging postharvest shelf life and improving overall quality of mango	2021	Food Chemistry	Ma Jinju, Zhou Zhiqiang, Li Kai, Li Kun, Liu Lanxiang, Zhang Wenwen, Xu Juan, Tu Xinghao, Du Liqing, Zhang Hong
72	Novel insight into the relationship between metabolic profile and fatty acid accumulation altering cellular lipid content in pineapple fruits at different stages of maturity	2021	Journal of Agricultural and Food Chemistry	Hong Keqian, Chen Li, Gu Hui, Zhang Xiumei, Jiao Chen, Hu Meijiao, Gong Deqiang, Song Kanghua, Hou Xiaowan, Chen Jingjing, Yao Quansheng, Fan Zhongqi, Yuan Debao
73	Optimization of aqueous enzymatic microwave assisted extraction of *Macadamia* oil and evaluation of its chemical composition, physicochemical properties, and antioxidant activities	2021	European Journal of Lipid Science and Technology	Ma Feiyue, Wei Zuofu, Zhang Ming, Shuai Xixiang, Du Liqing
74	Pectin/activated carbon-based porous microsphere for Pb^{2+} adsorption: Caracterization and adsorption behaviour	2021	Polymers	Wang Risi, Li Ya, Shuai Xixiang, Liang Ruihong, Chen Jun, Liu Chengmei

续表

序号	论文题目	发表年份	发表期刊	完成人
75	Preparation of pectin/poly(m-phenylenediamine) microsphere and its application for Pb^{2+} removal	2021	Carbohydrate Polymers	Wang Xuedong, Li Ya, Dai Taotao, He Xuemei, Chen Mingshun, Liu Chengmei, Liang Ruihong, Chen Jun
76	Preparation of zinc phthalocyanine-loaded amphiphilic phosphonium chitosan nanomicelles for enhancement of photodynamic therapy efficacy	2021	Colloids and Surfaces B: Biointerfaces	Yang Ziming, Li Puwang, Chen Yu, Dong Enming, Feng Zhipan, He Zuyu, Zhou Chuang, Wang Chao, Liu Yunhao, Feng Changgen
77	Retracted: Comparative analysis of nutritional components of maize with different planting densities from the perspective of ecological environment	2021	Arabian Journal of Geosciences	Tian Li, Wang Chun, Li Hailiang, Sun Haitian
78	SmFLS negatively regulates peel coloring of eggplant (*Solanum melonge*na) under high temperature	2021	Genome	Lv Lingling, Li Liyun, Li Wei, Li Ke
79	SNP-based high-density genetic map construction and candidate gene identification for fruit quality traits of *Dimocarpus long*an Lour	2021	Scientia Horticulturae	Jue Dengwei, Liu Liqin, Sang Xuelian, Shu Bo, Wang Jiahui, Wang Yicheng, Zhang Chenchen, Shi Shengyou
80	Stylo grass affecting soil respiration in latosol guava orchard of southern subtropical region of China	2021	Agronomy Journal	Wei Changbin, Qiao Jian, Ma Zhiling, Ma Haiyang, Tang Xinming, Zhao Weifeng, Yan Qingze, Tang Lizhu, Du Liqing
81	The NF-Y-PYR module integrates the abscisic acid signal pathway to regulate plant stress tolerance	2021	Plant Botechnology Jurnal	Yu Taifei, Liu Ying, Fu Jindong, Ma Jian, Fang Zhengwu, Chen Jun, Zheng Lei, Lu Zhiwei, Zhou Yongbin, Chen Ming, Xu Zhaoshi, Ma Youzhi

续表

序号	论文题目	发表年份	发表期刊	完成人
82	Transcriptome profiling reveals potential genes and pathways supporting *Ananas comosus* L. Merr's high temperature stress tolerance	2021	Tropical Plant Biology	Zhao Weifeng, Ma Zhiling, Liu Shenghui, Yang Wenxiu, Ma Jinhu
83	Hydrophobic modification of castor oil-based polyurethane coated fertilizerto improve the controlled release of nutrient with polysiloxane and halloysite	2022	Progress in Organic Coatings	Wang Chao, Song Shuhui, Yang Ziming, Liu Yunhao, He Zuyu, Zhou Chuang, Du Liqing, Sun Dequan, Li Puwang
84	Signatures of selection in recently domesticated *Macadamia*	2022	Nature Communications	Lin Jishan, Zhang Wenping, Zhang Xingtan, Ma Xiaokai, Zhang Shengcheng, Chen Shuai, Wang Yibin, Jia Haifeng, Liao Zhenyang, Lin Jing, Zhu Mengting, Xu Xiuming, Cai Mingxing, Zeng Hui, Wan Jifeng, Yang Weihai, Matsumoto Tracie, Hardner Craig, Nock Catherine J, Ming Ray
85	Synthesis and characterization of carboxymethyl chitosan / epoxidized soybean oil based conjugate catalyed by UV light, and its application as drug carrier for fusarium wilt	2022	International Journal of Biological Macromolecules	Zhou Chuang, Zhang Li, Yang Ziming, Pan Qingyan, He Zuyu, Wang Chao, Liu Yunhao, Song Shuhui, Yang Zhuohong, Chen Yu, Li Puwang
86	Preparation and characterization of chitosan derivatives modified with quaternary ammonium salt and quaternary phosphate salt and its effect on tropical fruit preservation	2022	Food Chemistry	Pan Qingyan, Zhou Chuang, Yang Ziming, He Zuyu, Wang Chao, Liu Yunhao, Song Shuhui, Gu Hui, Hong Keqian, Yu Lijuan, Qu Yunhui, Li Puwang
87	Synergistic antibacterial activity of chitosan modified by double	2022	International Journal of Biological Macromolecules	Ruan Xiangmei, Li Puwang, Wang Chao, He Zuyu, Liu Yunhao, Zhou Chuang, Du Liqing, Song Shuhui, Yang Ziming

续表

序号	论文题目	发表年份	发表期刊	完成人
88	Dual-grafted dextran based nanomicelles: Hgher antioxidant, anti-inflammatory and cellular uptake efficiency for quercetin	2022	International Journal of Biological Macromolecules	He Zuyu, Liu Yunhao, Wang Hui, Li Puwang, Chen Yu, Wang Chao, Zhou Chuang, Song Shuhui, Chen Shaohua, Huang Guocong, Yang Ziming
89	Biochars prepared from biogas residues: Tmperature is a crucial factor that determines their physicochemical properties	2022	Biomass Conversion and Biorefinery	Cong Ping, Song Shuhui, Song Wenjing, Dong Jianxin, Zheng Xuebo
90	Bio-multifunctional sponges containing alginate/chitosan/sargassum polysaccharides promote the healing of full-thickness wounds	2022	Biomolecules	Quan Weiyan, Li Puwang, Wei Jinsong, Jiang Yuwei, Liang Yingye, Zhang Weilin, Chen Qizhou, Wu Kefeng, Luo Hui, Ouyang Qianqian
91	Preparation and characterization of amphiphilic chitosan/iodine composite film as antimicrobial material	2022	International Journal of Biological Macromolecules	Zhang Lingyu, Zhang Zhaoyu, Li Chengpeng, Hu Zhang, Liang Youling, Yang Ziming, Cheng Yu, Huang Dejian
92	Co-application of 1-MCP and laser microporous plastic bag packaging maintains postharvest quality and extends the shelf-life of honey peach fruit	2022	Foods	Li Xuerui, Peng Sijia, Yu Renying, Li Puwang, Zhou Chuang, Qu Yunhui, Li Hong, Luo Haibo, Yu Lijuan
93	Green conductive hydrogel electrolyte with self-healing ability and temperature adaptability for flexible supercapacitors	2022	ACS Applied Materials & Interfaces	Peng Kelin, Zhang Jinghua, Yang Jueying, Lin Lizhi, Gan Qiang, Yang Ziming, Chen Yu, Feng Changgen
94	Preparation and properties of a fast curing carboxymethyl chitosan hydrogel for skin care	2022	Polymer Testing	Mo Yanghe, Wang Hui, Jin Shaohua, Peng Kelin, Yang Ziming, Li Puwang, Chen Yu
95	Genome-wide identification, characterization and expression analysis of mango (*Mangifera indica* L.) chalcone synthase (*CHS*) genes in response to light	2022	Horticulturae	Hu Haofeng, Shi Bin, Zhu Wencan, Zheng Bin, Zhou Kaibing, Qian Minjie, Wu Hongxia

续表

序号	论文题目	发表年份	发表期刊	完成人
96	Genome-wide identification and expression analysis of *WRKY* genes during anthocyanin biosynthesis in the mango (*Mangifera indica* L.)	2022	Agriculture	Shi Bin, Wu Hongxia, Zhu Wencan, Zheng Bin, Wang Songbiao, Zhou Kaibing, Qian Minjie
97	Transcriptome and metabolome analyses reveal the involvement of multiple pathways in flowering intensity in mango	2022	Frontiers In Plant Science	Liang Qingzhi, Song Kanghua, Lu Mingsheng, Dai Tao, Yang Jie, Wan Jiaxin, Li Li, Chen Jingjing, Zhan Rulin, Wang Songbiao
98	Unraveling correlations between calcium deficiency and spongy tissue in mango fruit flesh	2022	Scientia Horticulturae	Ma Xiaowei, Liu Bin, Zhang Yuehua, Su Muqing, Wang Songbiao, Wu Hongxia
99	Metabolomics and transcriptomics analyses reveal the potential molecular mechanisms of flavonoids and carotenoids in guava pulp with different colors	2022	Scientia Horticulturae	Zheng Bin, Zhao Qiaoli, Wu Hongxia, Ma Xiaowei, Xu Wentian, Li Li, Liang Qingzhi, Wang Songbiao
100	The link between mineral elements variation and internal flesh breakdown of 'keitt' mango in a steep slope mountain area, southwest China	2022	Horticulturae	Ma Xiaowei, Wang Jianfang, Su Muqing, Liu Bin, Du Bang, Zhang Yuehua, He Liping, Wang Songbiao, Wu Hongxia
101	Widely targeted metabolite profiling of mango stem apex during floral induction by compond of mepiquat chloride,prohexadione-calcium and uniconazole	2022	Peer J.	Liang Fei, Xu Wentian, Wu Hongxia, Zheng Bin, Liang Qingzhi, Li Yingzhi, Wang Songbiao
102	Identification of F_1 hybrid progenies in mango based on Fluorescent SSR markers	2022	Horticulturae	Li Xing, Zheng Bin, Xu Wentian, Ma Xiaowei, Wang Songbiao, Qian Minjie, Wu Hongxia
103	Current status of pineapple breeding, industrial development, and genetics in China	2022	Euphytica	Li Dongling, Jing Minmin, Dai Xiaohong, Chen Zhihui, Ma Chaoming, Chen Jingjing

续表

序号	论文题目	发表年份	发表期刊	完成人
104	Microfluidization: A romising food processing technology and its challenges in industrial application	2022	Food Control	Li Yuting, Deng Lizhen, Dai Taotao, Li Ya, Chen Jun, Liu Wei, Liu Chengmei
105	Effects of microporous packaging combined with chitosan coating on the quality and physiological metabolism of passion fruit after harvest	2022	Food and Bioprocess Technology	Zhong Zhiwei, Zhou Lei, Yu Kaibo, Jiang Fenghua, Xu Jing, Zou Liqiang, Du Liqing, Liu Wei
106	Modification of flavonoids methods and influences on biological activities	2022	Critical Reviews in Food Science and Nutrition	Li Changhong, Dai Taotao, Chen Jun, Chen Mingshun, Liang Ruihong, Liu Chengmei, Du Liqing, McClements David Julian
107	Identification of phenolics from miracle berry (*Synsepalum dulcificum*) leaf extract and its antiangiogenesis and anticancer activities	2022	Frontiers in Nutrition	Ma Feiyue, Zhang Xiumei, Li Ya, Zhang Ming, Tu Xinghao, Du Liqing
108	Preparation of ethylenediamine-modified pectin/alginate/Fe_3O_4 microsphere and its efficient Pb^{2+} adsorption properties	2022	International Journal of Biological Macromolecules	Li Ya, Shuai Xixiang, Zhang Ming, Ma Feiyue, Chen Jun, Qiao Jian, Chen Ronghao, Du Liqing
109	Comparative study on the extraction of macadamia (*Macadamia integrifolia*) oil using different processing methods	2022	LWT-Food Science and Technology	Shuai Xixiang, Dai Taotao, Chen Mingshun, Liang Ruihong, Du Liqing, Chen Jun, Liu Chengmei
110	Metabolite profiling and transcriptome analyses provide insight into phenolic and flavonoid biosynthesis in the nutshell of *Macadamia ternifolia*	2022	Frontiers in Genetics	Shi Rui, Tao Liang, Tu Xinghao, Zhang Chunsheng, Xiong Zhi, Horowitz Abraham Rami, Asher Jiftah Ben, He Jun, Hu Faguang
111	Analysis of lipids in pitaya seed oil by ultra-performance liquid chromatography-time-of-flight tandem mass spectrometry	2022	Foods	Liu Yijun, Tu Xinghao, Lin Lijing, Du Liqing, Feng Xingqin

续表

序号	论文题目	发表年份	发表期刊	完成人
112	Effects of four drying methods on *Amomum villosum* Lour. 'Guiyan1' volatile organic compounds analyzed via headspace solid phase microextraction and gas chromatography-mass spectrometry coupled with OPLS-DA	2022	RSC Advances	Tu Xinghao, Liu Yijun, Yao Yanli, Li Wenxiu, Luo Ping, Du Liqing, He Junjun, Lu Jianneng
113	Insight into the physiological and molecular mechanisms of hot air treatment which reduce internal browning in winter-harvested pineapples	2022	Postharvest Biology and Technology	Song Kanghua, Gu Hui, Golding John B., Pristijono Penta, Hou Xiaowan, Zhang Lubin, Hong Keqian, Yao Quansheng, Zhang Xiumei
114	The class Ⅲ peroxidase gene family is involved in ascorbic acid induced delay of internal browning in pineapple	2022	Frontiers in Plant Science	Hou Xiaowan, Lu Zhiwei, Hong Keqian, Song Kanghua, Gu Hui, Hu Wwei, Yao Quansheng
115	First report of bougainvillea spectabilis willd bacterial leaf spot caused by pantoea stewartii subspecies indologenes in China	2022	Plant Disease	Hu Fangli, Zhou Sisi, He Hong, Liu Feng, Diao Xingwang, Zhan Rulin, Yao Quansheng, Wang Qihua
116	Genome-wide identification and expression analysis of cytosine DNA methyltransferase genes related to somaclonal variation in pineapple (*Ananas comosus* L.)	2022	Agronomy	Lin Wenqiu, Xiao Xi'ou, Sun Weisheng, Liu Shenghui, Wu Qingsong, Yao Yanli, Zhang Hongna, Zhang Xiumei
117	Genome-wide identification and expression patterns of AcSWEET family in pineapple and AcSWEET11 mediated sugar accumulation	2022	International Journal of Molecular Sciences	Lin Wenqiu, Pu Yue, Liu Shenghui, Wu Qingsong, Yao Yanli, Yang Yumei, Sun Weisheng, Zhang Xiumei
118	Metabolomic and transcriptomic analyses reveal the mechanism of sweet-acidic taste formation during pineapple fruit development	2022	Frontiers in Plant Science	Gao Yuyao, Yao Yanli, Chen Xin, Wu Jianyang, Wu Qingsong, Liu Shenghui, Guo Anping, Zhang Xiumei

续表

序号	论文题目	发表年份	发表期刊	完成人
119	AcBBX5, a B-box transcription factor from pineapple, regulates flowering time and floral organ development in plants	2022	Frontiers in Plant Science	Ouyang Yanwei, Zhang Xiumei, Wei Yongzan, He Yukun, Zhang Xiaohan, Li Ziqiong, Wang Can, Zhang Hongna
120	Identification, characterisation, and expression profile analysis of the sucrose phosphate synthase gene family in pineapple (*Ananas comosus*)	2022	Journal of Horticultural Science & Biotechnology	Wu Jianyang, Chen Mei, Yao Yanli, Fu Qiong, Zhu Zhuying, Zhang Xiumei
121	Analyses of key gene networks controlling carotenoid metabolism in Xiangfen 1 banana	2022	BMC Plant Biology	Dong Chen, Wang Jiuxiang, Hu Yulin, Xiao Weijun, Hu Huigang, Xie Jianghui
122	Reduction of banana fusarium wilt associated with soil microbiome reconstruction through green manure intercropping	2022	Agriculture, Ecosystems and Environment	Yang Jinming, Duan Yajie, Liu Xinyue, Sun Mingze, Wang Yiming, Liu Manyi, Zhu Zhiqiang, Shen Zongzhuan, Gao Wei, Wang Beibei, Chang Chunrong, Li Rong
123	Genome-wide identification of binding sites for SmTCP7a transcription factors of eggplant during bacterial wilt resistance by ChIP-Seq	2022	International Journal of Molecular Sciences	Xiao Xi'ou, Lin Wenqiu, Feng Enyou, Wu Caiyu, Ou Xiongchang
124	Calcium-dependent protein kinase 28 maintains potato photosynthesis and its tolerance under water deficiency and osmotic stress	2022	International Journal of Molecular Sciences	Zhu Xi, Wang Fangfang, Li Shigui, Feng Ya, Yang Jiangwei, Zhang Ning, Si Huaijun
125	Structural design and performance test of biomass-based nursery trays	2022	Sustainability	Li Hailiang, Wang Chun, Zou Huafen, Sun Haitian, Wang Hongxuan, Yu Zhenzhen, Shi Jianwei, Liu Xinyu

续表

序号	论文题目	发表年份	发表期刊	完成人
126	Optimization of technique parameters of pneumatic molding for rice straw bowl tray	2022	PLoS ONE	Li Hailiang, Wang Chun, Sun Haitian, Zou Huafen, Wang Hongxuan, Wang Huiyuan, Liu Xinyu, Yu Zhenzhen
127	The effects of aerated irrigation on soil respiration and the yield of the maize root zone	2022	Sustainability	Yu Zhenzhen, Wang Chun, Zou Huafen, Wang Hongxuan, Li Hailiang, Sun Haitian, Yu Deshui
128	Recognition method of corn and rice crop growth state based on computer image processing technology	2022	Journal of Food Quality	Tia Li, Wang Chun, Li Hailiang, Sun Haitian
129	Differences in transpiration characteristics among eucalyptus plantations of three species on the Leizhou Peninsula, southern China	2022	Forests	Wang Zhichao, Liu Siru, Xu Yuxing, Zhu Wankuan, Du Apeng
130	Physiological response, phytohormone signaling, biomass production and water use efficiency of the CAM plant ananas comosus under different water and nitrogen regimes	2022	Agricultural Water Management	Ma Haiyang, Li Li, Liu Siru, Shi Weiqi, Wang Chao, Zhao Qiufang, Cui Ningbo, Wang Yaosheng
131	Integrated organic and inorganic fertilization and reduced irrigation altered prokaryotic microbial community and diversity in different compartments of wheat root zone contributing to improved nitrogen uptake and wheat yield	2022	Science of The Total Environment	Wang Chao, Ma Haiyang, Feng Zhihan, Yan Zhenxing, Song Bolong, Wang Jialong, Zheng Yuyin, Hao Weiping, Zhang Wenying, Yao Minjie, Wang Yaosheng
132	Physical characterization, nutrient, phenolic profiles and antioxidant activities of 16 litchi cultivars grown in the upper yangtze river region	2022	Chem Biodivers	Tan Si, Zhang Hongna, Chen Qin, Tang Yuxin, Yang Jiaqi, Zhang Xin, Li Wenfeng, Shi Shengyou

续表

序号	论文题目	发表年份	发表期刊	完成人
133	Inheritance of organic acid content in distant hybrid population of longan 'Huanongzao' and lychee 'Ziniangxi'	2022	Horticulturae	Wang Jiahui, Liu Liqin, Dong Jiahui, Zhu Lifei, Wang Yicheng, Hu Guibing, Shi Shengyou
134	A comparative proteomic analysis provides insight into the molecular mechanism of bud break in longan	2022	BMC Plant Biology	Jue Dengwei, Liu Liqin, Sang Xuelian, Shi Shengyou
135	Effects of continuous and rotational cropping practices on soil fungal communities in pineapple cultivation	2022	Peer Journal	Chen Jing, Zeng Hui
136	Changes of fruit abscission and carbohydrates, hormones, related gene expression in the fruit and pedicel of *Macadamia* under starvation stress	2022	Horticulturae	Yang Weihai, Xiang Peijin
137	Reduction of early fruit abscission by main-branch-girdling in macadamia is related to the favorable status of carbohydrates and endogenous hormones	2022	Horticulturae	Yang Weihai, Lu Chaozhong, Chen Wei, Xu Huanyu
138	Phenolic composition and antioxidant properties of 2 taxa of *Macadamia* flowers	2022	Natural Product Communications	Yang Weihai, Lu Chaozhong
139	Aromatic compounds of pineapple (*Ananas xomosus* cv. MD-2) in different harvest time	2022	Advances in Food Safety and Enviromental Engineering	Liu Shenghui, Zhu Zhuying, Yang Yumei, Lin Wenqiu, Wei Changbin, Zhang Xiumei
140	Cadmium-tolerant bacillus cereus 2-7 alleviates the phytotoxicity of cadmium exposure in banana plantlets	2023	Science of the Total Environment	Zhang Lu, Hu Yulin, Chen Yufeng, Qi Dengfeng, Cai Bingyu, Zhao Yankun, Li Zhuoyang, Wang Yong, Nie Zongyu, Xie Jianghui, Wang Wei

续表

序号	论文题目	发表年份	发表期刊	完成人
141	RNA-seq reveals the key pathways and genes involved in the light-regulated flavonoids biosynthesis in mango (*Mangifera indica* L.) peel.	2023	Frontiers in Plant Science	Qian Minjie, Wu Hongxia, Yang Chengkun, Zhu Wencan, Shi Bin, Zheng Bin, Wang Songbiao, Zhou Kaibing, Gao Aiping
142	14-3-3 proteins participate in regulation of natural rubber biosynthesis in hevea brasiliensis	2023	Forests	Zhang Miao, Yang Ziping, Guo Dong, Li Huiliang, Zhu Jiahong, Peng Shiqing, Wang Ying
143	2-pyridinecarboxaldehyde-modified chitosan–silver complexes: Optimized preparation, characterization, and antibacterial activity	2023	Molecules	Zhang Zhaoyu, Zhao Yurong, Hu Zhang, Si Zhenyu, Yang Ziming
144	A newly identified glycosyltransferase AsRCOM provides resistance to purple curl leaf disease in agave	2023	BMC Genomics	Lu Zhiwei, Hou Xiaowan, Ke Zhi, Zhang Yanmei, Yang Ziping, Zhou Wenzhao
145	Accumulation of labile p forms and promotion of microbial community diversity in mollisol with long-term manure fertilization	2023	Agronomy	Song Shuhui, Zhang Jinyao, Liu Yunxia, Wang Hong
146	Amphiphilic chitosan / carboxymethyl gellan gum composite films enriched with mustard essential oil for mango preservation	2023	Carbohydrate Polymers	Yang Ziming, Guan Chen, Zhou Chuang, Pan Qingyan, He Zuyu, Wang Chao, Liu Yunhao, Song Shuhui, Yu Lijuan, Qu Yunhui, Li Puwang
147	Construction of longan (*Dimocarpus longan* Lour.) simple sequence repeat fingerprints and application in distinctness, uniformity and stability testing	2023	Journal of Biobased Materials and Bioenergy	Ma Qiang, Chen Mengqiang, Liu Hong, Liu Liqing, Yin Jiwei, Yang Xi, Lv Jialin, Rao Dehua, Shi Shengyou, Xu Zhenjiang

续表

序号	论文题目	发表年份	发表期刊	完成人
148	Design and experimental research of disc-type seeding device for single-bud sugarcane seeds	2023	International Journal of Agricultural and Biological Engineering	Liu Xinpeng, Niu Zhaojun, Li Ming, Hou Mingxin, Wei Lijiao, Zhang Yuan, Huang Li
149	Differential effects of low and high temperature stress on pollen germination and tube length of mango (*Mangifera indica* L.) genotypes	2023	Scientific Reports	Liu Xinyu, Xiao Yilin, Zi Jing, Yan Jing, Li Chunhong, Du Chengxun, Wan Jiaxin, Wu Hongxia, Zheng Bin, Wang Songbiao, Liang Qingzhi
150	DlMYB113 mutation affects anthocyanin accumulation in red pericarp longan (*Dimocarpus longan* Lour.)	2023	Horticulture Advances	Huang Yinghua, Liu Liqin, Yi Debao, Lu Yiying, Zhu Lifei, Chen Mengya, Wang Yicheng, Zhou Jiannan, Hu Xiaowen, Wei Yongzan, Shi Shengyou
151	Dual-grafted dextran based nanomicelles: Higher antioxidant, anti-inflammatory and cellular uptake efficiency for quercetin	2023	International Journal of Biological Macromolecules	He Zuyu, Liu Yunhao, Wang Hui, Li Puwang, Chen Yu, Wang Chao, Zhou Chuang, Song Shuhui, Chen Shaohua, Huang Guocong, Yang Ziming
152	Effect of drought and pluvial climates on the production and stability of different types of peanut cultivars in Guangdong, China	2023	Agriculture	Xu Zhijun, An Dongsheng, Xu Lei, Zhang Xuejiao, Li Qibiao, Zhao Baoshan
153	Energy partitioning and latent heat flux driving factors of the CAM plant pineapple [*Ananas comosus* (L.) Merril] grown in the south subtropical China	2023	Plants	Liu Zhigang, Zhao Baoshan, Yan Haofang, Su Junbo
154	Enhanced soil P immobilization and microbial biomass P by application of biochar modified with eggshell	2023	Journal of Environmental Management	Li Shuangchi, Wang Ning, Chen Shuiqing, Sun Yuqing, Li Puwang, Tan Jinfang, Jiang Xiaoqian

续表

序号	论文题目	发表年份	发表期刊	完成人
155	Evaluation of a Sugarcane (*Saccharum* spp.) hybrid F_1 population phenotypic diversity and construction of a rapid sucrose yield estimation model for breeding	2023	Plants	Xu Zhijun, Kong Ran, An Dongsheng, Zhang Xuejiao, Li Qibiao, Nie Huzi, Liu Yang, Su Junbo
156	Extracting visual navigation line between pineapple field rows based on an enhanced YOLOv5	2023	Computers and Electronics in Agriculture	Liu Tianhu, Zheng Yan, Lai Jiashang, Cheng Yifeng, Chen Siyuan, Mai Baofeng, Liu Ying, Li Jiayi, Xue Zhong
157	First report of bacterial leaf spot of *Bougainvillea* spectabilis caused by *Pantoea stewartii* sub sp. indologenes in China	2023	Plant Disease	Hu Fangli, Zhou Sisi, He Hong, Liu Feng, Diao Xingwang, Zhan Rulin, Yao Quansheng, Wang Qihua
158	Genetic analysis of potato breeding collection using single-nucleotide polymorphism (SNP) markers	2023	Plants	Xiao Xiou, Zhang Ning, Jin Hui, Si Huaijun
159	Genome analysis of SARS-CoV-2 haplotypes: Separation and parallel evolution of the major haplotypes occurred considerably earlier than their emergence in China	2023	Science in One Health	Guan Siqin, Hu Xiaowen, Zhang Jiaming
160	Genome characterization based on the Spike-614 and NS8-84 loci of SARS-CoV-2 reveals two major possible onsets of the COVID-19 pandemic	2023	PLoS ONE	Hu Xiaowen, Mu Yaojia, Deng Ruru, Yi Guohui, Zhang Jiaming
161	Genome-wide identification of mango (*Mangifera indica* L.) *MADS-Box* genes related to fruit ripening	2023	Horticulturae	Zheng Bin, Wang Songbiao, Wu Hongxia, Ma Xiaowei, Xu Wentian, Xie Kunliang, Shangguan Lingfei, Fang Jinggui
162	Genome-wide investigation of BAM gene family in *Annona atemoy*a: Evolution and expression network profiles during fruit ripening	2023	International Journal of Molecular Sciences	Wang Luli, Jing Minmin, Gu Shuailei, Li Dongliang, Dai Xiaohong, Chen Zhihui, Chen Jingjing

续表

序号	论文题目	发表年份	发表期刊	完成人
163	Heat responsive gene *StGATA2* functions in plant growth, photosynthesis and antioxidant defense under heat stress conditions	2023	Frontiers in Plant Science	Zhu Xi, Duan Huimin, Jin Hui, Chen Shu, Chen Zhuo, Shao Shunwei, Tang Jinghua, Zhang Yu
164	Identification of short open reading frames in plant genomes	2023	Frontiers in Plant Science	Feng Yong, Jiang Mengyun, Yu Weichang, Zhou Jiannan
165	Integrated metabolome and transcriptome analysis reveals a potential mechanism for water accumulation mediated translucency in pineapple [*Ananas comosus* (L.) Merr.] fruit	2023	International Journal of Molecular Sciences	Chen Jing, Yao Yanli, Zeng Hui, Zhang Xiumei
166	Integration of metabolomics and transcriptomics to explore dynamic alterations in fruit color and quality in 'Comte de Paris' pineapple during ripening processes	2023	International Journal of Molecular Sciences	Song Kanghua, Zhang Xiumei, Liu Jiameng, Yao Quansheng, Li Yixing, Hou Xiaowan, Liu Shenghui, Qiu Xunxia, Yang Yue, Chen Li, Hong Keqian, Lin Lijing
167	Integrative analysis of metabolome and transcriptome provides insights into the mechanism of flower induction in pineapple [*Ananas comosus* (L.) Merr.] by ethephon	2023	International Journal of Molecular Sciences	Lin Wenqiu, Liu Shenghui, Xiao Xiou, Sun Weisheng, Lu Xinhua, Gao Yuyao, He Junjun, Zhu Zhuying, Wu Qingsong, Zhang Xiumei
168	Low temperature storage alleviates internal browning of 'Comte de Paris' winter pineapple fruit by reducing phospholipid degradation, phosphatidic acid accumulation and membrane lipid peroxidation processes	2023	Food Chemistry	Hong Keqian, Yao Quansheng, Golding John B, Pristijiono Penta, Zhang Xiumei, Hou Xiaowan, Yuan Debao, Li Yongxin, Chen Li, Song Kanghua, Chen Jiao
169	Macadamia oil-based oleogels as cocoa butter alternatives: physical properties, oxidative stability, lipolysis, and application	2023	Food Research International	Shuai Xixiang, McClements David Julian, Geng Qin, Dai Taotao, Ruan Roger, Du Liqing, Liu Yuhuan, Chen Jun

续表

序号	论文题目	发表年份	发表期刊	完成人
170	Novel high energy media mill produced macadamia butter: Effect on the physicochemical properties, rheology, nutrient retention and application	2023	LWT-Food Science and Technology	Shuai Xixiang, Dai Taotao, Ruan Roger, Liu Yuhuan, Liu Chengmei, Zhang Ming, Chen Jun
171	Nutrient controlled release performance of bio-based coated fertilizer enhanced by synergistic effects of liquefied starch and siloxane	2023	International Journal of Biological Macromolecules	Wang Chao, Song Shuhui, Du Liqing, Yang Ziming, Liu Yunhao, He Zuyu, Zhou Chuang, Li Puwang
172	Parameter optimization of the spiral fertiliser discharger for mango orchards based on the discrete element method and genetic algorithm	2023	Frontiers in Plant Science	Zhao Liang, Zhou Hongping, Xu Linyun, Yuan Weidong, Shi Minghong, Zhang Jian, Xue Zhong
173	Physiological and transcriptomic analysis reveals the postharvest ripening differences between "Nantianhuang" and "Brazilian" banana fruit	2023	Postharvest Biology and Technology	Chen Jiao, Li Yixing, Li Fenfang, Yuan Debao, Hong Keqian
174	Polyphenol profile antioxidant activity and hypolipidemic effect of longan byproducts	2023	Molecules	Tan Si, Ke Zunli, Zhou Chongbing, Luo Yuping, Ding Xiaobo, Luo Gangjun, Li Wenfeng, Shi Shengyou
175	Postharvest light-induced flavonoids accumulation in mango (*Mangifera indica* L.) peel is associated with the upregulation of flavonoids-related and light signal pathway genes	2023	Frontiers in Plant Science	Zhu Wencan, Wu Hongxia, Yang Chengkun, Shi Bin, Zheng Bin, Ma Xiaowei, Zhou Kaibing, Qian Minjie
176	Preparation and characterization of functionalized chitosan/ polyvinyl alcohol composite films incorporated with cinnamon essential oil as an active packaging material	2023	International Journal of Biological Macromolecules	Pan Qingyan, Zhou Chuang, Yang Ziming, Wang Chao, He Zuyu, Liu Yunhao, Song Shuhui, Chen Yu, Xie Mubiao, Li Puwang

续表

序号	论文题目	发表年份	发表期刊	完成人
177	Properties of biochar obtained from tropical crop wastes under different pyrolysis temperatures and its application on acidic soil	2023	Agronomy	Song Shuhui, Cong Ping, Wang Chao, Li Puwang, Liu Siru, He Zuyu, Zhou Chuang, Liu Yunhao, Yang Ziming
178	Screening and analysis of antifungal strains bacillus subtilis JF-4 and B. amylum JF-5 for the biological control of fusarium wilt of banana	2023	Joural of Fungi	Duan Yajie, Pang Zhencai, Yin Shunli, Xiao Weijun, Hu Huigang, Xie Jianghui
179	Simulation of photosynthetic quantum efficiency and energy distribution analysis reveals differential drought response strategies in two (drought-resistant and -susceptible) sugarcane cultivars	2023	Plants	An Dongsheng, Zhao Baoshan, Liu Yang, Xu Zhijun, Kong Ran, Yan Chengming, Su Junbo
180	Soil aggregates carbon and nitrogen distribution and water infiltration as influenced by mulching practices in a laterite mango (*Mangifera indica* L.) orchard	2023	Journal of Soils and Sediments	Yan Chengming, An Dongsheng, Zhao Baoshan, Ma Haiyang, Liu Yanan, Kong Ran, Su Junbo
181	Spatiotemporal variations of reference evapotranspiration and its climatic driving factors in guangdong, a humid subtropical province of south China	2023	Agronomy	Zhao Baoshan, An Dongsheng, Yan Chengming, Yan Haofang, Kong Ran, Su Junbo
182	*StMAPK1* functions as a thermos-tolerant gene in regulating heat stress tolerance in potato (*Solanum tuberosum*)	2023	Frontiers in Plant Science	Zhu Xi, Duan Huimin, Zhang Guodong, Jin Hui, Xu Chao, Chen Shu, Zhou Chuanmeng, Chen Zhuo, Tang Jinghua, Zhang Yu
183	The dynamic changes of mango (*Mangifera indica* L.) epicuticular wax during fruit development and effect of epicuticular wax on *Colletotrichum gloeosporioides* invasion	2023	Frontiers in Plant Science	Wu Jingbo, You Yuquan, Wu Xiao, Liu Feng, Li Guoping, Yin Hao, Gu Chao, Qi Kaijie, Wei Qing, Wang Songbiao, Yao Quansheng, Zhan Rulin, Zhang Shaoling

续表

序号	论文题目	发表年份	发表期刊	完成人
184	Transcription regulation of anthocyanins and proanthocyanidins accumulation by bagging in 'Ruby' red mango: An RNA-seq study	2023	Horticulturae	Zhu Wencan, Wu Hongxia, Yang Chengkun, Wang Xiaowen, Shi Bin, Zheng Bin, Ma Xiaowei, Qian Minjie, Gao Aiping, Zhou Kaibing
185	Transcriptome analysis reveals candidate genes involved in calcium absorption of rosa roxburghii plants and their effects on the bioactive substance accumulation in fruit	2023	Journal of Soil Science and Plant Nutrition	Wang Zhao, Lu Min, An Huaming
186	Transcriptome and metabolome response of eggplant against *Ralstonia solanacearum* infection	2023	Peer Journal	Xiao Xiou, Lin Wenqiu, Feng Enyou, Ou Xiongchang
187	Transcriptomic and proteomic analyses of *Mangifera* indica in response to *Xanthomonas critis* pv. Angiferaeindicae	2023	Frontiers in Microbiology	Liu Feng, Sun Xin, Wang Lulu, Zhou Kaibing, Yao Quansheng, Zhan Rulin
188	Ultrasound-assisted extraction of phenolic compounds from macadamia (*Macadamia integrifolia*) green peel: Purification, identification and antioxidant activities	2023	LWT-Food Science and Technology	Zhang Ming, Li Ya, Shuai Xixiang, Qiao Jian, Wei Changbin, Ma Feiyue, Zhang Yuhan, Du Liqing

表3-16　2019—2023年南亚所发表中文论文名录

序号	论文题目	发表年份	发表期刊	完成人
1	澳洲坚果油超声波辅助提取工艺优化及其理化性质	2019	热带作物学报	涂行浩、孙丽群、唐景华、张明、帅希祥、陈洪、杜丽清
2	澳洲坚果油微乳体系的构建	2019	热带作物学报	涂行浩、张帅中、唐景华、杜丽清、帅希祥、张明
3	澳洲坚果幼树矿质元素含量对不同供磷水平的响应特征	2019	热带作物学报	杨为海、曾利珍、曾辉、万继锋、张汉周、邹明宏、陆超忠、朱文华

续表

序号	论文题目	发表年份	发表期刊	完成人
4	澳洲坚果种质资源叶片形态性状观测分析	2019	热带作物学报	杨为海、曾利珍、曾辉、万继锋、陈倪、邹明宏、陆超忠、张汉周、罗炼芳、朱文华
5	菠萝 PEPC 基因鉴定与表达分析	2019	热带作物学报	马海洋、赵秋芳、陈曙、石伟琦、冼皑敏
6	畜禽舍粪污自动处理装置的设计研究	2019	中国沼气	马平、汪春、严晓丽、李海亮、孙海天
7	低温下乙烯对采后菜薹木质化及相关基因表达的影响	2019	园艺学报	宋康华、贾志伟、常金梅、孙曼丽、张鲁斌
8	地表下水肥一体化系统优化设计	2019	农机化研究	于珍珍、汪春、李嘉熙、刘少东、王宏轩
9	地下固定式渗灌系统的设计	2019	农机化研究	于珍珍、李海亮、汪春、王宏轩、孙海天
10	高粱糖转运蛋白基因家族全基因组鉴定、分类及表达分析	2019	华北农学报	徐志军、刘洋、徐磊、安东升
11	国内外典型循环农业发展模式	2019	农业技术与装备	王宏轩、汪春、于珍珍、李海亮、孙海天、严晓丽
12	果树水肥一体化高效利用技术研究进展	2019	果树学报	刘思汝、石伟琦、马海洋、王国安、陈清、徐明岗
13	黑龙江垦区玉米秸秆腐解规律试验研究	2019	农机化研究	刘少东、汪春、张伟、王汉羊
14	火龙果锈斑病病原菌鉴定	2019	植物保护学报	吴婧波、詹儒林、柳凤、常金梅、何衍彪、赵艳龙
15	基于人工神经网络加注氨气对玉米产量的影响	2019	农业技术与装备	于珍珍、汪春、李海亮、孙海天、王宏轩、余兵兵
16	基于转录组的剑麻 ARF 基因家族的鉴定及表达分析	2019	热带作物学报	鹿志伟、侯晓婉、杨子平、张燕梅、李俊峰、周文钊
17	基于转录组的剑麻 GATA 基因家族的鉴定及表达分析	2019	分子植物育种	鹿志伟、侯晓婉、杨子平、张燕梅、李俊峰、周文钊
18	基质覆盖式玉米免耕播种技术的研究	2019	农业技术与装备	余兵兵、汪春、李海亮、孙海天、于珍珍、王宏轩
19	剑麻 AsLEC 基因克隆及生物信息学分析	2019	热带作物学报	鹿志伟、侯晓婉、杨子平、张燕梅、李俊峰、周文钊
20	剑麻 PGIP 基因克隆和表达研究	2019	热带作物学报	张燕梅、王瑞芳、杨子平、鹿志伟、李俊峰、周文钊

续表

序号	论文题目	发表年份	发表期刊	完成人
21	剑麻内参基因筛选与稳定表达分析	2019	热带作物学报	张燕梅、王瑞芳、杨子平、鹿志伟、李俊峰、周文钊
22	拮抗放线菌菌株FS-4发酵工艺筛选	2019	热带作物学报	段雅婕、梅志刚、孙德权、李伟明、庞振才、胡会刚
23	雷州黑山羊支原体感染原理及有效防控策略	2019	中国畜禽种业	蔺红玲、韩建成、江汉青、江杨、陈永辉
24	立体旋转式育秧架设计与优化	2019	农机化研究	梁琦、李海亮、汪春、于海明、严晓丽
25	氯化钙处理对菠萝黑腐病的防控效果及机制分析	2019	热带作物学报	谷会、贾志伟、侯晓婉、张鲁斌
26	马铃薯新品种适应性和丰产性分析	2019	北方农业学报	高晓敏、邹华芬、李可、金辉、王琚钢、肖熙鸥
27	芒果果实 bHLH 家族转录因子的生物信息学分析	2019	热带作物学报	郑斌、文定青、武红霞、邹明宏、刘恒、王松标、赵巧丽
28	芒果皮渣多糖提取工艺优化及其抗氧化活性研究	2019	保鲜与加工	赵巧丽、刘玉革、林丽静、姚全胜、胡会刚
29	杧果细菌性干枯病病原菌的分离与鉴定	2019	中国南方果树	何忠勤、柳凤、詹儒林、何红、杨倩、肖俊峰、张榕、王彬
30	杧果细菌性角斑病菌 phd 基因克隆与序列分析	2019	中国南方果树	杨倩、詹儒林、柳凤、何忠勤
31	杧果幼胚发育阶段对离体培养物诱导效果的影响	2019	果树学报	许文天、武红霞、高玉尧、李丽、梁清志、马小卫、姚全胜、詹儒林、王松标
32	纳米硅材料对植物生长发育影响的研究进展	2019	热带作物学报	孙德权、陆新华、胡玉林、李伟明、段雅捷、庞振才、胡会刚
33	攀枝花市成龄芒果园土壤肥力评价	2019	热带作物学报	刘斌、王松标、李鑫、苏穆清、马海洋、武红霞、马小卫
34	蚯蚓粪配比的泥炭基质特性及其栽培的小型西瓜幼苗生长状况	2019	热带作物学报	戴小红、黄鹏鸣
35	水稻植质钵育秧盘成型机的设计	2019	农机化研究	王宏轩、于珍珍、李海亮、孙海天、汪春
36	土木工程建筑中混凝土结构的施工技术研究	2019	住宅与房地产	吴浩

续表

序号	论文题目	发表年份	发表期刊	完成人
37	我国胶园林下经济发展现状及建议	2019	南方农业	张华林、贺军军、李文秀、罗萍
38	休闲观光果园设计研究	2019	热带农业科学	邓旭、陈妹、杜丽清
39	一氧化氮处理对鲜切粉葛褐化保鲜效果研究	2019	广东农业科学	宋康华、张鲁斌、冯显爵
40	玉米大豆套种水肥一体化滴管系统设计	2019	农机化研究	于珍珍、孙海天、王宏轩、李海亮、汪春
41	玉米全价值收获机械设计	2019	中国农机化学报	王宏轩、汪春、于珍珍、李海亮、孙海天
42	玉米转录因子 NF-YB 基因家族的生物信息学分析	2019	分子植物育种	徐志军、刘洋、徐磊、安东升
43	增氧灌溉系统的优化设计	2019	农机化研究	于珍珍、汪春、李嘉熙、刘少东、王宏轩
44	湛江地区澳洲坚果种质开花生物学特性观测分析	2019	南方农业学报	杨为海、曾利珍、曾辉、万继锋、张汉周、陈倪、邹明宏、罗炼芳、陆超忠
45	沼液对越冬期王草生产性能和品质的影响	2019	草业科学	蔺红玲、韩建成、江汉青、贾汝敏、汪春、周汉林、江杨、李海亮、陈永辉
46	植物 FLS 研究进展	2019	分子植物育种	石水莲、李威、李可、吕玲玲
47	植物锰转运蛋白研究进展	2019	热带作物学报	赵秋芳、马海洋、贾利强、陈曙、金辉
48	中晚熟荔枝不同种植管理模式对肥耗的影响	2019	现代农业科技	陈菁、秦献泉
49	荔枝 DA1 同源基因的克隆及生物信息学分析	2019	西南农业学报	王弋、魏永赞、董晨、郑雪文、李伟才
50	砂仁茎叶对雷州黑山羊生长性能及血液生化指标的影响	2019	草业科学	韩建成、蔺红玲、江汉青、贾汝敏、汪春、周汉林、贺军军、江杨、李海亮、陈永辉、李秀芬
51	'台农17'菠萝夏季催花技术研究	2019	中国南方果树	刘胜辉、李运合、杨玉梅、张秀梅
52	XTH 基因家族在'妃子笑'荔枝花穗不同处理方式的表达分析	2019	广西植物	董晨、魏永赞、王弋、郑雪文、李伟才

续表

序号	论文题目	发表年份	发表期刊	完成人
53	"红色文化"主题林的植物景观设计分析——以广东三岭山国家森林公园红林印迹园植物景观设计为例	2019	热带农业科学	陈妹、邓旭、杜丽清
54	2种甜玉米自交系幼胚再生体系的建立	2019	分子植物育种	高玉尧、许文天、胡小文、徐磊、刘洋
55	AP2/ERF转录因子调控果实品质研究进展	2019	热带作物学报	宋康华、黎宇婷、张鲁斌
56	2种甜玉米自交系幼胚再生体系的建立	2020	分子植物育种	高玉尧、许文天、胡小文、徐磊、刘洋
57	33份杧果种质对细菌性角斑病的抗性评价	2020	中国南方果树	王磊、何忠勤、姚全胜、詹儒林、柳凤
58	澳洲坚果实时荧光定量PCR分析中内参基因的筛选	2020	热带作物学报	杨倩、杨子平、周娅丽、陈东泉、刘恒
59	澳洲坚果叶片酚类物质提取及抗氧化活性研究	2020	食品研究与开发	张明、帅希祥、马飞跃、杜丽清
60	菠萝Dof转录因子在己醛延缓果实黑心病发生中表达分析	2020	中国农学通报	陈丽、谷会、贾志伟、洪克前
61	菠萝PEPC基因家族生物信息学分析	2020	热带作物学报	马海洋、赵秋芳、陈署、石伟琦、冼皑敏
62	菠萝洁粉蚧响应杀扑磷基因差异表达分析	2020	热带农业科学	何衍彪、吴婧波、赵艳龙
63	不同品种桑葚叶总酚含量及其抗氧化活性比较	2020	热带作物学报	马飞跃、耿炬、乔健、帅希祥、张明、杜丽清
64	超声辅助提取澳洲坚果青皮总黄酮工艺优化及抗氧化性能研究	2020	热带作物学报	张明、杜丽清、马飞跃、帅希祥、涂行浩
65	低温贮藏对'四季桃'番石榴果实采后生理和品质的影响	2020	热带农业科学	乔健、杜丽清、魏长宾、李国鹏、刘家豪、李甜子
66	地下固定式渗灌系统的设计	2020	农机化研究	于珍珍、李海亮、汪春、王宏轩、孙海天
67	复合酶法制备澳洲坚果蛋白肽及其抗氧化活性研究	2020	热带作物学报	帅希祥、张明、马飞跃、杜丽清、李秋红、涂行浩
68	高温条件下澳洲坚果叶片黄化的生理特性初探	2020	热带作物学报	杨为海、曾辉、万继锋、张汉周、陆超忠

续表

序号	论文题目	发表年份	发表期刊	完成人
69	霍山石斛叶转录组中SSR位点信息分析	2020	中国农学通报	洪克前、夏维丽、李佩玲、徐函兵、谷会、陈丽
70	基于甘蔗 AP85-441 和 R570 基因组参考序列的微卫星位点鉴定和SSR标记开发	2020	热带作物学报	徐志军、赵胜、胡小文、孔冉、苏俊波、刘洋
71	基于纳米金/聚赖氨酸修饰的丝网印刷电极免疫传感器对双酚A的灵敏检测	2020	分析测试学报	何祖宇、李普旺、周闯、王超、吕明哲、宋书会、刘运浩、杨子明
72	基于主成分分析法构建牛油果油香气质量评价模型	2020	福建农林大学学报（自然科学版）	马会芳、刘义军、涂行浩、曾莹莹、静玮、李积华、杜丽清
73	剑麻3种主要病害研究进展及其展望	2020	热带农业科学	赵艳龙、李俊峰、姚全胜、何衍彪、柳凤、吴婧波、李国平
74	剑麻酵母双杂交cDNA表达文库的构建及与AhKNOX2相互作用蛋白的筛选	2020	热带作物学报	杨子平、孙艺桓、杨倩、鹿志伟、张燕梅、李俊峰、周文钊
75	拮抗放线菌菌株FS-4发酵工艺筛选	2020	热带作物学报	段雅婕、梅志刚、孙德权、李伟明、庞振才、胡会刚
76	介孔二氧化硅纳米肥料的制备及控制释放	2020	热带作物学报	孙德权、陆新华、陈海丽、王超、胡会刚
77	荔枝泛素结合酶基因（LcUBC12）的生物信息学及表达特性分析	2020	南方农业学报	董晨、魏永赞、王弋、郑雪文、李伟才、石胜友
78	两亲性壳聚糖载药纳米胶束的制备及其对灰葡萄孢菌抗菌性能研究	2020	功能材料	何祖宇、李普旺、杨子明、王超、刘运浩、宋书会、周闯
79	两亲性壳聚糖自组装纳米微球的制备及抗真菌性能研究	2020	材料导报	何祖宇、谢江辉、李普旺、屈云慧、杨子明、于丽娟、王超、刘运浩、姚全胜、周闯
80	氯化钙处理对菠萝采后黑心病及贮藏品质的影响	2020	食品科学	谷会、朱世江、侯晓婉、贾志伟、张鲁斌
81	芒果核仁油理化特性及其开发利用研究进展	2020	热带作物学报	涂行浩、马会芳、魏芳、谢亚、吕昕、陈洪、杜丽清
82	神秘果叶粗多糖提取工艺优化及其抗氧化活性研究	2020	中国南方果树	马飞跃、张明、帅希祥、杜丽清

续表

序号	论文题目	发表年份	发表期刊	完成人
83	水稻（Oryza sativa）OsSPR1突变体及过表达株系对锰胁迫的响应	2020	分子植物育种	赵秋芳、马海洋、贾利强、陈曙、金辉
84	水稻秸秆营养穴盘工厂化生产与田间试验	2020	农机化研究	李海亮、汪春、孙海天、邹华芬、严晓丽
85	水稻植质钵育秧盘成型机的设计	2020	农机化研究	王宏轩、于珍珍、李海亮、孙海天、汪春
86	台农16号菠萝在广东湛江的引种表现与栽培技术要点	2020	科学种养	孙伟生
87	甜玉米2个β-胡萝卜素羟化酶等位基因（ZsBCH2-a 和 ZsBCH2-b）的cDNA克隆与分析	2020	分子植物育种	高玉尧、许文天、胡小文、徐磊、刘洋
88	土木工程建筑结构设计中的问题与解决路径探究	2020	绿色环保建材	吴浩
89	土木工程施工安全管理模式的创新探讨	2020	建筑工程技术与设计	吴浩
90	土壤墒情监测技术应用——以菠萝园为例	2020	中国农业信息	曾娥、马海洋、石伟琦
91	土壤酸碱度、空气湿度对菠萝心腐病发生的影响	2020	中国植保导刊	何衍彪、谢云巧、吴婧波、苏雨
92	乡村振兴战略背景下农业科普新模式探析	2020	农业经济	陈妹、杜丽清、陈佳瑛、邓旭、涂行浩、吴建阳
93	休闲农业在乡村特色产业发展中的应用	2020	热带农业科学	邓旭、陈妹、杜丽清
94	秧盘干燥机气流分配室流场均匀性仿真分析	2020	农机化研究	于海明、李海源、汪春、李海亮、张欣悦、梁琦、余兵兵
95	玉米大豆套种水肥一体化滴灌系统设计	2020	农机化研究	于珍珍、孙海天、王宏轩、李海亮、汪春
96	玉米泛素结合酶基因家族分析及低氮胁迫下亚家族UBC2表达分析	2020	热带作物学报	陈曙、赵秋芳、陈宏良、金辉
97	玉米液肥播种机的设计	2020	农机化研究	余兵兵、汪春、李海亮、于珍珍、李海源、张欣悦
98	湛江地区不同桑葚品种的品质比较	2020	食品工业科技	乔健、马智玲、魏长宾、李国鹏、李甜子

续表

序号	论文题目	发表年份	发表期刊	完成人
99	植物嫁接再生机理研究进展	2020	植物生理学报	陈晶晶、李栋梁、杨倩、戴小红、井敏敏、刘恒
100	中国南方果树	2020	南方果树	周迪、张秀梅、陈妹、杜丽清、姚艳丽、吴建阳
101	畜禽舍自动清粪发酵一体化设备的研制与应用	2021	中国家禽	于珍珍、王宏轩、马国庆、汪汇源、汪春、李海亮
102	饥饿胁迫下龙眼落果与果皮和离区糖、ABA 及相关基因表达的变化	2021	园艺学报	杨为海、曾利珍、肖秋生、石胜友
103	18 份菠萝种质果实外观性状比较分析	2021	果树学报	张锡铜、吴青松、林文秋、姚艳丽、张秀梅
104	2020 年春季四川攀枝花市气象条件对芒果开花授粉的影响研究	2021	安徽农业科学	资晶、尹雪梅、朱卫星、杜成勋、肖艺琳、严晶、梁清志
105	2020 年春季四川省攀枝花市气象条件对芒果开花授粉的影响	2021	安徽农业科学	资晶、尹雪梅、朱卫星、杜成勋、肖艺琳、严晶、梁清志
106	33 份引进花生资源表型遗传多样性分析及在粤西地区的适应性初步评价	2021	热带作物学报	徐志军、吴小丽、胡小文、刘洋
107	3 个野生近缘种与不同栽培蕉的杂交亲和性	2021	热带作物学报	李伟明、胡会刚、胡玉林、段雅婕、陈晶晶、谢江辉、王文华
108	8 个玉米 DOF 家族基因对非生物胁迫的响应模式分析	2021	河南农业大学学报	贾利强、赵秋芳、陈曙
109	HS-SPME-GC-MS 结合 OPLS-DA 分析提取方法对牛油果油挥发性香气化合物的影响	2021	南方农业学报	欧阳红军、刘义军、袁源、静玮、张利、李积华
110	pBBR1MCS2-Tac-EGFP 广宿主载体适宜标记 $Ralstonia\ solanacearum$	2021	热带作物学报	肖熙鸥、林文秋、陈卓、邹春香、金辉、邹华芬
111	SSR 分子标记鉴定橡胶树 F_1 真伪杂种	2021	热带作物学报	李文秀、贺军军、张华林、罗萍
112	$MaGA2ox12$ 基因在香蕉中的克隆、亚细胞定位及表达分析	2021	分子植物育种	段雅婕、陈经烨、陈晶晶

续表

序号	论文题目	发表年份	发表期刊	完成人
113	ClO_2 结合 1-MCP 对无核荔枝的常温保鲜效果研究	2021	保鲜与加工	李奕星、陈娇、李芬芳、马伏宁、洪克前、袁德保
114	XTH 基因家族在'妃子笑'荔枝花穗不同处理方式的表达分析	2021	广西植物	董晨、魏永赞、王弋、郑雪文、李伟才
115	澳洲坚果壳生物活性炭的活化调控及其吸波性能	2021	热带作物学报	崔海鹏、龙爱春、户本相、赵艳芳、宋喜梅、廖建和、廖禄生
116	澳洲坚果青皮总酚的超声辅助提取及纯化	2021	热带作物学报	张明、马飞跃、杜丽清、李娅、黄浩伦、涂行浩、陈妹
117	澳洲坚果中棕榈油酸理化性质及功效研究进展	2021	农业研究与应用	涂行浩、杜丽清、魏芳、马会芳、吕昕、谢亚、陈洪
118	八个澳洲坚果品种成年树抽梢、开花结果特性及栽培要点	2021	热带农业科学	万继锋、曾辉、邹明宏、陈菁、罗炼芳、陆超忠
119	菠萝 AcMADS14 的克隆及其在成花转变中的表达分析	2021	分子植物育种	潘晓璐、廖媛、欧阳嫣惟、衣德宝、张秀梅、张红娜
120	菠萝灌溉施肥技术研究进展	2021	热带作物学报	严程明、安东升、刘洋、窦美安
121	菠萝机械化种植与收获研究现状	2021	山西农业大学学报（自然科学版）	薛忠、陈如约、张秀梅
122	不同干燥方式对龙眼多酚及抗氧化活性的影响	2021	果树学报	谭飔、彭思维、李玮轩、任珊、王金霞、张应玲、石胜友
123	不同品种桑葚叶总酚含量及其抗氧化活性比较	2021	热带作物学报	马飞跃、耿炬、乔健、帅希祥、张明、杜丽清
124	不同施肥制度对南方旱地红壤微生物组结构和功能影响研究进展	2021	农业资源与环境学报	荀卫兵、王伯仁、冉炜、沈其荣、徐明岗、张瑞福
125	城乡发展转型中资源与环境问题研究	2021	黑龙江环境通报	张广明、武丽琼、张莉、冯芹、杜丽清
126	畜禽舍自动清粪发酵一体化设备的研制与应用	2021	中国家禽	于珍珍、王宏轩、马国庆、汪汇源、汪春、李海亮

续表

序号	论文题目	发表年份	发表期刊	完成人
127	大豆 *GmNramp2a* 基因克隆及亚细胞定位和组织表达分析	2021	分子植物育种	刘颖、李小豪、陈经烨、陈晶晶、薛迎斌
128	大豆 *GmNramp3a* 基因克隆及表达分析	2021	分子植物育种	刘颖、陈经烨、李小豪、陈晶晶、薛迎斌
129	大数据背景下事业单位档案信息化管理存在问题及发展对策	2021	农业科研经济管理	赵云龙、曾力旺、周海慧、李海亮、邹华芬
130	短波紫外线照射对'金都'火龙果采后保鲜的影响	2021	亚热带植物科学	罗恩锡、李真琴、洪克前、宋康华、梁永康、王俊宁
131	发酵果汁的研究进展与展望	2021	食品研究与开发	马路凯、卢晓丽、何秋璇、崔芸、刘祎帆、黄炳钰、井敏敏、张世昂、朱立学
132	甘蔗 F_1 群体构建及主要农艺性状遗传变异分析	2021	热带作物学报	徐志军、孔冉、苏俊波、周峰、张垂明、吴小丽、刘洋
133	高温条件下澳洲坚果叶片黄化的生理特性	2021	热带作物学报	杨为海、曾辉、万继锋、张汉周、陆超忠
134	构型转换法制备赤式紫胶桐酸及反应机理分析	2021	精细化工	石小娟、唐保山、张雯雯、李坤、涂行浩、张弘
135	灌溉增氧技术对玉米产量和根系生长的影响	2021	农机化研究	邹华芬、汪汇源、于珍珍、王宏轩、李海亮
136	广东湛江地区休闲农业发展探析	2021	热带农业科学	陈姝、杜丽清、陈佳瑛、邓旭、涂行浩、吴建阳
137	广东湛江蔗区甘蔗白条病的分子检测与鉴定	2021	植物遗传资源学报	田夏红、赵建英、傅华英、施扬、苏俊波、刘建荣
138	果胶/聚间苯二胺凝胶珠的制备和表征及其对铅（Ⅱ）吸附性能的研究	2021	食品工业科技	王学栋、李娅、戴涛涛、刘成梅、梁瑞红、陈军
139	花生4种重要病害抗性育种研究进展	2021	分子植物育种	徐志军、赵胜、胡小文、刘洋
140	皇帝柑贮藏保鲜技术研究进展	2021	浙江柑橘	马路凯、蔡昕彤、赖泓慧、刘祎帆、朱立学、应晓国、张宾、黄炳钰、井敏敏
141	火龙果采后贮藏保鲜研究进展	2021	保鲜与加工	马飞跃、张明、杜丽清、李娅、帅希祥、汤昕明
142	饥饿胁迫对澳洲坚果早期果实及果柄能量代谢的影响	2021	热带作物学报	杨为海、向沛锦、陆超忠

续表

序号	论文题目	发表年份	发表期刊	完成人
143	饥饿胁迫下龙眼落果与果皮和离区糖、ABA及相关基因表达的变化	2021	园艺学报	杨为海、曾利珍、肖秋生、石胜友
144	基于RecurDyn的澳洲坚果破壳装置最低转速的求解与验证	2021	中国农机化学报	潘睿、薛忠、王槊、范建新、何凤萍、韩树全
145	基于表型及SSR分子标记对橡胶树F_1子代的评价	2021	分子植物育种	李文秀、罗萍、张华林、黄润生、李进良、翁俊亮、魏滢、赵美婷、贺军军
146	基于简化基因组技术的33份芒果品种遗传分析	2021	分子植物育种	王露露、王磊、姚全胜、周开兵、柳凤
147	基于全基因重测序的芒果细菌性角斑病抗性相关SNP分析	2021	分子植物育种	徐志豪、周思思、詹儒林、姚全胜、柳凤
148	基于物联网技术的海南热带水果动态定价研究	2021	江苏农业科学	汪汇源、邹华芬、汪春、李海亮
149	基于胸腺嘧啶碱基错配和金纳米棒比色型传感器对汞离子的可视化检测	2021	广东化工	何祖宇、李普旺、周闯、王超、宋书会、刘运浩、杨子明
150	基于移动互联网的科研财务信息共享平台构建	2021	中国农业会计	陈世海、周才荣
151	基于转录组的剑麻SSR标记开发与筛选	2021	热带作物学报	张燕梅、李俊峰、杨子平、鹿志伟、陆军迎、周文钊
152	季铵盐壳聚糖/聚乙烯醇复合膜的制备及性能研究	2021	食品研究与开发	潘晴彦、周闯、杨子明、何祖宇、王超、刘运浩、宋书会、谷会、于丽娟、李雪瑞、屈云慧、李普旺
153	季铵盐修饰壳聚糖及其复合膜的制备与表征	2021	现代食品科技	潘晴彦、周闯、杨子明、何祖宇、王超、刘运浩、宋书会、谷会、于丽娟、李雪瑞、屈云慧、李普旺
154	季节性干旱区覆膜滴灌对菠萝园降水入渗的影响	2021	灌溉排水学报	严程明、安东升、刘亚男、马海洋、窦美安
155	季节性干旱下农艺节水措施对甘蔗生长和产量的影响	2021	热带作物学报	安东升、严程明、陈炫、徐磊、刘洋、苏俊波、孔冉、窦美安

续表

序号	论文题目	发表年份	发表期刊	完成人
156	剑麻 AhMADS8937 基因酵母双杂交诱饵载体的构建、毒性和自激活检测	2021	分子植物育种	杨茜、徐蕾、汪询、杨子平、周文钊
157	剑麻 EST-SSR 在丝兰麻和中美麻中的通用性分析	2021	热带作物学报	张燕梅、李俊峰、鹿志伟、杨子平、周文钊
158	介孔二氧化硅纳米粒在农业上的应用	2021	生物技术通报	孙德权、陆新华、李伟明、胡玉林、段雅婕、庞振才、胡会刚
159	介孔二氧化硅纳米粒在农业中的应用	2021	生物技术通报	孙德权、陆新华、李伟明、胡玉林、段雅婕、庞振才、胡会刚
160	芥末精油包合物对棘孢曲霉的抑菌机理	2021	食品科学	李燕妮、李芬芳、陈娇、李奕星、刘石生、洪克前、冯建成、袁德保
161	景观评价及其石乡村特色景观中的应用	2021	湖北农机化	邓旭、陈妹、杜丽清
162	聚乙烯醇膜耐水改性的研究进展	2021	高分子通报	周闯、李普旺、屈云慧、杨子明、何祖宇、王超、刘运浩、宋书会、于丽娟
163	凯特杧果肉溃败与钙营养关系分析	2021	中国南方果树	张月华、苏穆清、刘斌、王松标、王建芳、马小卫
164	壳聚糖功能化改性及其在药物载体中的应用	2021	高分子通报	潘晴彦、周闯、杨子明、何祖宇、王超、刘运浩、宋书会、谷会、李普旺
165	快速滤过型净化法结合超高效液相色谱—串联质谱同时检测水产品中孔雀石绿和结晶紫残留量	2021	食品与发酵工业	高晓敏、王琚钢、马智玲、严程明、陈吴海
166	利用 GFP 标记的 Ralstonia solanacearum 鉴定马铃薯青枯病抗性	2021	中国瓜菜	陈卓、肖熙鸥、陈曙、李可、邹华芬、金辉
167	荔枝 LcBES1 基因的克隆、表达及功能分析	2021	果树学报	王弋、杨蕊、董晨、魏永赞、郑雪文、李伟才
168	荔枝果实酸性转化酶 LcSAI 生物信息学和表达分析	2021	广西植物	董晨、魏永赞、王弋、郑雪文、李伟才

续表

序号	论文题目	发表年份	发表期刊	完成人
169	两亲性壳聚糖/改性结冷胶复合膜的制备与表征	2021	现代食品科技	管晨、周闯、杨子明、何祖宇、王超、刘运浩、李秀娟、于丽娟、李雪瑞、屈云慧、李普旺
170	两亲性壳聚糖自组装纳米微球的制备及抗真菌性能研究	2021	材料导报	何祖宇、谢江辉、李普旺、屈云慧、杨子明、于丽娟、王超、刘运浩、姚全胜、周闯
171	马铃薯抗青枯病育种研究进展	2021	江苏农业学报	肖熙鸥、林文秋、陈卓、金辉、司怀军
172	芒果果实不同生长发育期矿质元素需求规律	2021	广东农业科学	刘斌、苏穆清、王松标、武红霞、马小卫
173	芒果细菌性角斑病菌内切葡聚糖酶基因的克隆与表达分析	2021	热带作物学报	姚全胜、杨倩、柳凤、詹儒林
174	芒果细菌性角斑病菌在侵染芒果叶片过程中内参基因筛选	2021	分子植物育种	姚全胜、杨倩、柳凤、詹儒林
175	杧果细菌性角斑病菌对杧果酚类代谢的影响	2021	中国南方果树	李国平、郑磊、柳凤
176	杧果新品种'金莘芒'的选育	2021	果树学报	凡超、刘传滨、肖维强、王松标、匡石滋、向旭、姚全胜、林立红、曾继吾
177	柠檬果皮精油的成分分析及其抗氧化活性研究	2021	广东化工	陈晓晶、黄文佳、杜丽清
178	农业科研机构大型仪器设备市场化运营的对策——以中国热带农业科学院为例	2021	农业科研经济管理	戴萍、吴晓鹏、荣凤云、许啸、魏长宾、罗金辉
179	浅议农业科研项目预算执行率指标	2021	行政事业资产与财务	陈世海
180	茄子PARMS反应体系的建立与优化	2021	分子植物育种	肖熙鸥、赵秋芳、林文秋、欧雄常、冯恩友、莫定鸣
181	热处理复合香茅精油处理对番木瓜保鲜效果及软化相关酶活的影响	2021	热带作物学报	陈晓晶、帅希祥、杜丽清、谷会
182	人心果叶不同极性组分的抗氧化与抗菌活性	2021	食品与机械	马飞跃、张明、李娅、杜丽清、帅希祥

续表

序号	论文题目	发表年份	发表期刊	完成人
183	肉桂精油复合壳聚糖涂膜对采后番木瓜炭疽病的防治效果及作用机制分析	2021	热带作物学报	黄文佳、杜丽清、谷会
184	三个野生近缘种与不同栽培蕉的杂交亲和性	2021	热带作物学报	李伟明、胡会刚、胡玉林、段雅婕、陈晶晶、谢江辉、王文华
185	桑葚果实不同发育期品质测定及其相关性分析	2021	食品工业科技	乔健、李国鹏、杜丽清、魏长宾、李甜子、马智玲
186	水心病菠萝果实生理指标和内源激素含量变化	2021	热带作物学报	姚艳丽、付琼、周迪、朱祝英、杨玉梅、张秀梅
187	碳纳米管与二硫化钼协同增强丁腈橡胶复合材料吸波性能	2021	高分子材料科学与工程	赵鹏飞、宋喜梅、张海琛、吕臻、陶金龙、彭政、罗勇悦
188	甜玉米液泡转化酶2基因克隆及其等位变异分析	2021	分子植物育种	高玉尧、刘洋、姚艳丽、张秀梅
189	桐油基漆酚类似物的光固化活性研究	2021	高分子通报	周闯、李普旺、张利、何祖宇、王超、刘运浩、宋书会、杨子明
190	夏威夷果脱皮装置关键参数设计	2021	中国农机化学报	王絜、潘睿、薛忠、何凤平、范建新、韩树全
191	香蕉 MaGA20ox4 和 MaGA20ox5 基因克隆、表达及亚细胞定位分析	2021	热带作物学报	段雅婕、陈经烨、陈晶晶
192	香蕉 MaGA2ox12 基因在香蕉中的克隆、亚细胞定位及表达分析	2021	分子植物育种	段雅婕、陈经烨、陈晶晶
193	香蕉 SPS 基因家族的系统进化分析	2021	分子植物育种	陈妹、吴建阳、张秀梅、邓旭、涂行浩、胡会刚、杜丽清
194	香蕉 MaWRKY1 转录因子在果实和幼苗诱导抗冷性中表达分析	2021	热带作物学报	洪克前、谷会、陈丽
195	香蕉 SPS 基因家族的系统进化分析	2021	分子植物育种	陈妹、吴建阳、张秀梅、邓旭、涂行浩、胡会刚、杜丽清
196	香蕉系统获得抗性相关基因对外源水杨酸的响应分析	2021	热带作物学报	段雅婕、郭志祥、曾莉、李舒、刘立娜、胡会刚、李伟明
197	厌氧发酵在线监控技术研究进展	2021	中国农业科技导报	焦静、郑勇、李尊香、黄小红、杜嶓华、郑金

续表

序号	论文题目	发表年份	发表期刊	完成人
198	粤桂甘蔗产区不同类型土壤pH值及其酸性改良数学方程	2021	现代农业科技	陈菁、曾辉
199	粤西荔枝产区引进井岗红糯荔枝栽培表现	2021	热带农业科学	董晨、郑雪文、王弋、李伟才、胡桂兵
200	早熟荔枝白糖罂化肥减施增效技术应用效果研究	2021	现代农业科技	陈菁、高祥兴、林电
201	湛江地区澳洲坚果成年树抽梢生物学特性的观测分析	2021	中国南方果树	万继锋、曾辉、邹明宏、陈菁、罗炼芳、陆超忠
202	转录组荔枝 *Dof* 基因家族的鉴定及其表达	2021	热带生物学报	董晨、魏永赞、王弋、郑雪文、李伟才
203	糖代谢与信号调控果实脱落的研究进展	2022	江苏农业科学	杨为海、陆超忠、向沛锦
204	湛江芒果特色种质资源果实品质性状变异分析	2022	贵州农业科学	卢明升、刘馨语、资晶、王松标、梁清志
205	杧果'金煌'בˊ热农1号'后代果实性状遗传分析	2022	园艺学报	武红霞、李星、许文天、郑斌、马小卫、苏穆清、梁清志、姚全胜、王松标
206	香茅精油熏蒸对番木瓜炭疽病的防治效果及生理生化机制分析	2022	中国南方果树	陈晓晶、谷会、帅希祥、杜丽清
207	加气灌溉下红壤土呼吸速率变化及其与土壤水氧的关系	2022	热带作物学报	于珍珍、王宏轩、邹华芬、孙海天、汪汇源、汪春、李海亮
208	玉米转录因子 *bZIP G* 亚家族基因的表达模式	2022	浙江农业学报	贾利强、赵秋芳、陈曙、丁波
209	植物蔗糖磷酸合成酶（SPS）基因研究进展	2022	分子植物育种	吴建阳、陈妹、姚艳丽、张秀梅
210	CRISPR/Cas9 基因编辑技术在果树作物中的应用研究进展	2022	果树学报	何玉坤、欧阳嫣惟、张秀梅、林文秋、潘晓璐、张红娜
211	玉米泛素连接酶 U-box 基因家族的全基因组鉴定及表达分析	2022	西南农业学报	陈曙、张彧、陈卓、金辉
212	5个新品系香蕉的果实品质分析及模糊综合评判	2022	热带作物学报	王天果、胡会刚、孙德权、梁楠松、胡玉林
213	基于SSR标记的澳洲坚果种质资源遗传多样性分析	2022	热带作物学报	井敏敏、黄炳钰、戴小红、李栋梁、陈晶晶

续表

序号	论文题目	发表年份	发表期刊	完成人
214	菠萝 *AcPLD2* 基因多克隆抗体制备及其在果实黑心病发生中的表达分析	2022	热带作物学报	洪克前、谷会、陈丽、姚全胜
215	截茎、多效唑淋根对粉蕉的矮化效果研究	2022	现代园艺	张宁、许永新、胡玉林、胡瓒
216	高、低糖杧果品种 *MiFRK* 基因克隆、表达及生物信息学分析	2022	果树学报	郑斌、王松标、李新月、武红霞、马小卫、梁清志、许文天、李丽
217	赤霉素生物合成抑制剂促进杧果成花的作用和对顶芽代谢谱的影响	2022	果树学报	梁飞、许文天、武红霞、郑斌、梁清志、王松标、李映志
218	芒果成花过程碳水化合物和可溶性蛋白含量变化	2022	中国南方果树	高天瑜、郑斌、许文天、梁清志、王松标、李蕊、武红霞
219	2ZBL-90 双行菠萝种植机设计与试验	2022	中国农机化学报	薛忠、张秀梅、陈如约、王粲、潘睿
220	仿生几何结构表面深松铲铲尖设计与试验	2022	中国农机化学报	王晓阳、潘睿、强华、张智泓、武时会、薛忠
221	基于模糊控制的车速跟随变量喷雾系统设计与试验	2022	农业机械学报	王润涛、刘瑶、王树文、李明、孙文峰、薛忠
222	温度胁迫对'热农1号'杧果花粉萌发的影响	2022	中国南方果树	刘馨语、杜成勋、资晶、肖艺琳、严晶、李春宏、陈东东、王松标、梁清志
223	龙眼 SNP 高密度遗传图谱的构建及单果质量 QTL 定位	2022	中国南方果树学报	张晨晨、王佳卉、刘丽琴、王一承、周建男、胡小文、石胜友
224	不同尺寸改性果胶基磁性微球的制备及对 Pb^{2+} 吸附性能的研究	2022	材料导报	李娅、马飞跃、张明、涂行浩、杜丽清
225	两亲性壳聚糖/改性结冷胶复合膜的制备与表征	2022	现代食品科技	管晨、周闯、杨子明、何祖宇、王超、刘运浩、李秀娟、于丽娟、李雪瑞、屈云慧、李普旺
226	水杨酸/季鳞盐双改性壳聚糖抗菌保鲜剂的制备及表征	2022	现代食品科技	阮湘梅、杨子明、李普旺、张怡、周闯、何祖宇、刘运浩、宋书会、王超
227	几种热带植物纤维在复合材料领域的研究进展	2022	化工新型材料	刘雅奇、刘运浩、李普旺、王超、宋书会、何祖宇、周闯、杨子明

续表

序号	论文题目	发表年份	发表期刊	完成人
228	菠萝叶纤维增强热塑性淀粉复合材料的性能研究	2022	复合材料科学与工程	刘雅奇、刘运浩、李普旺、王超、宋书会、杨子明
229	菠萝叶/淀粉复合材料制备工艺的研究	2022	广东化工	刘雅奇、刘运浩、李普旺、王超、何祖宇、周闯、杨子明
230	灌溉增氧技术对玉米产量和根系生长的影响	2022	农机化研究	邹华芬、汪汇源、于珍珍、王宏轩、李海亮
231	基于转录组的荔枝泛素结合酶基因家族的鉴定及表达分析	2022	热带作物学报	董晨、李金枝、郑雪文、王弋、李伟才
232	HS SPME/GC-MS法分析荔枝新品种"冰荔"果肉香气成分	2022	南方农业	董晨、李金枝、郑雪文、王弋、李伟才、胡桂兵
233	妃子笑荔枝LcSAI启动子的克隆及其生物信息学分析	2022	广东农业科学	董晨、李金枝、郑雪文、王弋、李伟才
234	优质荔枝品种"观音绿"在粤西地区的引种试验	2022	南方农业	董晨、李金枝、郑雪文、王弋、李伟才、胡桂兵
235	粤西荔枝产区引进井岗红糯荔枝栽培表现	2022	热带农业科学	董晨、李金枝、郑雪文、王弋、李伟才、胡桂兵
236	龙眼'华农早'×荔枝'紫娘喜'F_1真实性鉴定及果实品质性状多样性分析	2022	中国南方果树	罗舒文、刘梦秋、刘丽琴、王佳卉、胡小文、王一承、周建男、石胜友
237	旱季灌水对金菠萝产量、品质及糖酸积累的影响	2022	热带作物学报	刘思汝、马海洋、刘亚男、冼皑敏、徐明岗、石伟琦
238	介孔二氧化硅纳米粒在农业中的应用	2022	生物技术通报	孙德权、陆新华、李伟明、胡玉林、段雅婕、庞振才、胡会刚
239	香蕉系统获得抗性相关基因对外源水杨酸的响应分析	2022	热带作物学报	段雅婕、郭志祥、曾莉、李舒、刘立娜、胡会刚、李伟明、白亭亭
240	18份菠萝种质果实外观性状比较分析	2022	果树学报	张锡铜、吴青松、林文秋、姚艳丽、张秀梅
241	自动增氧小型水稻浸种催芽箱的试验研究	2022	农机化研究	于珍珍、汪春、王宏轩、邹华芬、张皓尘、朱亚冠
242	雷州半岛药用植物资源调查与分析	2022	热带农业科学	武丽琼、陈英敏、冯海燕、左雪冬

续表

序号	论文题目	发表年份	发表期刊	完成人
243	菠萝离体再生植株的遗传稳定性及 DNA 甲基化分析	2022	分子植物育种	林文秋、肖熙鸥、刘胜辉、孙伟生、吴青松、姚艳丽、张秀梅
244	水分胁迫对不同糖分甜玉米幼苗抗旱性的影响	2022	分子植物育种	高玉尧、姚艳丽、张秀梅
245	澳洲坚果种质资源数量分类研究	2022	果树学报	万继锋、邹明宏、陈菁、宋喜梅、杨倩、罗炼芳、曾辉
246	番茄泛素结合酶变体基因鉴定及表达分析	2022	西南农业学报	赵秋芳、马海洋、马智玲、魏长宾、陈曙
247	菠萝硝态氮的吸收积累及其转运蛋白基因表达模式研究	2022	果树学报	杨晓雪、刘胜辉、魏茜雅、林欣琪、叶春海、张秀梅、李映志
248	芒果炭疽病抗感品种全基因组重测序分析	2022	江苏农业科学	刁兴旺、吴莉君、何红、姚全胜、柳凤
249	加快农业科技创新步伐 实现高水平自立自强	2022	农业农村部管理干部学院学报	魏政、陈佳瑛、刘涛、张凯
250	热处理结合壳聚糖涂膜对'台农1号'芒果常温贮藏品质的影响	2022	食品科技	方静、谷会、叶建敏、姚全胜
251	外源水杨酸诱导香蕉苯丙烷类代谢提高对枯萎病抗性	2022	热带作物学报	段雅婕、杨宝明、郭志祥、尹可锁、胡会刚、曾莉、白亭亭
252	澳洲坚果种质资源果实表型多样性分析	2022	中国南方果树	万继锋、曾辉、邹明宏、陈菁、宋喜梅、杨倩、罗炼芳、陆超忠
253	菠萝 PARMS 反应体系的建立	2022	热带作物学报	高云飞、林文秋、吴青松、张秀梅、孙伟生、刘胜辉、姚艳丽
254	菠萝乌头酸酶家族基因鉴定及其表达分析	2022	分子植物育种	陈景秀、朱祝英、付琼、吴青松、姚艳丽、刘胜辉、陆新华、张红娜、高玉尧、张秀梅
255	基于SSA-LSTM的玉米土壤含氧量预测模型	2022	农业机械学报	于珍珍、邹华芬、于德水、汪春、刘天祥、张欣悦
256	融合田间水热因子的甘蔗产量 GA-BP 预测模型	2022	农业机械学报	于珍珍、邹华芬、于德水、李海亮、孙海天、汪春
257	粤西马铃薯品种比较试验	2022	中国马铃薯	唐景华、陈卓、朱熙、张彧、邹华芬、金辉

续表

序号	论文题目	发表年份	发表期刊	完成人
258	基于主成分与聚类分析综合评价杧果种质资源果实糖酸品质	2022	果树学报	代涛、万嘉欣、黎洁华、骆国亮、李丽、武红霞、许文天、郑斌、王松标、罗聪、梁清志
259	乙烯清除剂在果蔬保鲜中的研究进展	2022	保鲜与加工	王超、杨子明、何祖宇、周闯、刘运浩、李普旺
260	双改性壳聚糖载药纳米胶束的制备及其性能研究	2022	高分子通报	周闯、张利、李普旺、何祖宇、王超、刘运浩、宋书会、谢木标、杨子明
261	紫外光/无机酸协同催化桐酸甲酯傅克烷基化反应的研究	2022	高分子通报	周闯、张利、李普旺、何祖宇、王超、刘运浩、宋书会、谢木标、杨子明
262	纤维填充对菠萝叶纤维/热塑性淀粉复合材料性能的影响	2022	应用化工	刘雅奇、刘运浩、李普旺、王超、宋书会、何祖宇、周闯、杨子明
263	磷脂水解产物对低蛋白天然胶乳稳定性的影响	2022	应用化工	刘运浩、李普旺、杨子明、吕明哲、王超、周闯、何祖宇、李志锋
264	低蛋白天然胶乳手套的生产工艺	2022	弹性体	刘运浩、杨子明、吕明哲、王超、何祖宇、周闯、李志锋、李普旺
265	土壤重金属污染修复材料研究进展	2022	环境污染与防治	宋书会、焦静、王超、何祖宇、马会芳、张宇晗、周闯、刘运浩、杨子明
266	$MaGA2ox12$ 基因在香蕉中的克隆、亚细胞定位及表达分析	2022	分子植物育种	段雅婕、陈经烨、陈晶晶
267	剑麻 $AhKH1775$ 基因克隆及其酵母双杂交诱饵载体构建	2022	分子植物育种	汪询、杨倩、柯智、周文钊、杨子平、吕玲玲
268	滴灌施肥与有机肥施用对金菠萝养分吸收及产量品质的影响	2022	中国南方果树	刘亚男、安东升、石伟琦、刘思汝、何东宁
269	加气灌溉下土壤呼吸与环境因子相关性研究	2022	农业机械学报	于珍珍、邹华芬、于德水、汪春、李海亮、孙海天
270	鲜食玉米收获机粉碎装置性能影响因素试验与优化	2022	农机化研究	马国庆、于珍珍、李海亮、孙海天、汪春、王宏轩、邹华芬
271	科研单位数字档案馆云服务应用问题分析	2022	农业科研经济管理	赵云龙、曾力旺、周海慧、徐迟默、李海亮

续表

序号	论文题目	发表年份	发表期刊	完成人
272	利用SALF-seq简化基因组测序分析茄子种质资源遗传多样性	2022	农业科技	冯恩友、肖熙鸥、林文秋、莫定鸣、冯晓赓、马飞骏
273	粤西地区特早熟荔枝种质品质分析	2022	中国南方果树	董晨、郑雪文、孙健哲、李金枝、王弋、李伟才、胡桂兵
274	不同体积配比对鹅粪——玉米秸秆混合发酵效果的影响	2022	农业科技	马国庆、于珍珍、王宏轩、李海亮、孙海天、汪春
275	旅游型海岛发展都市农业的探析——以湛江特呈岛为例	2022	农业研究与应用	陈妹、黄艳娜、杜丽清、邓旭、涂行浩、吴刘萍
276	利用转录组测序开发甘蔗SNP分子标记	2022	南方农业学报	胡小文、孔冉、刘洋、徐志军、苏俊波
277	菠萝 $RNase\ T2$ 家族基因克隆及表达分析	2022	植物生理学报	井敏敏、雍成文、李小针、李栋梁、陈晶晶
278	我国香蕉园土壤肥力现状的整合分析	2022	热带作物学报	张江周、刘亚男、高伟、王蓓蓓、阮云泽
279	玉米11个 $Zmb\ ZIP$ 基因的鉴定及表达特征分析	2022	湖南农业大学学报（自然科学版）	贾利强、刘洋、赵秋芳、陈曙
280	菠萝蜜NAC转录因子的克隆及其果实成熟中的表达	2022	东南园艺	李真琴、黎思华、宋康华、洪克前、王俊宁
281	菠萝蜜果实 PG 基因的克隆与表达分析	2022	热带作物学报	陈杰、黄舒怡、李真琴、廖倩贤、宋康华、洪克前、王俊宁
282	介孔硅纳米粒作为植物细胞转基因载体的研究	2022	生物技术通报	陆新华、孙德权、张秀梅
283	PE袋包装对火龙果采后呼吸和活性氧代谢的影响	2022	东南园艺	袁升浩、周广进、李真琴、洪克前、宋康华、梁永康、王俊宁
284	芒果炭疽病拮抗菌分离、鉴定及生防机制研究	2022	生物技术通报	章乐乐、王冠、柳凤、胡汉桥、任磊
285	菠萝果实酸研究进展	2022	现代园艺	吴建阳、何冰、伍晓莹、黄加燕、陈妹、武爱龙、张秀梅
286	杧果金煌×热农1号后代果实糖酸组分遗传分析	2022	果树学报	李星、郑斌、许文天、马小卫、王松标、钱敏杰、武红霞
287	脱蛋白天然胶乳制备的新工艺研究	2022	当代化工	潘俊任、刘运浩、宁家胜、蒋一帆、黎燕飞、吕明哲

续表

序号	论文题目	发表年份	发表期刊	完成人
288	肉桂精油复合壳聚糖乳液对采后芒果炭疽病的防治效果及作用机制	2022	热带作物学报	方静、谷会、姚全胜、杜丽清
289	杧果 PARMS 反应体系的建立与优化	2022	分子植物育种	刘静萍、肖熙鸥、周开兵、柳凤、张国辉、普金安、张翠英、沐云松
290	有机质浮岛智能增氧系统的搭建与试验	2022	农机化研究	董其昌、王宏轩、于珍珍、马国庆、张皓尘、汪汇源、汪春、李海亮、孙海天
291	有机质浮岛智能种养一体机的设计与试验	2022	农机化研究	董其昌、马国庆、张皓尘、于珍珍、王宏轩、李海亮、孙海天、汪春
292	电驱动水稻插秧机设计与参数优化	2022	农机化研究	张皓尘、汪春、李海亮、孙海天、董其昌、张欣悦、马国庆、王宏轩
293	剑麻 AhKH1775 基因克隆及其酵母双杂交诱饵载体构建	2022	分子植物育种	汪询、杨倩、柯智、周文钊、杨子平、吕玲玲
294	红毛丹果皮花色素苷鉴定及其稳定性分析	2022	经济林研究	李奕星、陈娇、李芬芳、洪克前、袁德保
295	外源水杨酸诱导香蕉苯丙烷类代谢提高对枯萎病抗性	2022	热带作物学报	段雅婕、杨宝明、郭志祥、尹可锁、胡会刚、曾莉、白亭亭
296	双改性壳聚糖载药纳米胶束的制备及其性能研究	2022	高分子通报	周闯、张利、李普旺、何祖宇、王超、刘运浩、宋书会、谢木标、杨子明
297	基于主成分与聚类分析综合评价杧果种质资源果实糖酸品质	2022	果树学报	代涛、万嘉欣、黎洁华、骆国亮、李丽、武红霞、许文天、郑斌、王松标、罗聪、梁清志
298	菠萝 PARMS 反应体系的建立	2022	热带作物学报	高云飞、林文秋、吴青松、张秀梅、孙伟生、刘胜辉、姚艳丽
299	荔枝分枝调控基因 LcSMXL7 的鉴定及功能分析	2022	热带作物学报	王弋、付灯恩、董晨、郑雪文、李伟才
300	纤维填充对菠萝叶纤维/热塑性淀粉复合材料性能的影响	2022	应用化工	刘雅奇、刘运浩、李普旺、王超、宋书会、何祖宇、周闯、杨子明
301	基于 SSA-LSTM 的玉米土壤含氧量预测模型	2022	农业机械学报	于珍珍、邹华芬、于德水、汪春、刘天祥、张欣悦

续表

序号	论文题目	发表年份	发表期刊	完成人
302	田间补充灌溉施肥对菠萝生长、产量及水肥生产力的影响	2022	热带作物学报	安东升、刘亚男、严程明、赵宝山、刘洋、李昊儒、窦美安
303	甘蔗健康种苗机械化种植技术发展趋势分析	2022	中国热带农业	牛钊君、李明、刘信鹏、韦丽娇、葛畅、侯明鑫、李孟洪
304	近红外光谱的北方寒地土壤含水率预测模型研究	2022	光谱学与光谱分析	石文强、许秀英、张伟、张平、孙海天、胡军
305	增氧灌溉技术研究现状与智能化发展趋势分析	2022	农机化研究	温昊阳、于珍珍、汪春、张冬梅、王宏轩、邹华芬
306	不同尺寸改性果胶基磁性微球的制备及对 Pb^{2+} 吸附性能的研究	2022	材料导报	李娅、马飞跃、张明、涂行浩、杜丽清
307	杧果成花过程碳水化合物和可溶性蛋白含量的变化	2022	中国南方果树	高天瑜、郑斌、许文天、梁清志、王松标、李蕊、武红霞
308	温度胁迫对'热农1号'杧果花粉萌发的影响	2022	中国南方果树	刘馨语、杜成勋、资晶、肖艺琳、严晶、李春宏、陈东东、王松标、梁清志
309	基于SSR标记的砂仁种质资源遗传多样性与群体结构分析	2022	中国中药杂志	李文秀、李进良、贺军军、张华林、罗萍、魏滢、赵美婷
310	菠萝离体再生植株的遗传稳定性及DNA甲基化分析	2022	分子植物育种	林文秋、肖熙鸥、刘胜辉、孙伟生、吴青松、姚艳丽、张秀梅
311	砂仁'湛砂11'苗期光合与叶绿素荧光特征	2022	热带作物学报	赵美婷、魏滢、安东升、李文秀、罗萍、张华林、贺军军
312	橡胶树杂交子代遗传特性及遗传多样性分析	2022	西南农业学报	李文秀、贺军军、张华林、翁俊亮、李进良、罗萍
313	不同乙烯利浓度及贮藏温度对"南天黄"香蕉果实后熟品质的影响	2022	中国南方果树	李芬芳、李奕星、袁德保、洪克前、陈娇
314	澳洲坚果成熟期间果实内果皮颜色、果仁品质变化及最适采收期预测	2023	中国南方果树	万继锋、卢智强、邹明宏、陈菁、宋喜梅、杨倩、董丽红、罗炼芳、曾辉
315	澳洲坚果光壳种 *MiSAD* 的克隆与表达	2023	热带作物学报	杨倩、杨子平、邹明宏、宋喜梅、万继锋、陈菁、罗炼芳、曾辉
316	巴西橡胶树 *HbMago3* 的克隆和表达分析	2023	分子植物育种	杨子平、郭冬、李辉亮、朱家红、王颖、彭世清
317	巴西橡胶树乳管细胞中与HbMago2相互作用蛋白的筛选与分析	2023	分子植物育种	杨子平、郭冬、李辉亮、朱家红、王颖、彭世清

续表

序号	论文题目	发表年份	发表期刊	完成人
318	菠萝 SLF/SFB 基因家族全基因组鉴定与表达分析	2023	热带作物学报	井敏敏、李小针、李栋梁、戴小红、顾帅磊、马朝明、陈志辉、陈晶晶
319	菠萝黑心病发生过程中 AcAPXs 的表达分析及克隆	2023	热带作物学报	张媛媛、鹿志伟、李茂富、姚全胜、侯晓婉
320	菠萝全向定位自动化采摘系统设计	2023	南方农机	李明、黎泽龙、王润涛、刘瑶、薛忠
321	不同尺寸改性果胶基磁性微球的制备及对 Pb^{2+} 吸附性能的研究	2023	材料导报	李娅、马飞跃、张明、涂行浩、杜丽清
322	不同肥水用量下金菠萝的养分吸收特征及产量品质效应	2023	热带作物学报	刘亚男、安东升、严程明、何东宁、徐明岗
323	不同酚羟基数目羟基苯甲酸的复合对壳聚糖膜性能的影响	2023	现代食品科技	杨林杰、周闯、杨子明、王超、何祖宇、刘运浩、于丽娟、屈云慧、李普旺
324	不同品种菠萝果皮穿刺力学特性研究	2023	山西农业大学学报	潘瑞、薛忠、李海亮、肖景丰
325	滴灌施肥与有机肥施用对金菠萝养分吸收及产量品质的影响	2023	中国南方果树	刘亚男、安东升、石伟琦、刘思汝、何东宁
326	电驱动水稻插秧机设计与参数优化	2023	农机化研究	张皓尘、汪春、李海亮、孙海天、董其昌、张欣悦、马国庆、王宏轩
327	粪肥智能深施还田机的使用与维护保养	2023	农业机械	黄伟华、刘信鹏、李华、王槊、韦丽娇、李明、刘泉凌、林晓山
328	凤梨释迦人工授粉与产期调节技术在云南干热河谷地区的研究推广	2023	农业工程技术	李健琪、普亚云、陈晶晶
329	腐植酸钾促进凤梨苗生长应用研究	2023	腐植酸	张俊、石伟琦、马海洋、刘亚男、冼皑敏
330	甘蔗叶圆捆打捆机捡拾粉碎机构设计与试验	2023	中国农机化学报	刘信鹏、杜嵇华、李尊香、焦静、黄小红、牛钊君
331	割苗对基质覆盖免耕播种玉米生长发育及产量的影响	2023	广东农业科学	严晓丽、李海亮、于珍珍、邹华芬、王宏轩、孙海天、史健伟
332	灌水量对金菠萝果实营养元素含量的影响	2023	中国农学通报	刘思汝、石伟琦、马海洋、冼皑敏、徐明岗

续表

序号	论文题目	发表年份	发表期刊	完成人
333	果园生草对番石榴果实品质的影响	2023	中国南方果树	李国鹏、乔健
334	基于碱煮法的菠萝PARMS-SNP分型体系优化	2023	分子植物育种	杨如艳、贾盼盼、吴青松、张秀梅、孙伟生、刘胜辉、陆新华、林文秋
335	基于卡尔曼滤波算法的菠萝育苗光照强度监测系统	2023	中国农机化学报	薛忠、吕建骅、李明、何子明、林铭研、王润涛
336	基于转录组测序芒果抗细菌性角斑病SNP/In Del分析	2023	西北农业学报	周思思、王露露、胡芳丽、何红、柳凤、张国辉、普金安、张翠英、沐云松
337	剑麻 $AhKH1775$ 基因克隆及其酵母双杂交诱饵载体构建	2023	分子植物育种	汪询、杨倩、柯智、周文钊、杨子平、吕玲玲
338	剑麻均一化文库构建及PnRXLR5863靶蛋白筛选	2023	热带作物学报	杨子平、杨倩、汪询、柯智、鹿志伟、张燕梅、谌惠邦、周文钊
339	九份特早熟和早熟荔枝种质资源有机酸组分及含量特征分析	2023	南方农业	董晨、郑雪文、马智玲、王弋、全振炫、李伟才、胡桂兵
340	利用叶绿素荧光技术早期快速鉴定甘蔗品种的耐旱性	2023	甘蔗糖业	安东升、卢李威、黄文甫、孔冉、严程明、赵宝山、苏俊波
341	荔枝分枝调控基因 $LcSMXL7$ 的鉴定及功能分析	2023	热带作物学报	王弋、付灯恩、董晨、郑雪文、李伟才
342	荔枝铝激活苹果酸转运蛋白基因家族的鉴定及表达分析	2023	广东农业科学	钱义容、王弋、全振炫、郑雪文、李伟才、董晨
343	荔枝雄性不育株系'MS1'的发现和鉴定	2023	果树学报	全振炫、董晨、郑雪文、钱义容、徐乙天、王弋、李伟才
344	芒果 $MiNPR1$ 抗病基因克隆及生物信息学分析	2023	中国南方果树	陈思宇、詹儒林、姜成东、柳凤、张国辉、姚全胜
345	芒果果实果肉溃败病研究进展	2023	中国热带农业	刘斌、张月华、潘红兵、杜邦、马小卫
346	芒果炭疽病拮抗菌分离、鉴定及生防机制研究	2023	生物技术通报	章乐乐、王冠、柳凤、胡汉桥、任磊
347	杧果果皮蜡质结构对果实抗炭疽病的影响	2023	中国南方果树	刘然、吴婧波、徐永艳、詹儒林、柳凤
348	杧果金煌×热农1号后代果实糖酸组分遗传分析	2023	果树学报	李星、郑斌、许文天、马小卫、王松标、钱敏杰、武红霞

续表

序号	论文题目	发表年份	发表期刊	完成人
349	杧果新品种攀育2号的选育	2023	果树学报	杜邦、许家辉、潘宏兵、李丽、朱敏、王松标
350	杧果杂交群体糖酸品质性状的遗传分析	2023	园艺学报	万嘉欣、代涛、骆国亮、李丽、武红霞、许文天、郑斌、王松标、罗聪、梁清志
351	纳他霉素结合ε-聚赖氨酸对火龙果贮藏品质的影响	2023	包装工程	黎晓媚、何雪梅、李静、戴涛涛、王艳华、李丽、孙健、杜丽清
352	气候变化下广东省参考作物蒸散量变化趋势及其影响因素分析	2023	人民珠江	黄松、戴佳琦、赵宝山、刘娜、李辉、储华平
353	热带典型有机物料对砖红壤理化性质及微生物群落结构的影响	2023	热带作物学报	宋书会、焦静、李普旺、王超、何祖宇、周闯、刘运浩、张宇晗、李云娜、杨子明
354	肉桂精油复合壳聚糖处理对采后杧果的保鲜效果	2023	中国南方果树	方静、谷会、李蕊、姚全胜、杜丽清
355	肉桂精油复合壳聚糖乳液对采后芒果炭疽病的防治效果及作用机制	2023	热带作物学报	方静、谷会、姚全胜、杜丽清
356	水心病菠萝果肉组织石蜡切片显微观察与分析	2023	热带作物学报	姚艳丽、吴严、李明伟、付琼、刘胜辉、朱祝英、张秀梅
357	羧甲基壳聚糖基水凝胶修饰电极的制备及其对Cd^{2+}和Pb^{2+}的同时检测研究	2023	现代化工	何祖宇、李普旺、周闯、王超、刘运浩、宋书会、杨子明
358	特早熟/早熟荔枝种质果实可溶性糖组分及含量分析	2023	中国南方果树	董晨、郑雪文、王弋、全振炫、李伟才、胡桂兵
359	土壤初始有效磷和交换性镁含量改变了小麦生长对pH的响应	2023	中国农业科技导报	张璐、郑磊、刘思汝、蔡泽江、孙楠、张强、徐明岗
360	鲜食玉米收获机粉碎装置性能影响因素试验与优化	2023	农机化研究	马国庆、于珍珍、李海亮、孙海天、汪春、王宏轩、邹华芬
361	现代特色果园设计研究	2023	农业科学	邓旭、陈姝、杜丽清
362	学校课后服务与校外科学场馆协同育人价值和实践反思	2023	中国校外教育	陈英敏、武丽琼
363	烟草疫霉 PnRXLR5863 的克隆及信号肽鉴定	2023	分子植物育种	汪询、杨倩、周文钊、柯智、杨子平
364	优质荔枝品种"岭丰糯"在湛江的引种试验初报	2023	南方农业	董晨、郑雪文、王弋、全振炫、李伟才

续表

序号	论文题目	发表年份	发表期刊	完成人
365	有机质浮岛智能增氧系统的搭建与试验	2023	农机化研究	董其昌、王宏轩、于珍珍、马国庆、张皓尘、汪汇源、汪春、李海亮、孙海天
366	有机质浮岛智能种养一体机的设计与试验	2023	农机化研究	董其昌、马国庆、张皓尘、于珍珍、王宏轩、李海亮、孙海天、汪春
367	增氧灌溉技术研究现状与智能化发展趋势分析	2023	农机化研究	温昊阳、于珍珍、汪春、张冬梅、王宏轩、邹华芬
368	振动式有机肥排施装置设计与试验	2023	中国农机化学报	刘信鹏、焦静、牛钊君、杜稚华、黄小红、李尊香
369	中国南瓜 MLO 基因的鉴定与表达分析	2023	江苏农业科学	李可、金辉、陈卓、赵明明、胡新燕、李卫华、陈晓光
370	自动增氧小型水稻浸种催芽箱的试验研究	2023	农机化研究	于珍珍、汪春、王宏轩、邹华芬、张皓尘、朱亚冠
371	作物产量对土壤 pH 的响应差异及其影响因素	2023	植物营养与肥料学报	连旭东、张璐、刘思汝、蔡泽江、郑磊、张强、周建利、徐明岗
372	1960—2020 年海南岛气温、降水及参考作物蒸散量变化趋势	2023	节水灌溉	赵宝山、严程明、苏俊波、孔冉、张彪、安东升
373	3 个特早熟荔枝品系在湛江地区引种表现初报	2023	中国南方果树	董晨、郑雪文、李金枝、孙健哲、王弋、李伟才、胡桂兵
374	湛江地区干湿气候变化特征及其对稻谷、糖蔗和花生产量的影响	2023	热带作物学报	赵宝山、窦美安、安东升、严程明、马海洋、黄松、苏俊波
375	"井岗红糯"荔枝果肉香气成分 GC-MS 分析	2023	中国南方果树	李金枝、李伟才、王弋、郑雪文、全振炫、董晨、胡桂兵
376	"植物学"课程思政教学改革与实践	2023	现代园艺	吴建阳、陈妹、何冰、罗剑斌、武爱龙、张秀梅

第四章

媒体报道

一 领导活动

李希、王伟中到湛江调研　努力在建设省域副中心城市
打造现代化沿海经济带重要发展极上展现更大作为

记者徐林、李凤祥　通讯员岳宗、符信　3月22—23日，广东省委书记李希，省委副书记、省长、深圳市委书记王伟中到湛江市，深入重大项目施工现场、农业龙头企业、农业产业园、农科院所及自然保护区，就认真学习贯彻习近平总书记在全国两会上的重要讲话精神，深入贯彻落实习近平总书记对广东系列重要讲话、重要指示批示精神，统筹新冠疫情防控和经济社会发展，推动湛江高质量发展进行调研。

广湛高铁和中科炼化是省市重点建设项目，李希、王伟中来到广湛高铁湛江湾海底隧道施工现场和中科（广东）炼化有限公司，看望慰问工程建设者，实地考察项目建设进展。李希强调，要在抓实抓细疫情防控和安全生产基础上，高标准推进项目建设，切实发挥好重大项目牵引带动作用，进一步增强发展后劲。

位于湛江市麻章区的湖光镇金牛岛红树林片区、湖光岩世界地质公园是具有地方特色的自然保护区。李希、王伟中深入保护区，仔细察看红树林湿地和火山地质遗迹保护情况。李希指出，要像保护眼睛一样保护自然和生态环境，加强对红树林和火山地质地貌日常巡查管护和科研监测，积极推进生态修复工作。

在广东恒兴集团水产食品研发中心、广东北部湾农产品流通综合示范园区、中国热带农业科学院南亚热带作物研究所，李希、王伟中深入考察当地培育发展农业全产业链的情况。李希强调要继续锚定构建特色农产品全产业链，保护好利用好特有种质种苗资源，大力发展热带经济作物和水海产品养殖加工，突出粤菜特色、培育发展预制菜产业，促进农业高质高效发展。

李希强调，湛江要深入学习贯彻习近平总书记在全国两会上的重要讲话精神，深刻体悟"五个必由之路"和"五个战略性有利条件"重大论断的重大历史意义和现实指导意义，坚定信心、保持定力，坚持稳字当头、稳中求进，统筹新冠疫情防控和经济社会发展，努力在建设省域副中心城市、打造现代化沿海经济带的重要发展极上展现更大作为。一要全面融入国家战略。紧紧抓住"双区"和横琴、前海两个合作区建设，海南自贸港、北部湾城市群建设等重大区域战略交汇叠加的历史性机遇，巩固和强化省域副中心城市的区位优势和发展势能，以区域全面经济伙伴关系协定（RCEP）生效实施为契机，以更大魄力、在更高起点上推进改革开放。二要加快构建高水平产业体系。加强基础设施互联互通，切实做好广湛高铁建设和湛江机场迁建投运，深度参与西部陆海新通道建设，加快推进绿色钢铁、绿色石化、清洁能源等重大项目建设，携手广东茂名市、阳江市加快联动发展，共同做强做优做大沿海经济带西翼临海产业集群。三要扎实抓好农业生产。大力推进种源等农业关键核心技术攻关，充分发挥农科院所科技支撑和农业龙头企业产业带动作用，努力打响特色农业品牌，不断巩固拓展农业发展新优势。四要坚定践行"绿水青山就是金山银山"的理念。加强对重要生态系统和物种资源的保护，切实守护好红树林等自然生态，大力推进海岸线整治和生态修复，打造美丽宜居生态海湾都市。五要从严从实从细抓好新冠疫情防控。坚持"外防输入、内防反弹"总策略和"动态清零"总方针，做实做细防控措施和应急预案，加强疫苗接种工作，进一步筑牢群防群控严密防线。六要全面加强党的领导和党的建设。坚持旗帜鲜明讲政治，驰而不息正风肃纪反腐，推动党史学习教育常态化长效化，锻造忠诚干净担当的高素质专业化干部队伍，为湛江奋进新征程、建功新时代提供坚强政治保证和组织保证。

调研期间，王伟中主持召开工作协调对接会，认真落实广东省委工作要求，组织广东省有关部门和单位现场研究湛江市需要协调解决的有关事项，并就支持湛江建设省域副中心城市、打造现代化沿海经济带重要发展极的各项工作进行深入对接。王伟中表示，要认真贯彻习近平总书记、中共中央决策部署，切实提高政治站位，心怀"国之大者"，全力支持湛江市积极对接海南自贸港，进一步增强综合实力和辐射带动能力，在更高水平上融入全国全省发展大局。广东省有关部门要积极转变工作作风，主动对接服务，对省级权限范围内的事项，能够办的马上办、尽快办，指导帮助湛江解决实际困难和问题，加强省市协同联动，共同抓好政策落实、项目落地，确保重大发展平台、改革事项、产业项目有力有序有效推进。湛江市要抢抓机遇，担当作为，乘势而上，通过深化改革激发内生动力，全力抓好重大基础设施建设，加快建设世界级产业集群，不断壮大经济实力，特别是要用足用好地方政府专项债券，做深做细做实重大项目前期工作，力争尽早开工、尽快达产，切实推动高质量发展迈出新步伐。

广东省领导张福海参加调研。

（2022年3月24日）

湛江广播电视台

刘红兵到广东海洋大学和中国热科院①驻湛所（站）调研 加强对接合作促进成果转化 汇聚科技力量助推乡村振兴

记者陈莉华、陈孝林 通讯员湛新 7月5日，湛江市委书记刘红兵到广东海洋大学、中国热带农业科学院驻湛所（站）调研科研教育、科研生产助推"百县千镇万村高质量发展工程"工作情况，强调要加强校地、院地联动，深化产学研合作，引导科研优秀成果就地转化，汇聚科技力量助推乡村振兴。

（2023年7月6日）

二 科技创新

湛江日报

"南亚"花开映热区

记者张永幸 通讯员冯文星

8项国家级奖励

云南临沧，数百万亩的澳洲坚果从这里走向海内外市场；四川攀枝花，拳头大的凯特芒果从这里走向全国超市货架；广东雷州半岛，橡胶树从这里演绎了一段矢志报国的传奇，青枣、菠萝、释迦、剑麻从这里走向更广袤的红土地……

无论走多远，这些水果、作物都有一个共同的起点，那就是都来自中国热带农业科学院南亚热带作物研究所。近年来，中国热科院南亚所组织或参与的项目共计获得8

---

① 编者注：中国热带农业科学院，简称中国热科院或热科院。

项国家级奖励：① 1982 年，"橡胶树在北纬 18～24 度大面积种植技术"获国家发明奖一等奖；② 1985 年，"龙舌兰麻杂种第 11648 号引种试种技术"获国家科学技术进步奖二等奖；③ 1992 年，"橡胶热作资源主要情况鉴定评价"获国家科学技术进步奖三等奖；④ 1993 年，"H11648 麻营养诊断指导施肥技术研究"获国家科学技术进步奖三等奖；⑤ 1999 年，"橡胶树国外优良无性系的引种试验及应用"获国家科学技术进步奖一等奖；⑥ 2012 年，"热带作物种质资源收集、评价与创新利用"获国家科学技术进步奖二等奖；⑦ 2014 年，"荔枝高效生产关键技术创新与应用"获国家科学技术进步奖二等奖；⑧ 2018 年，徐明岗研究员土壤学科研团队获国家科学技术进步奖二等奖。2019 年 12 月 11 日，南亚所迎来 65 岁华诞。为祖国热作事业奋斗一生的老专家回来了，从南亚所走出去的科研人员回来了，老中青三代热作人共济一堂，回顾着这座科学殿堂硕果累累的轨迹——1954 年 12 月，南亚所深植于斯，在共和国热作事业史上镌刻下坚实足迹。

扛起国之重任　缔造橡胶辉煌

南亚所诞生于一个希望。

1951 年，新生的中华人民共和国面对着西方列强毫不掩饰的恶意，45 个国家对中国列出 1 700 多个品种的封锁及禁运，其中橡胶被列为主要禁运战略物资之一。

"为保证国防及工业建设的需要，必须争取橡胶自给。"1951 年 8 月，中共中央决定以最快的速度将巴西橡胶大面积北移种植。年轻的共和国希望在多年以后，全国每年产胶量能达到 10 万吨。

广东、海南、广西、云南火速行动，1953 年夏，粤西地区性试验站——徐闻试验站开始筹备，主要任务是解决粤西地区橡胶树种植中出现的关键性技术问题。1954 年 12 月，为顺应国家战略需求，在湛江市徐闻县后坑仔村，南亚所的前身初现，橡胶树抗寒品种选育推广工作随之展开。1955 年 3 月，徐闻试验站更名为粤西试验站；两年后，1957 年 4 月，试验站从徐闻迁至南亚所现址。

徐闻试验站的历史虽然短暂，且当时处于保密状态的科研成果也未公开发表。但查阅史料，仅有的科研成果极为珍贵，形成关于气候、土壤以及橡胶树抗寒性等调查分析报告若干，对橡胶种植区域向北推移起到重要的指导作用，这是南亚所辉煌的起点。

要将橡胶从南半球盛产地移至我国华南非适宜区种植，将面临低温寒害与风害带来的严重威胁，这种气候条件在赤道附近的植胶国是根本不存在的。因而，选育抗寒品种成为建设我国橡胶生产基地的首要任务。迁址之后，这一重任落在了粤西试验站的肩上。

六十五载风雨起苍黄，一代人开始为突破禁区矢志不渝，披肝沥胆。

1965年，粤西试验站从200多份抗寒资源中杂交选育出橡胶树抗寒新品种93-114。1982年10月，"橡胶树在北纬18～24度大面积种植技术"研究成果，获得国家发明奖一等奖，其中，橡胶树抗寒新品种'93-114'为其重要组成部分。1987年11月，全国第三次橡胶树育种工作会议对其高度评价："'93-114'的选出，巩固了北部重寒区的橡胶农场，粤西试验站立了大功。"

建所第一个30年，南亚所人拼搏出第一段辉煌历史。在共和国急需战略物资的生产方面，扛起国之重任。

锁定国家战略　打造热作地标

1987年，粤西试验站扩建为南亚热带作物研究所，加强了对橡胶树之外南亚热带作物的研究，设立了橡胶、剑麻、芒果、坚果等9个课题组。撤站建所，南亚所建立起科研、开发、旅游"三位一体"的发展模式。这一阶段的国内外交流与考察活动逐步增多，其中有一个重大事件——1992年，南亚所从澳大利亚引进澳洲坚果种子1千克，播种125株。后来，从中选育出两个优良品种。这次引种，成为今天中国境内澳洲坚果的种植源头。

正当南亚所蓬勃向上之时，却迎面遭遇重击。

1996年9月，超强台风"莎莉"正面袭击湛江，南亚所的橡胶园旦夕间被全部摧毁，持续几十年的橡胶抗寒高产选育研究被迫中断。冷静思考后，南亚所决定将研究重心进行根本转移——从橡胶转移到南亚热带作物，配以完整的热带作物研究矩阵：菠萝、芒果、澳洲坚果、荔枝、龙眼、香蕉等南亚热带果树研究团队；剑麻、甘蔗等热带纤维和糖能作物研究团队；芒果、澳洲坚果和其他优稀水果、热带花卉研究团队。战略落地，格局打开。很快，各个研究团队收获国家级、省部级诸多大奖。1998—2002年的15年间，南亚所获奖20多项。

2002年，南亚所迎来又一个新起点——成为国家级综合性非营利研究所。南亚所将主要研究力量用来承担南亚热带作物应用基础研究、应用研究和重大关键技术研究，南亚热带作物种质资源收集、鉴定与利用，等等。

65年间，南亚所先后承担省部级以上项目200余项，收集保存了南亚热带植物139科1 437种的种质资源3 000余份。

步入21世纪，南亚所芒果研究硕果累累，"攀枝花模式"步入成熟完善阶段；南亚所菠萝研究处于全国领先地位，是国家菠萝产业体系首席建设单位。徐闻"菠萝的海"在国内声名鹊起，成为当地对外名片，知名Logo（商标）；南亚所推动了我国澳洲坚果产业进入高速发展阶段。眼下，澳洲坚果正以每年超过10万亩的速度快速发展,全国种植总面积超过350万亩,我国已成为世界上种植面积最大的国家;剑麻研究步入新阶段,进入国家麻类作物产业体系,成为剑麻育种岗位依托单位;荔枝研究成就斐然,成为国家产业技术体系依托单位……

一项项具有地标性质的研究成果蓬勃涌现,一种发展理念逐渐清晰。

紧跟国之所需　成果贴地飞行

就在上周,12月5日,南亚所所长徐明岗研究员获得联合国粮农组织颁发的"格林卡世界土壤金奖",这是土壤研究界的诺贝尔奖。徐明岗还先后获得"国务院政府特殊津贴专家""中国农业科学院现代土壤岗位杰出人才"和美国农学会"USA农业突出贡献奖"等一系列荣誉称号。

南亚所严谨的科研方阵背后是杰出的人才矩阵。近5年新引进硕士、博士37人,所内人才结构更优化,培养了一大批杰出人才。谢江辉、詹儒林、陆超忠、石胜友、张秀梅、李伟才等一批研究员获得国家各级各类高层次人才称号。

六十五载春华秋实,南亚人创造出家底丰厚。

南亚所现占地面积7 000多亩,仪器设备价值3 000余万元,其中20万元以上大型仪器设备30多台套。已建成"国家热带果树种质资源圃""农业农村部热带果树生物学重点实验室"等科技创新平台。所外试验示范基地分布于我国西南热区六省,面积超过17 000亩。

六十五载栉风沐雨,南亚所取得各类科研成果155项,其中获奖成果80多项;取得专利授权195件;取得植物新品种权3件;选育橡胶、澳洲坚果、芒果等新品种23个……

服务国之根本　全面助推"三农"

盘点六十五载南亚所之路,一条主线格外明确,助力乡村振兴、为热区农业提供科技支撑从未间断,范围不断扩大。如今,南亚所立足湛江,重点服务广东粤西地区、川滇金沙江干热河谷地区、广西右江河谷地区、海南三亚地区、贵州黔南热区、云南滇南热区、西藏林芝热区。热区百姓对南亚所专家的回报彰显世代中国人最质朴的热情:"必须到我家吃顿饭!"发自内心的真挚邀请中,是憨厚的庄稼人对农业科技热切的期盼。

改革开放以来,南亚人通过国家现代农业产业技术体系试验站,先后与20余个市县以及农业龙头企业建立了稳定的科技合作关系;每年派出专家100余人次、培训技术人员及果农约5 000人次,为当地培养拥有新观念、掌握新技术的新型职业农民。

"攀枝花模式"闪耀着智慧与科技的光芒,南亚所创造的服务"三农"模式,被全国"芒果界"津津乐道。1996年,南亚所派员参加了中国热科院专家组对四川攀枝花进行的实地考察,发现该地区具有得天独厚的光热资源和南亚热带干热河谷气候特征,特别适合芒果生长,发展潜力巨大。经考察论证,南亚所提出了在攀枝花发展10万亩一流的优质芒果商品生产基地的建议,得到农业部的重视和攀枝花当地的支持,在南亚所带领下,"攀枝花模式"雏形初现。

面对不同地区,南亚所探索创新出一套科技服务方式,"新型农民学校""科技小院""农家学堂",构建了科研院所+地方政府+新农学校+技术员+农民"五位一体"大课堂。2008年开始,南亚所形成了科技救灾机制,在灾害天气、病虫害大暴发的季节,有针对性地组织专家团队进行灾后指导,减少灾后损失,恢复生产工作。10年间,先后组织6批次专家前往热区五省,对热带经济作物进行实地帮扶与指导。

南亚所正朝着目标迈进:创建一流的南亚热带农业科技创新中心,建成一流的成果转化与服务基地、国际交流与合作基地。

南亚所人已然明了前行的方向:突出种质创新与资源高效利用,建设一流的南亚热带农业科技创新中心;发挥土地资源优势,建设一流的成果与服务基地;集聚国内外优秀人才,建设一流的国际交流与合作基地。

一代代南亚所人填补祖国热作产业发展空白,每一位南亚所人的科技之光,汇集成河,光耀热区。

(2019年12月12日)

湛江日报

南亚所"云端"科普展示新材料新技术

记者陈荔雅　通讯员黄炳钰　为鼓励广大青年学子和科研工作者用科技服务"三农",助力乡村振兴和脱贫攻坚事业,近日,中国热带农业科学院南亚热带作物研究所(简称南亚所)与北京理工大学、杭州市化工研究院、吴川市长岐镇新联村相聚云端,联合开展"天然材料成就美好未来"科普直播活动。主办方通过多地协作的直播方式,以天然材料发展及其产业化应用现状为主线,为全国网友们带来了一堂"云端"科普公开课。

"神奇的大自然!""长知识了!"网友不时在直播间点赞留言,气氛热烈。原来,南亚所研究员正在带领大家进行"云端"南亚所热带植物园之游，观赏充满水分的旅人蕉、香甜可口文定果、长有心形红果的相思树、具有剧毒的见血封喉、能将酸味变成甜味的神秘果，以及天然橡胶树、咖啡树、可可树等神奇的植物。

此外，研究员还向网友介绍了南亚所最新的科研成果，包括旱作新材料团队利用先进纳米缓控释技术、纳米包埋技术和生物发酵技术，研发了芳香性天然胶乳枕头、热带天然植物纳米祛斑化妆品、具有土壤改良修复功效的新型生物肥料以及生物质可降解覆盖材料等新产品与新技术。

据了解，当天科普直播活动分为5个部分，包括"塑料的未来""热作天然材料的发展""海洋材料的应用""木材的进化"为主题的科研成果介绍，以及"绿色引领，远程协同，创新报国"为主题的微党课。

（2020年8月23日）

中国农网

广东：热科院南亚所研发菠萝种植机

记者付伟　通讯员黄炳钰　广东省徐闻县曲界镇，平坦的红土地上，一名驾驶员和两名操作员熟练配合，驾驶菠萝机械化种植机向前行进。伴随苗杯有节奏的起伏，"鸭嘴"一合一张，一棵棵标准化菠萝苗整齐镶嵌在种植垄上。这是记者近日在中国热带农业科学院南亚热带作物研究所菠萝机械化种植技术现场观摩会上看到的场景。

"菠萝种植一整套的活，它可以'一口气'干完。"南亚所相关负责人介绍，这种新型机械集施肥、旋耕、起垄、移栽等功能于一体，可协同完成多项作业，比传统的分步作业以及机械起垄、人工移栽效率提高了不少。

活动现场来了不少菠萝种植户。大家纷纷询问这种机器什么时候能买到、价格多少。"有这个机器，可省劲多了。"一名当地种植户说。

据了解，近年来，我国菠萝种植总面积稳中有升，目前约100万亩，但种管收环节仍然主要依靠人工，劳动强度大、生产效率低。机械化已经成为菠萝产业发展的瓶颈。针对这一问题，南亚所发挥优势，强化农机农艺融合，以技术与装备创新为抓手，助推菠萝全程机械化作业，实现产业增效、农民增收的目标。

（2020年11月26日）

农民日报

有了这款神器，菠萝全程机械化不再是梦

记者付伟 通讯员黄炳钰 广东省徐闻县曲界镇，平坦的红土地上，一名驾驶员和两名操作员熟练配合，驾驶菠萝机械化种植机向前行进。伴随苗杯有节奏的起伏，"鸭嘴"一合一张，一棵棵标准化菠萝苗整齐镶嵌在种植垄上。这是记者近日在中国热带农业科学院南亚热带作物研究所菠萝机械化种植技术现场观摩会上看到的场景。

"菠萝种植一整套的活，它可以'一口气'干完。"南亚所相关负责人介绍，这种新型机械集施肥、旋耕、起垄、移栽等功能于一体，可协同完成多项作业，比传统的分步作业以及机械起垄、人工移栽效率提高了不少。

活动现场来了不少菠萝种植户。大家纷纷询问这种机器什么时候能买到、价格多少。"有这个机器，可省劲多了。"一名当地种植户说。

据了解，近年来，我国菠萝种植总面积稳中有升，目前约100万亩，但种管收环节仍然主要依靠人工，劳动强度大、生产效率低。机械化已经成为菠萝产业发展的瓶颈。针对这一问题，南亚所发挥优势，强化农机农艺融合，以技术与装备创新为抓手，助推菠萝全程机械化作业，实现产业增效、农民增收的目标。

（2020年11月26日）

科技日报

我国首台菠萝苗移栽一体机试运行成功

记者王祝华 通讯员黄炳钰 记者从中国热带农业科学院获悉，该院南亚热带作物研究所（简称南亚所）研制的我国首台菠萝苗移栽一体机试运行成功。

近日在徐闻曲界镇召开的"菠萝机械化种植技术现场观摩会"上，一名驾驶员和两名操作员熟练配合，菠萝机械化种植机行进在平坦的红土地上，苗杯节奏起伏，"鸭嘴"一合一张，机器经过之处，一棵棵标准化的菠萝苗整整齐齐镶嵌在种植垄上，传

统菠萝种植的多个步骤,通过这种机器"一口气"干完了。

据了解,菠萝苗移栽一体机集"施肥—旋耕—起垄—移栽"等功能于一体,可同时协同完成多项作业,比传统的分步作业及机械起垄人工移栽效率提高很多,并节约不少人工,预计2年内项目将全面推广落地。

近年来,我国菠萝种植总面积稳中有升,目前全国菠萝总面积约100万亩。但国内菠萝生产目前主要以人工为主,仅有耕整地环节实现机械化作业,"种—管—收"环节仍停留在人工阶段,劳动强度大、生产效率低。相关负责人表示,南亚所以技术与装备创新为抓手,菠萝苗移栽一体机的研制成功将助推菠萝全程机械化作业。

(2020年11月26日)

新华社

我国首台菠萝苗移栽一体机试运行成功

记者陈凯姿　通讯员黄炳钰　记者从中国热带农业科学院南亚热带作物研究所(以下简称热科院南亚所)获悉,我国首台菠萝苗移栽一体机试近日运行成功。

"要是有这个机器,那可省劲多了!"一名种植户说。11月25日,中国热科院南亚所在广东徐闻县曲界镇召开菠萝机械化种植技术现场观摩会。现场,菠萝机械化种植机由一名驾驶员和两名操作员熟练配合,行进在平坦的红土地上,机器经过之处,一棵棵菠萝苗整齐地布放在种植垄上,传统菠萝种植步骤通过该机器"一口气"完成。

中国热科院南亚所菠萝研究室主任张秀梅说,该机器集"施肥—旋耕—起垄—移栽"等功能于一体,比传统分步作业及机械起垄人工移栽效率有较大提高,并能减少大量人工作业。

据介绍,近年来我国菠萝种植总面积稳中有升,目前全国菠萝总面积约100万亩,但国内菠萝产业"种—管—收"环节仍然停留在人工阶段,劳动强度大、生产效率低。这项发明,提升了菠萝产业机械化水平,大幅降低了生产成本和劳动力,有助于构建优质安全和节本增效栽培技术体系,提高我国菠萝产业竞争力。

(2020年11月26日)

新华网

每亩节约成本 200 元！全国首台菠萝苗移栽一体机试运行

记者王俊涛　通讯员黄炳钰　旋耕、施肥、起垄、移栽……伴随着机器的工作节奏，一排排整齐划一的菠萝苗种植在徐闻红色的土壤上，现场专家、学者、农户啧啧称赞，纷纷拿起手机摄影摄像。11月25日，菠萝机械化种植技术现场观摩会在广东省徐闻县诺香园农产品专业合作社的菠萝田举行。

人工成本向来是徐闻菠萝的主要支出成本。每到菠萝种植季，种植大户都要通过各种渠道寻找工人，近年来工价更是水涨船高，菠萝苗种植要经过开沟、施肥、手工移栽等环节，不但效率低，而且种植速度慢，施肥量不均匀，不利于菠萝标准化种植。

"随着农业经济的快速发展，种植业劳动力成本大幅增加，菠萝栽培一体化可提高劳动效率，降低生产成本，促进菠萝产业健康发展。"热带作物增产节本增效栽培技术集成与示范项目负责人徐明岗说。

"传统人工种植方式，每亩人工成本约300元，而采用机械化种植方式，每亩的人工成本仅需100元，每亩节约成本200元，如果同时上几台机，大面积种植时的效益更明显，且施肥量均匀、种植的菠萝苗整齐划一，利于后期的管理和采摘。"南亚所菠萝研究室主任、广东省产业技术体系栽培岗位专家张秀梅说。

据了解，本次观摩会上试用的2ZBL-902型菠萝苗移栽一体机是中国热带农业科学院南亚热带作物研究所牵头，结合我国菠萝产业发展实际需求、经多次选型、优化集成研发而成的。该机是国内首台集旋耕、施肥、起垄、移栽于一体的半自动化菠萝大苗移栽种植机械，具有体积小、性能可靠、结构紧凑、操作简单、实用性强等特点。

张秀梅表示，通过大量的调研和实践，菠萝苗移栽一体机工作稳定，效率高，第二代菠萝苗移栽一体机将有望在两年内落地并投产，助力菠萝产业的发展。

徐闻县诺香园农产品专业合作社理事长陈如约认为，这是徐闻县探索数字农业发展的标志，将推动徐闻乃至广东菠萝数字化、机械化、智能化、标准化生产。

更多故事将在2020世界数字农业大会上演。据悉，本次大会开幕式、数字农业展览展示和第十九届广东种业博览会拟于2020年12月11—13日在广东现代农业技术与装备示范基地举办。

（2020年11月26日）

湛江日报

菠萝机械化种植技术现场观摩会召开

记者张永幸　通讯员黄炳钰　为进一步提升菠萝产业机械化水平，大幅降低生产成本和劳动力，构建优质安全和节本增效栽培技术体系，提高我国菠萝产业竞争力，11月25日，中国热带农业科学院南亚热带作物研究所（简称南亚所）在徐闻县曲界镇召开"菠萝机械化种植技术现场观摩会"。

现场会上，菠萝机械化种植机由一名驾驶员和两名操作员熟练配合，行进在平坦的红土地上，苗杯节奏起伏，"鸭嘴"一合一张，机器经过之处一颗颗菠萝苗整整齐齐地镶嵌在种植垄上，传统菠萝种植步骤可以通过该机"一口气"干完，该机集"施肥—旋耕—起垄—移栽"等功能于一体，同时协同完成多项作业，比传统的分步作业及机械起垄人工移栽效率提高了不少，也节约了不少人工。现场还来了不少菠萝种植户，纷纷询问这种机器什么时候能买到，价格多少。"要是有这个机器，那可省劲多了！"一名当地种植户说道。

本次观摩会的开展，充分展示了南亚所菠萝技术优势，推进了农机农艺融合，以技术与装备创新为抓手，助推菠萝全程机械化作业。

（2020年11月26日）

中国新闻网

菠萝成"网红"　专家称周年供果靠"良种良法"

记者黄艺　通讯员黄炳钰　菠萝近日成为"网红"！客商到海南菠萝产地"抢货"，广东"菠萝的海"等新闻吸引眼球，网友热议不断。

菠萝原产于南美洲，中国的主栽品种有巴厘、神湾、无刺卡因等。记者近日在海南澄迈县看到，今年菠萝行情整体上扬，一些新品种因口感佳而价格优。

中国热科院南亚所菠萝研究中心主任张秀梅研究菠萝17年了，她概括种好菠萝的关键是"良种配套良法"。

张秀梅介绍，2009年以来，中国热科院南亚所菠萝研究团队从试验基地收集保存的128份菠萝种质中，筛选出10多个适合在中国推广种植的优良品种，其中多个品种通过省级品种认（审）定。

张秀梅称，中国热带、亚热带地区面积广阔，不仅广东、海南、广西、福建、云南等地栽培菠萝，贵州、西藏、四川亦有种植。科研人员筛选各产区最适宜的优良品种，根据最佳采收期安排种植时间，让菠萝错峰上市，让优质菠萝周年供果。

目前，电石催花技术、套袋技术、水肥一体化技术等基本解决了一直困扰中国菠萝产业发展的品种问题、产期调节问题、养分综合管理问题。中国热科院南亚所2020年11月还在广东徐闻演示了全国首台菠萝机械化种植机，为产业结构优化升级提供装备支撑。

"菠萝适应性强，适合在山区种植，对于农民增收、农业增效和农村经济发展有重要意义。"张秀梅说，目前，科研人员已把部分新品种推广到西藏林芝、贵州安顺、四川攀枝花等地，其果实口感甚佳。

（2021年3月22日）

新华网

中国热带农业科学院南亚热带作物研究所助力唱响徐闻菠萝品牌

记者李俊豪　通讯员黄炳钰　近日，通过选育菠萝品种、研发及示范推广配套栽培技术，中国热带农业科学院南亚热带作物研究所（简称南亚所）的菠萝研究专家致力于产业品种结构优化和升级，助力唱响徐闻菠萝品牌。

3月13日，徐闻县召开菠萝品控承诺行动会议，会上所发布的《菠萝果实大田管理的技术要点》由南亚所牵头制定，详细介绍了果实发育期水肥管理、壮果护果及采收说明等方面的技术要点，助力农业生产者从源头做好品质把关。

种子是决定农作物产量和质量的关键因素。2009年，南亚所菠萝研究团队就选育出10多个优良品种，在广东徐闻、海南澄迈等地建立新品种生产示范基地，积极开展技术的试验示范和推广工作。目前，在徐闻推广种植的'金菠萝''台农16号''台农17号'在产量、果品、价格等方面都取得了喜人成绩。

2018年徐闻菠萝滞销期间，南亚所组织团队前往徐闻县曲界镇调研产销情况，发现滞销的主要为巴厘品种，而'台农16''台农17'等新品种受影响较小，甚至收购价比往年更高，为农户选种种植和相关部门决策部署提供了有力参考。

良种须善耕。2011年，由南亚所和中国农业大学等单位组建的徐闻科技小院揭牌成立，目前专家已根据徐闻菠萝产业实际情况，开展了水肥一体化技术实验示范与推广等行动。同时，南亚所菠萝研究团队研究出一项项扎实的产期调节技术、套袋技术和病虫害综合防治技术，帮助农户攻破了新品种种苗繁殖慢、开花不整齐、品质较差等难题。

为进一步促进菠萝产业发展，2020年11月，南亚所在徐闻召开"菠萝机械化种植技术现场观摩会"，现场演示了全国首台菠萝机械化种植机。一体机的成功研发，提升了菠萝产业的机械化水平，为菠萝产业结构优化升级提供了装备支撑。

目前，南亚所菠萝研究团队已集成优质高效与周年生产关键技术体系，经过不断熟化，基本解决了一直困扰我国菠萝产业发展的品种问题、产期调节问题、养分综合管理问题，为我国菠萝产业的健康发展奠定了坚实的基础。

南亚所菠萝研究团队表示，将继续在红土地上书写"论文"，以不断更新的技术促进菠萝产业发展，使其成为农民心中的"黄金果"。

（2021年3月24日）

湛江日报

保鲜给力！徐闻菠萝"靓"相迪拜

记者陈荔雅　通讯员黄炳钰　6月2日，本报刊登的《徐闻菠萝"进军"阿联酋迪拜超市》引市民热议。每个菠萝售价约为18元，上架3天就售出了1.5吨。这组亮眼的数据足以证明，徐闻菠萝不仅登上了更大的世界舞台，还成功征服了各国越来越多人的味蕾。

与此同时，市民们也抛出一个疑问：航运成本高、陆运海运时间长，难以保证菠萝品质，那么，徐闻菠萝是如何到达万里之外的迪拜呢？原来，有先进的保鲜技术"加持"，1个多月的漂洋过海，15吨菠萝仍安然无恙。

四五月份是徐闻菠萝大量成熟上市的季节，湛江浩樾进出口有限公司于4月28日采购约 15 吨徐闻菠萝发往阿联酋迪拜，经过 1 个多月的长途运输，5 月底终于抵达了目的地，卸货后菠萝基本保持原有的品质和新鲜度，成功上架迪拜大型商超，广受当地消费者热捧。

蔬果生鲜运输，保鲜技术和冷链运输技术至关重要。记者了解到，南亚所园艺产品保鲜研究室经过多年的菠萝贮藏保鲜技术研发，提供了此次菠萝出口的技术方案，并从出口菠萝的采收、防腐处理、包装、预冷、装柜和出柜的每个环节均密切跟踪，为菠萝的品质保驾护航。

南亚所谷会副研究员介绍，出口菠萝保鲜要注意几个要点：七成熟时采收、货柜提前降温、做好消毒和果柄防腐处理、用泡沫网单果包装、做好冷库预冷处理、货柜定期测温。他认为近期广东徐闻菠萝首次以跨境电商 B2B 模式直接出口中东国家，到目的地还能维持较好的品质，这是广东农业科技创新尤其是保鲜技术能力的体现。

（2021 年 6 月 4 日）

南方农村报

芒果套袋可以很简单，喷一喷就给水果穿上"防护服"！

记者王俊涛　通讯员周闯、黄炳钰　你可能见过塑料套袋，纸套袋，但见过液态套袋吗？只要喷一喷就能给水果套上一层保护膜。

近日，中国热科院南亚所旱作新材料研究室研发出了绿色无毒、安全高效且具有防虫抑菌功能的高分子液体套袋材料，有望改变水果传统套袋费时费力的现状，在节约人工成本的同时，进一步提高水果品质。

该液体套袋新材料是以天然高分子材料、植物精油、无机增强材料、天然驱虫剂和天然杀菌剂等为原材，采用微纳囊化技术和有机高分子成膜阻隔技术，将天然驱虫剂和杀菌剂负载在生物高分子材料上，创制了具有长效防虫抑菌作用的高分子液体套袋材料。

"该液体有效成分是植物精油，安全无毒。喷在果实表面，两个小时可成膜，形成物理隔离。"旱作新材料研究室杨子明博士介绍道。

传统使用的固形塑料或纸质套袋材料，容易影响果实光合作用，致使其成熟后风味变差，营养价值有所下降；同时，人工套袋解袋成本较高，以芒果套袋为例，一亩地买袋、套袋、解袋的成本需要 2 000 元左右；此外，传统塑料套袋材料难降解，存在土壤污染风险。低成本的环保型多功能液体水果套袋新材料或可有效解决上述问题。

该套袋材料采用喷雾方式，能极大降低劳动强度，人工成本可降低 60% 以上；在水果表面形成有效的抗菌驱虫保护层，能抑制果树作物病害发生，阻隔病菌传播；同时该套袋材料具有天然无毒、环保安全、不影响果实呼吸和光合作用等优点，将有利于减少农药的使用，降低环境污染，推动农业绿色发展，降低劳动力成本，助力乡村振兴。

（2021 年 7 月 5 日）

南方+

液体套袋黑技术：喷一喷就给水果穿上"防护服"

记者王俊涛　通讯员周闯、黄炳钰　你可能见过塑料套袋、纸套袋，但见过液态套袋吗？只要喷一喷就能给水果套上一层保护膜。

近日，中国热科院南亚所旱作新材料研究室研发出了绿色无毒、安全高效且具有防虫抑菌功能的高分子液体套袋材料，有望改变水果传统套袋费时费力的现状，在节约人工成本的同时，进一步提高水果品质。

该液体套袋新材料是以天然高分子材料、植物精油、无机增强材料、天然驱虫剂和天然杀菌剂等为原材，采用微纳囊化技术和有机高分子成膜阻隔技术，将天然驱虫剂和杀菌剂负载在生物高分子材料上，创制出具有长效防虫抑菌作用的高分子液体套袋材料。

"该液体有效成分是植物精油，安全无毒。喷在果实表面，两个小时可成膜，形成物理隔离。"旱作新材料研究室杨子明博士介绍道。

传统使用的固形塑料或纸质套袋材料，容易影响果实光合作用，致使其成熟后风味变差，营养价值有所下降；同时，人工套袋解袋成本较高，以芒果套袋为例，一亩地买袋、套袋、解袋的成本基本需要 2 000 元左右；此外，由于传统塑料套袋材料难降解，存在污染土壤的风险。低成本的环保型多功能液体水果套袋新材料或可有效解决上述问题。

该套袋材料采用喷雾方式，能极大降低劳动强度，人工成本可降低60%以上；在水果表面形成有效的抗菌驱虫保护层，能抑制果树作物病害发生，阻隔病菌传播；同时该套袋材料具有天然无毒、环保安全、不影响果实呼吸和光合作用等优点，将有利于减少农药的使用，降低环境污染，推动农业绿色发展，降低劳动力成本，助力乡村振兴。

（2021年7月5日）

湛江日报

专家在湛江查定7份龙眼优异杂交种质

记者陈荔雅　通讯员黄炳钰　近日，南亚所召开龙眼杂交种质品鉴会，来自华中农业大学、重庆大学、中国热带农业科学院、华南农业大学等单位的9名专家齐聚湛江，通过现场考察、品鉴，查定了7份龙眼优异杂交种质，其中包括2个属间杂交（荔枝和龙眼杂交）优株、5个种间杂交优株。

与会专家认为，此次品鉴的7个新的杂交株系具有早熟、丰产、果大均匀、可溶性固形物和可食率高、香气明显、果皮色泽鲜亮等优良性状，鲜食品质优，是不可多得的龙眼新株系，对丰富我国龙眼新品种和品种结构调整具有重要意义。

据了解，南亚所是国家荔枝龙眼产业技术体系龙眼种质资源收集与评价岗位、广东省龙眼产业技术体系创新团队湛江示范基地的依托单位，建有龙眼种质资源圃，保存龙眼种质资源360余份，杂交后代2万余份。此外，该所与国家荔枝龙眼产业技术体系共建了荔枝龙眼南繁育种科研基地，也是与华南农业大学联合培养荔枝龙眼农科教人才的基地。驻扎湛江10多年来，南亚所龙眼荔枝团队不断依托当地资源、国内外先进技术推进新品种选育工作，近年来在龙眼种质资源收集、保存、创新、利用方面取得了较大的进展，并将陆续把一些成熟的新品种推向市场，助力荔枝、龙眼种植提量提质，为消费者提供更多优质选择。

（2021年7月15日）

学习强国

专家在湛江查定 7 份龙眼优异杂交种质

记者孙远辉、阮志峰　通讯员黄炳钰　近日，中国热带农业科学院南亚热带作物研究所（湛江）召开龙眼杂交种质品鉴会，来自华中农业大学、重庆大学、中国热带农业科学院、华南农业大学等单位的 9 名专家齐聚湛江，通过现场考察、品鉴，查定了 7 份龙眼优异杂交种质，其中包括 2 个属间杂交（荔枝和龙眼杂交）优株、5 个种间杂交优株。

与会专家认为，此次品鉴的 7 个新的杂交株系具有早熟、丰产、果大均匀、可溶性固形物含量高、可食率高、香气明显、果皮色泽鲜亮等优良性状，鲜食品质优，是不可多得的龙眼新株系，对丰富我国龙眼新品种和品种结构调整具有重要意义。

据了解，南亚所是国家荔枝龙眼产业技术体系龙眼种质资源收集与评价岗位、广东省龙眼产业技术体系创新团队湛江示范基地的依托单位，建有龙眼种质资源圃，保存龙眼种质资源 360 余份，杂交后代 2 万余份。此外，该所与国家荔枝龙眼产业技术体系共建了荔枝龙眼南繁育种科研基地，也是与华南农业大学联合培养荔枝龙眼农科教人才的基地。驻扎湛江 10 多年来，南亚所龙眼荔枝团队不断依托当地资源、国内外先进技术推进新品种选育工作，近年来在龙眼种质资源收集、保存、创新、利用方面取得了较大的进展，并将陆续把一些成熟的新品种推向市场，助力荔枝、龙眼种植提量提质，为消费者提供更多优质选择。

（2021 年 7 月 16 日）

攀枝花日报

厉害了！攀枝花又申报了 18 个芒果新品种

记者唐子晴　通讯员姚全胜　量"身高"、测"体重"，对比叶片，还要检测DNA。7 月 3 日，雨后山间薄雾缭绕，位于攀枝花市盐边县桐子林镇金河村的芒果现代农业园里,来自农业农村部科技发展中心和农业农村部新品种测试成都分中心的专家团对攀枝花申报的18个芒果品种进行现场考察。

据了解,此次申报鉴定的18个芒果新品种是由中国热带农业科学院和攀枝花市锐华农业开发有限责任公司合作进行培育,主要针对目前芒果主栽品种中存在的缺点与不足进行改良,在长达17年的培育工作中,通过杂交授粉等方式获取了1 000余个株系,从而获得了目前申报的18个芒果新品种。

"从最初的引种试种到现在自主创新,对产业发展来说是一次跨越。"中国热带农业科学院南亚热带作物研究所副研究员姚全胜介绍,在新品种培育中,研究团队针对目前攀枝花芒果主栽品种存在的缺点与不足进行相应改良。"拿暂定名为'锐华6号'的新品种来说,就是取母本'热农1号'大小适中,外观色泽漂亮,丰产稳产性好的优点,通过和父本'台农1号'进行杂交,弥补母本口味方面的缺点。"

此次芒果新品种申报,将改变攀枝花目前缺少具有自主知识产权芒果新品种的现状,对于推动攀枝花芒果产业高质量发展具有重要推动作用,最终新品种批复将有望在今年底出炉。

(2021年7月5日)

山水盐边

农业专家来盐考察　盐边18个芒果新品种将接受认定

记者黄昊　通讯员姚全胜　7月3日,来自农业农村部科技发展中心、四川省农业科学院作物研究所的6位专家冒着细雨,走进四川省攀枝花市盐边县金河村锐华农业公司芒果种植基地的田间地头,对18个芒果新品种进行现场考察鉴定。

据了解,自2005年开始,锐华农业公司与中国热带农业科学院南亚热带作物研究所达成合作,致力于芒果新品种的培育研究。如今推出的18个新品种,是16年来的科研结晶,在品质上有着前所未有的飞跃。

"我们针对'金煌'芒果成果个头大,抗病性强,'爱文'芒果肉质细腻,色泽外观鲜艳等优点,采取定向育种技术,有目的性地对两个品种的优点进行整合,最终培育出了'热农5号''热农20号''热农25号'3个新品种。其他的新品种培育也是遵循这样的思路,定向育种,趋利避害,从而实现传统品种的优质更新。"中国热科院南亚所副研究员柳凤告诉记者。

在考察现场，工作人员对18个新品种植株的叶片和果实进行了详细观察、样本采集和数据记录。下一步，将进行数据汇总和果叶样本的分子检验鉴定，并按照创新性、稳定性、一致性3个标准对各品种进行考量。鉴定结果将第一时间上报农业农村部，并在官方网站予以公示，预计在今年内完成合格品种的批准授权。

目前，盐边已有芒果种植基地35.8万亩，覆盖8个乡（镇），涉及农户3.1万户，已经逐渐形成了"一带、一园、一心"的高质量发展格局。

盐边县农业农村局总农艺师刘和源表示，本次芒果新品种考察鉴定，既是为明确品种权归属、规范市场秩序、打造盐边芒果品牌，也是为推广潜力新品种、尽快实现品种更替、优化盐边县芒果市场结构。下一步，将对认定合格的优质品种在全县不同区域进行科学推广，同时加强芒果种植的培训指导，为实现乡村振兴、实现"三个圈层"发展目标贡献力量。

（2021年7月5日）

南方+

南亚所龙眼研究团队首创红肉龙眼杂交种质

记者刘稳　通讯员黄炳钰　近日，中国热带农业科学院南亚热带作物研究所（简称南亚所）龙眼种质创新取得了突破性进展，创制了世界上首个红肉龙眼杂交种质。

据南亚所荔枝龙眼研究中心主任石胜友研究员介绍，龙眼研究团队于2012年开始以龙眼为母本、荔枝为父本进行远缘杂交（属间杂交），于2020年、2021年筛选了果肉带红色、优质、早熟系列6个单株。这些龙眼杂交种质比'石硖'早熟5～15天，其果肉优质，呈半透明，干苞不流汁，肉厚，肉质爽脆，味清甜，易离核，品质上等，最大特点是果肉乳白略带淡红色，为世界首例红肉龙眼杂交种质。

红肉龙眼杂交种质"问世"，意味我国龙眼种质创新取得了突破性进展，有效丰富了龙眼遗传资源，对龙眼的遗传育种具有深远意义。

（2021年7月30日）

新华网

荔枝和龙眼杂交红肉龙眼杂交种质"问世"

记者叶子　通讯员黄炳钰　近日，中国热带农业科学院南亚热带作物研究所（简称南亚所）龙眼种质创新取得了突破性进展，创制了红肉龙眼杂交种质。

这些龙眼杂交种质比'石硖'早熟5～15天，其果肉优质，呈半透明，干苞不流汁，肉厚，肉质爽脆，味清甜，易离核，品质上等，最大特点是果肉乳白略带淡红色。

红肉龙眼杂交种质果肉带淡红色

据南亚所荔枝龙眼研究中心主任石胜友介绍，龙眼研究团队于2012年开始以龙眼为母本、荔枝为父本进行远缘杂交（属间杂交），于2020年、2021年筛选了果肉带红色、优质、早熟系列6个单株。团队龙眼种质资源收集、保存、创新、利用方面取得了较大的进展，仅在建成的龙眼种质资源圃，就保存有龙眼种质资源360余份，杂交后代2万余份，为龙眼种质创新工作打下良好的资源储备基础。为进一步研究红肉龙眼形成的生理基础和分子机制，目前，该团队正应用代谢组和转录组对其初步解析。

（2021年7月30日）

农财网芒果通

这本资源图谱收录了76个芒果品种信息！

记者芒果君　通讯黄炳钰　近日，由中国热带农业科学院南亚热带作物研究所武红霞研究员、马小卫副研究员和詹儒林研究员等专家编著的《芒果种质资源图谱》正式出版，对76个芒果品种进行了规范化描述，给它们冠以"身份信息"。

该书由广东科学技术学术专著出版基金资助，中国农业出版社出版发行。该书图文并茂,向读者介绍了芒果种质资源描述规范,芒果种质资源遗传多样性,并对76个品种进行了规范化描述,建立了品种树、叶、花和果实等详细的植物学标准图谱。国际园艺学会芒果专业委员会主席陆平教授在为该图谱作序时说道:"该书内容丰富、数据翔实、具有重要的学术价值,该书的出版必将对我国芒果种质资源的科研、教学和产业发展起到重要的参考和促进作用。"

2021年中央一号文件提出,打好种业翻身仗。该书在此背景下出版,不仅为广大果农了解芒果品种信息、科学种植芒果提供帮助,同时还进一步丰富了我国芒果种质资源鉴定、收集和保存等图鉴信息。

编著专家团队所在单位中国热科院南亚所,高度重视种业工作,自20世纪50年代以来,一直从事芒果种质资源收集、保存、评价和鉴定等工作,到目前为止,已收集保存国内外芒果种质资源300余份,保存量占世界芒果核心种质资源的30%以上。同时,该团队在国家重点研发计划、农业行业标准等项目的支持下,初步构建了我国芒果种质资源收集、保存、整理、评价技术体系,并依据此规范对种质资源进行了鉴定评价,积累了大量珍贵的数据资料,先后选育出'粤西1号''红芒6号''凯特''热农1号''热农2号'等芒果新品种,团队先后获中华农业科技奖一等奖与优秀创新团队奖、全国农牧渔业丰收奖一等奖与合作奖。

"种质资源引进或新品种选育,都需要规范它们'身份',这个周期可能花费十几年或更久,离不开一代代科研工作者在田间'一笔一画'地观察记录,进行品种试验和示范,对芒果品种选育及创新利用等工作是十分必要的。"武红霞研究员表示,"我们接过这一棒,还将继续为芒果种业工作贡献力量,助力打好种业翻身仗。"

(2021年9月22日)

南亚所成为广东省第一批农业种质资源保护单位

记者林露 通讯员黄炳钰 近日,中国热带农业科学院南亚热带作物研究所(简称南亚所)正式被广东省农业农村厅批准成为广东省农业种质资源保护单位(第一批),认定保护单位名称为"广东省南亚热带作物种质资源圃"。

该资源圃位于广东省湛江市麻章区,现建有引种隔离检疫观察室、自动化玻璃温室、资源评价利用实验室、冷藏室、种质资源离体保存室及工具房等，同时建有水肥一体化、田间供电、物联网等田间工程，并配有种质资源评价、创新、科研育种相关仪器设备等。保存有热带、南亚热带作物 17 科 24 属 53 种的各类种质资源近 2 000 份，其中，保存有芒果、澳洲坚果、菠萝、香蕉、荔枝、龙眼、油梨、番荔枝、番石榴、杨桃、毛叶枣、莲雾、黄皮、火龙果、蛋黄果、人心果、黄晶果等热带果树种质资源，创制有荔枝、龙眼、澳洲坚果、菠萝、香蕉等中间育种材料及杂交群体万余份，另外，保存的种质资源还有纤维作物（剑麻）90 份，糖能作物（甘蔗）103 份，马铃薯 237 份，橡胶树 130 份，是我国保存热带、南亚热带作物种质资源种类最丰富、数量最多的机构之一，并在芒果、澳洲坚果、菠萝等热带果树，剑麻、甘蔗等糖能纤维作物，马铃薯等粮食蔬菜作物种质资源的应用与研究上形成了独有特色。

农业种质资源是保障国家粮食安全和农产品供给的战略性资源，是农业科技原始创新与现代种业发展的物质基础。农业种质资源保护单位认定工作是贯彻国务院和农业农村部重大决策部署的一项重要举措，是加强农业种质资源保护与利用工作的基础。此次认定对南亚所进一步规范种质资源管理、推动资源的互利共享和高效利用，加快优良新品种培育进程具有重要意义，也将促进南亚所继续面向国家和地方经济社会发展需求，扎实开展科学研究，切实把论文写在热区大地上，为国家粮食安全和地方经济社会发展作出积极贡献。

（2021 年 11 月 2 日）

湛江日报

南亚所资源圃入选省级农业种质资源保护单位

记者陈荔雅　通讯员黄炳钰　近日，广东省农业农村厅公布了第一批广东省农业种质资源保护单位，南亚所的广东省南亚热带作物种质资源圃赫然在列，成为省内地级市中唯一入选单位。

该资源圃位于麻章区，现建有引种隔离检疫观察室、自动化玻璃温室、资源评价利用实验室、冷藏室、种质资源离体保存室及工具房等，同时建有水肥一体化、田间供电、物联网等田间工程，并配有种质资源评价、创新、科研育种相关仪器设备等。保存有热带、南亚热带作物 17 科 24 属 53 种的各类种质资源近 2 000 份。其中，保存有芒果、澳洲坚果、菠萝、香蕉、荔枝、龙眼、油梨、番荔枝、番石榴、杨桃、毛叶枣、莲雾、黄皮、火龙果、蛋黄果、人心果、黄晶果等热带果树种质资源，创制有荔枝、龙眼、澳洲坚果、菠萝、香蕉等中间育种材料及杂交群体万余份，另外，保存的种质资源还有纤维作物（剑麻）90份、糖能作物（甘蔗）103份、马铃薯237份、橡胶树130份，是我国保存热带、南亚热带作物种质资源种类最丰富、数量最多的机构之一。在芒果、澳洲坚果、菠萝等热带果树，剑麻、甘蔗等糖能纤维作物，马铃薯等粮食蔬菜作物种质资源的应用与研究上，该资源圃都形成了独有特色。

依托于丰富的种质资源，南亚所已成为农业科普教育重要基地，每年都会迎来大量专家学者或自然科学爱好者观摩、研讨、学习。据统计，近年来，湛江市每年约有中小学生1万人次来到资源圃接受科普教育，认识丰富的农业种质资源，学习如何更好地保护生态环境。

据介绍，此次保护单位认定对南亚所进一步规范种质资源管理、推动资源的互利共享与高效利用，以及加快优良新品种培育进程具有重要意义。

（2021年11月3日）

南方+

坐落湛江的种子宝库，保存了2 000份热带作物种质资源

记者林露 通讯员黄炳钰、汪佳维 "植物界的奶酪"油梨、越嚼越香的夏威夷果、将酸味转为甜味的神秘果、"水果中的黄金"黄晶果、别名仙桃的蛋黄果……在湛江，这些奇奇怪怪的水果都能在一个地方找到——那便是坐落于湖光岩附近的中国热带农业科学院南亚热带作物研究所。

南亚所是农业农村部直属单位，是我国最早从事南亚热带作物研究的科研机构之一，主要以菠萝、芒果、澳洲坚果等南亚热带果树，剑麻和甘蔗等热带纤维与糖料作物等南亚热带作物为研究对象，现存有热带作物种质资源2 000份，是名副其实的"种子宝库"。

存库：热带作物种质资源2 000份

20世纪50年代，国家在华南地区等地大力发展橡胶树种植。1954年，为解决粤

西地区橡胶生产发展中出现的问题，徐闻试验站（即南亚所前身）应运而生。

经过20余年的探索，橡胶树在抗寒品种选育方面取得突破，将当时国际上公认南北纬16度区域外的橡胶树种植禁区，向北推至24度。在这一发展过程中，南亚所也逐步启动了对其他南亚热带作物的研究。

1979年，在南亚所等单位的推动下，澳洲坚果首次被引进中国进行引种试种研究。

当年，嫁接技术不成熟，澳洲坚果嫁接成活率只有10%~20%，果树要种植6年才能结果。经过多年的选育，如今澳洲坚果嫁接成活率可达80%~90%，果树3年便可结果。

经过推广，目前云南、广西、贵州等地共种植300多万亩澳洲坚果，我国成为世界上澳洲坚果种植面积最大的国家。

种质资源是培育品种的物质基础。2010年，南亚所建成国家热带果树种质资源圃，日前，该种质资源圃获批第一批广东省农业种质资源保护单位，许多日常生活中不常见的热带水果都能在这里找到。

国家热带果树种质资源圃面积约500亩，现建有引种隔离检疫观察室、自动化玻璃温室、资源评价利用实验室、冷藏室、种质资源离体保存室及工具房等，同时建有水肥一体化、田间供电、物联网等田间工程，并配有种质资源评价、创新、科研育种相关仪器设备等。

目前，种质资源圃保存有热带、南亚热带作物17科24属53种的各类种质资源近2 000份，是我国保存热带、南亚热带作物种质资源种类最丰富、数量最多的机构之一，并在芒果、澳洲坚果、菠萝等热带果树，剑麻、甘蔗等糖能纤维作物，马铃薯等粮食蔬菜作物种质资源的应用与研究上形成了独有特色。

选育：20年磨一剑

"湛江不是真正意义上的热区，有些作物引进来之后只能观赏，要想在这边种植，必须改良。"谈起植物选育，南亚所所长杜丽清说，要根据科研和市场需求进行选育，而每一个品种的选育之路，一般要经过十几年甚至二十几年。

南亚所设有香蕉杂交育种、剑麻、菠萝、澳洲坚果、芒果、荔枝龙眼等研究中心，每一种作物的研究团队约有骨干10人，加上农机、病虫害等专业的专家，共30余人。

据南亚所副所长李普旺介绍，品种选育一般选取父本和母本进行杂交育种或诱变育种，再选出性状好的后代进行区域性试验，最后得到稳定的结果，才能进行品种登记或品种审定，并推广应用。

热带作物市场占比份额小,其育种也非常辛苦,育种人常常要"卖种苗去做育种试验"。育种失败的例子数不胜数,如杜丽清所言,杂交100个果,如果能够有1个成功,就非常了不起。这个过程尽管艰苦,但却总能遇见一些简单的快乐。

杜丽清谈起自己有一次到云南大山里做育种:"那时我们住的地方没有电,睡觉就在大通铺上,每次打电话都要跑到最高的地方。我们一待半个月,正好碰上少数民族过节,他们在地里干完一天活已经很累了,但是夜晚,他们围着篝火跳舞,只有一个口琴伴奏,也可以一直跳到半夜。"每每想起,那个瞬间总是给予杜丽清力量。

多年的研究,让南亚所在南亚热带作物育种方面取得了一次次突破。以芒果为例,南亚所引进收集和选育保存有320余份国内外芒果核心品种,芒果资源数量居世界前列。"去年,我们一共做了18个芒果品种保护。"杜丽清说道,"好品种是有时间性的,随着时间的流逝,品种会退化,所以要继续选育,这是一项没有止境的工作。"

推广:种植收成加工一条龙

每年秋天的四川攀枝花,漫山遍野,芒果飘香。

20多年前,南亚所与攀枝花共同推广种植芒果,一路走来,帮助攀枝花芒果打响了招牌。

"科研技术不能揣在口袋里。"对一个新品种而言,选育只是第一步,之后要走的种植、推广道路还很漫长。

近年来,南亚所在广东、广西、贵州、云南、海南、四川等地开展作物科技服务与推广工作,推动了"四川攀枝花晚熟芒果""广东雷州半岛菠萝"和"云南临沧澳洲坚果"等优势产区的建立和发展。

在湛江,徐闻菠萝种植已有百年历史。针对徐闻菠萝品种退化、品质下降等问题,南亚所很早便组建了菠萝研究团队,并在全世界搜集了130多个品种,研究叶插、催花等相关技术,现已自主研究出10多个菠萝新品种,并在徐闻进行品种试验。

针对菠萝种植过程机械化程度低的问题,南亚所正研制种植机、采收机;在雷州市,南亚所正与地方政府积极对接,希望通过品种改良和技术指导,改善提升覃斗芒果品质,抢占芒果早熟市场;湛江市在遂溪县,南亚所联合广东农垦,选育了适合机械化采收的甘蔗新品种。

此外,南亚所还对菠萝叶、菠萝渣等进行研发,希望将叶片制作成饲料、肥料,进行综合利用;研制澳洲坚果面膜、护肤品等产品,推动植物产品深加工发展。

(2021年12月3日)

湛江新闻网

南亚所菠萝增产节本增效栽培技术应用成果显著

记者陈荔雅　通讯员黄炳钰　为促进菠萝产业提质增效，中国热带农业科学院南亚热带作物研究所（简称南亚所）于2020年承担了国家重点研发计划子任务"菠萝花果精准调控技术示范与推广"，在广东省红星农场建立了菠萝增产节本增效栽培技术示范基地。2022年4月1日，正值清明前后，是菠萝最当季、最香甜的时节，南亚所菠萝研究团队组织专家前往该示范基地进行现场测产测质。

产量质量双提升

来自不同研究领域的5位农业专家，组成了以谢耀坚研究员为组长的测产小组。顶着风雨，踩着泥泞，测产小组在示范区选取5个样点，在对照区选取2个样点进行采样，每个样点采果20个，当场测定单果重，并根据单位面积产量折合成亩产。经现场测定与计算，"菠萝增产节本增效栽培技术示范"通过花果调控等多项技术的综合应用，提高了产量和质量，每亩产量增加1 000多斤[①]。专家组一致认为该任务达到了节本10%、经济效益提高15%以上的目标，建议推广该项技术，以提高菠萝产业经济效益与综合竞争力，推动菠萝产业的高质量发展。

"'台农17号'（金钻凤梨）鲜食品质好，不易黑心，市场认可度高，但存在催花失败、裂果、种植技术要求高等问题，导致很多农户想种而不敢种。"南亚所菠萝研究中心副研究员刘胜辉告诉记者。为破解这一系列难题，研究中心经过多年试验研究，研发出'台农17号'菠萝产期调节、裂果防治及高产栽培技术措施，并于2020年3月在红星农场建立了500亩示范基地，集成示范'台农17号'菠萝产期精准调控技术、菠萝水肥一体化精准施肥技术、菠萝品质调控技术、病虫害综合防控技术等。

集成技术让农户尝到"甜头"

记者了解到，菠萝产期精准调控技术由南亚所研发，可抑制菠萝自然开花率在1%以下，使菠萝人工催花抽蕾率达98%以上，通过促控结合，使菠萝在最佳品质时期上市。该技术的应用使菠萝增加产量20%以上，降低难催花品种催花成本90～190元/亩，减少易催花品种乙烯利使用量90%，减轻了环境污染。该技术成果达国内领先水

---

① 编者注：1斤=0.5千克，全书同。

平，获2015年神农中华农业科技进步奖，为2021年广东省农业主推技术。现已广泛应用于广东、海南、云南等地菠萝产期调节。

水肥一体化技术是一项将肥料溶解于水中，借助首部设备和滴灌管道将肥料和水分一同供应到作物根系的实用技术。国内外研究表明，应用施肥水肥一体化技术能够提高作物产量和品质，增加经济效益。南亚所相关研究表明，相比农户常规施肥，在菠萝上应用水肥一体化技术，植株氮、磷、钾养分吸收量增幅明显，提高了植株养分吸收效率，菠萝增产18.82%～26.57%，商品果率提高9.12%～16.67%，增收46 086～51 294元/公顷。

菠萝果实品质调控技术主要包括牛皮套袋技术及叶面配方施肥技术。套袋技术的使用可100%预防菠萝果实日灼，还可改善外观品质，使菠萝果实着色均匀；叶面施肥补充中微量元素可降低裂果发生率30%左右，并增加果实可溶性固形物含量。品质调控技术的使用可以显著提高菠萝果实品质和商品果率，该技术已申请国家发明专利。

率先应用该项集成技术的农户已尝到"甜头"，红星农场菠萝产业园区经理李敏表示："应用了该项技术后，'金钻凤梨'坐果率达到了98%以上，而且果质非常好，供不应求。当前，普通'巴厘'菠萝地头价约1元/斤，我们的'金钻凤梨'可以卖到3元/斤！"下一步，园区将与南亚所加强合作，逐步推广应用这一种植管理技术。

（2022年4月1日）

湛江日报

为种业"中国芯"注入湛江力量

记者陈荔雅、陈彦　通讯员黄炳钰　徐闻菠萝正"当红"——近期频频登上中央电视台财经频道、中央人民广播电台等央媒，并被写入了广东省第十三次党代会报告。

从"养在深闺人未识"到走向世界的"网红果"，徐闻菠萝经过种业改良、"12221"市场体系推动等实现华丽"逆袭"，成为湛江发挥种业"芯片"强大力量的一个缩影。

农为邦本，本固邦宁。近年来，以中国热带农业科学院南亚热带作物研究所（以下简称南亚所）、广东海洋大学等为代表的科研单位、高等院校持续发力，大力开展农作物种子、种苗的培育及推广等工作，为种业"中国芯"注入了一股强劲的湛江力量。

湛江这座农业大市，正朝着种业强市迈进。

躬耕田间地头，锻造种业"中国芯"

"国以农为本，农以种为先。种子就是农业的'芯片'，唯有种业发展强大了，才不用担心农业被'卡脖子'。"南亚所所长杜丽清告诉记者。

以徐闻菠萝为例，近年来，徐闻积极以"种业改良"为突破点，打好"科技牌"，推广种植了'金菠萝''金钻凤梨'等一批优良品种。当前，传统'巴厘'菠萝市场批发价 1.5 元/斤左右，'金菠萝'达到 4~5 元/斤，而'金钻凤梨'则高达 5~6 元/斤。

2017—2022 年，徐闻菠萝产量从 50 多万吨发展到 70 多万吨，徐闻菠萝单价从田头几角升到最高 3 元，农民人均收入从 1 万多元涨到 2 万多元。据统计，徐闻菠萝今年产收再创历史新高，产值超 25 亿元，农民增收超 2.2 亿元，连续 3 年实现增产增收。种业改良实现了菠萝口感更好、田头产量更丰、农户收入更高。

在南亚所芒果研究中心主任王松标研究员看来，湛江种业研究颇具天然优势，光热资源丰富、土地广阔平整，是果树、蔬菜育种的天然宝地。"湛江虽然存在台风多发、湿度大等问题，但这些'劣势'也可以用于进行抗性研究，培育出优质抗病、丰产稳产的种子。"

品种选育是一项永无止境的工作，需要一代代科技工作者接续开展。据杜丽清介绍，品种是有时间性的，为防止种性退化，争分夺秒育种至关重要。

品种选育一般选取父本和母本进行杂交育种或诱变育种，再选出性状好的后代进行区域性试验，最后得到稳定的结果，才能进行品种登记或者品种审定，并推广应用。"这个过程十分漫长，杂交几万个果，如果能够成功选育出 1 个好品种，就很了不起了，成功选育出一个品种一般要经过十几年。"杜丽清说。

这项需要投入大量精力的研究，是一项代代传承、体现团队协作精神的事业。

60 多年来，经过一代又一代育种人的痴心坚守、苦心钻研，南亚所的研究成果早已从"一粒橡胶种子"发展为"蔬果粮大家庭"——湖光岩周边的红土地上，菠萝、芒果、澳洲坚果、荔枝、龙眼、香蕉等南亚热带水果香飘四野，剑麻和甘蔗等热带纤维与糖能作物竞相生长，玉米、蔬菜和马铃薯等热带粮食与蔬菜作物应有尽有……来自湛江的研究成果也一次次走进田间地头，走上国内外农业研究论坛，引领着南亚热带作物研究一次次再攀高峰。

南亚所的一份份"成绩单"上也记录着育种人在种质资源收集保存与新品种选育、作物栽培、采后贮运保鲜等方面挥洒的汗水：建立了国家热带果树种质资源圃、广东省南亚热带作物种质资源圃、农业农村部菠萝种质资源圃，保存 139 科 1 437 种的各类作物资源 4 000 余份，培育了天然橡胶、剑麻、热带果树，以及适宜机械化收获的甘蔗、早熟且含糖量高的甜玉米、耐热高产的蔬菜与马铃薯等一批南亚热带作物新品种（系）。近几年，南亚所在湛江选育的一批早熟优质荔枝新品种也颇受关注。

成果辐射大江南北，"金种子"振兴乡村

一粒种子可以成就一个产业。

"中国第一甜县"湛江市遂溪县漫山遍野生长着高糖、高产、抗病性强的甘蔗，为这句话作了生动的注脚。遂溪青年杨建伟和陈秋玲夫妇也用亲身经历见证了"一粒种子"撬动乡村振兴的"神奇"。

"以前累死累活也赚不到几个钱。"杨建伟和陈秋玲意识到，问题的根源在于种子。

夫妇俩转变观念，他们主动联系了南亚所的甘蔗育种专家，引进优良的新品种后惊喜地发现，亩均产量由4吨多增长到了6～7吨，由于含糖量高，收购价每吨也比普通品种涨了几十元。"种子就是农业发展的基础。"

尝到甜头后，杨建伟和陈秋玲决定注册公司，与南亚所等科研单位及高校合作，把这个经验推广开来。目前，杨建伟的公司已收集国内外优良品种资源50多个，集中展示品种40个，与南亚所合作开展杂交组合200多个，筛选优良甘蔗品系超过500个，推出甘蔗品种25个以上，创造产值1 000万元以上。

与此同时，他们积极开展甘蔗新品种引进与示范推广，积极发展与甘蔗相关的农产品精深加工和休闲观光农业等特色产业，带领周边乡亲们脱贫致富，夫妇俩已成长为当地甘蔗产业的领头雁。"可以说，'一粒种子'改变了我们的命运。"

良种落地开花，硕果甜在心头。"每次我们推出良种，去讲授种植技术以及病虫害防治知识、机械化应用技术等，农户都会争先过来听课。"南亚所旱作种业与节水研究中心主任苏俊波说，有了优质先行示范，良种颇受农户青睐，"每当听到农户反馈我们的科研成果给他们带来实实在在的好处时，我的心情都特别激动。"

一粒种子可以富裕一方水土，一粒种子更可以改变一个世界。一位又一位科研人员怀揣优质品种，从雷州半岛出发，走向大江南北，足迹遍布海南、云南、广西、四川、重庆、福建、西藏等地。

在重庆，南亚所荔枝龙眼研究中心主任石胜友研究员遇到了一位种龙眼的老汉罗金太。罗老汉原有的龙眼树每年收成寥寥，改良品种、改进技术后，果优、价好、产丰。罗老汉也逐渐成为当地远近闻名的"土专家"，带领家乡广大父老乡亲一起脱贫致富。

龙眼清甜的季节，四川攀枝花的芒果也刚好甜香四溢。

这座曾经水土流失严重、为贫穷所困的城市，如今处处长满了当地农民的"致富树""摇钱树"，成为一座"甜蜜之城"。数十年来，南亚所一批批科技人员奔赴该地，不断引进改良、培育试验推广品种，在当地"种"下了芒果产业蓬勃发展的甜蜜事业。攀枝花芒果种植面积从不到1万亩发展到100多万亩，并形成50多万亩的金沙江干热河谷晚熟芒果优势产业带，使我国芒果鲜果供应期从8月延长到11月。

优良芒果品种变成了当地乡村振兴的"金种子"。如今，在攀西海拔1 600米以下的地区，凡是种了芒果的乡村基本都实现了脱贫致富，家家户户有小洋楼、小轿车。芒果种植成为当地农民收入的重要来源，芒果产业成为攀枝花市农业主导和支撑产业，"攀枝花模式"也逐步被学习推广。

浩荡春风鼓干劲，任重千钧更扬帆

春风浩荡，鼓满风帆。近年来，得益于体制、机制、政策、市场等多重利好叠加，种业研究正逐渐摆脱原有的捆绑和羁绊。

2022年3月1日起实行的新修订的《中华人民共和国种子法》，聚焦于种质资源保护、新品种保护、种子进出口和对外合作等方面，为种子从培育到生产、繁殖、销售、进出口等环节上了一道全链条的法律保障，对做大做强种业、发展现代农林产业、促进乡村振兴具有重要的驱动意义。

湛江市制定了《湛江市良种培育与推广推进农业高质量发展行动方案》，明确了"十四五"期间的良种培育与推广任务，确定了近期和长期目标。

随着一系列政策改革落地见效，种业研发正迎来生机勃勃的春天。但同时，种业研究所面临的资金、种业市场同质化等问题也亟待解决。

如何破解这一系列难题，让种业研究迸发出内生动力，为湛江农业发展、乡村振兴筑基添翼？这是一个值得深思的课题。

湛江现代农业要高质高效发展，就必须加强科技创新、抓好良种研发，保护好利用好特有种质种苗资源，大力推进种源等农业关键核心技术攻关，努力打响特色农业品牌。

在雷州半岛这座种子"宝库"中，目前已有各类农作物种质资源约11 800份，并利用各类种质资源培育了一大批新品种。

湛江市瞄准这一优势，致力于开展良种培育与推广推进农业高质量发展行动，并在长期目标中提出，将着重完成湛江特色热带作物以及水产、畜牧种质资源的收集和鉴定，完善优稀资源保护体系，突破新品种繁育"卡脖子"技术，形成湛江种业创新能力强、新品种储备足、企业竞争力优的局面，完成湛江种业高质量发展目标。

雷州半岛二线南繁基地是湛江市种业的一张名片。当前，湛江市正在高标准规划建设广东省雷州半岛二线南繁基地，以期研究培育一批国内领先的新品种。

今年全国两会期间，全国人大代表宁凌就指出，雷州半岛与海南岛自然条件相近，在农业科技、农业产业基础上相融互补，建议联动建设粤琼热带农业与种业合作基地，推动粤琼两地共同发展生物育种产业，提高生物育种服务与创新能力，为加快与海南相向而行、推动湛江市农业高质量发展作出贡献。

菠萝种业研究成果突出的孙伟生副研究员提出，位于湛江的各建设单位应发挥自身专业特长和雄厚的研究基础，为种业翻身仗出力，为农业现代化建设服务。

"种业翻身仗是一项长期的艰巨任务，而攥好种子，培育出更多的优良品种，让漫山遍野一年四季结满硕果，切实守好人民群众的'米袋子''菜篮子''果盘子'，则是新时代赋予我们的职责与使命。"一顶草帽、一袭布衣、一双泥鞋，在绿浪滚滚的种质研究基地，杜丽清满眼坚定。在他身后，万千个种质编号牌子正迎风飞扬。

（2022年5月26日）

南方日报

出发"练兵"！南亚所12万株甘蔗"希望苗"离湛入桂

记者林露 通讯员黄炳钰 5月28日，南亚所旱作种业与节水研究中心共12.2万株甘蔗杂交实生苗由广东湛江运至广西扶绥县定植。今年底，科技人员将对该批甘蔗苗开展优良甘蔗品系筛选工作。

"我们利用不同的亲本总共配制了136对杂交组合，并用杂交成功的种子培育了超过15万株的实生苗，经过进一步精选的12.2万株，每一株都属于不同的基因型，理论上都有可能选育成一个新的品种。"旱作种业工程研究中心主任苏俊波表示。

这批甘蔗实生苗将运送到广西扶绥县的甘蔗主产区进行种植，让"科研苗"在国内甘蔗主产区上"练兵"。下半年，南亚所科技人员将到田间对这些实生苗进行逐株观察、评价、筛选，目的是筛选出适合广西当地主产区种植的优良新品种，促进甘蔗种业高质量发展。

"这是一项非常耗时耗力并且艰辛的工作，但我们将会坚持下去，今后每一年都将继续培育这么大规模的实生苗群体进行筛选。"苏俊波补充道。

据悉，该研究团队立足湛江，长期开展甘蔗种质资源保存、鉴定、新品种选育和栽培技术研究，以抗旱、高产、高糖、适应机械化栽培等为育种目标，收集保存了国内外主要种质资源340份，育成'热甘'系列甘蔗新品种11个，目前登记品种1件，获得植物新品种权5件，其中'热甘1号'已在湛江蔗区开展大面积推广应用，受到当地蔗农欢迎，具有广阔的应用前景。

（2022年5月31日）

南方日报

南亚所 2 个菠萝新品种通过专家鉴定

记者林露　通讯员黄炳钰　7月23日，广东省农作物品种审定委员会办公室组织专家在湛江对中国热带农业科学院南亚热带作物研究所（以下简称南亚所）新选育的菠萝品种'热农17号'和'热农56号'进行现场鉴定。

专家组由仲恺农业工程学院教授黄建昌、华南农业大学教授何业华、广东海洋大学教授叶春海、茂名市水果科学研究所研究员钟声、广东省农业科学院果树研究所研究员刘传和等果树选育种方面的资深专家组成。专家组实地考察了中国热带农业科学院湛江院区菠萝种植现场，听取了品种选育报告，对有关品种资料进行了审阅，经过现场质询、答辩和充分交流讨论后，一致同意通过'热农17号'和'热农56号'菠萝新品种现场鉴定。

长期以来，南亚所菠萝研究团队积极开展菠萝品种选育技术攻坚，充分利用收集保存的菠萝种质资源材料，有针对性地开展创新攻关。本次鉴定的2个菠萝新品种生长势较强，果眼较浅，丰产性好，品质优良，适宜在广东省菠萝产区种植，推广前景广阔。

（2022年7月25日）

湛江云媒

湛江 2 个菠萝新品种通过专家鉴定

记者陈荔雅　通讯员黄炳钰　近日，记者从中国热带农业科学院南亚热带作物研究所（以下简称南亚所）获悉，在湛江选育的菠萝品种'热农17号'和'热农56号'凭借优良品性通过了专家鉴定。

专家鉴定证明，本次鉴定的2个菠萝新品种生长势较强，果眼较浅，丰产性好，品质优良，适宜在广东省菠萝产区种植，推广前景广阔。通过专家鉴定意味着菠萝育种进入了后期阶段，大概率会产生拥有品种权的新品种菠萝，取得品种权后将可逐步推向市场，而未经审定或审定不合格的品种是不允许推广的。

长期以来，南亚所菠萝研究团队积极开展菠萝品种选育技术攻关，充分利用收集保存的菠萝种质资源材料，有针对性地开展创新攻关，初步形成了我国菠萝产业技术体系，储备了世界主要菠萝优良种质及其高产高效栽培技术，形成了菠萝产业科技创新、成果转化和服务"三农"的创新团队。

（2022 年 7 月 26 日）

湛江日报

2 个菠萝新品种通过专家鉴定

记者陈荔雅　通讯员黄炳钰　近日，记者从中国热带农业科学院南亚热带作物研究所（以下简称南亚所）获悉，在湛江选育的菠萝品种'热农 17 号'和'热农 56 号'凭借优良品性通过了专家鉴定。

专家鉴定证明，本次鉴定的 2 个菠萝新品种生长势较强，果眼较浅，丰产性好，品质优良，适宜在广东省菠萝产区种植，推广前景广阔。通过专家鉴定意味着菠萝育种进入了后期阶段，大概率会产生拥有品种权的新品种菠萝，取得品种权后将可逐步推向市场，而未经审定或审定不合格的品种是不允许推广的。

长期以来，南亚所菠萝研究团队积极开展菠萝品种选育技术攻关，充分利用收集保存的菠萝种质资源材料，有针对性地开展创新攻关，初步形成了我国菠萝产业技术体系，储备了世界主要菠萝优良种质及其高产高效栽培技术，创建了菠萝产业科技创新、成果转化和服务"三农"的创新团队。

（2022 年 7 月 26 日）

湛江新闻网

南亚所芒果育种工作登上央视财经频道

记者陈荔雅　通讯员黄炳钰　7月28日，中央电视台财经频道"经济半小时"栏目播放了"'小芒果'挑起致富'大梁'"节目，其中介绍了中国热科院南亚所深耕金沙江干热河谷芒果育种工作。

节目讲述了四川攀枝花和广西百色等地芒果产业带由小到大，由弱到强，不断促进农民增收致富的过程。节目展示了中国热科院在攀枝花建立的专家工作站，还介绍了中国热科院南亚所与地方企业建立起芒果种质资源圃、系统挖掘收集保存芒果种质资源、开展芒果种质创新、选育芒果新品种等工作。

中国热科院南亚所姚全胜副研究员在节目中介绍了团队在攀枝花芒果育种的成果，其中8个芒果新品种已获得植物新品种权。据了解，该批新授权的芒果新品种是中国热科院南亚所研究团队成员经过17年的反复观察、试验，以杂交授粉等方式获取的1 000余个株系中培育并精选出的。在新品种培育中，研究团队针对目前芒果主栽品种存在的缺点与不足进行相应改良，取芒果父本、母本不同优点相结合，解决了芒果主栽品种单一、早中晚熟品种搭配不够合理、抗病能力不足等问题。

如今，攀枝花、百色等地区的芒果产业已"硕果累累"，但南亚所科研人员仍坚守农业生产一线，不懈创新，以实际行动践行着服务"三农"的使命担当，不断构建芒果优势产业支撑技术体系，在"攀枝花模式"带动下，让更多好品种、好技术惠及果农，助力乡村振兴。

（2022年7月29日）

南方日报

15年磨一剑！湛江菠萝育种再获突破

记者林露、许嘉欣　通讯员黄炳钰　"这些都是10年后的品种了。"望着眼前插满株系牌子的菠萝地，孙伟生脱口而出。一句话云淡风轻，却道出了育种道路之艰辛。

孙伟生是中国热带农业科学院南亚热带作物研究所（以下简称南亚所）菠萝研究中心副研究员，从事菠萝育种工作已有十几个年头。近日，由他主导选育的菠萝品种'热农17号'和'热农56号'，通过了广东省农作物品种审定委员会办公室专家组的现场鉴定。这意味着只要再通过会议审定，将有两个菠萝新品种正式诞生。

三次试验确定优良株系

种子是农业的"芯片"，2021年7月，农业农村部全面启动种业振兴五大行动；2022年3月，《中华人民共和国种子法》生效，将植物新品种知识产权保护从行政法规上升到法律层次。

种业的重要性不言而喻，而新品种的选育又依赖于种质资源。在2022年的徐闻菠萝对接RCEP（区域全面经济伙伴关系协定）出口新加坡发车仪式上，南亚所所长杜丽清介绍，在菠萝选育种方面，南亚所收集了国内外130余份菠萝种质资源，种质资源保存数量位居亚洲第一。

"菠萝属于无性繁殖的热带作物，其种质资源的保存以种植保存为主。"孙伟生介绍。早在2010年，南亚所便建成国家热带果树种质资源圃，目前保存有芒果、澳洲坚果、菠萝、香蕉等种质资源4 000余份。

不同于水稻、玉米等需要在海南进行加代繁育，菠萝的一个生长周期需要一年半到两年，不可能在一年内加代繁殖，因此，菠萝新品种的选育直接在湛江完成。从2007年开始，孙伟生便专攻菠萝育种。菠萝杂交育种，关键的第一步在于配组，只有配到好的亲本组合，才有可能出现好的杂交后代。

"菠萝的生育期约一年半，第一年秋季种植亲本，第三年授粉、采果、取种、育苗，第四年小苗下地，第六年挂果后才能进行优良单株筛选，之后优株扩繁成株系，进行株系品比试验，第八年株系结果，再继续下一步工作。"

孙伟生掰着手指头数了起来，菠萝育种要经过优良单株筛选、株系品比试验、株系大田生产试验，只有三次试验都取得理想效果后，才能认为该株系有可能成为优良新品种，进行新品种申报，过程中又会受到环境、气候等因素影响。

"地里的每一个牌子代表一个株系，每一个株系都有可能发展为新的优良品种。"孙伟生说，南亚所菠萝育种基地里，共有100多个株系正在茁壮成长，'热农17号'和'热农56号'便是其中的优良株系，其育种之路相对顺利，但仍花了15年。

针对性育种改良品质

通俗来说，相比亲本或主栽品种，新品种的诞生，需要至少在产量或品质中的某一方面有所突破。孙伟生表示："'热农56号'和'热农17号'都是针对性育种，我们清楚亲本的优缺点，保留双方优点，改良缺点，对品种进行改良。"

'巴厘'是'热农 56 号'和'热农 17 号'共同的父本，不同的是，'热农 56 号'以'台农 4 号'为母本，'热农 17 号'以'台农 17 号'为母本。

'巴厘'是湛江传统菠萝品种，口感欠佳；'台农 4 号'拥有较长果颈，果眼深，市场上认为其可食用率低；'台农 17 号'果实美观、口感上乘，然而对种植技术要求高，果农常遇到催花不成功、出花率出果率低、裂果裂柄等问题，遇上高温暴雨天气，还会出现"水菠萝"。

针对这些问题，南亚所菠萝研究团队着手进行研究试验，2012 年，菠萝杂交后

'热农 17 号'（受访者供图）

代陆续结果，此后的漫长岁月里，他们从杂交后代中优选单株培育，进行多年多点试验试种，成就了'热农 56 号'和'热农 17 号'。经过湛江徐闻、深圳、南亚所三地的大田生产试验，果子遗传性状表现稳定。

"'热农 56 号'克服了'台农 4 号'果实外观存在明显的果颈缺陷，今年'热农 56 号'菠萝果实收获得多，菠萝研究中心同事在朋友圈尝试销售，结果一炮打响，绝大多数吃过该品种的人，都说从来没吃过这么好吃的菠萝，香甜多汁，唇齿留香。"孙伟生打趣道，吃过以后不光嘴里甜，说话都甜。

'热农 56 号'的专家鉴定意见这样写道："该株系植株生长势较强，平均单果重 1.30 千克，果实圆柱形，果眼较浅，小果数 120～140 个，果肉黄色，肉质香甜、脆爽，可溶性固形物含量 21.9%。"

其中，可溶性固形物主要指可溶性糖类。孙伟生解释，普通西瓜可溶性固形物含量在 10%～12%，'巴厘'在 14%～16%，"舌头可以分辨 1% 的固形物含量差，'热农 56 号'和普通菠萝的区别，夸张来说，大概就像一杯水加一勺糖，另外一杯水加了两勺的糖。"

外观、口感、抗病性等综合品质的提升，让南亚所有底气将'热农 56 号'和'热农 17 号'拿出来"亮剑"。2021 年，由孙伟生培育的'热农 8 号'也通过了新品种专家鉴定。15 年选育出 3 个品种，对育种人而言，这是非常值得骄傲的成果。

（2022 年 8 月 17 日）

湛江发布

湛江这个种质资源圃，拟入选国家级名单！

记者林露　通讯员黄炳钰　8月10日，农业农村部种业管理司发布《关于第一批拟确定国家级农作物、农业微生物种质资源库的公示》，拟确定第一批国家级农作物种质资源库（圃）72个、国家级农业微生物种质资源库19个。

名单中有1个农作物种质资源库（圃）来自湛江。

国家热带果树种质资源圃建成于2010年，是广东省农业种质资源保护单位，现建有引种隔离检疫观察室、自动化玻璃温室、资源评价利用实验室、冷藏室、种质资源离体保存室及工具房等，同时，建有水肥一体化、田间供电、物联网等田间工程，并配有种质资源评价、创新、科研育种相关仪器设备等。

目前，该种质资源圃是我国保存热带、南亚热带作物种质资源种类最丰富、数量最多的机构之一，并在芒果、澳洲坚果、菠萝等热带果树，剑麻、甘蔗等糖能纤维作物，马铃薯等粮食蔬菜作物种质资源的应用与研究方面形成了独有特色。

目前，第一批拟确定的国家级农作物、农业微生物种质资源库正处于公示期，公示时间为2022年8月10—16日。公示期内，如有异议，可以书面材料向有关部门反映。

（2022年8月14日）

光明网

"芒果家族"又添新成员！9个芒果品种面世

记者武玥彤　通讯员黄炳钰　近日，农业农村部发布公告，中国热带农业科学院南亚热带作物研究所（简称南亚所）获批9个芒果植物新品种保护权。

据了解，该批品种是'热农15号''热农17号''热农18号''热农20号''热农25号''热农26号''锐华6号''锐华7号''锐华8号'，加上今年5月10日获批的8个芒果植物新品种保护权，南亚所今年共获批17个芒果植物新品种保护权。

据南亚所姚全胜副研究员介绍，该批品种是团队前后经过18年的杂交授粉、实生培育、异地高接、表型观察、反复筛选，从1 000余个杂交株系中优选的芒果新品种。

多年来，南亚所芒果育种团队奔走于国内芒果主产区，聚焦芒果产业发展种业"卡脖子"问题，在新品种培育中，研究团队针对我国芒果主栽品种存在的缺点与不足进行针对性改良，按照性状优势互补原则配置亲本，从杂交后代群体中筛选具备双亲优点的株系进行培育，致力于选育出我国具有完全自主知识产权的芒果主栽品种。下一步，团队将根据该批品种相应特征特性开展区域性试验，逐步推广应用。

（2022年8月26日）

光明网

高产稳产、早熟高糖！甘蔗新品种+1

记者武玥彤　通讯员黄炳钰　近日，农业农村部发布公告，中国热带农业科学院南亚热带作物研究所（简称南亚所）甘蔗团队选育的'热甘14291'甘蔗新品种位列其中，这是南亚所获授权的第六个甘蔗品种权。

该甘蔗团队介绍，'热甘14291'甘蔗新品种具有高产稳产、早熟高糖、适宜机械化等特性，生产上表现为萌芽率好、分蘖力强、脱叶性好，中至中大茎，抗花叶病、梢腐病，弱感黑穗病。经过多年观察，新植蔗平均产量为6.72吨/亩，第一年宿根产量为7.14吨/亩，第二年宿根产量为6.65吨/亩，分别比对照'ROC22'增产7.63%、18.52%、16.38%；全期平均糖分为15.42%，比对照'ROC22'的15.13%增加0.29个百分点。

多年来，南亚所甘蔗团队坚持以甘蔗主产区需求为导向，聚焦食糖作物国家战略物资这一"国之大者"，并致力于解决糖料蔗产业当中的种业"卡脖子"问题，育出了一批高产、高糖、广适的甘蔗新品种，并逐步在主产区推广应用。下一步，该研究团队将对该品种在主产区进行"一新二宿"区域性试验，争取获得登记并进行大面积推广应用。

（2022年8月26日）

南方日报

南亚所甘蔗新品种，+1！

记者林露　通讯员黄炳钰　8月24日，农业农村部公告第587号显示，授予61个植物属种970个品种植物新品种权，由南亚所甘蔗团队选育的'热甘14291'甘蔗新品种位列其中。据悉，这是南亚所获授权的第六个甘蔗新品种。

据南亚所甘蔗团队介绍，'热甘14291'甘蔗新品种具有高产稳产、早熟高糖、适宜机械化等特性，生产上表现为萌芽率好、分蘖力强、脱叶性好，中至中大茎，抗花叶病、梢腐病，弱感黑穗病。经过多年观察，新植蔗平均产量为6.72吨/亩，第一年宿根产量为7.14吨/亩，第二年宿根产量为6.65吨/亩，分别比对照'ROC22'增产7.63%、18.52%、16.38%；全期平均糖分为15.42%，比对照'ROC22'的15.13%增加0.29个百分点。

多年来，南亚所甘蔗团队坚持以甘蔗主产区需求为导向，聚焦食糖作物，育出了一批高产、高糖、广适的甘蔗新品种，并逐步在主产区推广应用。下一步，该研究团队对该品种在主产区进行"一新二宿"区域性试验，争取获得登记并进行大面积推广应用。

（2022年8月25日）

湛江新闻网

南亚所9个芒果品种、1个甘蔗品种获保护权

记者陈荔雅　通讯员黄炳钰　喜讯！近日，农业农村部发布第587号公告，中国热带农业科学院南亚热带作物研究所（简称南亚所）相关研究团队选育的9个芒果品种和1个甘蔗品种成功获得新品种保护权，这意味着这些优质品种可以逐步推广试种，民众的"果盘子"有望再添新成员。

多年来，南亚所芒果育种团队奔走于国内芒果主产区，聚焦解决芒果产业发展

种业"卡脖子"问题。此次获得保护权的新品种为'热农 15 号''热农 17 号''热农 18 号''热农 20 号''热农 25 号''热农 26 号''锐华 6 号''锐华 7 号''锐华 8 号',加上今年 5 月 10 日获批的 8 个芒果植物新品种保护权,南亚所今年已获批 17 个芒果植物新品种保护权。南亚所姚全胜副研究员介绍,该批品种是团队前后经过 18 年的杂交授粉、实生培育、异地高接、表型观察、反复筛选,从 1 000 余个杂交株系中优选的芒果新品种。

"具有高产稳产、早熟高糖、适宜机械化等特性,生产上表现为萌芽率好、分蘖力强、脱叶性好,中至中大茎,抗花叶病、梢腐病,弱感黑穗病。"南亚所苏俊波副研究员介绍,获得保护权的甘蔗新品种'热甘 14291'特性优良,经过多年观察,该品种新植蔗平均产量为 6.72 吨 / 亩,第一年宿根产量为 7.14 吨 / 亩,第二年宿根产量为 6.65 吨 / 亩,全期平均糖分为 15.42%。

'热甘 14291'是南亚所获授权的第六个甘蔗品种权。近年来,该甘蔗团队陆续培育出了一批高产、高糖、广适的甘蔗新品种,并逐步在主产区推广应用,促进了当地农业产业高质量发展。

下一步,研究团队将对这批植物品种在主产区进行区域性试验,争取获得登记并进行大面积推广应用,让其成为乡村振兴的"甜蜜果""致富果"。

(2022 年 8 月 26 日)

南方日报

南亚所 9 个芒果品种正式加入芒果"家族"

记者林露　通讯员黄炳钰　据近日发布的中华人民共和国农业农村部第 587 号公告,中国热带农业科学院南亚热带作物研究所(以下简称南亚所)获批 9 个芒果植物新品种保护权。

该批品种是'热农 15 号''热农 17 号''热农 18 号''热农 20 号''热农 25 号''热农 26 号''锐华 6 号''锐华 7 号''锐华 8 号',加上今年 5 月获批的 8 个芒果植物新品种保护权,南亚所今年共获批 17 个芒果植物新品种保护权。

据南亚所副研究员姚全胜介绍,该批芒果新品种的诞生历经 18 年,通过杂交授粉、实生培育、异地高接、表型观察、反复筛选的方式,从 1 000 余个杂交株系中优选得来。

多年来，南亚所芒果育种团队聚焦芒果产业发展种业"卡脖子"问题，在新品种培育中，研究团队针对我国芒果主栽品种存在的缺点与不足进行针对性改良，按照性状优势互补原则配置亲本，从杂交后代群体中筛选具备双亲优点的株系进行培育，致力于选育出我国具有完全自主知识产权的芒果主栽品种。下一步，团队将根据该批品种相应特征特性开展区域性试验，逐步推广应用。

（2022年8月26日）

湛江"果盘子"有望再添新成员

记者陈荔雅　通讯员黄炳钰　喜讯！近日，农业农村部发布第587号公告，中国热带农业科学院南亚热带作物研究所（简称南亚所）相关研究团队选育的9个芒果品种和1个甘蔗品种成功获得新品种保护权，这意味着这些优质品种可以逐步推广试种，民众的"果盘子"有望再添新成员。

多年来，南亚所芒果育种团队奔走于国内芒果主产区，聚焦解决芒果产业发展种业"卡脖子"问题。此次获得保护权的新品种为'热农15号''热农17号''热农18号''热农20号''热农25号''热农26号''锐华6号''锐华7号''锐华8号'，加上今年5月10日获批的8个芒果植物新品种保护权，南亚所今年已获批17个芒果植物新品种保护权。南亚所姚全胜副研究员介绍，该批品种是团队前后经过18年的杂交授粉、实生培育、异地高接、表型观察、反复筛选，从1000余个杂交株系中优选的芒果新品种。

"具有高产稳产、早熟高糖、适宜机械化等特性，生产上表现为萌芽率好、分蘖力强、脱叶性好，中至中大茎，抗花叶病、梢腐病、弱感黑穗病。"南亚所苏俊波副研究员介绍，获得保护权的甘蔗新品种'热甘14291'特性优良，经过多年观察，该品种新植蔗平均产量为6.72吨/亩，第一年宿根产量为7.14吨/亩，第二年宿根产量为6.65吨/亩，全期平均糖分为15.42%。

下一步，研究团队将对这批植物品种在主产区进行区域性试验，争取获得登记并进行大面积推广应用，让其成为乡村振兴的"甜蜜果""致富果"。

（2022年8月27日）

海南日报

中国热科院在神秘果酚类成分鉴定与功能活性研究方面取得新进展

记者傅人意　通讯员涂行浩　海南日报记者8月27日从中国热带农业科学院获悉，该院南亚所休闲农业研究团队在神秘果酚类成分鉴定与功能活性研究方面取得新进展，首次利用液质联用技术(LC-MS)鉴定了神秘果叶中的主要酚类物质，尤其是槲皮素和杨梅素衍生物，并进一步研究了神秘果叶提取物对斑马鱼血管生成的抑制活性，证实了该提取物抑制癌症发展的潜力，通过代谢组学分析确定了新的潜在乳腺癌血清生物标志物。该研究结果表明神秘果叶提取物具有开发成为抗乳腺癌药物的潜力。

神秘果为神秘果属植物，因其富含神秘果素，可将酸味物质转化为甜味感受而闻名。神秘果中除蛋白质、脂质、纤维、碳水化合物、维生素等营养成分外，还含有生物碱、皂苷、黄酮、多酚、强心苷、蒽醌等多种化学成分。已有研究表明这些酚类抗氧化剂通过抑制慢性疾病（如心血管疾病、肥胖症和糖尿病）而有益健康。天然产物是抗癌药物和新药先导化合物的重要来源，但由于药物诱导的毒性和耐药性，其治疗效果受到限制，因此，迫切需要发现和开发新的癌症治疗药物。癌细胞增殖主要依靠周围血管获取氧气和营养物质，肿瘤转移离不开血管生成，然而，关于阐明神秘果提取物在体内的抗血管生成和抗癌活性的报道有限。本研究利用液质联用技术(LC-MS)鉴定神秘果叶中的主要酚类物质，在此基础上，利用具有荧光血管的转基因斑马鱼胚胎评估了神秘果叶对血管生成的抑制能力。此外，还建立了MCF-7异种移植瘤小鼠模型，以识别潜在的乳腺癌血清生物标志物，并通过代谢组学方法探索神秘果叶提取物的抗癌机制。

该研究主要在农业农村部热带果树生物学重点实验室完成，得到了中央级公益性科研院所基本业务费、海南省自然科学基金、广东省现代农业产业体系优稀水果创新团队等科研项目的资助。

（2022年8月27日）

光明网

神秘果不再"神秘"！科学家从中发掘抗癌物质

记者武玥彤、张蕃　通讯员黄炳钰　中国热科院南亚所休闲农业研究团队在神秘果酚类成分鉴定与功能活性研究方面取得新进展，首次利用液质联用技术(LC-MS)鉴定了神秘果叶中的主要酚类物质，尤其是槲皮素和杨梅素衍生物，并进一步研究了神秘果叶提取物对斑马鱼血管生成的抑制活性，证实了该提取物抑制癌症发展的潜力，通过代谢组学分析确定了新的潜在乳腺癌血清生物标志物。该研究结果表明神秘果叶提取物具有开发成为抗乳腺癌药物的潜力。

神秘果（*Synsepalum dulcificum*）属于神秘果属，因其富含神秘果素，可将酸味物质转化为甜味感受而闻名。神秘果中除蛋白质、脂质、纤维、碳水化合物、维生素等营养成分外，还含有生物碱、皂苷、黄酮、多酚、强心苷、蒽醌等多种化学成分。已有研究表明这些酚类抗氧化剂通过抑制慢性疾病（如心血管疾病、肥胖症和糖尿病）而有益健康。天然产物是抗癌药物和新药先导化合物的重要来源，但由于药物诱导的毒性和耐药性，其治疗效果受到限制，因此，迫切需要发现和开发新的癌症治疗药物。癌细胞增殖主要依靠周围血管获取氧气和营养物质，肿瘤转移离不开血管生成，然而，关于阐明神秘果提取物在体内的抗血管生成和抗癌活性的报道有限。本研究利用液质联用技术(LC-MS)鉴定神秘果叶中的主要酚类物质，在此基础上，利用具有荧光血管的转基因斑马鱼胚胎评估了神秘果叶对血管生成的抑制能力。此外，还建立了MCF-7异种移植瘤小鼠模型，以识别潜在的乳腺癌血清生物标志物，并通过代谢组学方法探索神秘果叶提取物的抗癌机制。

据了解，相关研究结果以《Identification of phenolics from miracle berry (*Synsepalum dulcificum*) leaf extract and its antiangiogenesis and anticancer activities》为题发表在国际学术期刊《*Frontiers in Nutrition*》（中国科学院农林科学一区 Top 期刊）。中国热科院南亚所马飞跃助理研究员为第一作者，张秀梅研究员和杜丽清研究员为该论文共同通信作者。该研究主要在农业农村部热带果树生物学重点实验室完成，得到了中央级公益性科研院所基本业务费、海南省自然科学基金、广东省现代农业产业体系优稀水果创新团队等科研项目的资助。

（2022年8月26日）

学习强国

湛江：9个芒果新品种面世

记者武玥彤　通讯员黄炳钰　8月18日，农业农村部发布公告，位于湛江市的中国热带农业科学院南亚热带作物研究所（简称中国热科院南亚所）获批9个芒果植物新品种保护权。

据了解，该批品种是'热农15号''热农17号''热农18号''热农20号''热农25号''热农26号''锐华6号''锐华7号''锐华8号'，加上2022年5月10日获批的8个芒果植物新品种保护权，中国热科院南亚所今年共获批17个芒果植物新品种保护权。

据中国热科院南亚所副研究员姚全胜介绍，该批品种是中国热科院南亚所的芒果育种团队经过18年的努力，通过杂交授粉、实生培育、异地高接、表型观察、反复筛选等，从1 000余个杂交株系中优选而出。

多年来，中国热科院南亚所芒果育种团队奔走于国内芒果主产区，聚焦芒果产业发展种业"卡脖子"问题，在新品种培育中，研究团队针对我国芒果主栽品种存在的不足进行针对性改良，按照性状优势互补原则配置亲本，从杂交后代群体中筛选具备双亲优点的株系进行培育，致力于选育出我国具有完全自主知识产权的芒果栽培品种。

下一步，中国热科院南亚所芒果育种团队将根据该批品种相应特征特性开展区域性试验，并逐步推广应用。

（2022年8月26日）

光明网

湛江：9个芒果新品种面世

记者武玥彤　通讯员黄炳钰　8月18日，农业农村部发布公告，位于湛江市的中国热带农业科学院南亚热带作物研究所（简称中国热科院南亚所）获批9个芒果植物新品种保护权。

据了解，该批品种分别是'热农15号''热农17号''热农18号''热农20号''热农25号''热农26号''锐华6号''锐华7号''锐华8号'，加上2022年5月10日获批的8个芒果植物新品种保护权，中国热科院南亚所今年共获批17个芒果植物新品种保护权。

据中国热科院南亚所副研究员姚全胜介绍，该批品种是中国热科院南亚所的芒果育种团队经过18年的努力，通过杂交授粉、实生培育、异地高接、表型观察、反复筛选等，从1 000余个杂交株系中优选而出。

多年来，中国热科院南亚所芒果育种团队奔走于国内芒果主产区，聚焦芒果产业发展种业"卡脖子"问题，在新品种培育中，研究团队针对我国芒果主栽品种存在的不足进行针对性改良，按照性状优势互补原则配置亲本，从杂交后代群体中筛选具备双亲优点的株系进行培育，致力于选育出我国具有完全自主知识产权的芒果栽培品种。

下一步，中国热科院南亚所芒果育种团队将根据该批品种相应特征特性开展区域性试验，并逐步推广应用。

（2022年8月26日）

海南日报

中国热科院在芒果抗菌涂膜保鲜新材料领域有新进展

记者傅人意　通讯员王超　芒果是一种重要的热带和亚热带水果，海南全省芒果种植面积达80多万亩。然而，芒果往往成熟于高温高湿季节，存在保鲜周期短等难题。近日，中国热带农业科学院南亚所在芒果抗菌涂膜保鲜新材料创制方面取得新进展，有望让芒果更鲜更甜。

鉴于冷藏、化学保鲜剂等传统保鲜手段的局限性，中国热带农业科学院南亚所研究团队基于前期的研究基础，在分析了芒果腐烂的成因后，从材料的抗菌作用机制入手，将具有广谱抗菌活性的小分子季鏻盐（QP）和植物源水杨酸（SA）接枝到具有良好生物相容性、可降解性和成膜性的壳聚糖分子（CS）骨架上，合成了一种具有协同抗菌作用的双改性壳聚糖基抗菌涂膜材料（CS-QP-SA），显著提高了壳聚糖材料的抗菌性和水溶性。

研究结果表明，经过 CS-QP-SA 涂膜保鲜材料处理的芒果贮藏 20 天后，腐烂率降低了 38%，维生素 C 平均含量减少了 67% 的消耗，有效降低了果实腐烂率，保证了芒果品质，实现了安全高效的保鲜作用效果。

"该研究对芒果采后贮藏、运输、售卖等过程中实现绿色、长效和安全保鲜效果具有重要理论指导意义，也为新型保鲜材料的开发与应用提供了理论基础和技术支撑。"中国热带农业科学院南亚所相关负责人介绍。

（2022 年 11 月 8 日）

光明网

菠萝也"黑心"？我国科学家找到菠萝黑心病发生的可能机制

记者武玥彤　通讯员黄炳钰　近日，中国热带农业科学院南亚热带作物研究所园艺产品保鲜与加工研究室在采后菠萝黑心病的发生机制领域取得新进展。该研究从采后菠萝果实细胞膜的重要组分磷脂类物质的代谢、磷脂类物质代谢相关的基因表达及酶含量变化模式、磷脂酶相关的产物等方面，系统解析了菠萝果实黑心病发生的可能机制。

采后菠萝果实易发黑心病，为一种生理性病害，由于该病的生理机制尚不清楚，所以目前国内外尚未有一种方法完全控制黑心病发生。过去 20 多年里，在采后菠萝黑心病的实用处理技术领域取得了很大的进步，而对其机理认识的不足，制约了对黑心病问题的根本解决。南亚所采后保鲜团队长期从事菠萝黑心病研究。研究结果表明，采后菠萝果实细胞膜的重要组分磷脂类物质包括磷脂酰胆碱（PC）、磷脂酰乙醇胺（PE）、磷脂酰肌醇（PI）、磷脂酰丝氨酸（PS）和磷脂酰甘油（PG）和磷脂酸（PA）等，从其代谢入手，分析了 79 种磷脂类物质在采后低温贮藏过程中的含量变化模式，认为 PC 和 PE 为菠萝主要的磷脂类物质，采后低温延缓了其降解，同时也降低了 PA 含量。另外，对果实内饱和脂肪酸与不饱和脂肪酸含量变化进行了比对分析。综合分析认为，减轻采后菠萝果实黑心病可能通过延缓磷脂类物质降解、降低磷脂酸含量和降低膜脂氧化率实现。

（2022 年 11 月 9 日）

"膜"力十足：南亚所在绿色高分子涂膜保鲜材料研究领域取得新进展

记者谢芸　通讯员黄炳钰　近日，南亚所旱作新材料研究室在国际顶级期刊《Carbohydrate Polymers》（中国科学院JCR一区，2022年影响因子10.723）上发表了题为《Amphiphilic chitosan/carboxymethyl gellan gum composite films enriched with mustard essential oil for mango preservation》的研究论文。该研究通过对壳聚糖、结冷胶进行改性，构建了两亲性壳聚糖/羧甲基结冷胶/芥末精油复合材料，研究了复合材料的阻隔性能、力学性能及抗菌性能等，同时将该复合材料涂膜液应用于芒果保鲜，解决了单一壳聚糖高分子涂膜保鲜材料膜力学性能差、抗菌性能不足的问题。研究结果表明，经过两亲性壳聚糖/羧甲基结冷胶复合材料涂膜处理可以延长芒果呼吸高峰期，同时水果货架期可以延长10天，另外，研究发现添加了芥末精油的两亲性壳聚糖/羧甲基结冷胶复合材料可以延缓果实腐败、衰老，阻止果实营养成分发生剧烈变化。

绿色高效的涂膜材料是开发涂膜保鲜剂的关键。壳聚糖是自然界存量最丰富的多糖之一，具有良好的生物相容性、可降解性、成膜性、阻隔性及抗菌性，被认为是可食性涂膜保鲜的理想材料之一。但壳聚糖膜存在着成膜后机械性能差、抑菌性能不足等问题。结冷胶是一种天然微生物多糖，具有高透明、耐酸、强稳定性、强凝胶性、强风味释放性、耐高温等性能，已广泛用于食品、日用品、药品等领域，结冷胶的引入能有效提高壳聚糖成膜后的机械性能。植物精油是一类植物源次生代谢产物，具有广谱、高效的抗菌活性，是公认的无公害天然防腐保鲜剂，不仅可以有效地提高涂膜材料的防腐抑菌效果，而且能改善涂膜的力学性能，产生协同增效作用。该研究将壳聚糖羧甲基改性后接入胆酸基团形成两亲性壳聚糖衍生物（CMCS-g-CA），使其具有良好的水溶性，并与疏水性材料有更好的相容性，然后与水溶性的羧甲基结冷胶（CMGG）进行复合，构建高分子涂膜保鲜材料。在这项工作中，为了获得具有最佳机械和阻隔性能的复合膜，通过对复合膜的透水透气性能以及力学性能进行表征，确定了CMCS-g-CA/CMGG的合适质量比为5/2。同时，添加了芥末精油（MEO）的CMCS-g-CA/CMGG/MEO复合膜对大肠杆菌、金黄色葡萄球菌和炭疽杆菌具有良好的抗性，并且抗菌活性随着MEO用量的增加而逐渐增强。与未涂膜芒果样品相比，在室温下，用CMCS-g-CA/CMGG/MEO涂膜的芒果货架期延长了10天。这项研究表明，壳聚糖/结冷胶/植物精油复合材料可应用于开发具有高抗菌活性的食品保鲜包装材料，为绿色多功能水果保鲜材料的开发提供新的策略。

（2022 年 11 月 9 日）

光明网

如何锁住槲皮素的"芯"？纳米缓控释药物载体材料领域取得新进展

记者姜楠　通讯员黄炳钰　近日，中国热带农业科学院南亚热带作物研究所旱作新材料研究室在纳米缓控释药物载体新材料领域取得新进展。该研究从两亲性纳米胶束壁材的合成、载药纳米胶束的制备及其结构性能表征、载药纳米胶束的抗炎和抗氧化作用等方面，系统解释了载药纳米胶束对提高疏水性药物稳定性和细胞摄取效率的关键作用机制。

大分子药物的理化稳定性和生理活性与其分子结构息息相关，但是其特定的分子结构导致其水溶性大幅度下降，严重影响其在医药、化妆品或功能性食品等领域的应用。以槲皮素（QCT）为例，它是人类日常饮食中最重要的黄酮类化合物之一，但是QCT具有多个活性羟基的二维分子结构，使得其水溶性差，因此限制了QCT的广泛应用。高分子聚合物药物胶束载体的稳定性好、载药能力强、粒径小，能在提高药物水溶性的同时保持其生理活性，是一类很有潜力的药物传输系统。在团队前期的研究基础上，该研究利用化学偶联法将巯基小分子 L- 半胱氨酸和疏水链十八胺接枝到羧甲基葡聚糖侧链上，合成了具有两亲性的双接枝葡聚糖衍生物，接着以改性葡聚糖作为壁材，以槲皮素为芯材，采用超声自组装的方法制备了槲皮素载药纳米胶束（QNMs），在保持槲皮素生理活性的同时显著提高了其水溶性、光稳定性和细胞摄取效率。研究结果表明，QNMs 在模拟胃液和模拟肠液中均能缓慢释放，体外缓释机理符合 non-Fickian 模式。相比 QCT 原药，纳米包埋使 QCT 的光稳定性提高了 58.13%，使其具有更好的 PTIO·、·OH 和 $·O_2^-$ 自由基清除能力，更能有效下调促炎因子和上调抗炎因子的表达。其中，经巯基化改性后的壁材对提高 QNMs 的细胞摄取效率起到重要作用。本研究对疏水性药物新剂型的研发具有重要的理论指导意义，为纳米医药、纳米农药、纳米兽药、纳米保鲜剂和纳米化妆品等的产品的开发提供了技术支撑。

（2022 年 11 月 10 日）

南亚所再添 8 个香蕉新品种

记者林露　通讯员黄炳钰　3月7日，农业农村部发布第655号公告，公布了2023年第一批授予植物新品种权的名单，中国热带农业科学院南亚热带作物研究所香蕉团队的8个香蕉新品种获授权。

南角7号　　东莞中把大蕉（母体）

国家香蕉产业技术体系首席专家谢江辉研究员介绍，此次中国热科院获批的香蕉新品种均为人工杂交获得，具有抗病性强、品质优等特点。该批品种由中国热科院南亚所香蕉团队经过10多年的努力，攻克香蕉杂交育种技术各环节难点，构建出杂交育种体系选育而成。本次获批的香蕉品种为'南角'系列，与母本相比，杂交新品系果实不仅提升了甜度，改善了口感，还遗传了母本的抗病性。下一步，香蕉团队将根据该批品种的相应特征开展区域性试验，并逐步推广应用。

（2023年3月7日）

光明科普云

香蕉家族+8！南亚所8个香蕉新品种保护权获批

记者武玥彤　通讯员黄炳钰　日前，农业农村部发布第655号公告，公布了2023年第一批授予植物新品种权的名单，中国热带农业科学院南亚热带作物研究所香蕉团队的8个香蕉新品种获授权。

国家香蕉产业技术体系首席专家谢江辉研究员介绍，此次中国热科院获批的香蕉新品种均为人工杂交获得，具有抗病性强、品质优等特点。该批品种是中国热科院南亚所香蕉团队经过10多年的努力，攻克香蕉杂交育种技术各环节难点，构建出杂交育种体系选育而成。本次获批的香蕉品种为'南角'系列，与母本相比，杂交新品系果实不仅提升了甜度，改善了口感，还遗传了母本的抗病性。下一步，香蕉团队将根据该批品种的相应特征开展区域性试验，并逐步推广应用。

（2023年3月13日）

湛江新闻网

南亚所8个香蕉新品种获批保护权

记者陈荔雅　通讯员贾志伟、黄炳钰　近日，农业农村部正式公布了2023年第一批植物新品种权名单，中国热带农业科学院南亚热带作物研究所（简称南亚所）香蕉团队的8个香蕉新品种获批保护权。

据了解，近年来，南亚所香蕉团队以国家香蕉产业技术体系湛江综合试验站为依托平台，以产业问题和需求为导向，针对香蕉枯萎病危害严重、品种结构单一、特色品种缺乏等产业问题，不断努力选育具有自主知识产权的抗病优质香蕉新品种。本次获批的香蕉品种为'南角'系列，与母本相比，杂交新品系果实不仅提升了甜度，改善了口感，还遗传了母本的抗病性。

国家香蕉产业技术体系首席专家谢江辉研究员表示，此次南亚所获批的香蕉新品种均为人工杂交获得，具有抗病性强、品质优等特点。下一步，该香蕉团队将根据本批品种的相应特征开展区域性试验，并逐步推广应用。

（2023 年 3 月 13 日）

湛江日报

南亚所 8 个香蕉新品种获批保护权

记者陈荔雅　通讯员贾志伟、黄炳钰　近日，农业农村部正式公布了 2023 年第一批植物新品种权名单，中国热带农业科学院南亚热带作物研究所（简称南亚所）香蕉团队的 8 个香蕉新品种获批保护权。

据了解，近年来，南亚所香蕉团队以国家香蕉产业技术体系湛江综合试验站为依托平台，以产业问题和需求为导向，针对香蕉枯萎病危害严重、品种结构单一、特色品种缺乏等产业问题，不断努力选育具有自主知识产权的抗病优质香蕉新品种。本次获批的香蕉品种为'南角'系列，与母本相比，杂交新品系果实不仅提升了甜度，改善了口感，还遗传了母本的抗病性。

国家香蕉产业技术体系首席专家谢江辉研究员表示，此次南亚所获批的香蕉新品种均为人工杂交获得，具有抗病性强、品质优等特点。下一步，该香蕉团队将根据本批品种的相应特征开展区域性试验，并逐步推广应用。

（2023 年 3 月 13 日）

学习强国

中国热带农业科学院南亚热带作物研究所 8 个香蕉新品种获批保护权

记者陈荔雅　通讯员黄炳钰　日前，农业农村部正式公布了 2023 年第一批植物新品种权名单,中国热带农业科学院南亚热带作物研究所香蕉团队的8个香蕉新品种获批保护权。

近年来,中国热带农业科学院南亚热带作物研究所香蕉团队以国家香蕉产业技术体系湛江综合试验站为依托,以产业问题和需求为导向,针对香蕉枯萎病危害严重、品种结构单一、特色品种缺乏等产业问题,不断努力选育具有自主知识产权的抗病优质香蕉新品种。本次获批的香蕉品种为'南角'系列,与母本相比,杂交新品系果实不仅提升了甜度,还遗传了母本的抗病性。

国家香蕉产业技术体系首席专家谢江辉研究员说,此次中国热带农业科学院南亚热带作物研究所获批的香蕉新品种均为人工杂交获得,具有抗病性强、品质优等特点。下一步,该香蕉团队将根据本批品种的相应特征开展区域性试验,并逐步推广应用。

(2023年3月13日)

湛江新闻网

"荔"出南国红胜火 种业优势助力"百千万工程"

记者陈荔雅 视频陈荔雅、张永幸、陈彦 通讯员王姬 五月荔枝红胜火,今年最夺人眼球的一抹荔枝红当属新品种'仙桃荔'。广东省"百县千镇万村高质量发展工程"推进得如火如荼之际,在湛江种植的新品种'仙桃荔'也迎来了上市时节。

近日,广东省农业农村厅、华南农业大学、湛江市农业农村局、湛江市科技局等单位有关负责人,以及荔枝龙眼专家、企业家等慕名前来湛江观摩品鉴新品种'仙桃荔',并得出"该品系早熟、特大果,优质,丰产性好,为发展早熟特色荔枝产业提供了品种选择,推广应用潜力大"的鉴评意见。

填补了早中熟特大果的空白

"加强荔枝新品种推广工作,是

红彤彤的'仙桃荔'挂满枝头

加快荔枝产业升级的必然要求，是提高湛江荔枝市场竞争力的有效途径，也是推进'百千万工程'的有力抓手。"湛江市农业农村局有关负责人指出，湛江作为荔枝重要产区，目前全市种植面积近30万亩，主栽品种为'妃子笑''白糖罂''桂味''鸡嘴荔'。'仙桃荔'的试种成功填补了早中熟特大果荔枝品种的空白，推广应用潜力大。

据悉，'仙桃荔'由中国热带农业科学院南亚热带作物研究所（简称南亚所）与华南农业大学园艺学院联合培育，2023年被农业农村部植物新品种保护办公室列入授权品种名单。南亚所荔枝龙眼研究中心主任李伟才研究员介绍："'仙桃荔'成熟期要比当地'妃子笑'早5天左右，比亲本品种'紫娘喜'和'无核荔'早20天左右。果实极大，单果重60克左右，果实心形，果肉较厚，酸甜多汁。"

"刚结小果的时候就已经被预订收购了，市场反响非常好。近期有些游客过来尝了之后，都赞不绝口，当场提出要购买。"种植户杨建平告诉记者，果子在挂果初期已全部被收购商以30元/斤的价格预订。目前已陆续上市，市场价为60元/斤左右。

2020年从南亚所获得'仙桃荔'种源后，杨建平尝试在近900株20年生'白糖罂'荔枝树上进行嫁接。2022年，树冠直径达到2米左右时开始试产，最高单株树产量达180斤。今年树冠直径已达到3米，经专家鉴定平均株产量逾86斤，按每亩20株计算，折合亩产1 700多斤。

让种业优势驱动高质量发展

"百县千镇万村高质量发展工程"最基础的部分是"村"，而村发展的关键是产业，大力培育特色优势产业是重要抓手之一。李伟才指出，湛江市徐闻县光热资源充足，十分适宜栽培、发展早熟荔枝品种，当地可以充分发挥资源禀赋，大力发展荔枝特色优势产业。

目前，徐闻县迈陈镇在南亚所科技特派员的"科技赋能"支持下，统筹全镇荔枝产业种植标准，现已形成北街荔枝种植产区和龙潭荔枝种植产区两大基地，新引进的'无核荔枝''冰荔''岭丰糯'等荔枝优质品种陆续投入试种，未来将为当地大范围的品种改良提供依据。

"'岭丰糯'确实是一个十分优质的晚熟品种。"在杨建平位于徐闻县下桥镇的果园里，一边是鸡蛋般大小的'仙桃荔'红彤彤挂满枝头等待采摘，另一边则是只有拇指般大小的'岭丰糯'青翠小巧正在成长。李伟才表示："一早熟一晚熟，避开了荔枝集中上市的时间，能够帮助农户取得较好的价格。"

"选对品种、提高栽培技术，对农村的发展、农民有很大的意义。"李伟才指出，一个优质品种对整个产业的影响是巨大的，不仅能够提高农民收入，还能够促进当地经济发展。

接下来，南亚所荔枝团队将继续携手华南农业大学加强新品种区域适应性以及贮藏与加工性能的研究；加强新品种安全高效配套栽培技术研究，形成技术规程，采取"授权种植、统一品牌、统一销售，共同打造'仙桃荔'品牌"的发展模式，计划10年内发展'仙桃荔'5万～10万亩。

"'仙桃荔'为湛江发展早熟特色荔枝产业提供了新的品种选择，相信该品种一定能成为农户致富的'摇钱树'，一定能成为湛江市乡村振兴的'聚宝盆'。"湛江市科学技术局有关负责人表示，将进一步加大对农业种业科研的支持力度，促进全国各地的科研力量与湛江科研院所、科技企业开展深度交流合作，联合开展种业科技攻关，解决困扰种业发展"卡脖子"的技术难题，培育更多具有突破性的品种，助推"百县千镇万村高质量发展工程"落地落实。

（2023年5月25日）

湛江日报

瞧！"仙桃荔"大小堪比鸡蛋

记者陈荔雅　通讯员王姬　5月21日，由国家荔枝良种重大科研联合攻关秘书处、国家荔枝龙眼产业技术体系育种研究室主办，中国热带农业科学院南亚热带作物研究所、华南农业大学园艺学院等单位承办的"2023年特大果、早熟、优质荔枝新品种'仙桃荔'现场观摩品鉴会"在徐闻召开。

会上，专家介绍了'仙桃荔'的选育过程、发展思路以及栽培管理特性等。会议结束后，与会人员纷纷走入'仙桃荔'园区观摩品种种植、生产情况并进行品鉴。专家组表示，该品系早熟、特大果，优质，丰产性好，为发展早熟特色荔枝产业提供了品种选择，推广应用潜力大。

（2023年5月25日）

湛江日报

在湛江种植的新品种'仙桃荔'上市　为发展早熟特色荔枝产业提供新选择

记者陈荔雅　通讯员王姬　五月荔枝红胜火，今年最夺人眼球的一抹荔枝红当属新品种'仙桃荔'。广东省"百县千镇万村高质量发展工程"推进如火如荼之际，在湛江种植的新品种'仙桃荔'也迎来了上市时节。

近日，广东省农业农村厅、华南农业大学、湛江市农业农村局、湛江市科技局等单位的有关负责人，以及荔枝龙眼专家、企业家等慕名前来湛江观摩品鉴新品种'仙桃荔'，并得出"该品系早熟、特大果，优质，丰产性好，为发展早熟特色荔枝产业提供了品种选择，推广应用潜力大"的鉴评意见。

填补早中熟特大果空白

湛江市农业农村局有关负责人指出，湛江作为荔枝重要产区，目前全市种植面积近30万亩，主栽品种为'妃子笑''白糖罂''桂味''鸡嘴荔'。'仙桃荔'的试种成功填补了早中熟特大果荔枝品种的空白，推广应用潜力大。

据悉，'仙桃荔'由中国热带农业科学院南亚热带作物研究所（简称南亚所）与华南农业大学园艺学院联合培育，2023年被农业农村部植物新品种保护办公室列入授权品种名单。南亚所荔枝龙眼研究中心主任李伟才介绍："'仙桃荔'成熟期比当地'妃子笑'早5天左右，比亲本'紫娘喜'和'无核荔'早20天左右。果实极大，单果重60克左右，果实心形，果肉较厚，酸甜多汁。"

"刚结小果的时候就已经被预订收购了，市场反响非常好。近期有些游客过来尝了之后，都赞不绝口，当场提出要购买。"种植户杨建平告诉记者，果子在挂果初期已全部被收购商预订，目前已陆续上市，市场价为每斤60元左右。

2020年从南亚所获得'仙桃荔'种源后，杨建平尝试在近900株20年生'白糖罂'荔枝树上进行嫁接。2022年，树冠直径达到2米左右时开始试产，最高单株树产量达180斤。今年树冠直径已达到3米。

让种业优势驱动高质量发展

"百县千镇万村高质量发展工程"最基础的部分是"村"，而村发展的关键是产业，大力培育特色优势产业是重要抓手之一。李伟才指出，湛江市徐闻县光热资源充足，十分适宜栽培、发展早熟荔枝品种。

目前，徐闻县迈陈镇在南亚所科技特派员的"科技赋能"支持下，统筹全镇荔枝产业种植标准，现已形成北街荔枝种植产区和龙潭荔枝种植产区两大基地，新引进的'无核荔枝''冰荔''岭丰糯'等荔枝优质品种陆续投入试种。

在杨建平位于徐闻县下桥镇的果园里，一边是鸡蛋般大小的'仙桃荔'红彤彤挂满枝头等待采摘，另一边则是只有拇指般大小的"岭丰糯"青翠小巧正在成长。

"'仙桃荔'为湛江发展早熟特色荔枝产业提供了新的品种选择，相信该品种一定能成为农户致富的'摇钱树'，一定能成为湛江市乡村振兴的'聚宝盆'。"湛江市科学技术局有关负责人表示，将进一步加大对农业种业科研的支持力度，促进全国各地的科研力量与湛江科研院所、科技企业开展深度交流合作，联合开展种业科技攻关，解决困扰种业发展的"卡脖子"技术难题，培育更多具有突破性的品种。

（2023年5月25日）

"金香芒"获批！芒果家族再添新面孔

记者 武玥彤　通讯员 黄炳钰、王姬　据农业农村部最新发布的植物新品种权名单显示，中国热带农业科学院南亚热带作物研究所（以下简称南亚所）芒果新品种'热农29号'获批植物新品种保护权。

'热农29号'芒果

据农业农村部热带果树生物学重点实验室武红霞研究员介绍，'热农29号'芒果，商品名为"金香芒"，该品种树冠中等开张，树势较旺，分枝能力强；果实圆球形，果形端正，果实中等大小，平均单果重522克，可溶性固形物含量18.0%~22.2%，可滴定酸含量0.36%，还原糖含量2.5%，维生素C含量264.1毫克/千克，可食率80.0%。

'热农29号'较抗炭疽病和细菌性角斑病，对低温阴雨和干旱等逆境的适应能力强，耐贮性好。和亲本'热农1号'相比，甜酸适口，鲜食风味更佳。

（2023年6月2日）

有口福了！南亚所10个菠萝新品种亮相

记者武玥彤　通讯员黄炳钰、王姬　据农业农村部最新发布的植物新品种权名单显示，中国热带农业科学院南亚热带作物研究所（以下简称南亚所）获批10个菠萝植物新品种保护权。

该批品种是'热农1号''热农3号''热农5号''热农7号''热农18号''热农9号''热农8号''热农10号''热农17号''热农21号'。

据农业农村部热带果树生物学重点实验室孙伟生副研究员介绍，此次获得植物新品种权的菠萝具有生长势强、果眼浅、较丰产、优质、经济性状优良的特点，适宜在广东省菠萝主产区种植，推广前景广阔。

其中，'热农8号'菠萝是以'金菠萝'为母本，'Perola'为父本，2007年开始杂交，2012年获得优良单株，通过种苗繁殖，经过多年品比试验获得的优良品系。在广东省经多

'热农8号'菠萝

年多点试验试种,其遗传性状表现稳定,果肉淡黄色,可溶性固形物含量 24.30%,可溶性糖含量 16.24%,可滴定酸含量 0.35%,维生素 C 含量 98.9 毫克/千克。

多年来,中国热科院南亚所菠萝团队积极开展品种选育技术攻坚,针对我国菠萝主栽品种存在的不足进行改良,致力于选育我国具有完全自主知识产权的菠萝栽培品种。下一步,中国热科院南亚所菠萝育种团队将根据该批品种相应的特征特性开展区域性试验,并逐步推广应用。

(2023 年 6 月 2 日)

光明科普云

"糖罐子"家族再添新成员

记者武玥彤　通讯员黄炳钰、王姬　光明网讯 据农业农村部最新发布的植物新品种权名单显示,中国热带农业科学院南亚热带作物研究所(以下简称南亚所)甘蔗新品种'热甘 16117''热甘 16239'获批植物新品种保护权。

'热甘 16117'甘蔗

'热甘 16239'甘蔗

据南亚所苏俊波副研究员介绍,'热甘 16117'在生产上表现为出苗整齐,大茎,植株直立均匀,节间呈圆筒形,芽呈圆形,芽基与叶痕相平,脱叶性好。新植产量较对照'ROC22'增产约 8.5%。11 月至翌年 1 月平均蔗糖含量约为 15.0%。适宜于粤西蔗区及气候类似区域冬植或早春植。'热甘 16239'表现为出苗整齐，分蘖强，中大茎，蔗茎均匀，宿根性好，植物直立，高度中等，脱叶性好。新植产量与对照'ROC22'相当，11月至翌年1月平均蔗糖含量约为 15.49%。适宜于粤西蔗区及气候类似区域冬植或早春植。

（2023年6月2日）

光明科普云

为了 0.003% 的概率，他一干就是十六年

记者宋雅娟、肖春芳、武玥彤 为了解决菠萝种性退化和品种单一的问题，寻找出色香味俱全、方便推广、便于流通的菠萝，中国热带农业科学院南亚热带作物研究所菠萝研究中心副研究员孙伟生及其团队在育种基地耕耘了10余年。截至目前，已经有10个品种获得了农业农村部新品种审定。

记者： 作为育种家，理想是育出什么样的菠萝？

孙伟生： 首先是从生产者的角度来考虑，要看这个品种能不能推广应用；其次从消费者的角度来考虑，要让品种好看、好吃；最后，从经销者的角度来考虑，要注重品和的贮存性，要让果实硬实、耐压，果面平整。

从三方面综合考虑，选择一个优良的菠萝新品种，能够适合生产、消费和市场流通，不只是万里挑一。实际上从全世界的菠萝育种来讲，科学家的育种经验是3万个杂交后代才有可能会出1个优良品种，这个概率是非常低的。

作为育种家，培育的品种就像孩子一样。提及菠萝时，孙伟生满口夸赞"优秀、端庄、漂亮"，神情中流露出喜爱与自豪。他希望把这些新品种推广出去，让大家都认识它们，为产业作出贡献。

记者： 您最喜欢的菠萝品种是哪个？

孙伟生： 我们目前经过审定的有3个品种，'热农8号''热农17号'和'热农56号'，特点都非常鲜明。

例如，'热农8号'的特点是丰产、植株生长旺盛、果形端庄、果面平整，而且果实紧实饱满、贮存性好、大小比例合适，美观、好看、好吃。

记者：这是您比较得意的"孩子"，成绩比较好的。

孙伟生：不错，这个是今年这一批株系里面表现非常优秀的一个。'热农8号'的苗绿而茁壮，整个株系生长整齐，结果能力非常强，达到3斤以上的果非常多，产量有保证，而且商品率非常高。

记者：育种大概花了多长时间？

孙伟生：大概16年，算是很快了。国内的菠萝新品种育种历程多为30年，也就是说，平均30年才能出一个新品种。

16年磨一剑，孙伟生深耕一线农田，经过无数次试验，突破菠萝育种难关，确定优良株系，让菠萝这个大家族有更多新"成员"面世。

（2023年6月5日）

CCTV-10 创新进行时

菠萝"芯"突破

记者甘笠男　通讯机构南亚所办公室　近日，中央电视台CCTV-10《创新进行时》栏目专题报道了中国热科院南亚所菠萝研究团队成员孙伟生副研究员他和团队从2007年开始，着手进行菠萝的育种研究，通过对不同品种的菠萝进行杂交繁育，在一代代杂交后代中，优中选优，培育出具有我国自主知识产权、香甜可口、抗病性强的菠萝品种。那么，菠萝新品种的培育该从哪里开始？识别下方二维码即可查看视频。

《创新进行时》20230915
菠萝"芯"突破（一）

《创新进行时》20230918
菠萝"芯"突破（二）

（2023年9月15日）

三 服务"三农"

湛江日报

徐闻举办菠萝种植培训班

记者曹龙彬　通讯员李梅英　6月10日，徐闻县科学技术协会在曲界镇举办金菠萝、凤梨种植技术培训班，特邀中国热带农业科学院南亚热带作物研究所副研究员吴青松授课。曲界镇菠萝种植户代表、精准扶贫户代表近100人参加了培训。

（2019年6月12日）

湛江日报

把华章写在湛江大地上　让成果惠及千万百姓家

记者路玉萍　通讯员黄炳钰　12月11日，中国热带作物学会园艺专业委员会2019年全国学术研讨会暨南亚所建所65周年大会举行。老中青三代热作人济济一堂，回顾65年的辉煌成就，展望美好发展前景，朝着创建国家一流南亚热带农业科技创新中心、服务热区特色优势农业、推动现代农业高质量发展的目标奋进。

十二届全国政协常委、副秘书长、民革中央副主席何丕洁，湛江市委书记、市人大常委会主任郑人豪，中国老教授协会常务副会长、中国农业大学原校长江树人，中国工程院院士、华中农业大学教授傅廷栋，中国热带农业科学院副院长谢江辉，农业农村部农垦经济发展中心副主任秦福增，湛江市委常委、市政府党组成员陈光祥等领导和专家出席活动。

建所65年来，中国热带农业科学院南亚热带作物研究所秉承"无私奉献、艰苦奋斗、团结协作、勇于创新"的精神,扛起了服务国家战略需要的使命和担当,取得了155项科研成果,育成新品种23个,出版著作58部。拥有国家热带果树种质资源圃、农业农村部热带果树生物学重点实验室、广东省热带果树工程研究中心、海南省植物营养学重点实验室等16个科技创新平台,建成了科研设施条件先进、各类人才荟萃、科研创新能力强劲的国家级科研机构,为我国农业科技进步、热区乡村振兴、精准扶贫作出了积极贡献。

何丕洁对南亚所65年来取得的优异成绩表示祝贺。他说,65年来,南亚所紧紧围绕国家战略物资、老百姓的"菜篮子""果盘子"等作物的资源开发和可持续利用这些关系到国计民生的重大研究课题,在不同历史时期和产业发展节点,解决了众多疑难问题,取得了一批具有国际先进水平的原创成果,为我国热带现代化农业科技创新作出了重要贡献。中国是农业大国,农业现代化关键取决于科技进步和创新水平,南亚所作为国家级科研机构,要立足国家和产业重大需求,瞄准和跟踪国际前沿,加快推进农业科技创新和高质量发展步伐,为服务国家"一带一路"建设、精准扶贫和乡村振兴战略作出更大贡献。

郑人豪代表840多万名湛江人民对南亚所为湛江发展作出的贡献表示感谢。他说,65年来,南亚所始终坚持"立足湛江、服务热区"创业理念,围绕农业增效、农民增收、农村增绿,助力湛江打造"徐闻菠萝""廉江荔枝""雷州青枣""覃斗芒果""湖光养殖"等品牌农业,真正把论文写在湛江的大地上,为湛江及热区的农业科技创新和乡村振兴,提供了强有力的科技支撑、人才支撑和智力支撑。希望南亚所进一步聚焦湛江现代农业,加快改革创新、科研攻关,在服务湛江特色优势农业、推进现代农业高质量发展方面作出新的更大贡献。

江树人、谢江辉、秦福增在讲话中寄语南亚所以更加开放的姿态和更加开阔的视野,奋发图强、攻坚克难,为贯彻落实习近平总书记提出的打造国家热带农业科学中心、"三个面向"和"两个一流",推动热带现代农业蓬勃发展作出应有贡献。

老专家代表王东桃和青年职工代表胡会刚分别发言,深情回顾南亚所的艰苦创业史,寄望南亚所的美好明天。

大会对荣获中国热带农业科学院南亚热带作物研究所开拓奖、突出贡献奖、杰出人才奖的先进个人进行了表彰。

活动开始前,郑人豪参观了南亚所科技成果展示厅,对这个通过实物和图文展示南亚所最新成果的"藏龙卧虎"之地给予高度赞扬。他要求湛江市科技、农业农村等部门加强与南亚所沟通合作,建立定期对接机制,积极牵头把研究成果就地转化推广,加快推动湛江从农业大市向农业强市转变。湛江市委、市政府将一如既往地全力支持南亚所的工作,为南亚所的发展提供更多、更优质的服务和保障。

(2019年12月12日)

湛江云媒

新冠疫情之下，徐闻菠萝出路何在？看看专家怎么说

记者陈荔雅　通讯员黄炳钰　当前，国内新冠疫情"拐点尚未到来"，全球疫情则升级不断，又恰逢徐闻菠萝产销旺季，当地果农最关心的问题就是如何解决徐闻菠萝产销问题。近日，针对该问题，中国热科院菠萝创新团队牵头专家、南亚所菠萝研究室张秀梅研究员、吴青松副研究员、刘胜辉副研究员组成调研组前往湛江市徐闻县调查。

调研组第一站来到曲界镇菠萝交易市场——国内最大的菠萝交易市场，这里是全国菠萝市场的"主心脏"，也是菠萝行业的"晴雨表"。每年2—5月的徐闻菠萝产销旺季，市场里满是装满菠萝的农用车，日交易量可达到4 000吨。可今年交易市场内空无一人，菠萝去哪儿了？

在曲界镇凤山村，据该镇主管农业的党委委员林廷卫介绍，徐闻县现有菠萝栽培面积约35万亩，其中曲界镇面积约占一半，其中95%以上是'巴厘'品种，另有少量新品种（如'台农16号''台农17号''金菠萝'等）。新冠疫情之下，外地采购商减少，采果成本及运输成本成倍增加，对菠萝的销售造成了严重影响。

调查组通过与收购点的果农交谈了解到，新冠疫情防控最严时期，成熟的菠萝无人收购，为减少损失，只能低价卖给当地榨汁厂，每亩地亏损达3 000余元。

随着新冠疫情的缓解，目前运输成本已经基本回落到之前的水平，进驻徐闻县城及曲界镇的外地采购商也逐渐增加，有100余人。

自2月24日以来，曲界镇每天菠萝发货量3 000吨，市场售价依品种不同而异，新品种'金菠萝'和'台农17号'（金钻）的价格较高且供不应求。

在徐闻县诺香园农产品专业合作社包装厂，调查组看到的则是另外一番热闹景象：工人们忙着卸果、分级、过磅、包装。该合作社标准化种植有300亩'金菠萝'，产品拥有注册商标和品牌包装，并与多家电商平台合作，售价是常规品种的4倍。

专家们认为，在当前新冠疫情之下，徐闻菠萝要进一步打开市场销路，可从几方面着手。一是合理使用线上线下销售模式，真正实现线上线下销售一体化。当前已有部分线上直播平台开启了网上销售，在一定程度上起到了分销作用，同时，线下应积极联系大型水果采购商，争取大额订单。二是政府积极出台相关政策，坚定果农和采购商信心，如采取物流补贴等政策在短期内刺激消化成熟菠萝存量。三是加大加工力

度，菠萝加工企业及时加工处理过熟果，减少果农亏损。四是采用新媒体等宣传渠道，提升徐闻菠萝影响力。

近年，徐闻菠萝种植端经常出现产销不畅问题，这与当地菠萝品种结构不合理、种植模式和销售方式单一等问题密不可分。对于徐闻菠萝产销不畅问题，是否有"解药"？

专家们认为，今后应积极加大优良新品种的推广力度；培育新型农业经营主体，树立品牌意识；建设电商及信息平台，加快电商发展；扶持菠萝加工企业，延伸菠萝产业链，加强抵御自然灾害的能力，逐步做大做强菠萝产业。

（2020年3月4日）

湛江日报

南亚所万株澳洲坚果苗启运广东产区

记者李亚强　通讯员冯文星　新冠疫情防控不放松，农时更催人。在春耕生产的关键时期，南粤大地上奏响"抗疫情、抓生产"的战歌，近日，南亚热带作物研究所一边盯紧疫情监控，一边抓紧开展支农生产。3月6—13日，南亚所澳洲坚果研究室苗圃和南亚所种苗中心大型货车出出进进地忙碌着，试验工人在给运往广州市从化区和茂名市高州市的货车装载澳洲坚果苗，其中包括运往高州国营团结农场的种苗1万株，运往从化区吕田镇的种苗1 000株。

据澳洲坚果研究室曾辉副研究员介绍，广东省高州市曾是以荔枝、龙眼生产为主的水果之乡。近年来，随着农业的快速发展，高州市农作物与果树的品种也越来越多。澳洲坚果是热带、亚热带高档经济作物，以植株生长旺盛、耐旱、高产、优质等为特点，越来越受到青睐，不断引种并扩大澳洲坚果的种植规模，推进澳洲坚果种植产业化。南亚所选育的'南亚3号''南亚116号'等系列新品种，具有早结、高产和优质等特点，深受果农欢迎，更有效促进了当地现代农业产业的整体升级，推动了经济社会发展，加快了当地群众致富的步伐，还能保护当地的生态环境，为乡村振兴作出贡献。

（2020年3月15日）

湛江日报

一堂别开生面的网课

记者陈荔雅　通讯员黄炳钰　时下，正值广东、广西、云南和四川等芒果主产区开花坐果的关键时期，为深入贯彻中共中央和农业农村部关于新冠疫情防控和保障春季农业生产的重要决策部署，近日，湛江南亚热带作物研究所芒果研究室主任王松标副研究员开展在线直播授课，向上述4个省份的广大果农线上传授如何提高芒果成花率、逆境天气下如何促进授粉坐果以及保花保果等关键技术措施。

一桌、一椅、一人、一电脑，王松标副研究员线上授课"开讲"了。虫鸣鸟叫的田间课堂变成空旷的会议室，不变的依然是那位平易近人、精力充沛的"王老师"，授课内容"干货"多多，讲课过程中时不时还与线上粉丝们交流互动，解答相关问题。

在直播间，他以"芒果落花落果原因及丰产稳产技术"为题，深入浅出介绍花果期常见问题，详细介绍芒果成花坐果过程，分析影响成花质量的因素，抓住实际生产过程中常见的成花关键问题以及花而不实的原因进行解释，最后还指导大家如何保证良好授粉坐果的条件并传授促进授粉坐果的措施。

直播间显示，在线观看直播的人数达1.44万人，果农在观看直播的过程中也纷纷留言表示课程内容非常及时，结合现实生产中的实际问题解惑，很接地气，很受用。目前，直播间观看课程直播和回播人数已达到2.7万人次。

此时正值新冠疫情防控期间，也是国内各产区芒果陆续开花坐果的关键时期，往年此时期南亚所的芒果专家们已经在各产区的田间地头忙碌地指导生产，虽马不停蹄有时也深感分身乏术，此次应用互联网方式授课，辐射面更广，在一定程度上及时解决了当下果农的生产技术问题，延伸了培训时间和空间，培训效果十分显著。

据王松标副研究员介绍，近期，他也利用晚上通过微信等媒介为果农答疑解惑。他的微信中关于芒果技术交流的群就有10余个。得知王老师直播授课，广大芒果"粉"早早到直播间等待，有些无法及时看直播的果农也纷纷表示一定会看回播。

（2020年4月7日）

农民日报

中国热科院南亚所携手企业提升芒果质量

记者董山　通讯员黄炳钰　作为农垦农产品质量安全综合服务点之一的中国热带农业科学院南亚热带作物研究所，与四川攀枝花和云南丽江华坪地区的多家芒果种植企业达成战略合作协议，以农业"国家队"的高标准、严要求，不断提升当地企业芒果的种植管理水平，把质量安全打造成贯穿芒果全产业链的一条主线。

中国热带农业科学院南亚所以热带作物为研究对象，主要开展热带作物种质资源与遗传育种、作物栽培、采后贮运与保鲜、农业资源高效利用与良好环境生态建设等基础、应用性和共性关键技术研究，并将新的技术成果引入农村进行转化示范，应用于各个生产加工环节中。近年来，在南亚所的技术帮扶和指导下，像云南丽江华坪金芒果生态开发有限公司这样的芒果种植和加工企业，在芒果新品种培育、芒果种植技术专利研发方面取得了丰硕成果，通过养鹅除草、人工除草、蓝板杀虫、套袋防虫、人工增施芒果酵素等规范的种植技术，金芒果生态开发有限公司自有的 6 000 亩现代化、高标准芒果种植示范基地已全部开花结果，焕发出原生态种植的盎然生机。目前，该公司已通过有机食品和绿色食品认证，为其优质产品走出国门奠定了坚实基础。

（2020 年 9 月 28 日）

南方+

万户菠萝果农签下"军令状"！徐闻县菠萝品控承诺行动会举行

记者黄楚璇、杨志建　通讯员吴青松　作为国内最大的菠萝生产基地，每年广东徐闻向市场输出近 70 万吨菠萝，中国每 3 个菠萝就有 1 个来自徐闻。今年菠萝季以来，徐闻菠萝持续登上各大网络平台热搜榜，关注热度持续高涨，获得亿量级曝光，徐闻菠萝成了水果网红。

3 月 13 日，徐闻县人民政府组织开展徐闻县菠萝品控承诺行动会。截至今天，全县共签定菠萝品控承诺书 13 808 份，其中曲界镇 5 600 份，下桥镇 500 份，锦和镇 2 000 份，龙塘镇 1 146 份，前山镇 1 800 份，下洋镇 1 400 份，和安镇 1 362 份。菠萝品控承诺书签订行动将持续进行，全县菠萝产业人士将以实际行动保障徐闻菠萝品质。此外，菠萝果农将对每一亩菠萝地进行"身份登记"，确保每一个菠萝生产可追溯。

在本次行动会上，徐闻菠萝种植户代表韩觉及徐闻菠萝流通户代表魏报现场作承诺发言，表示将全力做好徐闻菠萝品控保障工作，让消费者买得安心吃得满意。"大家作出了承诺，就相当于立下了军令状，要不折不扣抓好品控各项工作。"徐闻县县长罗红霞表示。

在徐闻菠萝成为全国关注的焦点后，广东省委、省政府高度重视，徐闻县人民政府紧急出台《徐闻菠萝产业高质量发展工作任务分工方案》，列出 28 条具体任务，内容涵盖近期的品控承诺、果农培训、大数据开发、高铁专列产品营销等，以及远期的景区创建、文化旅游节、展览馆建设、食品加工基地建设、冷链体系、产业基金等。同时，由县主要领导担任组长成立菠萝品控领导小组，推进徐闻菠萝质量品控工作，着力推动徐闻菠萝产业高质量长远发展。

人为本，质作基，产业发展有底气。会上，徐闻县人民政府县长罗红霞强调，徐闻菠萝在拼流量的同时，一定要保证质量，广大果农要坚决打赢这场质量保卫战，且要持续巩固好战果。要紧抓国家构建以国内大循环为主体、国内国际双循环相互促进的新发展格局的机遇，以当前徐闻菠萝在全国较大的市场占有量为契机，切实抓好品控，不断拓宽销路，刺激国内消费需求，充分发挥内需对经济增长的拉动作用。

质量是准则、是良心，更是产品的生命。会上，罗红霞呼吁徐闻菠萝全产业链的所有从业人员切实抓好品控工作，要求从种植、采摘、加工、分拣、包装、流通等全产业链入手，树立以标准促质量、以质量创品牌、以品牌占市场的发展理念，强化产品质量和品牌经营，共同打造徐闻菠萝区域公共品牌，提高全国人民对徐闻菠萝的认可度和满意度。

在标准化种植方面，要严格按照菠萝标准化种植规程要求进行栽培管理，备耕、选苗、种植、施肥、浇水、催花、防虫、护果、采摘、包装全过程要严格按照科学种植的规范要求，实现产品生产全过程无公害绿色化。把握好菠萝成熟上市时机，选择最佳的时期进行采摘，切实把控好产品的品质关，保证让消费者吃上最好品质的徐闻菠萝。同时，做好菠萝采摘后的分拣、包装工作，加强产品品牌的营销工作，严格遵从市场交易规则，按质论价，坚决不坐地起价、不扰乱市场。此外，严格把控好电商等流通领域品质关，将品质过硬的菠萝送到消费者手中，让全国消费者吃得放心、吃得满意。

值得关注的是，会上还发布了由中国热带农业科学院南亚热带作物研究所和徐闻县农业农村局联合制定的菠萝大田管理的技术要点,从水肥管理、壮果护果、病虫害防控及采收等方面详细说明了技术要点,从生产源头开始做好品质把关。

(2021 年 3 月 13 日)

湛江新闻网

徐闻菠萝香飘海外的奥秘

记者陈荔雅　通讯员黄炳钰　"今天诺香园的菠萝首次出口吉尔吉斯斯坦,这是今年继开拓中国香港、俄罗斯市场后的又一个全新市场。"12 月 9 日,徐闻县诺香园农产品专业合作社(以下简称诺香园合作社)理事长陈如约兴奋地在微信朋友圈写道。这是徐闻菠萝 11 月初启程前往俄罗斯后,进军海外市场的第五批货。

就在半个月前,一批嫩绿的菠萝苗,通过机械"扎根"在红土地里,这是诺香园合作社基地举行的菠萝机械化种植技术现场观摩会。机械化栽培大大节省了人工成本,还有利于菠萝的标准化产出,保障了菠萝的优良品质,成为徐闻菠萝拓展海外市场的重要助力。

诺香园合作社种植的徐闻菠萝,为何能在海外市场捷报频传?在这背后,究竟有什么成功秘籍?12 月 11 日,记者走进位于湛江徐闻的诺香园合作社,探寻徐闻菠萝香飘海外的奥秘。

"看我朋友圈"

"今天装车 30 吨""第五批都启运了""新开拓了吉尔吉斯斯坦市场""(菠萝)刚到满洲里口岸"……在陈如约和记者的微信对话中,写满了徐闻菠萝闯荡海外市场的振奋和激动。面对记者提问,陈如约有时候因出口业务太忙,只能留下一句"看我朋友圈,手机快没电了"。

陈如约 2010 年离开外贸行业回乡务农,10 年后,他瞄准了打造徐闻菠萝品牌、进军海外市场这条路。浏览陈如约的朋友圈可以看到,在 2020 年新冠疫情造成经济低迷之时,他带领合作社"在危机中育新机,于变局中开新局",步步为营,稳扎稳打,让徐闻菠萝走向世界。

今年 3 月初,诺香园合作社与中国热科院南亚作物研究所签署了技术服务合作协议，共建菠萝新品种新技术示范基地，促进菠萝品种结构调整。

3月13日，诺香园合作社正式拿到湛江海关颁发的"出境水果果园注册登记证书"及"出境水果包装厂注册登记证书"，满足了生产及包装需求，为自营出口创造了条件。

9月9日，在意大利里米尼展览中心举行的热带水果大会，广东省农业农村厅派出8家企业参展，诺香园合作社作为菠萝生产者代表亮相国际舞台。

9月中旬，诺香园合作社获得广州和湛江两地农业农村局颁发的粤港澳大湾区"菜篮子"生产基地认定证书。

11月3日，徐闻菠萝出口俄罗斯正式拉开帷幕。

11月4日，在"广东省第二批拟核准使用地理标志产品专用标志企业名单"中，徐闻诺香园合作社的"愚公楼菠萝"榜上有名。

11月23日，在上海举行的第十三届亚洲果蔬博览会上，诺香园合作社代表徐闻菠萝来到上海滩，走向全世界。

12月2日，广东皇果农业科技有限公司完成注册，"公司+合作社+科研院所+农户"模式已初具雏形，该公司将全球布局，用心深耕菠萝产业。

种植全程机械化只为种出最好菠萝

"标准化才能种出质量稳定且优质的菠萝。"陈如约表示，诺香园合作社已在种植移栽和采收环节实现了机械化，下一步将持续引进现代化机械，力争覆盖营养、植保、管理等环节，形成菠萝种植全程机械化。

开沟、施肥、移栽，传统的菠萝苗人工种植，不仅效率低、速度慢，而且施肥量不均匀，不利于菠萝标准化生产。每到菠萝种植季，种植大户想尽各种方法招工，而近年来人工费用攀升，人工支出成为菠萝种植成本的"大头"。

机械化才是出路！据南亚所菠萝研究室主任张秀梅介绍，传统人工种植方式，人工成本约300元/亩，而机械化种植，人工成本仅100元/亩，节约成本200元/亩。使用菠萝苗移栽一体机，如果同时上数台机，大面积种植效果更明显，且施肥量均匀，种植的菠萝苗整齐划一，利于后期管理和采摘。

机械化种植，成为保障菠萝出口品质的关键。在获得出口资质后，今年5月，诺香园合作社就引进两台菠萝采摘运输一体化装备，可在不同种植垄宽、不同行距的菠萝园通行且不伤苗；对不同品种、植株高矮不同的菠萝种植园，适应性也很好。

诺香园合作社还建立了数字农业服务站，将种植生产与数字相结合，设置土壤、风力、降雨等一系列智能监控系统，实现智能化生产，这是徐闻数字农业的一次有益探索，为菠萝开拓海外市场打下了品质基础。

让徐闻菠萝登陆海外市场成为常态

受新冠疫情影响，今年我国农产品销售并不景气，徐闻菠萝行情却能逆势上扬。当徐闻菠萝成熟之时，在地头直采、市场直批、商超进驻、直播带货等模式带动下，徐闻菠萝在线上线下与采购商形成联盟，菠萝销量和价格比翼齐飞，堪称一场经典的营销逆转战，成为广东省农产品营销的标杆。

在拓展海外与中国香港市场方面，徐闻菠萝也实现了历史突破。4月8日，10吨包装精美的"金钻凤梨"装上冷柜车，销往日本市场；4月20日，在经湛江海关检验检疫合格后，一车"金菠萝"及"金钻凤梨"从诺香园合作社基地发往中国香港，登上香港百佳超市的货架；11月初，诺香园合作社的30吨菠萝经海关检验检疫合格后，装车发往俄罗斯。

陈如约表示，徐闻菠萝走出国门，先后成功打入日本、俄罗斯、吉尔吉斯斯坦等海外市场，通过零售商零散拿货的形式销售，希望以优良的品质赢得当地消费者的认可，让徐闻菠萝登陆海外市场成为常态。

（2020年12月12日）

学习强国

摆脱小农"单打独斗"局面　阳春这个村铺就全新产业振兴路

作者农艳芳　通讯员桑世海　阳春三月万象更新，广东省阳春市双滘镇黄沙村的"热闹"一桩接着一桩。继今年1月8日启动脱贫攻坚与乡村振兴衔接的200万元项目后，最近，黄沙村又新增了7家专业合作社，还迎来了农业农村部的专家学者和知名企业高管，一条全新的产业振兴路正在铺展开。

摆脱小农"单打独斗"局面　探索适度规模经营

"原本那天预计会新增3家农民专业合作社，没想到当场就审核通过了7家，同时还有4家预约了资料审核。"桑世海是珠海市工业和信息化局驻黄沙村第一书记兼扶贫工作队队长，他称村里一下子新组建了11家合作社，既在意料之外，又在情理之中。原来，春节假期一过，扶贫工作队就和村"两委"干部挨家挨户地宣传，动员大家组建专业合作社。

"乡村振兴一定要实现农业现代化，而规模化集约化经营是农业的发展方向，培育农民专业合作社这类经营主体是必要的。"桑世海说。

黄沙村全村有效耕地约 1 600 亩，村里 1 436 户共 4 684 人，人均耕地仅 0.35 亩，人多地少，农产品品种单一。长久以来，黄沙村各家各户"单打独斗"进行小农经营，农产品产量和质量都不高，没有竞争力，附加值也不高，难以为继。为此，桑世海等驻村队员和村"两委"干部便开始动员村民组建专业合作社。

"我们引导群众自发组织，寻找和自己农业生产理念相同、发展思路契合的志同道合的'合伙人'组建合作社。"桑世海介绍，当天，村里特地邀请阳春市农业农村局工作人员到黄沙村来为村民免费办理农民专业合作社申报，大家热情高涨，工作人员也顾不上吃饭，一直紧张工作到下午 2 时多。"成立合作社只是第一步，我们还要结合村民的发展需求、能力素质、地区条件及市场情况等实际引导各合作社寻找到适合的产业。"

开展广藿香种植培训　专家和企业齐助力

日前，帮扶单位还邀请了中国热带农业科学院南亚热带作物研究所等单位的专家教授和企业高管为村民开展广藿香种植与管理技术培训。"目前村里的春砂仁产业发展得挺好，但我们觉得品种还是单一，村里能有两三个产业'开花'是最合适的。"桑世海说，此前，村里就鼓励村民尝试种植广藿香，2019 年开始有村民自发种植，但由于村民自身能力有限，十分渴望专业技术指导和培训。

今年初，在机缘巧合之下，丽珠医药集团四川光大制药有限公司（以下简称丽珠集团）的负责人了解到，黄沙村具有广藿香规模化种植的天然条件，有意向在黄沙村建设南药种植基地，并负责技术指导和市场采购。

桑世海和工作伙伴意识到这可能是一个机遇：把有实力、有情怀的企业引进来，以"公司＋合作社＋示范基地＋农户"的形式合作，或许更有利于村子产业的发展。于是，扶贫工作队也将丽珠集团生药资源研究部高级工程师刘和平请到现场，向村民介绍广藿香的药用价值、市场供需情况等。

"在这场培训上，生产信息和市场信息得到了衔接。"桑世海说，黄沙村与企业还建立了"通讯员联系机制"，以后村民遇到种植、病虫害防治或市场销售等问题，都可以通过这个机制联系到相应的人员寻求解答。

一年之计在于春，桑世海说，牵手丽珠集团给黄沙村新一年的工作开了个好头。接下来，黄沙村还将继续与丽珠集团商议具体合作事宜，包括地租收益、保底回收、村民就业等细节。"除了广藿香，黄沙村规划发展的春砂仁、甘薯、砂姜等种植产业也将继续推进。"脱贫攻坚成功收官，乡村振兴的大幕才刚刚开启，桑世海坚信，黄沙村的产业振兴之路将越走越宽广。

（2021 年 3 月 20 日）

湛江日报

南亚所农村科技特派员工作获表扬

记者陈荔雅 通讯员黄炳钰 7月12日，广东省科技厅通报表扬了全省优秀科技特派员及组织实施单位，中国热带农业科学院南亚热带作物研究所上榜，杨子明等3位专家获表扬。

自2007年以来，南亚所湛江站坚持组织广大科技人员以农村科技特派员的身份，积极投身"三农"发展。据了解，南亚所湛江站现有广东省农村科技特派员14支分队36人。

受表扬的农村科技特派员纷纷表示，将继续扎根基层、苦干实干，带领当地群众通过科技力量提高农产品质量、数量，扎实推进巩固拓展脱贫攻坚成果同乡村振兴有效衔接，加快实现乡村全面振兴。

（2021年7月15日）

南方+

广东省农村科技特派员风采(82)

苏俊波：心系农民科技需求，提升农业机械化

编者按： 有这么一群人，他们活跃在乡间，架起农民与科技的"金桥"；

有这么一群人，他们用脚丈量大地，把论文写在大地上；

有这么一群人，他们不忘初心、牢记使命，只为农业科技真正落地；

他们，便是广东省农村科技特派员。

记者李小兰 通讯员林俊超、张雄智 近期，广东省科学技术厅与南方农村报将在"南方+"推出广东省农村科技特派员和组织实施单位系列报道，展示广东省农村科技特派员风采，树立农村科技特派员和组织实施单位优秀典型，凝练经验做法，进一步推进人才下沉、科技下乡、服务"三农"。

广东省农村科技特派员苏俊波——中国热带农业科学院南亚热带作物研究所研究

室主任、副研究员。

2019年以来，苏俊波作为农村科技特派员，率领小分队对接了广东省湛江市遂溪县杨柑镇龙眼村、北坡镇下担村。通过与村干部、村民代表座谈，以及到田间地头实地调查的方式了解村里的科技需求，开展了一系列科技培训和技术指导，并帮助村里申报各类项目，为两个对接村实现乡村振兴提供了技术支撑。

在实际工作过程中，苏俊波利用自己的优势，为对接村凑资金，讲技术，解决生产实际问题，近两年平均每年下乡14次，平均每年服务22天，累计示范带动农户120户，累计新增产值或收入1 201万元，为龙眼村和下担村带来了看得见的经济效益，在两个村的乡村振兴工作中发挥了重要作用。

析需求，定方案，筹资金，解问题

遂溪县杨柑镇龙眼村主要农作物为甘蔗、玉米、甘薯等，其中甘蔗为第一大作物。调研中大部分村民反映在当地种植甘蔗的生产成本高，机械化程度低，影响了收入的增长，因此机械化作业的需求非常旺盛。苏俊波便率领农村科技特派员团队根据这些产业需求和村里已有的条件制定了帮扶工作的方案，以该村的农机专业合作社为主要对象，以农机作业服务为主要收入方式，帮助他们购买更先进的农机具，开展机械化作业服务。在解决甘蔗生产机械化、降低生产成本这个产业难题的同时，帮助村民实现收入增长。

对接村遇到的产业问题非常突出，解决这些难题需要一定的资金支持，但村里的干部大多文化水平不高，没有申报项目的经验，而苏俊波则是农学博士，之前申报且承担了多个国家级、省部级的项目。因此，苏俊波利用自身的优势，为对接村申报了各类项目的资金支持，还向相关爱心企业筹集了资金，逐步攻克了村里存在的产业难题。

例如，在2019年，为提高杨柑镇龙眼村农业机械专业合作社的农机装备水平，在广东省农业农村厅的大力支持下，成功申报了省级乡村振兴战略专项——现代农业装备引进示范、区域性农机社会化服务发展能力建设资金项目，利用项目资金购买了收获机，合作社每个榨季可以机械化收获甘蔗6万吨以上，每吨甘蔗收割作业费用100元，每个榨季可以实现600万元的收入。

开展科技培训，解决技术难题

苏俊波针对下担村甘蔗品种布局不合理的现状，帮助下担村建设甘蔗新品种示范基地，引进新品种22个。附近村民、当地农业技术人员、种植大户等累计参观到访约320人次，普及了借助良种升级甘蔗产业的知识。针对蔗农田间管理技术粗放、病虫害严重的问题，苏俊波开办甘蔗提质增效技术培训班，参会人员156人，在田间地头传授了甘蔗良种选择、高效轻简栽培、机械化栽培等实用技术。

苏俊波还向村民重点介绍了甘蔗叶打捆离田综合利用技术，传统的就地焚烧甘蔗叶的方式会产生大量的一氧化碳、二氧化碳及粉尘等。蔗叶打捆回收处理方式，将蔗叶收集、卷扎、打捆等环节一次性完成，打捆后的甘蔗叶可以销售到生物质发电厂，也可以作为畜牧垫层及食用菌的基质。该技术用途广泛，生态环保，还能助农增收。

2020年春，苏俊波带领南亚所玉米专家、薯类专家、甘蔗专家三天两头地赶往两个对接村，向村里赠送优良的甘蔗种苗、玉米种子、马铃薯种苗等，为村民分析土壤结构，制订施肥计划，还建立微信群，开展常态化技术指导，村民有任何技术问题，都能及时与科技特派员沟通解决。

（2021年7月25日）

南方+

广东省农村科技特派员风采 (81)

贺军军：从"种"下功夫，为富铺"销"路

编者按：有这么一群人，他们活跃在乡间，架起农民与科技的"金桥"；

　　　　有这么一群人，他们用脚丈量大地，把论文写在大地上；

　　　　有这么一群人，他们不忘初心、牢记使命，只为农业科技真正落地；

　　　　他们，便是广东省农村科技特派员。

记者李小兰　通讯员林俊超、张雄智　近期，广东省科学技术厅与南方农村报将在"南方+"推出广东省农村科技特派员和组织实施单位系列报道，展示广东省农村科技特派员风采，树立农村科技特派员和组织实施单位优秀典型，凝练经验做法，进一步推进人才下沉、科技下乡、服务"三农"。

广东省农村科技特派员贺军军——中国热带农业科学院南亚热带作物研究所副研究员、纪委委员。

贺军军主要从事阳江市阳春砂仁种质资源评价与选育种研究，他积极响应国家和地方号召，按照广东省农村科技特派员管理办法，加入农村科技特派员行列，对接服

务阳春市的阳春黄沙种养合作社、家庭农场和马坑村种植户。

质的蜕变，给阳春砂仁带来量的提升

阳春砂仁形态类似姜，果实辛辣芳香，是广东阳春及周边地区的"致富宝"。砂仁具有易植易种、自我繁殖能力强、多年生的特性，在阳春几乎家家有、户户种、天天吃。阳春砂仁虽种质资源丰富，但收集与保存不足，野生资源越来越少，特别是广东原生资源甚至濒危。

农户种植的阳春砂仁使用传统的农家栽培种，未经过选择与纯化。为此，贺军军跑遍阳春砂仁资源分布区和主要种植区，收集保存阳春砂仁资源100多份，开展纯化工作，筛选高产、优质资源。通过对部分资源多年的综合评价，筛选出优良资源5份并开展区域试验。另外，研究了植物品种特异性，为阳春砂仁优异资源保护和新品种选育奠定了基础。

同时，贺军军编写了《阳春砂仁种植关键技术》，在"农村科技特派员"公众号、种植户微信群发布，研制广东省团体标准《砂仁栽培技术规程》，在阳春砂仁种植地区广泛推广。今年，150亩的阳春砂仁种植基地，采用了规范化种植管理、病虫害防控、人工授粉等技术，每亩鲜果产量突破1 000斤。

2020年3月，在新冠疫情肆虐的情况下，贺军军积极响应南粤大地上奏响的"抗疫情、抓生产"号角，及时奔赴黄沙村合作社开展技术培训与指导，重点培训合作社技术员、村干部和种植大户等26人。同时，将培育的5 500株阳春砂仁良种良苗分发给合作社、家庭农场和种植户，建立了第一批良种良苗种植基地，为解决生产中种源混杂的问题迈出第一步。

产销一体化，解决系列问题

农村科技特派员工作面对的是生产第一线，涉及的不仅仅是单纯的专业知识，而是一项综合性工作，包括技术引进、关键问题解决、产品销售等，单一的技术难以解决生产和增效问题，需要结合当地政府和乡村产业发展，构建产销一体化的模式才能达到增产增收的效果，从而推进产业的高效发展。

因此，贺军军与村干部、相关专家和镇政府工作人员就南药产业发展多次开展研讨与交流，建设以阳春砂仁和广藿香两种南药为主的种植基地，一改往日"荒草三月长、望眼皆闲田"的景象。同时，寻求合作企业，保障产品的销售，稳定农民收入，铺好科技支撑产业的致富之路。

（2021年7月25日）

湛江日报

专家开展香蕉病害培训指导

记者陈荔雅　通讯员黄炳钰　近日，来自华南农业大学植物保护学院的病害综合防控专家与南亚所香蕉研究团队在湛江市香蕉主要生产地区联合开展了香蕉黄叶类病害防控技术培训与指导。

培训中，专家着重向蕉农介绍了华南地区香蕉主要病害种类，以及如何识别真菌病害、病毒病害、细菌病害与线虫病害，并教授蕉农如何根据香蕉树发病后叶片的初始黄化部位、假茎部组织变化腐烂程度和发病后根部形态，区分黄叶类病害中的枯萎病、软腐病与鞘腐病。为了让广大蕉农更好地记住常见病害的流行规律、防控方法和措施，专家简明扼要地总结出以下要点：以绿色生态调控方法为中心，以"土壤病菌含量检测＋不同发病阈值抗性品种布局"为基本点，使用土壤改良技术、免耕与少耕栽培技术、有机生物菌肥追施技术为主要方法。

此外，专家们还前往湛江市雷州、徐闻与遂溪等地的蕉园调研。调研中，发现多处蕉园已发生病害，蕉农一筹莫展，调研组立即结合当地气候与土壤情况分析香蕉病害情况，现场指导蕉农通过用药防控不同病害，保障香蕉生产。

（2021年8月4日）

学习强国

培训种植户改良品种　"菠萝的海"注入科技基因

作者杨升华　湛江徐闻曲界镇是世界闻名的"菠萝的海"。2020年，曲界镇菠萝总产量达20.6万吨，总产值达13.46亿元，占全镇农业总产值的79.2%，菠萝产业已成为曲界镇的支柱产业。7月20日，湛江市驻镇帮镇扶村工作队（以下简称帮扶工作队）正式进驻曲界。经过一个多月的细致走访，帮扶工作队决定为这片"海"注入更多的科研基因，让它变得更加澎湃丰饶。

多单位联手组团结对帮扶

曲界镇下辖 14 个行政村、1 个社区和 2 个镇办农场，共 88 个自然村，菠萝种植面积逾 10.8 万亩，占全镇耕地面积的 76.6%。可以说，曲界经济就是菠萝经济，菠萝产业已成为曲界镇的支柱产业。

为助力乡村振兴，广东延续了定点帮扶、对口帮扶和社会帮扶的经验做法，着力推动从"分散帮扶"向"组团式帮扶"转变，采取"党政机关＋企事业单位＋农村科技特派员、'三支一扶'人员、志愿者、金融助理"模式组团结对帮扶。曲界镇的帮扶工作队由湛江市公安局牵头，联合中国热带农业科学院南亚热带作物研究所、湛江市第二技工学校、湛江市建筑工程集团公司和徐闻县农业银行共同组成，队员来自不同的单位、领域。

进驻曲界后，帮扶工作队找准工作定位，加强与镇、乡的沟通与协调。队员们迅速动起来，厘清工作思路，开展入村调研。截至 8 月 20 日，工作队已调研了 12 个行政村，对各村的地理环境、经济结构、产业发展和脱贫攻坚等情况进行了充分细致的了解和交流。走访了贫困户、低保户、残疾户、五保户等 30 户困难群众家庭，了解他们的家庭情况、日常生活及面临的困难。

经过深入调研后，工作队发现，曲界镇下辖的个别村集体存在实体企业较少、菠萝种植模式比较单一的问题，种植方式也存在大面积机械化种植推广力度不够等情况。

用技能把农民"装备"起来

振兴之路，从哪里破局？帮扶工作队经过细致的研究讨论，决定从培训农民和助推产业两方面同时发力。

针对各村主产菠萝，其他产业和实体企业较少的情况，帮扶工作队表示，要大力推进"粤菜师傅""广东技工""南粤家政""农村电商""乡村工匠""高素质农民"培育等工程。团队中的湛江市第二技工学校，结合自身优势，充分利用学校的资源，大力推进"粤菜师傅""广东技工""农村电商""乡村工匠"等工程，通过送技术下乡等方式，组织有技能需求的农民进行集中培训。

帮扶工作队表示，学校将依托"粤菜师傅"培训基地，组织有参与意向的村民，集中进行烹饪技能培训和创业培训，教会他们技能，指导他们创业。同时，工作队将组织各村有意向学习电商技能的村民，集中在村委会开展农村电商专业知识培训，引导他们经营自己的网店。

帮扶工作队结合曲界镇菠萝产业日臻成熟的工作实际，推广完善该镇在县委指导下创新的"3151"党建工作模式（即 3 级书记抓乡村振兴，1 根党建工作主轴，5 个乡村振兴齿轮，1个产业链党建联盟），打造菠萝产业带党建示范区，构建多环节紧密连接的农业全产业链，推动"产业带党建"联盟升级为"产业链党建联盟"，以"产业链党建联盟"助推乡村振兴。

作为工作队中的科技担当，中国热带农业科学院南亚热带作物研究所则依托强大的科研平台，推进将机械化生产设备应用于菠萝生产，给这片"菠萝的海"注入更多的现代化科技基因，减轻工人劳动强度，提高生产效率。通过品种和技术的改良，改善当地菠萝的种植结构、抗病虫性、风味品质；通过对菠萝种植户进行专业知识和技能的培训，聚焦"三品一标"，全面助力菠萝产业的健康可持续发展。该研究所还不断研发菠萝保鲜新技术并推广应用，以延长菠萝的保鲜期，提高效益。此外，通过建立示范园，选择适合在曲界生长且销售渠道畅通的2～3个品种，研发相应的配套种植技术，以点带面逐步推广种植。

（2021年8月29日）

湛江日报

遂溪打造全国首个甘蔗主题公园

记者 曹龙彬　通讯员 骆国、陈思滢　11月23日，走进全国首个甘蔗主题公园，黄绿色油漆粉饰的"甘"字造型大门显得格外醒目。

该甘蔗主题公园位于湛江市遂溪县北坡镇高塘村，占地总面积1 586亩，核心区面积35亩，项目首期总投资900万元。作为全国首个甘蔗主题公园，包含甘蔗科技成果展示厅、育苗温室、新品种展示区、红糖厂、亲水平台、文化古井等多个景观，是集农业科技成果展示、科普教育、技术培训、农产品加工及休闲观光于一身的农业示范综合体。

甘蔗主题公园由遂溪县北坡镇人民政府联合中国热带农业科学院南亚热带作物研究所共同策划，致力于探索一条农村产业融合绿色发展致富的新道路，为遂溪县创新提供"农业＋观光旅游"的乡村旅游发展新模式，进一步提升当地文旅融合水平，从而推动产业振兴和乡村振兴。

助推甘蔗产业兴旺，丰富当地旅游文化

甘蔗是遂溪县的主要经济作物之一。遂溪县甘蔗的种植面积、单位面积产量、总

产量均位居全国第一名，被称为"中国第一甜县"。

随着近年来劳动力成本逐年上升，受困于机械化进程缓慢，种植甘蔗的效益逐年下降。增加甘蔗产品的附加值，从而提高广大蔗农的收入，迫在眉睫。

建设甘蔗主题公园，是助推甘蔗产业兴旺，丰富当地旅游文化的有效途径。北坡镇是甘蔗主产区，常年甘蔗种植面积超过10万亩，约占耕地总面积的50%。但近年来随着甘蔗产业遭遇国外低价进口糖和国内劳动力成本上涨的双重冲击，产业竞争力不强，广大蔗农对甘蔗产业的信心受挫，目前北坡镇甘蔗种植面积下降至约6万亩。

建设甘蔗主题公园，是实施乡村文化振兴、促进乡风文明的具体举措之一，符合北坡镇总体产业规划。据了解，北坡镇种植甘蔗已有超过100年的历史。随着时代的发展和生活节奏的加快，很多劳动文化逐渐消失并被人们遗忘，如古法红糖、石辊压榨机等，年轻人几乎闻所未闻。因此，建设甘蔗主题公园，重温古老的制糖方法，展示先进的甘蔗科技成果，将技术和文化融合，激发广大市民对农业的兴趣。同时，还可以此为契机，培养和吸收一批懂农业、爱农村、爱农民的人才，为乡村振兴献策献力。

农村创业青年夫妇致力甘蔗新品种引进与示范推广

打造甘蔗主题公园，离不开其建设主体湛江市金丰农业技术开发有限公司。

该公司由遂溪农村创业青年杨建伟和陈秋玲夫妻共同创建。近些年，该公司采取"公司+基地+农户"产业联动模式，联合中国热带农业科学院南亚热带作物研究所、福建农林大学、广东省农工商职业技术学院等科研院所及高校，开展甘蔗新品种引进与示范推广、种养结合的循环农业试验示范、农产品精深加工、休闲观光农业等特色产业，打造粤西地区甘蔗、甜玉米、薯类等作物的科技产学研联合示范推广平台，为当地主要农作物产业健康发展提供技术支撑，成为湛江市农业供给侧结构性改革的先行先试者。近年来，该公司承担湛江市科技计划项目"适宜机械化的甘蔗新品种筛选与示范推广"、广东省"一村一品、一镇一业甘蔗良种"项目等，获评遂溪县农村青年创业示范基地、湛江市农村青年创业致富领头雁示范基地、湛江市农村科普示范基地、广东省巾帼创业示范基地等。

2019年，该公司承担国家级农业产业强镇项目"甘蔗主题公园"建设工作，创新开发全国首个甘蔗主题公园。

甘蔗主题公园首批红糖新鲜出炉

杨建伟告诉记者，一方面，甘蔗主题公园作为农业科技示范的平台，利用科技的力量促进甘蔗产业转型升级，例如，引进甘蔗新品种、智能化防治病虫害、机械化收获等，通过试验示范，带领广大蔗农提质增效，降低甘蔗生产成本；另一方面，通过开展甘蔗制品的精深加工，制作红糖等保健食品，延长产业链条，增加甘蔗产品的附加值，从而提高广大蔗农的收入。

杨建伟介绍说，利用甘蔗精深加工红糖的市场策略，建立在他们充分市场调研的基础上。据调查，目前国内红糖产品鱼龙混杂，许多赤砂糖产品"以假乱真"。同时，传统红糖普遍定价为 50 元/斤，高档优质红糖价格高达 150 元/斤。女性和中老年人群体都是红糖消费市场的主力军，面对红糖广阔的市场前景，生产高端优质红糖系列产品成为该公司一大重要转型方向。

位于甘蔗主题公园的绿丰制糖厂内，作业区一片繁忙，起重机将甘蔗吊起，放置在压榨机流水线上，伴随"轰隆隆"的声音，机器的一头将甘蔗吞噬，另一头流出甘蔗汁，空气中弥漫着甜蜜的清香。

"我们的红糖加工车间实行无公害管理，车间定期清洁，保障产出的红糖品质。"制糖厂负责人称，他们的研发团队经过几年的研究，制作工艺有了新的突破和创新，解决了传统红糖生产中的一些问题。例如，在加热后期采用通气搅拌法，使其与空气充分接触，红糖"起砂"效果更好，口感更佳，达到"入口即化"的效果；压榨过程中采用二级过滤法，去掉更多的单宁类物质，使红糖的色泽更佳。

针对目前甘蔗产业链单一、利润低下、总体竞争力不强的现状，该公司开展甘蔗及其副产品的精深加工，研发保健红糖、黑糖以及糖果等高附加值的产品，延长甘蔗产业链，为甘蔗产业提质增效，为村民提供在家门口就业的机会，还带动了周边蔗农共同致富，实现了一根甘蔗"两头"甜。

据悉，甘蔗主题公园建设正在加快推进，目前已经完成甘蔗育苗温室、红糖厂、亲水台、古井等项目建设，预计明年可以完成首期所有项目建设，届时向广大市民免费开放。

（2021 年 11 月 24 日）

湛江吴川：科技特派员支招，助推乡村产业振兴

记者林露　通讯员黄炳钰　12 月 7 日，南亚所农村科技特派员杨子明一行 10 人赴湛江吴川市浅水镇开展主题为"强化科技支撑引领作用，推动乡村产业振兴"的科技

帮镇扶村活动，本次活动还邀请了南亚所南方蔬菜研究中心主任肖熙鸥、旱作种业与节水研究中心助理研究员严程明以及浅水镇政府相关领导、驻镇帮镇扶村工作队等。

座谈会上，南亚所农村科技特派员详细了解当地农业基本情况和乡村振兴产业需求，鼓励发展新型现代农业，借助科技力量实现高效优质农产品种植、高附加值农产品加工和品牌化农产品销售模式，积极打造"一村一品，一镇一业"特色农业产业，增加农民收入，助力乡村振兴。杨子明向浅水镇相关负责人介绍了南亚所新型肥料创制与施用技术、农作物秸秆收集与资源化利用技术、特色麒麟鸡种养结合技术、热带特色水果新品种及其高效栽培技术。

随后，南亚所农村科技特派员来到浅水镇宝村红橙、甘蔗种植基地进行了土壤样品采集，并将委托具备相应资质条件的承检机构进行检测，为改良土壤、优化肥料配方、施肥方案提供理论依据和技术支撑。科技特派员对红橙种植过程中存在的掉果、开裂等问题进行了解答，表示红橙施肥需根据长势进行追肥，包括搭配氮肥、磷肥、有机肥等，同时要进行灌溉，注意保持养分与水分等。

下一步，南亚所农村科技特派员将结合土壤养分检测结果，准确获取农田土壤的基础信息，并结合现有技术对浅水镇土壤改良、适宜种植作物和农业发展规划提出建议和方案，为浅水镇耕地可持续利用、作物高效种植和水肥管理提供科学依据，切实发挥农业科技在乡村振兴中的支撑作用。

（2021 年 12 月 9 日）

中国农网

26 载科技支农　干热河谷芒果飘香
——中国热科院留在金沙江畔的坚实足迹

记者操戈、邓卫哲　通讯员黄炳钰　日月经天，江河行地。时间的年轮书写在奋斗者的汗水里，刻画在孕育着希望和丰收的土地里。

四川省攀枝花市，坐落在蜿蜒 2 300 多千米的金沙江干热河谷，山地面积超过 90%。20 世纪 90 年代以前，由于缺乏热作技术人才，当地存在亚热带水果品种杂乱、品质差以及栽培管理技术落后的问题，一直没能找到合适的农业主导产业，严重制约了农业发展。

20世纪90年代以来，中国热带农业科学院（以下简称中国热科院）响应党和国家号召，发挥科技和人才优势，充分挖掘当地自然资源禀赋，以芒果产业为核心，以科技支撑为长矛，在四川省攀枝花市孕育了一个"从无到有"的香甜希望。

党的十八大以来，中国热科院的科技工作者以更加蓬勃的干劲投入攀枝花现代农业产业发展中，促使当地芒果产业实现了"从小到大、从弱到强"跨越式发展。如今，攀枝花市已建成我国最大的晚熟芒果种植基地，成为世界上海拔最高、纬度最北、成熟最晚的芒果优势产业带，为全面推进乡村振兴打下了坚实基础。

挖掘优势，科学谋篇布局

农业产业的发展是一项长期性、系统性、全局性工作，产业成果的打造往往要历经多年。中国热科院科技帮扶攀枝花市农业产业发展开始于1996年，专家团队实地考察时，看到的几乎全是贫瘠的山地，农业发展落后。如何利用山地做好农民增收致富的大文章是当地政府长期探索的重要课题。经过深入考察调研，专家们发现该地具有丰富的光热资源，是典型的南亚热带干热河谷气候，具备优质芒果生产的自然条件。

多次论证后，中国热科院提交了《在攀西地区发展10万亩一流的优质芒果商品生产基地的建议》。由此，拉开了攀枝花市芒果产业发展的序幕。随后，在系统总结当地芒果产业发展经验的基础上，中国热科院承担了"十一五""十二五""十三五"热作优势区域布局规划，对攀枝花市芒果产业发展的区域布局、品种结构、提质增效技术等进行了积极谋划，为引领当地芒果产业高质量发展提供了政策依据。

跨越千里，"种子"落户新家

为了加快上述建议落地，1997年3月，中国热科院与攀枝花市签订了院市合作协议，中国热科院南亚热带作物研究所主动作为，遴选优秀科技人员组建攀枝花市芒果科技服务队，开启了晚熟芒果品种选育、关键配套技术推广等一系列科技支撑工作。

26年来，中国热科院持续整合全院力量，以芒果品种选育为抓手，先后引种试种芒果品种30多个，筛选出'红芒6号''凯特''海顿'等适宜当地发展的中晚熟优良品种，成功在攀枝花"落户"，并逐步发展成为"当家"品种。科技人员针对当地主栽品种不足等问题，通过杂交育种等途径，反复筛选，累计获得'热农15号''热农17号''热农18号'等17个具有植物新品种保护权的优良芒果新品种，为攀枝花市芒果品种更新换代打下了坚实基础。

人才接力，技术开花结果

近30年来，中国热科院先后选派9批共22人次技术骨干挂职攀枝花市科技副县

（区）长，协助当地政府制定农业政策，参与规划落实，架起了科研单位与地方政府之间、科技人员与农户和企业之间的桥梁。

据不完全统计，中国热科院在攀枝花举办科技培训和现场指导1 300多场次，培训基层农技人员及果农5万余人次，发放技术资料以及芒果专用袋、杀虫灯等物化材料6万余份，通过支持攀枝花市新农学校的建设，打造了一支农民科技服务队，培养了一批高素质农民，为攀枝花市芒果产业发展提供了坚实的智力支持。

2020年，中国热科院四川攀枝花研究院挂牌运行，标志着中国热科院与攀枝花市政府的密切合作进入了新阶段。同年，在攀枝花市开发建设55周年科技创新大会上，中国热科院专家范辉建获"科技创新英杰"称号，明建鸿、姚全胜、詹儒林3人获突出贡献奖，"攀枝花芒果产业发展关键技术研究与应用团队"获科技创新特别成就奖。中国热科院"晚熟芒果生产关键技术与推广"和"晚熟芒果生产关键技术研究与应用"先后荣获全国农牧渔业丰收奖一等奖和神农中华农业科技奖一等奖，科技成果的高效转化为攀枝花芒果产业健康快速发展提供了强有力的技术支撑。

久久为功，成果惠及万家

发展产业是实现脱贫的根本之策，中国热科院科技帮扶攀枝花市精准扶贫，持续发力，久久为功，让荒地变良园，金果挂满山。通过长期科技支撑，攀枝花市芒果良种覆盖率达到99%以上，中晚熟优良品种达到77%以上，亩产最高达3 000千克，商品果率提升了90%，创建了9个部级芒果标准化生产示范园，9个省级芒果标准化生产示范片，实现了芒果产业区域化、良种化、标准化。

在院地密切配合下，攀枝花芒果从1997年种植面积不到1万亩、年产量不足1 000吨，发展到如今的种植面积103万亩，年产量达54万吨，年产值超过37亿元。芒果种植范围覆盖了全市44个乡镇中的38个，建成万亩以上芒果基地10个，芒果种植农户达5.7万户以上，芒果种植大户约200户，涌现了以仁和区大龙潭乡混撒拉彝族村为代表的一个又一个"芒果村"，塑造了产业扶贫的典型案例。

与此同时，攀枝花的芒果产业辐射到了周边地区，形成了150万亩金沙江干热河谷晚熟芒果优势产业带，使我国芒果鲜果退市时间从8月延长到11月，改善了我国芒果鲜果的供应结构。

山高水远，风雨无阻；行程万里，初心如磐。26年来，中国热科院始终坚持"把科技成果带下去，把产业需求带回来"，长期扎根攀枝花市芒果生产一线，逐步形成了"以政府为主导、以产业为核心、以科技为支撑、以人才为纽带"的"政研产学"紧密结合的"攀枝花科技服务模式"，被誉为我国科技扶贫工作的典型经验和成功模式。

攀枝花市农民不远千里感谢中国热带农业科学院专家

中国热带农业科学院将继续不断加强院地合作，加强金沙江干热河谷热带气候成因及区域发展研究，增强科技服务多元化，为推进攀枝花干热河谷现代特色农业发展作出新的更大贡献。

（2022年10月19日）

光明日报

中国热带农业科学院：在攀枝花孕育香甜希望

记者陈怡、王轩尧　通讯员黄炳钰　金秋十月，国内的芒果上市已渐入尾声，唯有四川攀枝花，晚熟的芒果仍香飘满山。

20世纪90年代以来，中国热带农业科学院（以下简称中国热科院）响应党和国家的号召，以科技力量助力攀枝花的现代农业产业发展，充分挖掘当地自然资源禀赋，在攀枝花孕育出一个"从无到有"的香甜希望——晚熟芒果，帮助当地的芒果产业实现"从小到大""从弱到强"的跨越式发展。

如今的攀枝花，已建成我国最大的晚熟芒果种植基地，成为世界上海拔最高、纬度最北、成熟最晚的芒果优势产业带，为全面推进乡村振兴打下了坚实基础。我国芒果鲜果的供应结构也因此得到改善，鲜果退市时间从 8 月延长到 11 月。

挖掘优势　科学谋篇布局

20 多年前，由于缺乏热作技术人才，攀枝花的亚热带水果种植存在品种杂乱、品质较差以及栽培管理技术较为落后等问题，一直没能找到合适的农业主导产业，农业发展受到制约。

1996 年，中国热科院开始帮扶攀枝花的农业产业发展，派出专家团队到当地进行实地考察。经过深入调研，专家们发现当地具有丰富的光热资源，是典型的南亚热带干热河谷气候，具备优质芒果生产的自然条件。

多次论证后，中国热科院提交了《在攀西地区发展 10 万亩一流的优质芒果商品生产基地的建议》（以下简称《建议》），得到了农业部的高度重视和攀枝花市政府的大力支持。由此，攀枝花拉开了芒果产业发展的序幕。

随后，在系统总结当地芒果产业发展经验的基础上，中国热科院承担了农业部"十一五""十二五""十三五"热作优势区域布局规划，对攀枝花市芒果产业发展的区域布局、品种结构、提质增效技术等进行了积极谋划，为引领当地芒果产业高质量发展提供了政策依据。

跨越千里　"种子"落户新家

为了加快《建议》落地，1997 年 3 月，中国热科院与攀枝花市签订了院市合作协议，中国热科院南亚热带作物研究所（以下简称南亚所）主动作为，遴选优秀科技人员，组建攀枝花市芒果科技服务队，开启了晚熟芒果品种选育、关键配套技术推广等一系列科技支撑工作。

20 多年来，中国热科院持续整合全院力量，以芒果品种选育为抓手，先后引种试种芒果品种 30 多个，筛选出'红芒 6 号''凯特''海顿'等适合攀枝花种植的中晚熟优良品种。这些品种成功在攀枝花"落户"，并逐步发展成"当家"品种。针对当地主栽品种不足等问题，中国热科院的科技人员还通过杂交育种等途径，反复筛选，累计获得'热农 15 号''热农 17 号''热农 18 号'等 17 个具有植物新品种保护权的优良芒果新品种，为攀枝花芒果的品种更新换代打下了坚实基础。

人才接力　技术开花结果

20 多年来，中国热科院先后选派 9 批共 22 人次技术骨干到攀枝花市挂职科技副县

（区）长，协助当地政府制定农业政策，参与规划落实，架起了地方政府与科研单位之间、农户与企业之间的桥梁。据不完全统计，中国热科院累计在攀枝花举办科技培训和现场指导1 300多场次，培训基层农技人员及果农5万余人次，发放技术资料以及芒果专用袋、杀虫灯等物化材料6万余份，并通过支持四川攀枝花新农学校的建设，打造了一支农民科技服务队，培养了一批新型职业农民，为攀枝花的芒果产业发展提供了坚实的科技支撑。

2020年，中国热科院四川攀枝花研究院正式挂牌运行，这标志着中国热科院与攀枝花市政府的合作迈入更加密切的新阶段。同年，在攀枝花市开发建设55周年科技创新大会上，中国热科院专家范辉建获"科技创新英杰"称号，明建鸿、姚全胜、詹儒林3人获突出贡献奖，南亚所的"攀枝花芒果产业发展关键技术研究与应用团队"获科技创新特别成就奖。

科技成果的高效转化为攀枝花芒果产业的健康快速发展提供了强有力的技术支撑。现在，攀枝花芒果的良种覆盖率已经达到99%以上，中晚熟优良品种达到77%以上，亩产最高达3 000千克，商品果率提升了90%。

久久为功　成果惠及万家

荒地变良园，金果挂满山。在院地的密切配合下，攀枝花的芒果产业从1997年的种植面积不到1万亩、年产量不足1 000吨，发展到如今的种植面积达103万亩、年产量超54万吨、年产值超37亿元。

目前，攀枝花的芒果产业发展已经实现了区域化、良种化、标准化，全市共创建部级芒果标准化生产示范园9个、省级芒果标准化生产示范片9个。芒果种植范围覆盖了全市44个乡镇中的38个，建成万亩以上芒果基地10个，芒果种植户达5.7万户以上，芒果种植大户约200户，涌现了以仁和区大龙潭乡混撒拉彝族村为代表的一个又一个"芒果村"，成为产业扶贫的典型案例。不仅如此，攀枝花的芒果产业还辐射到了周边地区，形成了150万亩金沙江干热河谷晚熟芒果优势产业带。

20多年来，中国热科院坚持"把科技成果带下去，把产业需求带回来"，长期扎根攀枝花市芒果生产一线，逐步形成了"以政府为主导、以产业为核心、以科技为支撑、以人才为纽带"的"政研产学"紧密结合的"攀枝花科技服务模式"。

"未来，中国热科院将不断加强院地合作，加强金沙江干热河谷热带气候成因及区域发展研究，在攀枝花市农业农村经济社会发展中彰显新作为，为推进攀枝花干热河谷现代特色农业发展作出新的更大贡献。"中国热科院南亚所所长杜丽清说。

（2022年10月21日）

人民网

中国热科院热作科技助农托起攀枝花芒果产业
——热带水果飘香金沙江畔

记者蒋成柳、王庆芳　通讯员黄炳钰　金秋十月，国内的芒果上市渐入尾声。祖国西南，金沙江干热河谷攀枝花市的果园里，晚熟的芒果满山飘香。

四川省攀枝花市，位于金沙江干热河谷，山地面积超过90%。20世纪90年代以前，由于缺乏热作技术人才，当地存在亚热带水果品种杂乱、品质差以及栽培管理技术落后等问题，农业缺少主导产业，严重制约了当地发展。

20世纪90年代以来，中国热带农业科学院（以下简称中国热科院）响应党和国家号召，发挥科技和人才优势，充分挖掘当地自然资源禀赋，以芒果产业为核心，以科技为支撑，在四川省攀枝花市孕育了一个"从无到有"的香甜希望。

现如今，攀枝花市已建成我国最大的晚熟芒果种植基地，为全面推进乡村振兴打下了坚实基础。

挖掘优势，科学谋篇布局

农业产业的发展是一项长期性、系统性、全局性工作，产业成果形成往往历经多年。1996年，中国热科院科技帮扶专家团队来到攀枝花，放眼望去，满眼贫瘠的山地。如何利用山地做好农民增收致富的大文章，成了当地政府和中国热科院长期探索的重要课题。

经过深入考察调研，专家们发现该地典型的南亚热带干热河谷气候，具备优质芒果生产的自然条件。多次论证后，中国热科院提交了《在攀西地区发展10万亩一流的优质芒果商品生产基地的建议》（以下简称《建议》），得到了农业部的高度重视和攀枝花市政府的大力支持，自此拉开了攀枝花市芒果产业发展的序幕。

在系统总结当地芒果产业发展经验的基础上，中国热科院对攀枝花市芒果产业发展的区域布局、品种结构、提质增效技术等进行了积极谋划，为引领当地芒果产业高质量发展提供了政策依据。

跨越千里，"种子"落户新家

为了加快《建议》落地，1997年3月，中国热科院与攀枝花市签订了院市合作协议，中国热科院南亚热带作物研究所（以下简称南亚所）主动作为，遴选优秀科技人员组建攀枝花市芒果科技服务队，开启了晚熟芒果品种选育、关键配套技术推广等一系列科技支撑工作。

20多年来，以芒果品种选育为抓手，先后引种试种芒果品种30多个，筛选出'红芒6号'（Zill）、'凯特'（Keitt）、'海顿'（Haden）等适宜当地发展的中晚熟优良品种，成功在攀枝花"落户"，并逐步发展成为"当家"品种。科技人员针对当地主栽品种不足等问题，通过杂交育种等途径，反复筛选，累计获得'热农15号''热农17号''热农18号'等17个具有植物新品种保护权的优良芒果新品种，为攀枝花市芒果品种更新换代打下了坚实基础。

人才接力，技术开花结果

人才是第一资源，创新是第一动力。20多年来，中国热科院先后选派9批共22人次技术骨干挂职攀枝花市科技副县（区）长，协助当地政府制定农业政策，参与规划落实，架起了科研单位与地方政府之间、科技人员与农户和企业之间的桥梁。

据统计，中国热科院在攀枝花举办科技培训和现场指导1 300多场次，培训基层农技人员及果农5万余人次，发放技术资料以及芒果专用袋、杀虫灯等物化材料6万余份，通过支持攀枝花市新农学校的建设，打造了一支农民科技服务队，培养了一批新型职业农民，为攀枝花市芒果产业发展提供了坚实的智力支持。

2020年，中国热科院四川攀枝花研究院挂牌运行，标志着中国热科院与攀枝花市政府的密切合作进入了新阶段。同年，在攀枝花市开发建设55周年科技创新大会上，中国热科院专家范辉建获"科技创新英杰"称号，明建鸿、姚全胜、詹儒林3人获突出贡献奖，"攀枝花芒果产业发展关键技术研究与应用团队"获科技创新特别成就奖。

中国热科院"晚熟芒果生产关键技术与推广"和"晚熟芒果生产关键技术研究与应用"成果先后荣获全国农牧渔业丰收奖一等奖和神农中华农业科技奖一等奖，科技成果的高效转化为攀枝花芒果产业健康快速发展提供了强有力的技术支撑。

久久为功，成果惠及万家

脱贫致富主要靠产业，产业发展关键在科技。久久为功，中国热科院在攀枝花市用科技践行农业现代化之路。

如今，荒地变良园，金果挂满山。

通过长期科技支撑，攀枝花市芒果良种覆盖率达到99%以上，中晚熟优良品种达到77%以上，亩产最高达3 000千克，商品果率提升了90%，创建了9个部级芒果标准化生产示范园、9个省级芒果标准化生产示范片，实现了芒果产业区域化、良种化、标准化。

在中国热科院和当地的密切配合下，攀枝花芒果从1997年种植面积不到1万亩，年产量不足1 000吨，发展到如今种植面积103万亩，年产量达54万吨，年产值超过37亿元。芒果种植范围覆盖了全市44个乡镇中的38个，建成万亩以上芒果基地10个，芒果种植农户达5.7万户以上，芒果种植大户约200户，涌现出以仁和区大龙潭乡混撒拉彝族村为代表的一个又一个"芒果村"，塑造了产业扶贫的典型案例。

与此同时，攀枝花的芒果产业辐射到了周边地区，形成了150万亩金沙江干热河谷晚熟芒果优势产业带，使我国芒果鲜果的退市时间从8月延长到11月，改善了我国芒果鲜果的供应结构。

山高水远，风雨无阻；行程万里，初心如磐。

中国热科院坚持"把科技成果带下去，把产业需求带回来"，长期扎根攀枝花市芒果生产一线，逐步形成了"以政府为主导、以产业为核心、以科技为支撑、以人才为纽带"的"政研产学"紧密结合的"攀枝花科技服务模式"。

中国热科院南亚所所长杜丽清表示，中国热科院将不断加强院地合作，加强金沙江干热河谷热带气候成因及区域发展研究，增强科技服务多元化，在攀枝花市农业农村经济社会发展中彰显新作为，为推进攀枝花干热河谷现代特色农业发展作出新的更大贡献。

（2022年10月26日）

农民日报

26载科技支农，打造世界纬度最北芒果产业带
——中国热科院留在金沙江畔的坚实足迹

记者 操戈、邓卫哲　通讯员 黄炳钰　日月经天，江河行地。时间的年轮书写在奋斗者的汗水里，刻画在孕育着希望和丰收的土地里。

四川省攀枝花市，坐落在蜿蜒2 300多千米的金沙江干热河谷，山地面积超过90%。20世纪90年代以前，由于缺乏热作技术人才，当地存在亚热带水果品种杂乱、品质差以及栽培管理技术落后的问题，一直没能找到合适的农业主导产业，严重制约了农业发展。

20世纪90年代以来，中国热带农业科学院（以下简称中国热科院）响应党和国家号召，发挥科技和人才优势，充分挖掘当地自然资源禀赋，以芒果产业为核心，以科技支撑为长矛，在四川省攀枝花市孕育了一个"从无到有"的香甜希望。

党的十八大以来，中国热科院科技工作者以更加蓬勃的干劲投入攀枝花现代农业产业发展中，促使当地芒果产业实现了"从小到大、从弱到强"跨越式发展。现如今，攀枝花市已建成我国最大的晚熟芒果种植基地，成为世界上海拔最高、纬度最北、成熟最晚的芒果优势产业带，为全面推进乡村振兴打下了坚实基础。

挖掘优势，科学谋篇布局

农业产业的发展是一项长期性、系统性、全局性工作，产业成果的打造往往要历经多年。中国热科院科技帮扶攀枝花市农业产业发展开始于1996年，专家团队实地考察时，看到的几乎全是贫瘠的山地，农业发展落后。如何利用山地做好农民增收致富的大文章是当地政府长期探索的重要课题。经过深入考察调研，专家们发现该地具有丰富的光热资源，是典型的南亚热带干热河谷气候，具备优质芒果生产的自然条件。

多次论证后，中国热科院提交了《在攀西地区发展10万亩一流的优质芒果商品生产基地的建议》，得到了农业部的高度重视和攀枝花市政府的大力支持，自此拉开了攀枝花市芒果产业发展的序幕。随后，在系统总结当地芒果产业发展经验的基础上，中国热科院承担了农业部"十一五""十二五""十三五"热作优势区域布局规划，对攀枝花市芒果产业发展的区域布局、品种结构、提质增效技术等进行了积极谋划，为引领当地芒果产业高质量发展提供了政策依据。

跨越千里，"种子"落户新家

为了加快上述建议落地，1997年3月，中国热科院与攀枝花市签订了院市合作协议，中国热科院南亚热带作物研究所主动作为，遴选优秀科技人员组建攀枝花市芒果科技服务队，开启了晚熟芒果品种选育、关键配套技术推广等一系列科技支撑工作。

26年来，中国热科院持续整合全院力量，以芒果品种选育为抓手，先后引种试种芒果品种30多个，筛选出'红芒6号''凯特''海顿'等适宜当地发展的中晚熟优良品种，成功在攀枝花"落户"，并逐步发展成为"当家"品种。科技人员针对当地主栽品种不足等问题，通过杂交育种等途径，反复筛选，累计获得'热农15号''热农17号''热农18号'等17个具有植物新品种保护权的优良芒果新品种，为攀枝花市芒果品种更新换代打下了坚实基础。

人才接力，技术开花结果

近30年来，中国热科院先后选派9批共22人次技术骨干挂职攀枝花市科技副县（区）长，协助当地政府制定农业政策，参与规划落实，架起了科研单位与地方政府之间、科技人员与农户和企业之间的桥梁。

据不完全统计，中国热科院在攀枝花举办科技培训和现场指导1 300多场次，培训基层农技人员及果农5万余人次，发放技术资料以及芒果专用袋、杀虫灯等物化材料6万余份，通过支持攀枝花市新农学校的建设，打造了一支农民科技服务队，培养了一批新型职业农民，为攀枝花市芒果产业发展提供了坚实的智力支持。

2020年，中国热科院四川攀枝花研究院挂牌运行，标志着中国热科院与攀枝花市政府的密切合作进入了新阶段。同年，在攀枝花市开发建设55周年科技创新大会上，中国热科院专家范辉建获"科技创新英杰"称号，明建鸿、姚全胜、詹儒林3人获突出贡献奖，"攀枝花芒果产业发展关键技术研究与应用团队"获科技创新特别成就奖。中国热科院"晚熟芒果生产关键技术与推广"和"晚熟芒果生产关键技术研究与应用"成果先后荣获全国农牧渔业丰收奖一等奖和神农中华农业科技奖一等奖，科技成果的高效转化为攀枝花芒果产业健康快速发展提供了强有力的技术支撑。

久久为功，成果惠及万家

发展产业是实现脱贫的根本之策，中国热科院科技帮扶攀枝花市精准扶贫，持续发力，久久为功，让荒地变良园，金果挂满山。通过长期科技支撑，攀枝花市芒果良种覆盖率达到99%以上，中晚熟优良品种达到77%以上，亩产最高达3 000千克，商品果率提升了90%，创建了9个部级芒果标准化生产示范园、9个省级芒果标准化生产示范片，实现了芒果产业区域化、良种化、标准化。

在院地密切配合下，攀枝花芒果从1997年种植面积不到1万亩、年产量不足1 000吨，发展到如今种植面积103万亩、年产量达54万吨、年产值超过37亿元。芒果种植范围覆盖了全市44个乡镇中的38个，建成万亩以上芒果基地10个，芒果种植农户达5.7万户以上，芒果种植大户约200户，涌现出以仁和区大龙潭乡混撒拉彝族村为代表的一个又一个"芒果村"，塑造了产业扶贫的典型案例。

与此同时，攀枝花的芒果产业辐射到了周边地区，形成了150万亩金沙江干热河谷晚熟芒果优势产业带，使我国芒果鲜果的退市时间从8月延长到11月，改善了我国芒果鲜果的供应结构。

山高水远，风雨无阻；行程万里，初心如磐。26年来，中国热科院始终坚持"把科技成果带下去，把产业需求带回来"，长期扎根攀枝花市芒果生产一线，逐步形成了"以政府为主导、以产业为核心、以科技为支撑、以人才为纽带"的"政研产学"紧密结合的"攀枝花科技服务模式"。

下一步，中国热科院将加强金沙江干热河谷热带气候成因及区域发展研究，增强科技服务多元化，为推进攀枝花干热河谷现代特色农业发展作出新的更大贡献。

（2022年11月24日）

湛江新闻网

南亚所开展甘蔗叶快速离田制肥技术培训

记者陈荔雅　通讯员黄炳钰　为落实秸秆禁烧政策，加快以用促禁、变废为宝，提高湛江市秸秆综合利用水平，近日，中国热带农业科学院南亚热带作物研究所（简称南亚所）联合广东省湛江市雷州市纪家镇莫宅村委会，在莫宅村"甘蔗叶快速离田制肥技术示范点"开展了甘蔗叶快速离田制肥技术培训及现场观摩会，吸引了莫宅村、双水村等周边村镇上百名村民到现场观看。

培训采取技术讲解与演示观摩相结合的方式进行。培训现场，南亚所杜稔华副研究员、李尊香助理研究员分别介绍了甘蔗叶捡拾粉碎打捆技术和快速离田制肥技术，刘信鹏助理研究员演示了甘蔗叶粉碎打捆田间作业，让村民直观地看到甘蔗叶机械化收集和转化成有机肥的效果。村民纷纷表示，以往甘蔗叶都是粉碎还田或人工收集利用，没想到现在可以直接在田间地头快速转变成肥料，让人大开眼界。

据悉，莫宅村目前种植甘蔗6 000亩，年废弃甘蔗叶约3 000吨。2020年起，南亚所专家作为广东省农业农村科技特派员对接莫宅村，将自身技术优势与乡村条件优势相匹配，针对当地甘蔗叶废弃量大、土壤酸化等问题，因地制宜，探索甘蔗叶高效绿色循环利用新模式，通过3年的努力，集成了"甘蔗叶全量离田＋肥料化＋土壤改良"成套技术并推广应用，不仅解决了大量甘蔗叶处理难题，还促进了有机肥使用，从而改良了土壤、提高了土壤酸碱度和养分。

此次培训，高效展示了甘蔗叶机械化收集和制肥过程，加深了农户对甘蔗叶离田利用的认识和印象，对进一步推动湛江市秸秆离田技术的应用和普及，补齐秸秆肥料化利用技术短板，有效保护和改善生态环境，有力促进湛江市农业生产由传统农业向绿色环保的现代农业转变具有重要意义。

下一步，南亚所将继续开展秸秆综合利用新技术研究与新模式构建，以技术创新引领转变农业发展方式，以模式创新推进"三农"事业建设，带动更多农户成为绿色循环农业的受益者，为热区开展秸秆综合利用提供强有力的科技支撑。

（2023年2月21日）

新快报

湛江市徐闻县曲界镇：科技支撑菠萝产业做强做优

记者朱清海　通讯员张彪　未来3年每年免费提供技术指导1 000亩以上，包括菠萝种苗成熟度选择、土肥水管理、产前调节技术、病虫害防控及品质提升综合技术……近日，在湛江市乡村振兴驻徐闻县曲界镇帮镇扶村工作队（以下简称驻镇帮扶工作队）的大力推动下，曲界镇政府牵手中国热带农业科学院南亚热带作物研究所（以下简称热科院南亚所），就湛江市菠萝优势产区产业园省级财政资金联农带农量化帮扶资金管理使用事宜签订了帮扶协议，为当地菠萝产业做强做优提供有力的科技支撑。

曲界镇菠萝种植面积接近11万亩，约占全县的1/2，"愚公楼菠萝"被认定为国家地理标志保护产品，"菠萝的海"被评为"广东十佳最美农田"……据驻镇帮扶工作队介绍，曲界镇作为徐闻菠萝乃至中国菠萝的主要产区之一，全镇菠萝产业总值由2020年的13.46亿元增至2021年的14.40亿元。曲界镇坚持多措并举，构建徐闻菠萝产业高质量发展体系，同时通过做强"党建＋产业联盟"链，促进菠萝产业转型提质升级。目前，曲界镇"菠萝的海"成为广东乃至全国的"网红打卡地"。

为全面贯彻落实全省现代农业产业园建设工作，根据《广东省实施乡村振兴战略规划（2018—2022年）》等文件精神，充分发挥湛江市优势产区产业园聚集资源、培育产业、提供就业、助力乡村振兴的重要作用，更好地发挥省级财政资金的联农带农作用，驻镇帮扶工作队积极推动曲界镇与热科院南亚所就湛江市菠萝优势产区产业园省级财政资金联农带农量化帮扶资金管理使用事宜达成共识，并签订了帮扶协议。

驻镇帮扶工作队通过前期调研了解到，曲界镇从事菠萝生产经营活动的农业龙头企业、合作社、家庭农场等新型经营主体共有80多家，还涌现了一大批流转国有农场土地、镇村集体农场土地与农户土地的种植大户，通过发展规模化、设施化种植，提升了当地菠萝种植的现代化水平。值得一提的是，近几年，菠萝产业不断发展壮大，吸引青年纷纷回乡创新创业，为菠萝产业的发展注入了新的活力。

"推广菠萝新品种，我们一直在做。"驻镇帮扶工作队副队长张彪告诉《新快报》记者，菠萝产业作为曲界镇的特色优势主导产业，目前当地种植品种多为'巴厘'，在种植管理上趋于粗放型，而更受欢迎的凤梨品种对种植要求则趋于精细化，产品口感更好、市场效益更高。热科院南亚所长期扎根徐闻，多年来持续向曲界镇选派菠萝方面的专家、科技特派员和驻镇工作队员，通过品种和技术的改良，改善当地菠萝的种植结构、抗病虫性、风味品质；通过培训菠萝种植户专业知识和技能，聚焦"三品一标"，全面助力菠萝产业的健康可持续发展。

"通过持续开展科技帮扶，有针对性地提供技术指导，可以有效促进菠萝增产、农户增收。"张彪表示，根据帮扶协议，该项目建成后，热科院南亚所在未来3年内每年可向曲界镇免费提供技术指导1 000亩以上，提供的关键技术主要包括菠萝种苗选择、土肥水管理、产前调节技术、病虫害防控及品质提升综合技术等，充分把脉曲界镇菠萝产业发展短板，通过科技支撑曲界镇菠萝产业发展，助力乡村振兴。

（2022年4月7日）

南方＋

甘蔗轻骑兵"寻师问道"，探索糖料蔗工农商共赢发展路径！

通讯员 蒋姣丽　通讯员 苏俊波　近日，由甘蔗全程机械化轻骑兵工作站（湛江君实糖业有限公司）负责人发起，中国热带农业科学院南亚热带作物研究所苏俊波博士带队，组织和糖厂农务部、种蔗大户、农业专业合作社等代表共9人，赴广西1个甘蔗育种基地、3个规模化甘蔗生产基地开展为期3天的考察学习。代表们学习了先进适用的甘蔗规模化种植技术、合作社机械化托管服务经验、糖厂经营管理模式，深刻转变了他们传统的甘蔗种植观念。

在全党上下深入开展学习贯彻习近平新时代中国特色社会主义思想主题教育之际，甘蔗全程机械化轻骑兵工作站以本次主题教育为契机，深入农村开展问卷调查研究工作后，在调查的基础上深入研究，总结甘蔗机收推进困难的问题根源，转变推广服务方式，尝试从具备一定影响力的合作社和种植大户入手，通过组团参观学习省外先进的规模化种植和机艺融合生产管理经验，对比分析甘蔗机械化生产的成本和效益，让合作社和种植大户深切体会传统种植模式与科学管理的差距，自发从主观上接受宜机化品种的推广应用。

这也是湛江君实糖业有限公司成立甘蔗全程机械化轻骑兵工作站以来，首次尝试联合甘蔗育种专家，探索一条工农商共赢的现代化农业发展路径。

要"问道",先"找标杆",聚焦问题察实情

代表们通过参观中国热带农业科学院南亚热带作物研究所甘蔗新品种试验示范基地的甘蔗实生苗培育,了解到甘蔗从亲本选择、杂交、实生苗培育再到大田单株的筛选等,产生新品种的过程一般要8~10年,对育种工作的倾心付出有了深层次的理解。在东亚糖厂甘蔗"现代农场"考察过程中发现,通过部署安装智能化灌溉系统,采用机械化起垄种植方式,只需要6人就能将5 000亩连片蔗地管理得井井有条,而且产量超过7吨/亩。

据广西久洋禾农业科技有限公司基地负责人介绍,该公司6 000亩全程机械化甘蔗示范基地全部采用"甘蔗新品种+健康种苗+水肥药一体化管理+全程机械化"模式生产,2022年单产达7.5吨/亩,宿根年限超过4年。广西洋浦农业科技发展有限公司采取"宜机化甘蔗品种+标准化种植+社会化服务+全程机械化"生产模式,实现由18名固定管理人员,即可管理11万亩甘蔗基地,成为我国甘蔗规模化生产的标杆。

要"看病",先"学开方",着眼实际出实招

经过几天的集中学习和讨论,代表们纷纷悟出了自身工作的差距和解决办法。

宽行距种植是开展机械化生产的先决条件。代表们考察时发现,宽行距种植模式下,可采用拖拉机进行培土施肥,投入化肥成本450元/亩,就可以达到7吨以上的产量,且单机作业可达120亩/天;而在窄行距种植模式下,只能采用人工施肥,投入化肥成本800元/亩以上,才能达到7吨以上的产量,且每人作业量只有5~6亩/天。考察的3个规模化的示范基地均采用1.3米+0.4米(或0.5米)的宽窄行种植,为大马力的拖拉机进入蔗田进行田间管理和机械化收获提供了便利。

构建新型生产关系才能解决当前甘蔗生产实际问题。规模化生产需要专业的农资供应商、种苗供应链和农机服务组织,还需要制糖企业的支持。这些新型的生产关系相互配合和支撑,是甘蔗规模化生产的标配。正如洋浦农业公司的管理人员介绍:"我只需要打2个电话,就可以买到250吨的种苗,50吨的甘蔗专用肥,调来20台甘蔗种植机,一天可以轻轻松松地完成500亩甘蔗的种植。"

要"察实盼",先"解实需",问题导向谋实策

在甘蔗全程机械化轻骑兵工作站乡村行的系列调查中发现甘蔗生产中存在各种矛盾与问题,如种甘蔗成本高但较其他作物风险较低,种甘蔗可旱涝保收但收益小,自有土地只适宜种甘蔗但家庭劳动力趋于老龄化等。广东省的糖料甘蔗种植规模从2012

年的 180 万亩减少到了 2022 年的 100 万亩，蔗农的种蔗意愿正在逐年递减，其根本原因是种甘蔗不赚钱。新植蔗每亩生产成本接近 3 000 元，按照每吨甘蔗 500 元收购价计，需要亩产 6 吨才能保本，而在粗犷型种植模式下，甘蔗亩产基本在 6 吨以下。

探寻一种"规模化＋机械化"种植模式，才能大幅度降低甘蔗生产成本，将甘蔗产业引入可持续发展之路，让那些不得不种甘蔗的人轻松种蔗，让糖厂持续健康经营，保障我国蔗糖自给自足。甘蔗全程机械化轻骑兵工作站对调查的问题进行总结并深入分析，做好长远项目规划，力求为解决蔗农急难愁盼问题找出良策。

（2023 年 5 月 15 日）

湛江日报

湛江水果界的顶流为啥这么金贵

记者陈纪臻、张锋锋　通讯员姚全胜　中国热带农业科学院南亚热带作物研究所的芒果育种专家姚全胜介绍说，覃斗镇位于雷州半岛西南部，属典型的亚热带海洋性季风气候，气温高，光照足，雨水少，湿度低。独特的火山岩土壤通透性好，富含有机质及中微量元素，地下水资源丰富，水质清洁无污染，十分适合芒果等热带水果生长。

在此环境下，出产的覃斗芒果甜度可达 20 度以上，其中，覃斗"蛋芒"甜度甚至可达 23 度，而市面上普通芒果的甜度仅 18 度左右。除甜度高，覃斗芒果还具有核小肉厚、味独特、纤维少、可食率高、耐贮藏等特点，深受各地消费者喜爱。

"覃斗的气候条件其他地方无法复制，芒果种植有得天独厚的优势，有时遇到阴雨天气，影响覃斗芒果的花期，就会出现产量低的情况，价格自然也会高些。"姚全胜说，每年上市期间覃斗芒果行情都十分火爆，经常出现供不应求的局面。

"市面上并不是所有'蛋芒'都是覃斗芒果，该品种被称为'椰香芒'，海南、广西、攀枝花等地方皆有种植，由于覃斗的独特气候，芒果口感要更好一些。"姚全胜说。

一直以来，稳定且出众的口感品质，让覃斗芒果在消费群体中树立起良好的口碑，而这离不开雷州市委、市政府与覃斗镇为维护芒果品质所付出的努力。

自 2020 年起，覃斗镇创新引进覃斗芒果防伪标识、溯源码，实现了从种植到采摘、销售各个环节的质量把控，确保覃斗芒果品质达标、口感出众。此外还对品质等级、产品包装、指导价格等进行规范明示，切实维护消费者权益。

为持续推动覃斗芒果品质提升、产业升级，覃斗镇举办了2023年芒果种植技术培训班，邀请业内权威专家，以线上线下培训形式，讲授种植管理、品牌打造、电商销售、直播带货等有关课程，引导农民、企业规范种植管理、重视品牌打造，共同维护覃斗芒果的口碑。

（2023年5月19日）

四 合作交流

徐闻菠萝首单出口RCEP成员国新加坡发车！

记者黄楚璇 通讯员黄炳钰 2月23日，徐闻菠萝对接RCEP（区域全面经济伙伴关系协定）出口新加坡发车仪式在徐闻县诺香园农产品专业合作社基地举行，一箱箱整齐码放的金钻凤梨整装待发。这批重达5吨的徐闻金钻凤梨将被运到深圳，从蛇口口岸经海运出口到新加坡。"理想状态下，从田地到超市最快8天，其中海运大约4～5天。"厦门国贸农产品有限公司副总经理谢智谋介绍。

"徐闻菠萝对接RCEP出口新加坡正式发车！"徐闻县委书记罗红霞宣布，满载徐闻菠萝的货车出发，宣告徐闻菠萝首单出口RCEP成员国新加坡正式启动。这也是徐闻县委书记罗红霞、县长梁琼荣写信邀请全球采购商采购菠萝、与国际采购商线上联系后，成功"拿下"的徐闻菠萝出口第一单。

"12221"工作组走进"菠萝的海"、徐闻菠萝营销座谈会、出口新加坡……一项接着一项工作的落地，彰显广东省推动徐闻菠萝走向世界的决心。湛江市农业农村局局长莫植贵表示，这是徐闻菠萝全面对接RCEP、推动建设"12221"市场体系建设的具体举措。据了解，2021年徐闻菠萝出口俄罗斯、日本、吉尔吉斯斯坦、阿联酋迪拜等国家和地区约530吨，出口规模持续扩大。

"本次出口新加坡发车仪式的举办，标志着徐闻菠萝以'中国菠萝'的身份，正式进入 RCEP 成员国，成为中国与 RCEP 成员国家双边贸易的新亮点。"罗红霞表示，希望将徐闻菠萝打造成"宣传果""友谊果"和"共赢果"，不断开拓国际市场。

作为本次徐闻菠萝出口新加坡的采购商，厦门国贸农产品有限公司具备通达全球的农产品贸易资源和物流体系，充分发挥自身的专业优势和资源渠道，将中国优质农产品推向 RCEP 市场。

"菠萝在新加坡当地很受欢迎，我们积极接洽新加坡当地的优质水果商和物流企业安排预售等工作，确保徐闻菠萝到达新加坡后，能够在最佳的赏味期内到达消费者手中。"谢智谋表示，本次出口是厦门国贸农产品有限公司助力徐闻菠萝闯关 RCEP 的第一步，后续将为徐闻菠萝进入更大的海外市场铺设桥梁。此外，线上销售将通过海鹨电商平台进行预售和物流配送。

发车仪式现场，中国热带农业科学华南亚热带作物研究所所长杜丽清、国际标准化专家、仲恺农业工程学院机电学院院长丁力行教授，仲恺农业工程学院农产品国际品牌专家尧优生副教授等专家，分别针对菠萝种植、菠萝 RCEP 供应链标准、徐闻菠萝国际品牌营销等有关问题提出建设意见，共同助力徐闻菠萝香飘四海。

本次活动在广东省农业农村厅的指导下，由广东省农业对外经济与农民合作促进中心、湛江市农业农村局、徐闻县人民政府主办，徐闻县农业农村局、仲恺农业工程学院、新华网广东有限公司、南方农村报承办。

（2022 年 2 月 23 日）

南方+

跨国合作！这份备忘录开启农业合作新旅程

记者林露　通讯员黄炳钰　3 月 31 日上午，中国热带农业科学院南亚热带作物研究所（以下简称南亚所）和老挝农业与林业部种植司（以下简称老挝农林部种植司）、阳光嘉润（老挝）农业发展有限公司（以下简称阳光嘉润）的农业技术国际合作谅解备忘录签署仪式在老挝首都万象举行。

在合作谅解备忘录约定的内容框架下，各方将积极响应"一带一路"倡议，在前期友好合作的基础上，围绕共同感兴趣的农业科技领域开展深度合作，让热带农业全产业链生产研究完成转化应用，加快构建两国农业国际合作新格局。

农业技术国际合作谅解备忘录签署现场

同时，各方将以阳光嘉润（老挝）生态农业产业项目为依托，推动建设国家级农业示范基地、建立热带农作物种质资源库、建立热带农业科学研究和试验项目、建立老挝农业培训中心、建立相关农产品种植标准和规范等多领域目标计划的实现，并深化合作、验证成果；持续推动两国在农业科技、农业投资、农业贸易、农业产业等领域的绿色创新与发展；推进两国农业现代化进程，抓好农业关键技术攻关、人才培养和成果转化等重点任务，帮助两国培养更多研究型、发展型人才的同时，构建更加紧密的命运共同体，打造现代化农业发展的科技高地、人才高地、产业高地、经贸高地。

下一步，三方表示将在合作中积极实现资源共享、科技共享，主动推动相关合作的深入发展，做到各方专家合作交流互通有无，让两国的农业发展，在高速推进合作的过程中，实现生态效益、经济效益、社会效益的稳步增长，为两国的友好往来添砖加瓦。

据悉，早在 2021 年，南亚所与阳光嘉润多次交流并达成合作意向，双方均表示应主动对接国家需求，共同开拓海外农业科技工作，更好服务"一带一路"倡议。2021 年 12 月，南亚所派出专家在老挝执行为期 1 个月的勘测指导任务，并与老挝农林部种植司、阳光嘉润进行了深度交流和探讨。

（2022 年 3 月 31 日）

光明网

中国热科院南亚所和老挝等签署农业技术国际合作谅解备忘录

记者武玥彤 通讯员黄炳钰 3月31日上午,中国热带农业科学院南亚热带作物研究所(以下简称南亚所)和老挝农业与林业部种植司(以下简称老挝农林部种植司)、阳光嘉润(老挝)农业发展有限公司(以下简称阳光嘉润)的农业技术国际合作谅解备忘录签署仪式在老挝首都万象举行。

南亚所所长杜丽清(线上参加)、老挝农林部种植司副司长万添·彭玛苏林、阳光嘉润总经理谢飞作为三方代表,在四川省副省长杨兴平、中国驻老挝使馆经济商务处参赞赵文宇、四川省贸促会会长黄莉、老挝投资计划部副部长康占·翁森本、老中合作委员会副主席塞萨纳·西提蓬、老挝农林部种植司司长本占·康本亚斯等相关人员的见证下签订了本次合作谅解备忘录。

在合作谅解备忘录约定的内容框架下,各方将积极响应"一带一路"倡议,在前期友好合作的基础上,围绕共同感兴趣的农业科技领域开展深度合作,让热带农业全产业链生产研究完成转化应用,加快构建两国农业国际合作新格局。同时,各方将以阳光嘉润(老挝)生态农业产业项目为依托,推动建设国家级农业示范基地、建立热带农作物种质资源库、建立热带农业科学研究和试验项目、建立老挝农业培训中心、建立相关农产品种植标准和规范等多领域目标计划的实现,并深化合作、验证成果;持续推动两国在农业科技、农业投资、农业贸易、农业产业等领域的绿色创新与发展;推进两国农业现代化进程,抓好农业关键技术攻关、人才培养和成果转化等重点任务,帮助两国培养更多研究型、发展型人才的同时,构建更加紧密的命运共同体,打造现代化农业发展的科技高地、人才高地、产业高地、经贸高地。用中国智慧赋能两国农业发展,促进区域经济与生态环境保护的协调统一。

下一步,三方表示将在合作中积极实现资源共享、科技共享,主动推动相关合作的深入发展,做到各方专家合作交流互通有无,让两国的农业发展,在高速推进合作的过程中,实现生态效益、经济效益、社会效益的稳步增长,为两国的友好往来添砖加瓦。

据悉,早在2021年,南亚所与阳光嘉润多次交流并达成合作意向,双方均表示应主动对接国家需求,共同开拓海外农业科技工作,更好服务"一带一路"倡议。在2021年12月,南亚所派出专家在老挝执行为期1个月的勘测指导任务,并与老挝农林部种植司、阳光嘉润进行了深度交流和探讨。

(2022年3月31日)

人民日报

中国热科院与老挝农林部、在老中资企业签署国际合作谅解备忘录 推动热带农业国际合作

记者曹文轩　通讯员黄炳钰　3月31日，中国热带农业科学院南亚热带作物研究所（以下简称南亚所）和老挝农业与林业部种植司（以下简称老挝农林部种植司）、阳光嘉润（老挝）农业发展有限公司（以下简称阳光嘉润）的农业技术国际合作谅解备忘录签署仪式在老挝首都万象举行。三方代表，中老政府要员，共同见证了本次合作谅解备忘录的签订。

在合作谅解备忘录约定的内容框架下，各方将积极响应"一带一路"倡议，在前期友好合作的基础上，围绕共同感兴趣的农业科技领域开展深度合作，推动热带农业全产业链生产研究完成转化应用，加快构建两国农业国际合作新格局。

未来，各方将以阳光嘉润（老挝）生态农业产业项目为依托，推动建设国家级农业示范基地、建立热带农作物种质资源库、建立热带农业科学研究和试验项目、建立老挝农业培训中心、建立相关农产品种植标准和规范等多领域目标计划的实现，并深化合作、验证成果；持续推动两国在农业科技、农业投资、农业贸易、农业产业等领域的绿色创新与发展；推进两国农业现代化进程，抓好农业关键技术攻关、人才培养和成果转化等重点任务，帮助两国培养更多研究型、发展型人才的同时，构建更加紧密的命运共同体，打造现代化农业发展的科技高地、人才高地、产业高地、经贸高地。用中国智慧赋能两国农业发展，促进区域经济与生态环境保护的协调统一。

三方表示，将在合作中积极实现资源共享、科技共享，主动推动相关合作的深入发展，做到各方专家合作交流互通有无，让两国的农业发展，在高速推进合作的过程中，实现生态效益、经济效益、社会效益的稳步增长，为两国的友好往来添砖加瓦。

（2022年4月2日）

湛江新闻网

南亚所和老挝签订农业技术合作谅解备忘录

记者陈荔雅　通讯员黄炳钰　3月31日上午，中国热带农业科学院南亚热带作物研究所（以下简称南亚所）和老挝农业与林业部种植司（以下简称老挝农林部种植司）、阳光嘉润（老挝）农业发展有限公司在老挝首都万象签订了农业技术国际合作谅解备忘录。

根据合作谅解备忘录约定，各方将积极响应"一带一路"倡议，围绕农业科技领域开展深度合作，让热带农业全产业链生产研究完成转化应用，加快构建两国农业国际合作新格局。同时，以生态农业产业项目为依托，推动建设国家级农业示范基地、建立热带农作物种质资源库、建立热带农业科学研究和试验项目、建立老挝农业培训中心、建立相关农产品种植标准和规范等多领域目标计划的实现，并深化合作、验证成果。合作三方携手持续推动两国在农业科技、农业投资、农业贸易、农业产业等领域的绿色创新与发展，推进两国农业现代化进程，抓好农业关键技术攻关、人才培养和成果转化等重点任务，帮助两国培养更多研究型、发展型人才，构建更加紧密的命运共同体，打造现代化农业发展的科技高地、人才高地、产业高地、经贸高地。

三方达成共识，将在合作中积极实现资源共享、科技共享，主动推动相关合作的深入发展，做到各方专家合作交流互通有无，让两国的农业发展，在高速推进合作的过程中，实现生态效益、经济效益、社会效益的稳步增长，为两国的友好往来添砖加瓦。

（2022年3月31日）

中国农网

中国热科院南亚所加大与老挝农业国际合作

记者操戈、邓卫哲　通讯员黄炳钰　近日，中国热带农业科学院南亚热带作物研究所（以下简称南亚所）和老挝农业与林业部种植司（以下简称老挝农林部种植司）、阳光嘉润（老挝）农业发展有限公司（以下简称阳光嘉润）在老挝首府万象签署农业技术国际合作谅解备忘录，科技支撑老挝农业高质量发展。

南亚所所长杜丽清介绍，在合作谅解备忘录框架下，各方将积极响应"一带一路"倡议，在前期友好合作的基础上，围绕共同感兴趣的农业科技领域开展深度合作，使热带农业全产业链生产研究完成转化应用，加快构建两国农业国际合作新格局。

同时，各方将以阳光嘉润（老挝）生态农业产业项目为依托，推动建设国家级农业示范基地、建立热带农作物种质资源库、建立热带农业科学研究和试验项目、建立老挝农业培训中心、建立相关农产品种植标准和规范等多领域目标计划的实现，并深化合作、验证成果；持续推动两国在农业科技、农业投资、农业贸易、农业产业等领域的绿色创新与发展；推进两国农业现代化进程，抓好农业关键技术攻关、人才培养和成果转化等重点任务，帮助两国培养更多研究型、发展型人才的同时，构建更加紧密的命运共同体，打造现代化农业发展的科技高地、人才高地、产业高地、经贸高地。用中国智慧赋能两国农业发展，促进区域经济与生态环境保护的协调统一。

下一步，三方将在合作中积极实现资源共享、科技共享，主动推动相关合作的深入发展，做到各方专家合作交流互通有无，让两国的农业发展，在高速推进合作的过程中，实现生态效益、经济效益、社会效益的稳步增长，为两国的友好往来添砖加瓦。

据悉，早在2021年，南亚所与阳光嘉润多次交流并达成合作意向，双方均表示应主动对接国家需求，共同开拓海外农业科技工作，更好服务"一带一路"倡议。在2022年12月，南亚所派出专家在老挝执行为期1个月的勘测指导任务，并与老挝农林部种植司、阳光嘉润进行了深度交流和探讨。

（2022年4月3日）

农民日报

中国热科院南亚所加大与老挝农业国际合作

记者操戈、邓卫哲 通讯员黄炳钰 近日，中国热带农业科学院南亚热带作物研究所（以下简称南亚所）和老挝农业与林业部种植司（以下简称老挝农林部种植司）、阳光嘉润（老挝）农业发展有限公司（以下简称阳光嘉润）在老挝首府万象签署农业技术国际合作谅解备忘录,科技支撑老挝农业高质量发展。

南亚所所长杜丽清介绍,在合作谅解备忘录框架下,各方将积极响应中国政府"一带一路"倡议,在前期友好合作的基础上,围绕共同感兴趣的农业科技领域开展深度合作,让热带农业全产业链生产研究完成转化应用,加快构建两国农业国际合作新格局。

同时,各方将以阳光嘉润(老挝)生态农业产业项目为依托,推动建设国家级农业示范基地、建立热带农作物种质资源库、建立热带农业科学研究和试验项目、建立老挝农业培训中心、建立相关农产品种植标准和规范等多领域目标计划的实现,并深化合作、验证成果;持续推动两国在农业科技、农业投资、农业贸易、农业产业等领域的绿色创新与发展;推进两国农业现代化进程,抓好农业关键技术攻关、人才培养和成果转化等重点任务,帮助两国培养更多研究型、发展型人才的同时,构建更加紧密的命运共同体,打造现代化农业发展的科技高地、人才高地、产业高地、经贸高地。用中国智慧赋能两国农业发展,促进区域经济与生态环境保护的协调统一。

下一步,三方将在合作中积极实现资源共享、科技共享,主动推动相关合作的深入发展,做到各方专家合作交流互通有无,让两国的农业发展,在高速推进合作的过程中,实现生态效益、经济效益、社会效益的稳步增长,为两国的友好往来添砖加瓦。

据悉,早在2021年,南亚所与阳光嘉润多次交流并达成合作意向,双方均表示应主动对接国家需求,共同开拓海外农业科技工作,更好服务"一带一路"倡议。在2022年12月,南亚所派出专家在老挝执行为期1个月的勘测指导任务,并与老挝农林部种植司、阳光嘉润进行了深度交流和探讨。

(2022年4月3日)

光明科普云

光明网携手热科院南亚所　共促热带农业科普创作

记者武玥彤　通讯员黄炳钰　4月24日,中国热带农业科学院南亚热带作物研究所(以下称南亚所)与光明网举行合作签约仪式。双方将发挥各自领域影响力及资源优势,联手打造热带农业科普创作基地,携手助力热带特色高效农业高质量发展。

党的二十大报告将科普作为提高全社会文明程度的重要举措，强调"培育创新文化，弘扬科学家精神，涵养优良学风，营造创新氛围""健全基本公共服务体系，提高公共服务水平""加强国家科普能力建设"，这一系列重要论述为加强新时期科普工作指明了方向。

此次合作，双方拟围绕农业科普、乡村振兴、新媒体人才培养、科技服务支撑乡村振兴等工作，充分发挥国家级科研机构和主流媒体优势，通过"科研机构＋主流媒体"合作机制，推动科技工作者发挥自身优势和专长，积极参与和支持科普事业，共同提升热带农业优质科普内容供给能力，打造热带农业科普品牌。

此外，双方将共同设立"科普中国 智惠农民"热带农业科普创作基地，组建高水平的热带农业科普专家团队、作者队伍、传播力量，共同讲好新时代农业强国、乡村振兴故事。

（2022年4月26日）

中国新闻网

在金融危机国家助农是什么体验？
专访"中国－FAO－斯里兰卡南南合作"项目团队队长

记者王晓斌　通讯员孙德权　在中国、斯里兰卡与联合国粮食及农业组织（FAO）"南南合作"的"改善斯里兰卡重点水果价值链的生产和商业化"项目下，一群中国热带农业专家正在斯里兰卡开展农业援助，旨在改进和提高该国热带水果的生产和商业化，特别是增强香蕉、芒果、菠萝的价值链。

近年来，由于国际国内种种原因，斯里兰卡的经济支柱产业旅游业和农产品出口都严重受挫，斯里兰卡政府于2022年7月5日宣布国家破产。在身陷金融危机的国家助农是什么体验？近日，记者连线项目团队队长孙德权，一窥这段充满艰辛、真诚与感动的农业异国援助之行。

孙德权是中国热带农业科学院（以下简称热科院）南亚热带作物研究所副研究员，从事热带果树种质资源收集、鉴定、果树栽培育种工作26年，主持和参与省部级科研项目10多项，发表科技论文30篇，获得专利授权6项，育成香蕉新品种2个。

虽然心里有预想，到达后还是有点冲击

"作为一名农业工作者，我深知农业发展对农民、对国家的重大意义，能代表中国用先进的农业技术服务世界、造福人类，将是我一生最宝贵的经历。"孙德权告诉记者，当初一了解到"改善斯里兰卡重点水果价值链的生产和商业化"项目，马上就报了名。

换乘、转机，从太平洋沿岸地区飞抵印度洋岛屿当地机场后，"虽然心里有预想，但真正到达后还是有点冲击。"孙德权坦承，当面包车缓缓从简陋的机场驶出，由于缺乏路灯、反光条等设施，高速路一片漆黑，因此一些专家忍不住嘀咕："前行的路会不会更黑，援助之行会不会更难？"

随后，简陋的住宿、频繁的停电、昂贵的生活用品、语言文化与饮食差异、工作方式不同等一个个挑战接踵而来。刚到当地的前两周，孙德权和另外一位专家组成员就"首阳"了，还有两位专家"复阳"。孙德权说，初期专家组成员在斯里兰卡国内出差、田间调研过程中，因为饮食、气候环境等不适应，"基本上都有过上吐下泻、发热无力、不得不卧床休息几天的经历"。

当地老百姓与我们见面时总是面带微笑

艰苦的环境与身体的不适让专家们身心饱受折磨，所幸当地科技人员和农民的真诚与微笑驱散了阴霾。"当地老百姓非常淳朴，与我们见面时总是面带微笑，科技人员和农民也都很尊敬中国专家，乐于在生活上帮助和照顾我们。"孙德权开心地说道。在当地人民的帮助下，专家组很快克服了种种困难，投入援助工作中。

孙德权说，专家组9位队员来自中国热科院麾下不同研究所以及华中农业大学、福建省农业科学院等单位，各有"一技之长"的专家根据各自的专业领域、专业特长，进行分工与协作。9位专家分布在3个不同的驻地，每天都会在微信群里沟通交流工作方面的问题，每半个月举行一次线上视频会议总结阶段性的工作成果，讨论安排下一步工作。

孙德权介绍，到达斯里兰卡2个多月以来，项目组专家走访了70多个香蕉、芒果、菠萝种植园，20多个水果销售市场以及10多家水果加工企业，实地了解种植品种、种植规模、田间管理、平均亩产、贮藏加工、销售渠道和销售价格等，为当地热带水果产业找"病灶"、查"病因"、挖"病根"。

针对当地种植规模普遍较小、种植品种较多、技术水平落后、田间管理不到位等"病因"，专家组采取组培苗种植示范、标准化栽培技术推广、果品贮运环节技术指导、研究和制定出口标准等"综合疗法"。

中国热区科研力量造福广大发展中国家

斯里兰卡是中国长期友好国家和稳定的合作伙伴，两国均在农业领域具有悠久历史和良好基础。1952年，中国与斯里兰卡就签署了《米胶协定》，从大米和橡胶开始，开启了中斯两国在各领域的友好往来。斯里兰卡当前面临严重的经济危机，项目组专家面对的不单是农业技术问题，还有生产资料供给问题。

"化肥、农药普遍短缺，水果套袋等我们中国常见的种植园耗材更是难寻。"孙德权说。专家们正在为中斯两国的农业企业搭建桥梁，为质优价廉的生产资料进入斯里兰卡铺平道路。"中国在香蕉、芒果和菠萝等水果的安全、高质、高效生产方面，既有技术储备，也有丰富的生产资料供给，这些都可提升斯里兰卡当地水果在国际市场上的竞争力。"

孙德权介绍，中国热带作物的科研水平、科研力量均处世界领先地位。在热科院领衔下，近年来，中国的橡胶、沉香、木薯、香蕉、芒果、菠萝等诸多种类热带作物，在良种培育、栽培技术等方面取得了关键进展，既丰富了中国人的"果盘子"，也为世界热带农业发展贡献了力量。

孙德权说，中国专家在斯里兰卡的付出目前已初见成效。调研过程中部分果园发现的病虫害已得到有效控制；合理水肥管理后，果树恢复了应有的生机，长势喜人。当地果农、科技人员、政府部门都充分认可中国专家的工作。

"相信在各方支持下，在专家们的共同努力下，我们一定能与斯里兰卡人民携手耕种出丰收图景，书写好两国深厚友谊。"尽管工作繁忙，孙德权等专家们每周都会形成中英文工作简报向各界汇报工作安排和进展。"我们希望通过不间断的简报，更好地记录、推进农业研究与落地转化工作。当然，如果这些工作经历、感悟也能为其他国家和地区的农业工作者提供一点灵感、一点思路，那就更好了。"孙德权笑着说。

（2022年4月20日）

湛江新闻网

"岭你南行"社会实践队活动启动

记者陈振园、陈荔雅　通讯员王姬　6月28日，岭南师范学院的"岭你南行"社会实践队活动正式启动，这支由生命科学与技术学院、化学化工学院、体育科学学院学生组成的大学生暑期实践队伍将在中国热带农业科学院南亚热带作物研究所开展为期 10 天的暑期社会实践活动。

在校内外导师的指导下，实践队伍将立足于研究所及湛江的农业资源禀赋，充分发挥"科研机构＋高校＋主流媒体"合作机制优势，围绕农业科普、乡村振兴、新媒体人才培养、社会服务等工作开展社会实践，展示湛江农业研究、农业产业成果，让更多普通民众了解农业科学，吸引更多人投身农业科学研究队伍。

（2022 年 6 月 28 日）

学习强国

岭南师范学院："岭你南行"社会实践队活动启动

记者陈振园、陈荔雅　通讯员黄炳钰　6 月 28 日，岭南师范学院的"岭你南行"社会实践队活动正式启动，这支由生命科学与技术学院、化学化工学院、体育科学学院学生组成的大学生暑期实践队伍，将在中国热带农业科学院南亚热带作物研究所开展为期 10 天的暑期社会实践活动。

（2022 年 6 月 29 日）

湛江日报

吴川黄坡镇与南亚所签订乡村振兴战略科技合作框架协议
以科技创新赋能乡村振兴

记者陈荔雅　通讯员王姬　7 月 5 日，湛江吴川市黄坡镇与中国热科院南亚热带作物研究所（简称南亚所）签订乡村振兴战略科技合作框架协议，携手推动科技成果与乡村产业发展深度融合，以科技创新赋能乡村振兴，高质量推进"百县千镇万村工程"。

近年来，依托 8 万多亩耕地，黄坡镇逐步推进农业现代化建设，因地制宜发展特色产业。2021年起，南亚所通过农村科技特派员服务工作契机，与黄坡镇建立联系，积极推动农业科技与乡村振兴发展深度融合，促成草畜一体化项目落地，协助申报"一村一品产业"项目，并邀请驻镇工作队、村委会干部及种植养殖户130余人到南亚所科研基地培训学习，提高农业现代化种植养殖及管理水平。

目前，双方在黄坡镇共建了乡村振兴科技服务中心。双方将进一步推动优势互补，在乡村振兴项目策划与辅导、乡村振兴政策宣传、农村人居环境规划设计、新品种新技术引进与示范推广、高素质农民技能培训、新型农业经理人培育、农技人员培训等方面进行合作，携手推进农业产业转型升级，助力乡村产业振兴和农民增收致富，让黄坡镇走出一条集约、高效、安全、持续的现代农业发展道路。

（2022年7月6日）

学习强国

湛江：吴川市黄坡镇与南亚所签订乡村振兴战略科技合作框架协议

记者陈荔雅　通讯员黄炳钰　7月5日，湛江吴川市黄坡镇与中国热科院南亚热带作物研究所（简称南亚所）签订乡村振兴战略科技合作框架协议，携手推动科技成果与乡村产业发展深度融合，以科技创新赋能乡村振兴，推进"百县千镇万村高质量发展工程"。

近年来，黄坡镇依托8万多亩耕地，逐步推进农业现代化建设，因地制宜发展特色产业。2021年起，南亚所通过农村科技特派员服务工作契机，与黄坡镇建立联系，积极推动农业科技与乡村振兴发展深度融合，促成草畜一体化项目落地，协助申报"一村一品产业"项目，并邀请驻镇工作队、村委会干部及种植养殖户130余人到南亚所科研基地培训学习，提高农业现代化种植养殖及管理水平。

目前，双方在黄坡镇共建了乡村振兴科技服务中心。双方将进一步推动优势互补，在乡村振兴项目策划与辅导、乡村振兴政策宣传、农村人居环境规划设计、新品种新技术引进与示范推广、高素质农民技能培训、新型农业经理人培育、农技人员培训等方面进行合作，携手推进农业产业转型升级，助力乡村产业振兴和农民增收致富，让黄坡镇走出一条集约、高效、安全、持续的现代农业发展道路。

（2022年7月6日）

新华社

发展中国家热带水果生产与加工技术培训班在广东举办

记者熊嘉艺　通讯员黄炳钰、魏茹丹　8月8日，发展中国家热带水果生产与加工技术培训班在广东省湛江市开班，来自多米尼克、古巴、特立尼达和多巴哥、柬埔寨、斯里兰卡、毛里求斯、巴基斯坦、乌干达共8个国家的34位学员将参加为期25天的培训。

据了解，该培训班由商务部[①]主办，中国热带农业科学院承办，旨在向发展中国家从事热带水果生产加工技术研究与管理的政府官员、科研人员介绍中国热带作物栽培、农产品加工及农业机械等方面的情况，同时听取参训学员对双方热带农业合作的建议。

中国热带农业科学院副院长刘国道介绍，中国热带农业科学院拥有专业的热带水果种植与加工团队，建有热带特色食品加工基础数据库，热带食品精深加工关键技术在芒果、菠萝等热带特色农产品加工领域得到突破与应用，为热带特色食品加工产业发展提供了技术支撑。

一些培训班学员表示，这是个很好的机会，能够接触和学习中国的热带水果保鲜和加工技术。这些技术对于热带国家特别是发展中国家十分重要，希望能与中国一道共同解决世界面临的粮食问题。

农业是大多数发展中国家的支柱产业。近年来，随着"一带一路"倡议的实施，中国与热区发展中国家在热带农业科技方面开展了广泛的合作。

中国热带农业科学院南亚热带作物研究所所长杜丽清介绍，南亚所近年共派出12个团组、50人次前往巴西、老挝、越南、坦桑尼亚、柬埔寨等国开展技术援助、交流考察和科技平台建设等活动，通过技术培训班开展热带作物栽培、农产品加工等技术培训，有效促进各国在热带农业新技术领域的广泛交流与合作，提高发展中国家热带农业生产和加工技术水平。

（2022年8月10日）

[①]　编者注：中华人民共和国商务部，简称商务部。

8国学员，为期25天！这个关于热带水果的培训班在湛开班

记者林露 通讯员王姬、魏茹丹 8月8日，发展中国家热带水果生产与加工技术培训班在广东湛江开班。来自多米尼克、古巴、特立尼达和多巴哥、柬埔寨、斯里兰卡、毛里求斯、巴基斯坦、乌干达共8个国家的34位学员将在此参加为期25天的培训。

该培训班由商务部主办，中国热带农业科学院（以下简称热科院）承办，中国热带农业科学院南亚热带作物研究所（以下简称南亚所）负责实施。热科院副院长刘国道、南亚所所长杜丽清、热科院农产品加工研究所所长李积华出席开班仪式并致辞，热科院国际合作处处长刘奎主持开班仪式。

刘国道表示，广东虽地处热带北缘地带，但热带水果生产与加工已是广东省农业重点产业之一。热科院南亚所立足广东，服务全国热区，在热带作物领域深耕70载，同时积极打造"一带一路"交流新纽带，国际合作与发展成绩斐然。本次精心谋划了培训课程，希望学员与授课老师互相交流学习、增进友谊，共同致力于加快推进发展中国家热带水果生产与加工技术升级发展，合力谱写共同发展新篇章。

杜丽清介绍，随着国家"一带一路"倡议的实施，南亚所与全球热区国家和地区在热带农业科技方面开展了广泛的合作。近年来，南亚所共派出12个团组、50人次前往巴西、老挝、越南、坦桑尼亚、柬埔寨、泰国、斯里兰卡等国家开展技术援助、交流考察和科技平台建设等系列活动。通过协办商务部等部委资助的技术培训班，开展热带作物栽培、农产品加工等技术培训，共计培训外国学员80多人。此外，南亚所除在国内举办外国学员培训班以外，也积极派驻科技专家出国开展技术指导。

该培训班旨在向发展中国家从事热带水果生产加工技术研究与管理的政府官员、科研人员介绍我国热带作物栽培、农产品加工及农业机械等方面的情况，同时，听取学员对培训班组织实施情况及双方热带农业合作的建议，加强双方在热带农业新技术领域的广泛交流与合作，提高发展中国家热带农业生产和加工技术水平，深化中国与发展中国家在热带农业领域的合作。

（2022年8月8日）

学习强国

发展中国家热带水果生产与加工技术培训班在湛江开班

记者陈荔雅　通讯员黄炳钰　8月8日，由商务部主办、中国热带农业科学院承办、中国热带农业科学院南亚热带作物研究所负责具体实施的发展中国家热带水果生产与加工技术培训班在湛江开班。来自8个发展中国家的34位从事热带水果生产加工科研与管理的政府官员、科研人员将在湛江开展近1个月的学习。

此次培训班学员来自多米尼克、古巴、特立尼达和多巴哥、柬埔寨、斯里兰卡、毛里求斯、巴基斯坦、乌干达共8个国家。他们将主要在湛江学习了解我国热带作物栽培、农产品加工及农业机械等方面的技术与管理情况，并就加强国家之间热带农业新技术领域合作进行交流探讨，提高发展中国家热带农业生产和加工技术水平。

（2022年8月9日）

五　科学普及

南海网

南海网记者走进中国热科院　探秘澳洲坚果的"前世今生"

记者康景林　通讯员黄炳钰　南海网、南海网客户端海口6月24日消息　2018年，全国"吃货"共消费澳洲坚果5万余吨。澳洲坚果又被称为夏威夷果，自2012年起在坊间爆红。你在享用它的时候，是否以为这一枚枚坚果是从澳大利亚进口的呢？其实，早在1979年，位于海南的中国热带农业科学院从澳大利亚引进9个澳洲坚果优良品种的种苗，经过科学家们不断培育、推广，现在，中国种植澳洲坚果面积已达300万亩，居世界第一，澳大利亚本土种植面积反而位居第三。

日前，南海网记者走进中国热带农业科学院南亚热带作物研究所，了解澳洲坚果的前世今生。

南亚所澳洲坚果研究室主任曾辉博士告诉南海网记者，澳洲坚果原产于澳大利亚，因其最早在夏威夷形成产业，也被国人称作夏威夷果。从引种之初开始，南亚所的科研人员不断培育种苗，选育新品种，经过反复试验，艰难地将澳洲坚果育苗成活率从20%提高至90%，种苗源源不断地生产出来，开始在华南地区的33个站点试种，寻找最适合生长的土地。经过反复实践证明，远离台风灾害的华南内陆山区是种植坚果的首选地区。

1994年，南亚所"澳洲坚果引种试种"成果通过农业部科技成果鉴定；1999年，该成果获农业部科技进步奖二等奖。南亚所一直致力于培育优良品种，先后培育出适宜我国生长的5个优良品种，这些品种开花结果早，产量高，品质好。"我们的种苗种出的坚果都是一级果仁，因油脂含量大，放在清水中会浮起来。"曾辉说，优质品种的澳洲坚果含油量高达72%以上，其中营养健康的不饱和脂肪酸占84%，成年人每天食用六七颗最佳。

现在，南亚所的科研人员正在全方位开发澳洲坚果产品，从它的果仁、青皮、外壳中提取有益物质，制成坚果油、精油、化妆品以及活性炭产品。

经过40年的发展，中国澳洲坚果产业从无到有，从小到大。曾辉告诉记者，目前全世界坚果种植面积约500万亩，中国种植面积最大，约300万亩，南非、澳大利亚次之。因为中国拥有庞大的消费市场，2018年第八届国际澳洲坚果大会在中国举办，而南亚所作为澳洲坚果的引种单位，正源源不断地向全国提供澳洲坚果优质种苗。

（2019年6月24日）

湛江晚报

打造"热带城市"气候生态牌

记者 陈凯杰　通讯员 冯文星

为缓解热岛效应，屋顶种草专家刘金祥建议：
打造"热带城市"气候生态牌

"进入盛夏三伏天，湛江高温天气让人感觉酷暑难忍！城市光秃秃的楼顶，住在顶楼的人们不得不依靠空调降温，在消耗大量电力的同时，增加了城市热岛效应。我们有什么缓解对策呢？"这是岭南师范学院屋顶种草教授刘金祥在南亚热带作物研究所为科技人员，以及南方科技大学和岭南师范学院的实习生传授屋顶绿化降温技术的开场白。

屋顶种草专家刘金祥对于本报读者来说并不陌生，之前本报也曾刊发过有关他的报道。近日，记者来到南亚所，与刘金祥教授面对面，聊一聊他研发的屋顶种草背后一些鲜为人知的故事。

心声：打出"热带城市"气候生态牌

刘金祥教授告诉记者，他的研究团队已经从温度、纬度、湿度三个方面来考证"湛江市是广东省唯一热带城市"这一课题。他提出，湛江要打出"热带城市"的气候生态牌，还提出将湛江打造成"国家级半岛海洋生态公园"的建议。他说："雷州半岛是我国特有的一个热带半岛生态系统，子生态系统繁多，生态多样化特征十分明显，如果湛江着手打造'国家级半岛海洋生态公园'，将可媲美海南的'国际旅游岛'。"

刘金祥教授表示，"热带城市"的气候生态中，植被、水体及湿地是城市生态系统中的重要组分，它们可减缓城市的环境压力，减轻热岛效应，最终实现城市生态系统的良性循环。城市的植被通过蒸腾作用，能从环境中吸收大量的热量，降低环境空气温度，增加空气湿度，同时，大量吸收空气中的二氧化碳，抑制温室效应。

植物还能滞留大气中的粉尘，减少城市大气中总悬浮颗粒物的浓度。当一个区域的植被覆盖率达到30%时，城市绿地对热岛效应即有较明显的削弱作用。相反，植被减少则是城市热岛形成的首要贡献因子。加强城市绿化，改善城市下垫面的热属性是缓解热岛效应的关键措施。因此，城市合理的乔木、灌木、草比率是十分重要的。大面积草坪不宜提倡，至少在缓解城市热岛效应上没有起到最佳的效果。屋顶绿化是增加绿化面积或总体绿量较为有效的方法之一，特别是在城市用地紧张、建筑密度比较大的情况下，显得更为重要。

揭秘：锦竹草属于简单式屋顶绿化

草在市民心目并不陌生。但屋顶种的草，是我们平时常看到的那些草吗？刘金祥教授告诉记者，这种草叫锦竹草。

锦竹草又名洋竹草、翠玲珑、竹节草，为鸭跖草科锦竹草属多年生常绿草本植物。植株低矮，茎肉质，匍匐生长；单叶互生，长卵形或卵形，薄肉质，表面具蜡质光泽；翠绿色，有时有紫色斑点。锦竹草原产于美国至阿根廷地区，在我国华南地区归化，常生于屋顶上。喜温暖、湿润环境，对土壤要求不严，耐贫瘠、耐旱、耐高温，生育适温 20～28℃，夏季能耐 45℃高温，冬季 -4℃仍能存活。

刘金祥教授表示，锦竹草运用在屋顶绿化上，对屋面的隔热、绿化、防灾等起到了有效的作用，是解决城市发展对生态环境影响、增加城市绿化率的有效措施。锦竹草属于简单式屋顶绿化，是适用性较广的屋顶绿化形式，节约型技术措施的应用有利于降低营造成本和管养成本，有利于推广。

谈到他的试验田，刘金祥教授说，这些在屋顶种植的铺地锦竹草在不同生长阶段形态不同，长势喜人。"两年来，这些绿草没有经过任何的打理。下雨时，这片楼顶没有漏一滴水。楼顶阳光充足，空气中的粉尘提供养分，天然降水代替了人工灌溉，放它 10 年也能自然生长。"

刘金祥教授表示，在试验田随手就能翻起一片铺地锦竹草，只见地上不留一点根须和泥巴，地板光亮如新。"这种锦竹草具有耐干旱、耐高温、浅根系的特性，即使不施肥，在没有水的情况下 150 天还能自己原地恢复，十分符合湛江季风性气候特点。"刘金祥教授还表示，使用这种屋顶绿化技术的屋顶，10 多年也不会出现顶层楼板承重与漏水等次生问题。

故事：湛江偶遇在屋顶种草的陈师傅

聊起屋顶种草，刘金祥教授说不能不提一个人，那就是陈师傅。原来，启发刘金祥教授进行"屋顶种草"研发的人就是陈师傅。

"几年前，在湛江从事草业科学研究已逾 10 年的我，偶然在赤坎区一处老旧房子的屋顶看见生长良好的野生锦竹草，房子的主人是陈师傅。经过我多方深入调查，可以认定该草为野生，没有任何人工管理措施，并且在此屋顶自然生长超过 10 年，这不禁让我喜出望外，萌发了屋顶种草的绿化概念。"

偶然发现了陈师傅家屋顶上种植的野生锦竹草生命力十分旺盛后，刘金祥教授就地取材，回到实验室开始了研究，他带领 3 批学生接连做了干旱胁迫性实验和复水性实验，让楼顶的草坪在无浇水、无施肥、无修剪的"三无"状态下连续生存。目前，该草坪已连续生长超过 6 年，遍布教学楼楼顶。下雨时，这片绿草能自动吸水储水；高温时，可以为楼顶降温。

科技让生活更美好。刘金祥教授和他的团队在屋顶绿化方面已拥有 10 多个国家专利，展望未来，他表示，这种屋顶绿化技术不仅对于湛江生态系统的发展有重要意义，对于全国乃至世界整个生态绿化都有深远的启发和影响。

（2019 年 7 月 26 日）

湛江晚报

手工叶脉书签写心意

记者 陈凯杰 通讯员 冯文星、李彩云 "祝爸爸节日快乐！爸爸您辛苦了！""老爸，谢谢您对我的关心！我爱您！"……这些是阳江市卓达学校的同学们在湛江参加南亚热带植物园研学实践活动时，写在手工叶脉书签上的祝福语。

6月15日下午，240名阳江卓达学校的小学生来到南亚热带植物园，开展研学实践活动。他们在植物园辅导老师的指导下，了解植物知识、动手刷叶片、制作叶脉书签，并将手工制作的叶脉书签作为礼品送给爸爸。此外，同学们还动手实践，种上一盆让自己和家人心仪的小小绿色观赏植物。

（2019年6月17日）

湛江日报

我市举行"国际生物多样性纪念日"活动

记者 林宇云 通讯员 湛环宣 每年5月22日是国际生物多样性日。今年国际生物多样性日的主题为"我们的生物多样性·我们的食物·我们的健康"。5月22日上午，湛江市生态环境局联合中国热带农业科学院南亚热带作物研究所开展2019年"国际生物多样性纪念日"主题活动，通过主题讲座、图片展、有奖问答、派发知识读本、观赏植物等活动形式，向公众传播普及生物多样性相关知识，组织动员市民投身创建文明城市，推进生态文明建设，共同建设美丽湛江。

当日上午9时许，在南亚热带作物研究所环境教育基地，来自广东省农工商职业技术学校的近200名师生聆听了研究所专家讲授的生物多样性知识专题讲座，深入了解了国际生物多样性日的来历，生物多样性的概况、意义、面临的威胁，以及保护生物多样性的措施等。为了让更多群众参与活动，认识更多珍稀物种，提高生物多样性保护意识，环境教育基地广场举办了有奖知识问答活动，通过观看生物多样性图片展和阅读有关知识读本，寻找答案，获取奖品，寓教于乐，受到了当地学生和群众的欢迎。当天共派发奖品 2 000 多份。

（2019 年 5 月 23 日）

湛江日报

南亚所园林专家对《湛江市行道树建设指引》讲解培训

记者潘洁婷　通讯员吴敏智　3 月 20 日，湛江市城市管理和综合执法局组织全市园林系统技术人员进行《湛江市行道树建设指引》解读培训，规范行道树种植与管养。

讲座邀请了中国热科院南亚热带作物研究所副研究员武丽琼对《湛江市行道树建设指引》进行讲解，从苗木质量与规格、种植时间、方式及种植要点等方面讲述行道树种植，重点从树木修剪、复壮、病虫害防治等方面讲述行道树养护与管理。

通过解读和现场问答，提高了湛江市园林绿化管理者的业务技能，规范了行道树的种植与管养，减少了台风等极端天气对城市行道树的伤害，改善了城市生态环境，丰富了城市景观，提升了湛江市宜居城市建设水平。

（2020 年 3 月 22 日）

湛江日报

认识热带水果　保护种质资源

记者陈荔雅　通讯员黄炳钰　9 月 19 日，在麻章区，依托于国家热带果树种质资源圃、广东省南亚热带作物种质资源圃，中国热科院南亚所举办了"2020 年中国农民丰收节种质资源科普开放日"活动。活动内容包括热带果树种质资源科普知识讲解、种质资源图片展示、参观优稀果树资源保存基地以及鲜果品尝等，吸引了不少市民带着孩子前往参加。

南亚热带作物种质资源研究室主任陈晶晶博士介绍了鳄梨、菠萝、番荔枝、莲雾、番石榴、蛋黄果、火龙果、桃金娘等作物的生长条件、生长发育过程、不同种质差异及其营养价值等知识。面对各种奇花异果,学生及家长充满了热情与好奇,不断地向科研人员提出疑问。

观察与品尝了15个不同品种的火龙果后,孩子们讨论着,家长不停地拍照分享。

活动使市民了解到多种多样的热带果树种质资源,对普及种质资源保护及创新利用的重要性具有重要意义。

（2020年9月23日）

农民日报

我们的丰收节,在大自然的课堂里

记者操戈、邓卫哲　通讯员黄炳钰　日前,中国热带农业科学院南亚热带作物研究所依托国家热带果树种质资源圃（湛江）、广东省南亚热带作物种质资源圃举办"2020年中国农民丰收节种质资源科普开放日"活动。

热带果树种质资源科普知识讲解、种质资源图片展示、参观优稀果树资源保存基地以及鲜果品尝……活动内容丰富多彩,吸引不少市民带着孩子前来参加。

"同学们,丰富的种质资源是一笔宝贵的财富,是选育新品种的基础。"南亚热带作物种质资源研究室主任陈晶晶博士向大家详细介绍了鳄梨、菠萝、番荔枝、莲雾、番石榴、蛋黄果、火龙果、桃金娘、黄皮、柑橘等作物的生长条件及过程、不同种质差异及营养价值等知识。

"火龙果为什么有的大、有的小,还有红心、白心的?"孩子们边品尝边兴致盎然地讨论着。现场欢声笑语,热闹非凡。

（2020年9月23日）

湛江唯食网

湛江这种特色水果正"啱春"！专家教你怎样挑"靓嘢"

记者陈荔雅　通讯员黄炳钰　清明前后，正是菠萝最当季、最香甜的时节。此时不大啖一回，更待何时！如何挑到优质的菠萝？如何才能提升口感？吃完如何DIY（自己动手）种植？……其中弯弯绕绕的"秘诀"你知道吗？

近日，本报记者特意请教了中国热带农业科学院南亚热带作物研究所菠萝研究中心主任张秀梅研究员，整理出了这份"菠萝最佳食用秘籍"，收好不谢！

多看·一压·一闻　好果实"挑"出来

菠萝营养丰富，味道酸甜鲜美，具有解暑止渴、消食止泻的作用，是夏季医食兼优的时令佳果。时下，菠萝大量上市，如何才能挑到一颗"最心水"的菠萝？

在超市、水果店挑选菠萝时，首先，要看标注的品种，总体上'台农'系列菠萝品种会比'巴厘'菠萝品种更甜，果肉更细腻，果眼更浅，但价格也更贵。

其次，看菠萝的外观颜色，呈淡黄色或亮黄色的是成熟度比较好的菠萝，买来即可食用，几乎没有酸涩的口感。旅客朋友如果想买回去当手信，建议挑选只有2～3层果眼微黄的，常温可保存5天左右，也可购买菠萝干、菠萝罐头等更易储存携带的产品。新鲜菠萝采摘后若不经处理，7天后会由于过熟而失去商品价值。

再次，留意看果眼部分的平翘程度，果眼越开张、扁平，则成熟度越高，吃起来口感更好，更加香甜；果眼越翘则成熟度越差，口感也相对较差。

此外，在挑选菠萝时一定要把菠萝拿起来，看一下底部果芯的部位。果芯比较小的菠萝，切开后里面的硬芯也会很小，果肉会更饱满。尤其要注意选择果芯比较新鲜的，有的菠萝存放久了可能从外表看不出来，但通过果芯就可以辨别，底部果芯发黑、发霉的菠萝，切开后里面的果肉极有可能也已经变质。

最后，一定要轻轻按压感受一下菠萝的软硬程度，明显感到太硬或太软都不要买，太硬说明成熟度还不够，太软则说明可能已经太熟了，此时闻起来如果还有酸腐味，千万不要购买。

高盐·高温·冷藏　好口感"吃"出来

很多人在吃完菠萝后舌头会有涩麻感，这其实是菠萝蛋白酶所引起的一种反应。

张秀梅主任指出，高盐高温都可以有效破坏菠萝蛋白酶活性，吃之前可以用高浓度盐水泡一下果肉，也可以通过加温改善口感，菠萝蛋白酶在45～50℃就开始变性，到100℃时，大部分都会被破坏。

不过，'金菠萝''台农'系列菠萝品种菠萝蛋白酶含量较少，基本不会有酸涩口感。而且，该类品种果眼较浅，可以直接削皮，不用去果眼，食用十分方便。

张秀梅主任分享，如果想提升菠萝口感，可以将其放在4～6℃的低温环境里冷藏一下，风味会更加独特，冰凉清爽，绝对是炎炎夏日里的不错选择。

冠芽简易繁殖　好植株"种"出来

相信很多读者并不仅仅满足于口腹之欲，种出一棵好菠萝成为很多园艺爱好者的梦想。

大田种植要经过严格的选地、选种、管理等操作过程，但张秀梅主任告诉记者，采取合适的种植方式，在家也可以种好菠萝植株，既可净化空气，又可供观赏，还可以在成熟季体验收获的快乐。

生产上，菠萝一般采用吸芽、裔芽、叶芽等方式繁殖，家庭种植采用冠芽繁殖即可，技术难度较低，易操作。

菠萝的冠芽指的是其顶部叶子部分，吃完菠萝冠芽别扔，去掉果肉部分，将其拿到阳光下，底部（白色部分）朝上，倒扣晾晒，直至底部干燥、明显缩小。晒干后，底部悬空放在装了水的矿泉水瓶瓶口，让其尽可能贴近水面，但又避免接触，诱发生根。生根后，植入土壤中养护，养护期间多浇水，保持土壤湿润且透气，生长过程中温度要保持在20℃以上。或者直接移栽到松软的土壤中，移栽后浇透水，放在有散射光的地方让它缓苗。等叶片开始明显生长的时候，就可以逐渐接受光照，正常生长。

菠萝植株从小苗到开花，一般要等待一年半以上，等植株长到合适大小，遇到低温或用催花剂催花后，菠萝顶部叶片中心慢慢变红，就说明菠萝要开花结果了，再过5～6个月，你就可以收获一棵亲手种出来的菠萝啦！

（2022年4月6日）

湛江日报

菠萝正当季 美味"秘籍"献给你

记者陈荔雅 通讯员黄炳钰

多看·一压·一闻 好果实"挑"出来

菠萝营养丰富，味道酸甜鲜美，具有解暑止渴、消食止泻的作用，是夏季医食兼优的时令佳果。时下，菠萝大量上市，怎样才能挑到"靓靓嘢"？

在超市、水果店挑选菠萝时，首先要看果实标签标注的品种。张秀梅研究员表示，总体上看，'台农'系列菠萝品种会比'巴厘'菠萝品种更甜，果肉更细腻，果眼更浅，但价格也更贵。

其次，要看菠萝的外观颜色——呈淡黄色或亮黄色的是成熟度比较好的菠萝，买来即可食用，几乎没有酸涩的口感。"新鲜菠萝采摘后若不经处理，7天后就会过熟。"张秀梅特意提醒游客朋友，如果是打算买回去当手信，则建议挑选只有2～3层果眼微黄的菠萝，这样常温可保存5天左右。另外，菠萝干、菠萝罐头等，更易保存和携带。

再次，挑选菠萝时，还要留意看果眼部分的平翘程度，果眼越开张、扁平，则成熟度越高，吃起来口感更好，更加香甜；果眼越翘则成熟度越差，口感也相对较差。

此外，挑选菠萝时还可以把菠萝拿起来，看一下底部果芯的部位。张秀梅提示说，果芯比较小的菠萝，切开后里面的硬芯也会很小，果肉会更饱满。同时，还能通过果芯判断菠萝的新鲜程度。如果菠萝底部的果芯发黑甚至发霉，里面的果肉极有可能也已经变质。

最后，挑选菠萝的时候，一定要轻轻按压感受一下菠萝的软硬程度，明显感到太硬或太软都不要买——太硬则成熟度还不够，太软则可能已太熟了。另外，菠萝闻起来如果还有酸腐味，千万不要买。

高盐·高温·冷藏 好口感"吃"出来

很多人在吃完菠萝后舌头会有涩麻感，这其实是菠萝蛋白酶所引起的一种反应。

张秀梅指出，高盐高温都可以有效破坏菠萝蛋白酶活性。在食用菠萝之前，可以用高浓度盐水泡一下果肉，也可以通过加温改善口感，菠萝蛋白酶在45～50℃就开始变性，到100℃时，大部分都会被破坏。

如果想提升菠萝口感，还可以将其放在4～6℃的低温环境里冷藏一下，风味会更加独特，冰凉清爽，是炎炎夏日里的绝佳选择。

张秀梅同时也指出，'金菠萝''台农'系列菠萝品种往往由于菠萝蛋白酶含量较少，基本不会有酸涩口感。而且，该类品种果眼较浅，可以直接削皮，不用去果眼，食用十分方便。

冠芽简易繁殖　好植株"种"出来

或许很多读者并不仅仅满足于口腹之欲，种出一棵好菠萝是很多园艺爱好者的梦想。

大田种植要经过严格的选地、选种、管理等操作过程，但张秀梅告诉记者，采取合适的种植方式，在家也可以种好菠萝植株，既可净化空气，又可供观赏，还可以在成熟季体验收获的快乐。

生产上，菠萝一般采用吸芽、裔芽、叶芽等方式繁殖，家庭种植采用冠芽繁殖即可，技术难度较低，易操作。

菠萝的冠芽指的是其顶部叶子部分，吃完菠萝冠芽别扔，去掉果肉部分，将其拿到阳光下，底部（白色部分）朝上，倒扣晾晒，直至底部干燥、明显缩小。晒干后，底部悬空放在装了水的矿泉水瓶瓶口，让其尽可能贴近水面，但又避免接触，诱发生根。生根后，植入土壤中养护，养护期间多浇水，保持土壤湿润且透气，生长过程中温度要保持在 20 ℃以上。或者移栽到松软的土壤中后浇透水，放在有散射光的地方让它缓苗，等叶片开始明显生长的时候，就可以逐渐接受光照，正常生长。

菠萝植株从小苗到开花，一般要等待一年半以上。张秀梅说，等植株长到合适大小，遇到低温或者用催花剂催花，菠萝顶部叶片中心慢慢变红，就说明菠萝要开花结果了，再过 5～6 个月，就可以收获一颗亲手种出来的菠萝啦！

（2022 年 4 月 7 日）

中国消费网

吃菠萝有啥禁忌？

记者李建　通讯员黄炳钰　菠萝好吃，但并不适合所有人。很多吃菠萝的"禁忌"口口相传，例如，过敏的人不能吃，喝过牛奶尽量隔开 1～2 小时再吃菠萝，有口腔溃疡的人最好不吃，糖尿病、肾病患者不能吃……这些说法到底有没有道理？我们请中国热带农业科学院南亚热带作物研究所研究员张秀梅为您解答。

张秀梅表示，上述说法并非完全没有道理，但也并不绝对，需要根据不同的情况区别对待。

三种情况应该少吃

首先，过敏的人并非不能吃，但一定要慎食，因为菠萝蛋白酶可能引起腹痛、恶心、呕吐、麻疹等过敏反应，严重的甚至会引发呼吸困难及休克。虽然过敏反应可能因人而异并与食用量有关，但应该引起重视。

其次，糖尿病人和肾病患者应少吃。糖尿病人是高钾血症的高危人群，而菠萝钾离子含量高，所以糖尿病患者要控制食用量；肾病患者宜适量食用，以食用菠萝鲜果肉为主，少食用菠萝汁或菠萝干等加工产品。

最后，患低血压、内脏下垂的人应尽量少吃。因为菠萝的酸味强劲，有一定凉身作用，所以要少量食用，以免加重病情。

两种情况最好不吃

一方面，菠萝不要跟牛奶一起食用，应尽量隔开1～2小时。因为菠萝中含有丰富的果酸，而牛奶含有大量蛋白质，如果同时食用，菠萝中的果酸可使蛋白质凝固，影响蛋白质的消化吸收。

另一方面，有口腔溃疡和胃病的人最好不吃。因为菠萝是酸性水果，会刺激牙龈、黏膜，并易使胃病患者出现胃内反酸情况。

中国消费网

盐水泡菠萝，为啥不"咬嘴"？

记者李建　通讯员黄炳钰　菠萝香味浓郁、清甜多汁，素有春季"黄金果"的美誉。说到吃菠萝，总有人言之凿凿地说"菠萝不如凤梨口感好"，也有很多人习惯用盐水先浸泡菠萝果肉一会儿，以减少它对口腔的刺激感，让它不那么"咬嘴"。菠萝和凤梨有啥不一样？盐水泡菠萝为啥不"咬嘴"？让我们来看一看专家怎么说。

释疑：菠萝和凤梨啥关系

菠萝作为水果栽培食用，历史悠久。早在哥伦仑布发现新大陆之前，美洲土著居民就开始种植菠萝。16世纪50年代，中国人也开始种植菠萝。清代吴其濬撰写的《植物名实图考》是最早记录菠萝的中文文献，书中说："露兜子产广东，一名波罗，生山野间，实如萝卜，上生叶一簇，尖长深齿，味、色、香俱佳……又名番娄子。果熟金黄色，皮坚如鱼鳞状，去皮食肉，香甜无渣。"这里的"露兜子"，说的就是菠萝。

据传，清代菠萝传到我国台湾后，因为其顶部一簇叶子很像凤尾，有人就用"有凤来仪"这个成语中的"凤来"为其命名。闽南语中，"来"字和"梨"字发音相似，"凤来"也就渐渐被叫成了"凤梨"。

今天，菠萝已成为重要的热带水果之一，而广泛的地域分布也为菠萝带来许多别名，诸如旺来、旺梨和黄梨等。有观点认为，这大都是"凤梨"在方言中的变音所致。

菠萝的种类很多，到目前为止，我国已收集菠萝种质资源130多份。常见菠萝品种中，有的表面有较扎手的黑色槽壑，也就是所谓的菠萝果眼，有的则比较光滑，没有明显的果眼，而这些都只是品种上的差异。

中国热带农业科学院南亚热带作物研究所张秀梅研究员在接受《中国消费者报》记者采访时说，"无眼菠萝"其实是选育过程中，筛选出来的不同性状的品种，比如那些果眼浅、无刺的菠萝。有些地方或商家把表面光滑的"无眼菠萝"称为"凤梨"。网上流传的"根据外观来分辨菠萝和凤梨"，其实没有什么道理，凤梨和菠萝是同一种水果，只是称呼习惯不同而已。

无论菠萝还是凤梨，都是多汁、香甜、营养丰富的热带水果。研究显示，菠萝含有丰富的食物纤维、蛋白质分解醇素、糖类、钙、钠、铁以及多种维生素等。中医认为，菠萝性平、味甘微酸，具有很好的药用价值，常食有助于生津止渴、减肥瘦身、消炎祛湿。

菠萝甜中带酸的口感，能刺激唾液分泌。菠萝所含的蛋白质酶可以分解蛋白质，增加肠胃蠕动，有助消化。对于春季容易出现积食、胃口不佳的老人和孩子来说，适当食用菠萝，是个不错的选择。

支招：挑选菠萝有诀窍

眼下，菠萝大量上市，很多媒体点赞说菠萝是解锁春季的"黄金果"。其实，菠萝全年主要有4个成熟期。春季在3—5月成熟，夏季是6—7月成熟，秋季是10—11月成熟，冬季则是12月到翌年2月成熟。

张秀梅提醒消费者，可以通过看形状、观颜色、摸表皮等方法来判断菠萝是否成熟，从而买到更加可口、美味的菠萝。

看大小和外观。家庭食用优先挑选中小果，单果重 0.5～0.8 千克，果实结实饱满，果眼大而平展，无裂缝及碰伤，冠芽新鲜且大小适中，果柄切口新鲜。品质较好的菠萝呈圆柱形或两头稍尖的椭圆形，大小均匀适中，果形端正。

看色泽及香味。果皮有光泽且颜色金黄，春季挑选果皮 2/3 变黄至全黄者，糖度较高，口感较好；入夏后天气变热，挑选果皮 1/3～2/3 变黄者即可，以散发浓郁香味为最佳。

摸外观硬度。用手指轻弹果实，声音清脆，则其果肉细致且耐贮藏，同时，转黄程度越高，甜度及风味越好；如果用手指轻弹果实，声音沉闷则说明果肉多汁、不耐贮存，气温高时易散发酒味，口感较差。

除此以外，优质的菠萝切开后，内部呈淡黄色且组织致密，果肉细致而果芯小；品质较差的菠萝果内部组织空隙较大，果肉薄而果芯粗大，如果是没有成熟的菠萝，果肉往往比较脆，而且颜色有些发白，没有香味。

选购菠萝最好是现买现削皮，尽量不买已经削好且在塑料袋中放置过久的，这样的菠萝可能存在一定的卫生隐患。

科普：吃菠萝并非只能盐水泡

很多人吃菠萝前喜欢用盐水泡一泡，认为这样可以消除菠萝对口腔的刺激，避免过敏。然而，相关研究却显示，把菠萝泡在盐水里，其实没有这么神奇。

张秀梅介绍说，菠萝之所以会对口腔产生刺激，主要是因为其中含有菠萝蛋白酶（蛋白质水解酶）。菠萝蛋白酶会破坏口腔黏膜的结构，导致口腔、食管出现明显的刺痛感、灼烧感，甚至会导致出血（与食用量有关）。

那么，盐水浸泡可以杀灭菠萝蛋白酶吗？张秀梅解释说，酶的本质是蛋白质，它由氨基酸构成。自然界中能使蛋白质变性的因素（条件）主要有高温、紫外线、强酸、强碱、甲醛、乙醇、苯酚及重金属盐等。

食盐与重金属盐不同，它的主要成分是氯化钠。氯化钠虽然不能使蛋白质变性，但如果菠萝切开后放入盐水中浸泡 10 分钟，氯化钠可以破坏菠萝蛋白酶的致敏结构，从而减少菠萝蛋白酶过敏的情况发生，同时，还可以使一部分有机酸分解在盐水里，让菠萝的味道显得更甜。

张秀梅建议，过敏严重的人可以把菠萝煮熟，或用开水泡几分钟，然后用凉水退温。因为导致过敏的菠萝蛋白酶最佳活性温度是 45～50 ℃，高温既可破坏其活性，也能让菠萝的保健功效更好地发挥出来。

（2022 年 4 月 25 日）

中国消费网

吃荔枝，您关心的事都在这里

记者李建　通讯员黄炳钰　又到了荔枝俘获舌尖儿的季节。因为果肉饱满，甜嫩多汁，味道鲜美，荔枝让不少人一吃就上瘾。然而，诸如吃荔枝会不会上火或得荔枝病、荔枝皮带绿色是不是没熟透等疑问，也一直困惑着许多荔枝"吃货"们。想一次性放下所有心理包袱吗？那就来听听相关领域的专家是如何说的。

吃荔枝为啥会上瘾

荔枝与香蕉、龙眼、菠萝并称我国"南国四大水果"。

从4月下旬开始，遍布我国广东、广西、海南、福建南部和云南等地的荔枝园里，一簇簇火红的荔枝逐渐压弯了枝头。剥开一颗荔枝，新鲜的半透明果肉状如凝脂，吃到嘴里，清爽甘润的汁水溢满齿颊，让人口舌生津。

中国热带农业科学院南亚热带作物研究所荔枝龙眼研究中心副主任李伟才研究员在接受《中国消费者报》记者采访时表示，荔枝不单味美，而且营养丰富，富含葡萄糖、果糖、蛋白质、钾和维生素C等。

荔枝是"鲜气"十足的水果。唐代白居易的《荔枝图序》说，荔枝"若离本枝，一日而色变，二日而香变，三日而味变，四五日外，色香味尽去矣……"其实，包括《上林赋》等文献中，荔枝都被写作"离枝"。直到东汉以后，"离枝"才改写作"荔枝"。

李伟才认为，古人的文字记录反映了荔枝的特性，即果蒂牢固不易摘取，往往需要连枝折摘，但这恰恰有保鲜的作用。所以，超市里的新鲜荔枝，大都带着新鲜的枝叶。

有不少网友"吐槽"：不明白美味的荔枝为何会让人上瘾，一吃就停不下来。

对此，中国农业大学食品与营养工程学院范志红教授解释道，荔枝是一种高糖水果，果肉中除80%的水分外，主要成分是1∶1的果糖和葡萄糖，以及少量的蔗糖。成熟荔枝的含糖量为14%～18%，虽然和葡萄、鲜枣、香蕉等比起来并不算特别高，但因为酸度低，甜味特别突出。而且，果糖和葡萄糖配在一起能产生清凉的甜味，再加上荔枝的特有香气，让其风味显得特别迷人。此外，荔枝果实小巧，冰箱冷藏后味道更是清凉爽口，所以很多人免不了"贪吃"。

不过，按照《中国居民膳食指南》建议，成年人每天吃200～350克水果较为适宜。按一个荔枝20克计算，每天宜食用10～17颗。

果皮带绿的荔枝是没熟透吗

红，是荔枝的主色调。

古人描写荔枝，大都也离不了一个"红"字。李师中《菩萨蛮·子规啼破城楼月》写道"两岸荔枝红，万家烟雨中"；白居易《种荔枝》里写道"红颗珍珠诚可爱，白须太守亦何痴"，这里的红颗，说的就是荔枝；唐代徐夤《荔枝》写道"何人刺出猩猩血，深染罗纹遍壳鲜"。

因此，很多人买荔枝，专挑颜色红艳的，而遇到果皮带点儿绿色或颜色暗红的，就怀疑是没有熟透或者不新鲜。其实，这是对新鲜荔枝的误解。

李伟才解释说，荔枝有300多种，很多荔枝的果皮并不是通体鲜艳的红色。如'妃子笑'的特点就是果皮青红，所以又有"落塘蒲、玉荷包"的别称。'妃子笑'是成熟较早的品种，最好吃的'妃子笑'也是果皮红中带绿的。'挂绿'荔枝的特点是果皮颜色红紫相间，还有一条绿线直贯到底，因此得名"挂绿"。品质优良的"观音绿"荔枝，成熟时果皮甚至还是青绿色。

荔枝的红，可浓可淡。如'糯米糍'荔枝，果皮乌红；'鸡嘴荔'，果皮的颜色多为暗红。

因此，仅凭颜色判断荔枝的品质和新鲜程度，多少失之偏颇。李伟才建议，消费者最好根据荔枝品种来确定果皮颜色是否正常。同时，新鲜的荔枝果皮龟裂平坦有规则，手感紧致而有弹性。当然，也有些颜色发青的荔枝，可能属于光照不足或没有熟透，最好不要吃。

范志红指出，任何果实没太熟的时候，都会存在糖少、酸多的现象，不仅口感酸涩，还会影响消化。因为植物在自己的种子没有成熟前，是非常担心被吃掉的，只有种子长熟之后，它才会让你感觉到好吃，这也是水果保护后代的一种智慧。

荔枝病到底咋回事儿

"荔枝病"是网络"科普"中出现频率很高的一个词儿，也是很多人提防或疏远荔枝的一个重要原因。

所谓荔枝病，其实是一种低血糖症。吃荔枝导致低血糖，网上很多"科普"文章说是因为荔枝中大量果糖不能及时转化成能被人体吸收的葡萄糖造成的，这其实是一种误传。荔枝导致低血糖这事儿，和"大量果糖"根本没什么关系。

范志红解释说，2017年发表在《柳叶刀》杂志上的研究报告清楚地解释了荔枝引起低血糖的原因,是因为荔枝中含有两种降低血糖的毒素——α-亚甲环丙基甘氨酸和次甘氨酸A。这两种毒素可能是荔枝类水果家族的"独门秘器",不仅会造成低血糖状态,还把人体维持血糖稳定的糖异生途径(非糖物质转变为葡萄糖的过程)也封闭了,甚至还能降低人体分解脂肪供应能量的能力,让人体感觉全身发软、头晕眼花。严重情况下,还会对大脑产生不可逆转的损害。

幸运的是,这些毒素不会积累,过一段时间就会被身体代谢掉。吃了荔枝之后,只要正常吃饭,及时获取主食中的碳水化合物,就能有效避免低血糖反应。所以,千万不要因为吃了荔枝之后得到很多糖分,就忽略掉正餐。

值得注意的是,糖尿病患者更容易发生低血糖,所以不适合多吃荔枝。日常消化不良、食量少、肌肉松软、容易低血糖的人,也要遵循慎食、少食荔枝的原则。

荔枝吃多了会上火,也是流传度很高的说法。

范志红表示,所谓上火,可能与炎症反应升高有关,也可能与过敏、不耐受等情况有关,还可能与植物中的一些微量药效成分有关。有研究发现荔枝果肉中存在诱导炎症反应的水溶性蛋白成分,可以升高试验动物的炎症因子水平,使结肠和肺组织发生炎症变化。但是,这些还需要进一步的试验来证实。

另外,含有糖的荔枝残渣残留在口腔和咽喉处,会给口腔内的细菌提供养料,导致口腔细菌大量繁殖造成牙龈炎症,容易出现牙龈浮肿、口腔溃疡甚至牙痛等民间称为"上火"的症状。不过,只要一次少吃一些,不要连续吃,吃完后及时清洁口腔,就能有效避免这些情况的发生。

(2022年5月18日)

中国消费者报

"荔枝病"?专家告诉你真相

记者李建　通讯员黄炳钰　又到了荔枝俘获舌尖儿的季节,然而吃荔枝会不会上火,吃多了会不会得"荔枝病",荔枝皮上带绿色是不是没熟透,这些疑问一直困扰着"吃货"们,来听听相关领域的专家如何说。

受访专家——中国热带农业科学院南亚热带作物研究所荔枝龙眼研究中心副主任李伟才研究员、中国农业大学食品与营养工程学院范志红教授。

吃荔枝为啥会上瘾？

荔枝与香蕉、龙眼、菠萝并称我国"南国四大水果"。

李伟才接受《中国消费者报》记者采访时表示，荔枝不单味美，而且营养丰富，富含葡萄糖、果糖、蛋白质、钾和维生素C等。

荔枝是"鲜气"十足的水果。果蒂牢固不易摘取，往往需要连枝折摘，但这恰恰有保鲜的作用。所以，超市里的新鲜荔枝，大都带着新鲜的枝叶。

范志红解释称，荔枝是一种高糖水果，果肉中除80%的水分外，主要成分是1∶1的果糖和葡萄糖，以及少量的蔗糖。成熟荔枝的含糖量为14%～18%，虽然和葡萄、鲜枣、香蕉等比起来并不算特别高，但因为酸度低，甜味特别突出。而且，果糖和葡萄糖配在一起能产生清凉的甜味，再加上荔枝的特有香气，让其风味显得特别迷人。此外，荔枝果实小巧，冰箱冷藏后味道更是清凉爽口，所以很多人免不了"贪吃"。

提醒：按照《中国居民膳食指南》建议，成年人每天吃200～350克水果较为适宜。按一个荔枝20克计算，每天宜食用10～17颗。

果皮带绿的荔枝是没熟透吗？

其实，这是对新鲜荔枝的误解。

李伟才解释说，荔枝有300多种，很多荔枝的果皮并不是通体鲜艳的红色。

如'妃子笑'的特点就是果皮青红，所以又有"落塘蒲""玉荷包"的别称。'妃子笑'是成熟较早的品种，最好吃的'妃子笑'也是果皮红中带绿的。'挂绿'荔枝的特点是果皮颜色红紫相间，还有一条绿线直贯到底，因此得名'挂绿'。品质优良的'观音绿'荔枝，成熟时果皮甚至还是青绿色。

荔枝的红，可浓可淡。如'糯米糍'荔枝，果皮乌红；'鸡嘴荔'，果皮的颜色多为暗红。

建议：消费者最好根据荔枝品种来确定果皮颜色是否正常；新鲜的荔枝果皮龟裂平坦且有规则，手感紧致而有弹性；也有些颜色发青的荔枝，可能属于光照不足或没有熟透，最好不要吃。任何果实没太熟的时候，都会存在糖少、酸多的现象，不仅口感酸涩，还会影响消化。

"荔枝病"到底是咋回事儿？

所谓"荔枝病"，其实是一种低血糖症。

吃荔枝导致低血糖，网上很多"科普"文章说是因为荔枝中大量果糖不能及时转化成能被人体吸收的葡萄糖造成的，这其实是一种误传。荔枝导致低血糖这事儿，和"大量果糖"根本没什么关系。

范志红解释说，2017年发表在《柳叶刀》杂志上的研究报告清楚地解释了荔枝引起低血糖的原因，是因为荔枝中含有两种降低血糖的毒素——α-亚甲环丙基甘氨酸和次甘氨酸A。

这两种毒素可能是荔枝类水果家族的"独门秘器"，不仅会造成低血糖状态，还把人体维持血糖稳定的糖异生途径（非糖物质转变为葡萄糖的过程）也封闭了，甚至还能降低人体分解脂肪供应能量的能力，让人体感觉全身发软、头晕眼花。严重情况下，还会对大脑产生不可逆转的损害。

这些毒素不会积累，过一段时间就会被身体代谢掉。吃了荔枝之后，只要正常吃饭，及时获取主食中的碳水化合物，就能有效避免低血糖反应。所以，千万不要因为吃了荔枝之后得到很多糖分，就忽略掉正餐。

注意：糖尿病患者更容易发生低血糖，所以不适合多吃荔枝；日常消化不良、食量少、肌肉松软、容易低血糖的人，也要遵循慎食、少食荔枝的原则。

荔枝吃多了会上火吗？

范志红表示，所谓上火，可能与炎症反应升高有关，也可能与过敏、不耐受等情况有关，还可能与植物中的一些微量药效成分有关。有研究发现荔枝果肉中存在诱导炎症反应的水溶性蛋白成分，可以升高试验动物的炎症因子水平，使结肠和肺组织发生炎症变化。但是，这些还需要进一步的试验来证实。

另外，含有糖的荔枝残渣残留在口腔和咽喉处，会给口腔内的细菌提供养料，导致口腔细菌大量繁殖造成牙龈炎症，容易出现牙龈浮肿、口腔溃疡甚至牙痛等"上火"的症状。

提醒：一次少吃一些，不要连续吃，吃完后及时清洁口腔，就能有效避免这些情况的发生。

（2022年5月19日）

湛江日报

牛油果，湛江产，好惊艳

记者陈荔雅　通讯员顾帅磊　近日，记者在朋友圈看到，一位网友偶然品尝了来自中国热带农业科学院南亚热带作物研究所（简称南亚所）的牛油果后大为赞叹，称其鲜甜爆汁细腻的口感让人惊艳，"吃一次就爱上了！"

"动辄十几块钱一个的牛油果，原来湛江也能种植？""湛江牛油果的味道也能如此惊艳？"怀着满肚子疑问，11月20日，记者来到了南亚所国家热带果树种质资源圃基地，正遇上科研人员架着梯子采摘树上的牛油果，详细记录它们的产量和品质。

牛油果是鳄梨的俗称，又称油梨、奶油果，原产于中美洲的热带和高山亚热带地区，果实营养丰富，优质品种商品经济价值较高。"牛油果好不好吃，品种很关键。"科研人员介绍，由于牛油果在我国发展时间短，种植分散，栽培经验匮乏，管理粗放，造成了牛油果产量较低，品质欠佳，所以当前国内牛油果消费仍依赖进口。

据介绍，南亚所是我国早期开展牛油果资源引进和选育种的农业科研机构之一。2009年，南亚所国家热带果树种质资源圃首次从美国引进25个牛油果品种，截至目前已收集了国内外牛油果种质资源104份，其中包括40余份国外引进资源。在此基础上，科研人员对部分牛油果种质资源花期性状以及果实品质性状进行评价，筛选出早花资源8份，红皮熟资源10份，肉质细腻、香味浓、含水量低的品种及实生资源15份，为下一步牛油果资源的评价利用、品质改良、新品种选育提供了保障。

与此同时，南亚所联合国内农业科研机构和多家牛油果生产基地，进行多年的引种试验，结果表明我国广大的南亚热带地区适合牛油果生长，具备发展牛油果产业的优越自然条件。南亚所通过对湛江当地气候条件、土壤条件等进行分析，结合牛油果的生长习性，经多年试种，筛选出了3个产量高、果实品质优异的品种在湛江地区推广种植，通过搭配授粉树以及配套栽培技术，未来可实现牛油果在湛江地区规模化种植。

（2022年11月21日）

甘蔗如何实现机械化生产？这节线上田头课不能错过！

作者林露　通讯员严程明　近年来，广东省甘蔗机械化率提升进展缓慢，为促进广东甘蔗产业可持续发展，广东省农业技术推广中心组织了一节甘蔗机械化生产技术田头课，从 2 月 1 日开始采集素材，预计于 2 月 7 日进行播出。

甘蔗是广东省四大特色作物之一，也是重要的糖料作物。"数字+轻骑兵"农技服务田头课是由广东省农业技术推广中心开设的线上课程，此次田头课通过专家线上讲解和短视频的方式，传授甘蔗机械化生产技术。

田头课邀请了南亚所副研究员苏俊波直播讲解甘蔗品种选育方面的技术，他将在直播中详细讲解如何通过植物学性状鉴别甘蔗品种，甘蔗优良品种的主要特性以及适宜机械化品种的特征。此外，华南农业大学教授刘庆庭和福建农林大学教授张华将在田头课中分别讲解甘蔗机械化收获技术和甘蔗机械化种植管理技术。

（2023 年 2 月 7 日）

南方+

菠萝出现"黑丁病"，专家建议→

记者林露　通讯员黄炳钰　近期，广东徐闻等地菠萝陆续上市，本应是收获的时候，而一些果农却开心不起来，地里外观好好的菠萝，却不能正常销售，这是因为菠萝果实发生了小果褐腐病。

据了解，菠萝小果褐腐病俗称"黑丁病"，病果外观与健康果无区别，但剖开果实，可见到症状。被感染的小果变褐色或形成黑色病斑，感病组织木栓化，变干变硬，一般不易扩展到邻近的健康组织。引起小果褐腐的病原菌为绳状青霉菌。催花后 6~7 周，寄生在菠萝叶基部表皮毛、花序、苞片上的跗线螨数量达到峰值，青霉菌通过被螨虫咬伤的表皮毛侵入未开放的花中。气温 16~21 ℃、天气潮湿时，青霉菌感染最为严重，形成褐色坏死斑。

2 月 7 日，中国热带农业科学院南亚热带作物研究所菠萝研究中心主任吴青松和副研究员刘胜辉前往雷州市龙门镇、徐闻县曲界镇调查菠萝小果褐腐病发生情况。通过实地与果农交流和现场取样发现：菠萝小果褐腐病主要发生于 2022 年 7—8 月催花所结的果实，有的地块病果率高达 100%，大部分果眼发黑，无法食用。9 月初催花的果实偶有 2~3 个果眼发黑发病，9 月中旬以后的则少见。受病害影响，1 月上旬至 2 月初成熟的果实无法鲜销、制罐，只能用来榨汁，经估算高产果园每亩经济损失达 7 000 元以上。

据刘胜辉介绍，菠萝小果褐腐病重在预防，果农可在催花前后喷施阿维·哒螨灵剂加喷波尔多液，这样可有效预防该病的发生。

菠萝小果褐腐病往年零星发生，危害程度不同年份轻重不一，因此生产上未引起足够的重视。下一步南亚所将与地方政府合作，加强该病的科普宣传及防治技术培训。

（2023 年 2 月 8 日）

光明网

绳状青霉菌——刺痛菠萝果农的"刺客"

记者武玥彤、姜楠　通讯员黄炳钰　当面前摆着一颗颜色金黄、香气四溢的菠萝，满心欢喜切开、去皮时，却发现果肉布满黑褐色的小指头大小斑块时，一定会兴致全无，这就是感染了菠萝小果褐腐病的果实。当然，这种菠萝很少流通于市面，一般消费者较少遇到，但他们却是菠萝种植者的"刺客"，一旦出现，将不可逆转地造成经济损失。

令菠萝果农头疼的"刺客"

明明菠萝果实外表是正常的，偏偏果肉有"小黑块"，在生产上，这叫菠萝小果褐腐病。该病主要在国外菠萝主产区发生，近年来，国内'无刺卡因''巴厘''金菠萝'等品种栽培上均发现此病，通常该病发生率不足 1%，个别年份和产地高达 30%。

然而今年在广东徐闻、雷州菠萝主产区，1 月初至 2 月初成熟的'巴厘'品种果实，病果率极高，地势低洼通风不良的果园甚至高达 100%，大部分果实果眼发黑，无法食用。该病主要危害成熟果，被侵染的果实外观与好果无异，但切开后，果实的小果变褐色或有黑色斑块，黑色斑块分散，后期该斑块变干变硬，斑块不易扩展。虽然零星发生的黑斑不影响果实其他正常部位的食用，但已失去了商品性。菠萝小果褐腐病是怎么产生的呢？

解开"刺客"的身份

造成菠萝小果褐腐病背后的"刺客"真实身份是一种病原菌——绳状青霉菌

(*Penicillium funiculosum*)。绳状青霉菌早在菠萝幼果时就处于潜伏期，到果实成熟阶段，青霉病菌大量增殖，气温在 16～21 ℃ 时，青霉菌感染最为严重，使得果肉组织木栓化，变得又干又硬。

"刺客"从何而来？

既然"刺客"在菠萝幼果时就潜伏了，那它是什么时候侵染的呢？

我们先了解下菠萝结构。菠萝是聚花果，也就是很多个小果聚在一起的果实，果实由肥厚的花序中轴和聚生在周围的小花的不发育子房、花被、苞片、萼片基部融合发育而成。花序中轴发育成中柱，即果心，就是我们平时吃菠萝时咬到的那块较硬但脆的"芯"，子房和花被发育成果肉。切菠萝前如果仔细观察，我们会看到果实表面成螺旋状排列的凸起，那是菠萝小果的萼片，一片片三角形的是小果苞片。这些通常是菠萝果实发育过程中的物理保护层。面对菠萝自身这些"铜墙铁壁"，绳状青霉菌是很难打入内部的。

"刺客"还有同伙？

"刺客"行动那么顺利，与寄生在菠萝植株心叶的菠萝趾线螨有很大关系，它是"刺客"的同伙。菠萝趾线螨长 0.25 毫米，宽 0.125 毫米，生命周期 7～14 天，主要以菠萝叶基部白色部位正在生长的表皮毛、苞片和花瓣为食物，叮咬后会产生伤口。这个伤口就是青霉菌入侵的突破口。因此菠萝趾线螨生命周期与发病规律息息相关。

菠萝趾线螨平时寄生在菠萝叶基部白色部位，取食此处鲜嫩组织，而幼嫩的花序对于它们来说更是难得的美食。通常情况下，当催花后 6～7 周花序出现时，菠萝趾线螨虫口密度最大，花瓣和苞片被咬伤，绳状青霉菌"轻而易举"通过被菠萝趾线螨咬伤的表皮毛伤口侵入尚未开放的花中，进而发病。

如何预防"刺客"

菠萝小果褐腐病要以预防为主，因此预防绳状青霉菌最重要的是让它没有可乘之机，让菠萝趾线螨这个"同伙"无从"下口"。建议果农在计划催花前后两周可喷施杀螨剂 4% 阿维·哒螨灵或阿维·毒死蜱 800～1 000 倍液 2 次，花期如果遇阴雨天气，可喷施 25% 嘧菌酯 800～1 000 倍或波尔多液进行防控。

（2023 年 2 月 20 日）

光明科普云

王松标：为芒果家族添"新员"，做热带农业"排头兵"

记者宋雅娟、肖春芳、武玥彤　通讯员黄炳钰　芒果是重要的经济作物，在增产增收、农业产业发展方面发挥了重要作用。王松标是中国热带农业科学院南亚热带作物研究所芒果研究中心的研究员，为了解决芒果品种单一的问题，他和团队在热带果树资源圃里开展了大量的育种工作，目前，已经获得了10余个自主品种的授权。

经过持续不断的努力，王松标和团队从上万个花芯中收花、授粉、选育，将芒果开花时间从6年缩短至3年，让消费者一年四季都有芒果吃。

他深耕一线农田，倾注10余年的心血，让芒果的新品种不断面世。为了给芒果家族添"新员"，让热带农业成果走出去，他成为一名热带农业的"排头兵"。

（2023年6月14日）

光明科普云

台风来了别"蕉"虑，香蕉园防灾减灾如何做？

记者武玥彤　通讯员黄炳钰、王姬、贾志伟　夏季是台风频发的季节，近期，"泰利""杜苏芮"来势汹汹，香蕉园如何做好灾后管理？有哪些具体措施？

"科普中国　智惠农民"采访了中国热带农业科学院南亚热带作物研究所研究员、国家香蕉产业技术体系湛江站站长胡会刚，针对香蕉园的灾后管理，给出以下几点建议。

第一，建议所有蕉园都应该加强立杆防风工作，确保蕉株能够得到有效的支撑和保护。

第二，对于叶片受损较严重的蕉株，建议及时剪除受损部分，促进新叶的生长。

第三，对于蕉株倾斜的情况，可以采取加固措施，如使用支架或倚靠其他稳固的物体，防止蕉株进一步倒伏。

第四，对于倒地的香蕉植株，需要尽快将其复原，并利用支杆等方式重新支撑，使其能够继续生长。

第五，风灾后，蕉株受伤容易遭受一些香蕉病原菌的侵染。为防止病害侵染，应全园消杀病原菌，以降低病害传播的风险。

第六，台风过后，蕉株须适时补充复合肥和营养，促进新芽、新叶的生长发育。针对叶片受损的情况，可以增施氮肥、磷肥和钾肥，有助于提高香蕉植株的光合效率和产量恢复。

最后，他建议农户还应注重香蕉种植保险，确保在自然灾害时可以得到适当的补偿，减轻损失。

（2023 年 8 月 1 日）

光明科普云

甘蔗全身都是宝，除了制糖还能"蔗"样用！

记者许婉仪　通讯员黄炳钰、王姬　甘蔗是我国重要的经济作物之一，是主要的糖源植物。我国甘蔗种植集中在广西、云南、广东 3 个省（区），在海南、福建的部分地区也有种植。

我国 90% 以上的食糖为蔗糖，蔗糖大部分由甘蔗制成。中国热带农业科学院南亚热带作物研究所的苏俊波研究员介绍，甘蔗的含糖量为 14%～16%，它不仅能用于制糖，而且全身都是宝。

甘蔗榨糖后剩下的"边角料"，用途也非常广泛。苏俊波介绍，甘蔗中除了蔗糖以外，还有葡萄糖、果糖未被提取，这些"边角料"又名"橘水"或"糖蜜"，可以用来制作酒精（乙醇）、酵素、酱油等。此外，压榨出水后剩下的蔗渣，可以用于造纸、制作压缩板、食用菌基质等。

（2023 年 8 月 3 日）

六 其他

中国工程院公布 2019 年院士增选有效候选人名单 海南徐明岗入选

记者康景林 通讯员黄炳钰 4月30日，中国工程院官网公布2019年院士增选有效候选人名单，共531位。中国热带农业科学院徐明岗入选，成为海南省唯一入选人。

徐明岗是中国热带农业科学院学术委员会委员、南亚热带作物研究所所长，海南大学博士生导师，他30年坚持枯燥的"长期定位实验"，积累了9万个样品，获得150多万条基础数据，他手中的一克土比一克黄金更加贵重。

徐明岗破译土壤有机质密码，填补了国际空白，被我国多位院士评价为国际领先水平。徐明岗因此成为国内阐明农田土壤有机质演变规律与提升关键技术的第一人。

徐明岗改良酸瘦红壤，核心技术已推广1亿亩，作物增产近三成，每年累计新增经济效益近130亿元。

徐明岗四度获得国家科技进步奖，还有许多重量级荣誉：农业农村部有突出贡献中青年专家、周光召基金会首届"农业科学奖"、科技部重点科技攻关项目先进个人、世界粮食及农业组织土壤保护杰出贡献奖、美国农学会农业科学奖……

南海网记者查看院士增选有效候选人名单发现，531名候选人共来自9个学部，徐明岗是农业学部的57位候选人之一，也是此次唯一入选的热带农业研究人员。57位入选人来自国家级和省级农业科学领域院校，他们的专业方向涵盖面广，有昆虫、林业、草业、水产、畜禽、育种、遗传、动物繁殖、花卉、果树、蔬菜、茶叶等，徐明岗的专业是土壤学。

据悉，此次增选院士总名额不超过80名。进入有效候选人名单后，还须经过两轮评审，再由中国工程院全体院士投票终选，最后经主席团会议审议后，于今年10月底确定最终当选院士名单。

中国工程院是中国工程科学技术界的最高荣誉性、咨询性学术机构，现有院士862名，其中包括中国香港院士7名、中国台湾院士3名，院士增选每两年举行一次。

（2019年4月30日）

南海网

中国热带农业科学院在四川攀枝花设立研究院

记者康景林　通讯员黄炳钰　6月5日，中国热带农业科学院四川攀枝花研究院在四川省攀枝花市揭牌，这是该院在海南省外设立的第一个研究院。23年来，中国热带农业科学院（以下简称中国热科院）以南亚所为主要承办单位，对攀枝花市热作产业给予强大的科技支撑，助力其成为全国"纬度最北、海拔最高、成熟最晚"的晚熟芒果主产区。

1997年，院市首次签订合作协议。23年来，中国热带农业科学院连续选派8批21人次到攀枝花市挂任科技副县（区）长，5批次12名专家担任攀枝花市政府顾问、特聘专家。每年上百人次的科技专家深入攀枝花市各县（区）、乡村基层开展科技服务，摸索和创建科技推广"攀枝花模式"，有力促进科技成果的有效转化。

在院市共同努力下，攀枝花芒果种植面积由1997年不到1万亩，发展到目前的65万亩，产值超过15亿元，芒果产业成为攀枝花农民脱贫致富的支柱产业。

为进一步深化务实合作，拓宽合作领域，扩大合作成果，全方位助力乡村振兴，按照农业农村部的指示，中国热科院从2017年开始筹建中国热带农业科学院四川攀枝花研究院，投资2 300万元建成了2 400米^{2}的实验大楼、1 000米^{2}的温室大棚以及3条精深加工生产线，还购置了近2 000万元的实验仪器，建设任务基本完成。

（2020年4月30日）

湛江日报

沿着湘江学党史　汲取奋进力量

记者陈荔雅　通讯员黄炳钰　为持续深入推进党史学习教育，进一步引导南亚所党员干部传承长征精神、感悟初心使命、发扬革命传统、汲取奋进力量，近日，南亚所机关党支部、产业发展部党支部前往广西兴安县、全州县、灌阳县等地，沿着湘江流域开展"学党史明初心　弘扬长征精神"主题党日活动，接受长征精神的洗礼。

滔滔湘江水，激荡红军魂。沿着湘江，重走当年长征路，南亚所党员干部先后走进红军长征湘江战役纪念馆、大坪渡口渡江作战指挥室遗址、湘江战役新圩阻击战酒海井红军纪念园、光华铺阻击战遗址，参观了解红军长征的光辉历史和英雄壮举。在大坪渡口，江水漫漫，党员干部深情朗诵了诗歌《湘江为英雄歌唱》，并在红军长征突破湘江烈士纪念碑园中举行了缅怀仪式，深沉告慰英灵。

浩浩长征路，延绵奋进心。南亚所党员干部还前往桂林市全州县才湾镇毛竹山村学习了解红色力量的生动接续：当地人民传承长征精神，为美好生活不断奋进，将曾经炮火纷飞的战场变成了甜蜜、富裕的葡萄产业之村，全村人均年收入达到3万元。目前，该地正计划在延伸优化葡萄产业的同时，还要把红色生态旅游发展起来，为乡村振兴注入新动力。

"红军将士体现出的勇于胜利、勇于突破、勇于牺牲的精神值得我们好好传承。"党员干部纷纷表示，将传承好长征精神，向红军将士一样不畏艰难困苦勇往直前，秉持这份精神投身农业技术研究中、农业产业发展中，为乡村产业振兴提供科技支撑，为祖国农业发展贡献力量。

（2021年6月2日）

2022年度广东省十佳科普教育基地，南亚所上榜！

记者林露　通讯员黄炳钰　为更好地调动社会力量参与和支持科学普及，推动广东省科学普及创新发展，尽快实现科学普及和科技创新两翼齐飞，广东省科学技术协会、广东省科学技术厅联合开展了2022年度广东省十佳科普教育基地评选工作。近日，评选结果公布，中国热带农业科学院南亚热带作物研究所（简称南亚所）榜上有名。

近年来，南亚所科普教育中心积极整合院所资源，构建科普研学课程，探索综合实践、研学旅行、劳动教育等育人新模式，开发建设了"拔节孕穗"课程体系，围绕学生文化体验、社会服务、手工创作、实验探索4个主题，打造设计了20余门中小学研学课程，涉及艺术押花、垃圾分类、中草药辨识、植物发电原理、叶脉书签等内容，将雷州半岛特色植物、岭南独有中草药与现代农业的新业态、新形态相结合，让学生在出力流汗、实验探索中，提升核心素养。近3年来，南亚所科普中心管理的南亚热带植物园共吸引32.5万人次学生前来参加研学活动。

南亚所科普教育中心不断拓展科普服务领域，推动科普进校园、进社区。该中心以全国科普日、广东省科技月为契机，举办"国家种质资源圃科普开放日""香蜂甜蜜""奏响生物多样性保护和弦"等主题公益普惠活动，通过科普讲座、实地参观、动手实践、亲历体验等形式，展示生物多样性的生态功能，传播农业前沿发展动态，示范病虫害智能防治等，近2年共惠及市民群众9 800余人。

南亚所科普教育中心还通过课题引领示范，总结推广雷州半岛农村科普模式。项目组实地踏访雷州半岛多地，通过访谈、座谈、问卷等方式，深入了解雷州农业科技应用、传播情况，剖析农村技术需求、技术认知、技术采纳的影响因素，总结农业技术扩散、农村科普运行的过程和模型，形成相关报告《雷州市农村科普典型经验——基于科技服务社会化视角》，并通过视频经验交流会向全国推介雷州农村科普模式。

（2021年12月21日）

南方+

为这份"甜蜜"的事业，我们愿意做时间的朋友

记者谭家富　李睦宇　12月23日，由广东省农业农村厅与湛江市人民政府共同主办，广东省农业技术推广中心、湛江市农业农村局等单位承办的广东省甘蔗生产全程机械化现场会在湛江市雷州市举办，再次吹响了广东进军甘蔗生产全程机械化的号角。广东省农业农村厅二级巡视员王绍瑾，湛江市委常委、统战部部长程凤英，中国农业机械化协会副会长王天辰等参加了现场会，并特别邀请广东省工业和信息化厅、农业农村部农作物生产全程机械化指导专家组甘蔗组、有关农机学（协）会领导和专家、省内外甘蔗生产机械化科研单位、生产企业代表，以及湛江市、茂名市、江门市、清远市等市县农业农村局代表与蔗农等百余人参加。

现场会组织甘蔗生产全程机械化作业演示，并召开甘蔗生产全程机械化技术推广研讨会。在现场演示环节，一台台大"铁牛"正在辛勤地忙碌着，只见它们一行行地来回穿梭，一根根甘蔗魔术般拔地而起变成一段段落在机料框里，空气中仿佛瞬间弥漫着甜蜜的味道。与此同时还进行了甘蔗机械化种植、机械化植保、田间管理等机械

化作业演示,从耕、种、管、收等各环节为蔗农朋友献上了一次甘蔗生产全程机械化盛会。

在现场会上,王绍瑾、程凤英为"广东甘蔗机械化联盟(湛江)"揭牌,这是广东大力推进甘蔗生产全程机械化发展的新的总动员。王绍瑾指出,近年来广东省不断加大力度推动甘蔗生产机械化发展,在政策支持上有力度,省市级财政加大投入,在示范推广上有突破,培育了一批甘蔗机械化作业服务主体,机收率从2017/2018榨季的5%提高目前的10%左右,取得阶段性的突破;在模式构建上有特色,以切段式中小机型为主导的模式被全国主要农作物生产机械化专家指导组甘蔗组称为"湛江模式",英德市《丘陵地区甘蔗生产全程机械化技术模式》入选2019年全国主要农作物生产机械化模式汇编,2020年广东省农业农村厅发布《广东省甘蔗生产全程机械化推荐模式》,2021年广东省农业技术推广中心联手中国热带农业科学院南亚所建立了500亩甘蔗生产机械化农艺融合示范片,为甘蔗机械化提供了坚强的技术支撑。

王绍瑾强调,在"十四五"期间,广东省将以机制创新推动甘蔗生产全程机械化再上新台阶,甘蔗收获机械化率达到35%。要不断加强组织领导聚合力,凝聚农业农村、工业和信息化、糖业协会等职能部门的共识,激发科研机构、制造企业、经营主体等的积极性,争取政策支持,引导社会资本参与,形成推动甘蔗生产机械化的强大合力;要协调构建全链条利益共同体新型关系,建立起技术推广、糖企、蔗农、作业组织、行业协会、设备生产企业等协同发展格局,逐步建立"蔗农—机械化服务组织—糖企"等各方的新型生产关系;要深化机艺融合,解决机艺不相适应难题,通过先行先试、示范带动等推进农艺技术和农机性能相融合,通过鼓励支持制造企业加强研发创新、提升装备性能等解决"短板"问题,通过进行除杂系统建设和制糖工艺试点改造等探索适应切段式收获的制糖工艺新途径。

广东省农业农村厅农业机械化管理处处长陈楚楷指出,本次现场会是在农业农村部门主动作为、糖厂积极配合、甘蔗机械生产企业踊跃参与、蔗农热盼其成的基础上组织召开,它标志着广东甘蔗生产机械化发展从重构建机械化技术模式向构建产业链新型生产关系的转变。甘蔗生产有其特殊性,要实现甘蔗生产全程机械化涉及耕地条件、品种选育、栽培方式和加工配套等多因素,需要多部门的通力合作,多方面的协调配合,还需要从整体上考虑蔗农、收获、运输、糖厂间的关系,建立新的利益衔接机制。广东农机人将责无旁贷继续加大力度推进这一"甜蜜"的事业的机械化发展。

此外,现场会还发布了《广东甘蔗机收减损降杂技术要点(试用)》,广东省农业技术推广中心副主任陈永志从作业前保养、安全和机具检查,选择适宜的收获期与收割时段,熟悉蔗田情况并试割,减少机收环节损失和降低含杂率的主要措施,培训与监督等方面深入解读相关技术要点,引导广大农机手规范操作,以良好的作业质量共同为推动甘蔗机械收获贡献力量。

据了解，在广东，一根甘蔗在1—3月种下，12月至翌年的3月收获，需要约365天的生长时间，而从甘蔗变成糖，还须经过层层的提炼。因此，要获得这份"甜蜜"，更需要耐心等待。广东省农业农村厅相关负责人表示，一根小甘蔗，牵动一个大战略，连接着一份份"甜蜜"的回忆；这样的事业值得期待，这样的事业值得奋斗，为了这样的事业，广东农业农村部门愿意与时间做最好的朋友，共同推动广东甘蔗产业高质量发展。

（2021年12月24日）

中国热科院南亚所热带果树生物学综合实验室揭牌启用

记者林露　通讯员黄炳钰　12月30日，南亚所举行中国热带农业科学院热带作物研究所热带果树生物学综合实验室启用仪式，仪式由南亚所副所长江汉青主持。南亚所所长杜丽清，副所长江汉青、李普旺、陈佳瑛出席，全体在职职工参加仪式。

热带果树生物学综合实验室大楼依托中国热带农业科学院国家热带农业科技创新中心（湛江院区）建设，坐落于广东省湛江市霞山区，总建筑面积9 000米^2，大楼可满足10个研究中心和5个研究室所有科研人员日常办公需求。

启用仪式现场，杜丽清与职工们一同回顾了南亚所67年奋斗历程，南亚所围绕"一个中心，四个基地"及院所重点工作，不断开拓创新，立足国家和产业重大需求，瞄准国际前沿，在菠萝、芒果、澳洲坚果等南亚热带果树研究和推广方面取得了显著成绩。新时代新征程，南亚所将开启快速发展的新篇章，努力打造世界一流的南亚热带农业科技创新中心。

热带果树生物学综合实验室的启用，不仅翻开了南亚所发展的新篇章，为提升南亚所科技综合实力和竞争优势提供强力支撑，同时还将继续服务乡村振兴、"一带一路"倡议等，助推广东、广西、四川、贵州、云南、西藏等热区基地示范，深化与越南、柬埔寨、老挝、巴西等国家和地区科技合作交流，加快建设热带农业科技创新高地，推动热区农业产业发展。

（2021年12月31日）

湛江市农业科普创新联盟年终总结大会召开

记者林露　通讯员陈妹　近日，南亚所召开了2021年度湛江市农业科普创新联盟总结大会暨科普人才青年论坛。湛江市湖光岩管理局、广东海洋大学水生生物博物馆、湛江市东坡荔园中小学综合实践活动教育基地、湛江市三岭山森林公园管理处等10多家湛江市级以上科普或科技教育基地20余位代表齐聚一堂，共商联盟工作。会议由南亚所副所长李普旺主持。

会议就湛江市农业科普创新联盟年度工作进行总结，围绕联盟机构优化、科普能力提升、联盟品牌打造、湛江科普影响力扩大等八方面进行阐述，并提出下一年度工作计划。此外，会上还举行了联盟新成员单位"入盟"仪式。大会还特邀广东海洋大学水生生物博物馆原馆长、广东省科学技术协会委员劳赞教授作关于海洋科普的专题学术报告。

湛江市科学技术局副局长刘志红表示科普创新联盟是科技普及的重要形式，湛江市各高校、研究所、各企事业单位都有着各自的农业科普特色和优势，要充分利用联盟平台整合资源，联合发展，做出湛江科普新亮点、打造湛江最具影响力的科普品牌，做大做强湛江的科学普及工作，更好地为广大公众服务。

湛江市农业科普创新联盟自2020年成立以来，已顺利运行2年，共拥有联盟成员单位16家，覆盖湛江地区主要科普教育机构，对湛江科普资源整合、科普人员交流、科普平台共建起到了重要的纽带作用。

为增强联盟间科普人才工作交流，提高科普从业人员专业水平，大会还举办了活动主题为"科趣·创梦，助力湛江科普"的科普人才青年论坛，由联盟选送的青年科普报告各具特色，促进了科普经验交流和科普人才能力提升。

会后，各参会代表共同参观了南亚所蝴蝶标本馆、科普长廊、休闲农业示范基地等科普教育基地。

（2022年1月4日）

南方+

南亚所上榜 2021—2025 年全国科普教育基地

记者林露　通讯员陈英敏　近日，中国科学技术协会公布了 2021—2025 年全国科普教育基地第一批认定名单，位于广东湛江的中国热带农业科学院南亚热带作物研究所榜上有名。

全国科普教育基地的设置，有利于发挥社会科普资源作用，面向公众开展科普活动，推进科普工作社会化、群众化、经常化。近年来，南亚所高度重视科普教育工作，依托农业农村部、中国热科院科研力量，发挥自身科技、平台、人才服务优势，策划组织丰富多彩、形式多样的科学文化传播活动，以公众喜闻乐见的形式展现专业科技知识。

在每年全国科普日、广东省科技月等科普活动中，南亚所举办"国家种质资源圃科普开放日""香蜂甜蜜""奏响生物多样性保护和弦"等公益普惠活动，通过科普讲座、实地参观、动手实践、亲历体验等形式，向学生及其家长、动植物发烧友展示生物多样性的生态功能，传播农业前沿发展动态，示范病虫害智能防治等，为科技创新、科学普及搭建了平台，近两年惠及市民群众 9 800 余人。

南亚所将以此次获批"全国科普教育基地"为契机，发挥自身资源优势，积极开展科普活动，成为科普育人的重要阵地、科学普及宣传的引领窗口。

（2022 年 2 月 16 日）

湛江云媒

黄花风铃下，青年学党史，"走心"又"走新"！

记者陈荔雅　通讯员黄炳钰　日前，趁着大好春光，中国热带农业科学院南亚热带作物研究所青年理论学习小组在所里的黄花风铃木基地开展党史学习教育。

漫天黄花风铃中，朝气蓬勃的青年人席地而坐，组长先后领学《学到底——重温毛泽东〈在延安在职干部教育动员大会上的讲话〉》《习近平在中央党校（国家行政学院）中青年干部培训班开班式上发表重要讲话》。青年们就领学内容展开深入交流讨论，尽情激荡思想、碰撞智慧、凝聚共识。

随后，组员们一起参加"你画我猜""武林秘传"小游戏，增进彼此间的团结协作，创造了更加轻松的学习交流氛围。

南亚所所长杜丽清勉励青年们要加强理论学习，认真学习党史，汲取宝贵经验，在党史学习教育中不断坚定理想信念，汲取矢志拼搏奋斗的不竭动力。同时，要树立远大理想，不断提升品德修养，练就过硬本领，做敢担当、勇奋进的新时代好青年。

青年理论小组学员们表示，将继续深入学党史、悟思想，做到内化于心、外化于行，练就过硬本领、勇于担当作为，不断提高解决实际问题能力，为热带农业高质量发展贡献智慧和力量。

（2022年3月18日）

湛江日报

"我在封控区做志愿者"

记者陈荔雅　通讯员黄炳钰　5月11日，记者看到了一篇战"疫"（新冠疫情）一线志愿者的日志，琐碎的内容、平实的文字却反映出最真实的抗疫现状、涌动着最深切的情感。

日志的作者为中国热带农业科学院南亚热带作物研究所（简称南亚所）副所长陈佳瑛，5月9日，她带领15名党员干部（1人为入党积极分子）志愿者队伍奔赴支援坡头战"疫"一线。记者连线采访并取得陈佳瑛同意后，将日志原文整理如下。

5月10日，星期三，小雨

自从湛江疫情发生以来，我就做好了随时要冲到前线的准备。

8日湛江市委发出号召后，我第一时间向所党委请求带队，所党委批准了，并决定成立一支15人左右的志愿者队伍，参加市直机关第一批支援队伍。志愿报名的名单很快便汇总到了办公室，其中有两位已经参加过抗疫工作，有一定的经验。

9日下午3时多，新通知要求全体志愿者前往此次疫情最严重的湛江市坡头区。4时30分急忙让同事送我到会展中心，一路上我俩都很焦急。我在现场了解到我们这支队伍分在第三网格，支援官渡镇。

5时30分许，湛江市委组织部和市直机关工委相关负责人简单作了一个动员讲话，大家就上车出发了。

7时多到达官渡镇，得知我们被安排在镇税所住。几间空荡荡的房间，一张床也没有，再三搜寻发现了几张床垫和一些木条，镇里表示可以提供席子、被子。大家七手八脚把两张床垫放倒拼在一起，并捡了好多床板回去拼成地铺。

8时30分，晚饭终于送来了。尽管很简单，饭还有点夹生，但饥肠辘辘的大家都吃得很香。后续各种物资也陆续搬来。

正当我以为可以睡一觉明天再开始工作时，3名男同事被抽调为司机，穿上防护服接送密接人员去了。这时，我才真正意识到疫情的严峻形势。

5月10日凌晨0时，接到安排，第一轮晚上值班的人员马上要到位，我就带了两名男生先值夜班。摸索着穿上了防护服，变成了电视上经常见到的"大白"，我也成了一名"逆行者"了，心里有些紧张。

在镇上工作人员的带领下，我们离开镇政府，一路上经过好几个封控区，静悄悄的。不知道我们要去值守的地方是什么情况？镇上工作人员告诉我们，他们连续3天每天只休息了不到2小时。真是不容易！

走了十几分钟，到了值守点，这是一栋居民楼，已经发现2例阳性患者，我们分成两组把守前后门。望着眼前的这道门，我感觉这次离疫情是如此之近。没值几分钟，前门的小顾报告说有人要出去，经街道和警察了解，是要送出去隔离的。这种情况一晚上出现了4次。

天慢慢亮了，漫长的一夜结束，新的一天来了。顺利交接给下一班的同事后，才发觉又累又困又饿。希望全市的疫情都能够早日控制住，大家都健健康康的，我们也能早日回到正常的工作岗位。

记者手记

一批"守夜人"漫长的一夜结束了，下一批志愿者忙碌的一天才刚刚开启。

他们原本是各个工作岗位上平凡的一员，危险来临时，却都变成了能够咬牙克服种种困难冲锋在前的勇士。

这一次，市直机关派出了300余名党员干部前往坡头区官渡镇、龙头镇、坡头镇、乾塘镇、南调街道和麻斜街道6个镇街开展疫情防控志愿服务工作。他们不畏艰险、冲锋在前，让党旗高高飘扬在抗疫一线，飘扬在人民群众的心里。

现在，一位又一位党员志愿先锋正奋战在抗疫一线，严格遵守工作纪律，坚决服从统一指挥、统一协调、统一调度，协助坡头区委区政府全力做好疫情防控工作，与当地干部群众一起共克时艰，为早日打赢这场疫情防控硬仗献"热血"、使干劲。

约好了——待到"清零日"，共唱凯歌还。

（2022年5月12日）

湛江新闻网

南亚所党委连线慰问抗疫前线党员志愿者

记者陈荔雅　通讯员黄炳钰　近日，新冠疫情防控形势向好，但仍不能放松警惕，为进一步鼓舞士气、凝聚斗志，更快更好打赢这场硬仗，5月14日，南亚所党委连线慰问抗疫前线党员志愿者，前后方团结一致手牵手"湛"在一起。

"你们工作怎么样？""生活有没有困难？""工作生活有困难记得及时和组织沟通，我们是你们坚强的后盾。"视频连线中，南亚所所长逐一询问了志愿者的生活工作近况，表达深切问候，并对党员们舍小家、顾大家，以大无畏的精神主动请缨、冲锋在前，表示充分肯定和高度赞扬。

"我们一切正常！""虽然很累，但是感觉很充实，很自豪！""我们收到组织寄过来的物资了，感受到了组织的温暖，很感动！""我们保证完成任务！"党员们纷纷向南亚所党委汇报自身情况。

党员先锋队第一队领队代表队伍向所党委汇报，她表示，本次参加活动的15名党员志愿者，在严峻的疫情防控形势下，积极行动，逆行而上，艰苦奋斗，任劳任怨，团结协作，克服困难，严格按照疫情防控工作整体安排，把工作中的每一环节做实做好，出色地完成了各项工作，体现出了越是艰险越向前的战斗精神和团结互助的奉献精神。同时，党员先锋队将继续以高度的责任感和使命感，做好志愿服务工作，为疫情防控贡献力量，圆满完成任务，齐心协力夺取疫情防控硬仗的最终胜利。

南亚所党委肯定了南亚所党员先锋队连日来取得的成绩和展现出的优良精神风貌，对他们提出殷切希望：要再接再厉、坚守岗位，自觉服从服务大局，全力配合地方继续做好疫情防控各项工作。注重发挥中国热科院精神，展现南亚所风貌，引导群众积极配合做好疫情防控工作。要做好防护、在完成疫情防控工作任务的同时，确保自身安全。

现场志愿者们激动地紧握双拳感激南亚所党委的关心，他们纷纷表示将继续持之以恒做好志愿服务工作，站好每一班岗，为自己加油，为湛江加油！

（2022年5月16日）

湛江新闻网

当好"粮草队"严守"物资关"

记者陈荔雅　通讯员陈佳瑛、庄人楷　"粮草"充足历来是打赢战役的关键，湛江市直机关支援坡头区疫情防控党员先锋队进驻坡头区后，就迅速组织了一支"粮草队"——物资转运组，负责防疫物资、后勤保障物资的装卸、搬运、分发和派送，为新冠疫情防控提供坚实保障。

该小组由军民融合办6名同志和南亚所3名同志组成，并临时抽调部分人员参加。每天早上7时到晚上11时多，他们不停地对单栋货分发，不停地卸货搬运装货，汗水、消毒水交织融合，衣服能拧出水来，在手口并用、互相配合间，每人每天运动步数均超2万步。坡头区官渡镇防疫指挥部充分肯定了这支"粮草队"的工作成效，还专门指定其中一人负责官渡防疫物资进出管理统筹工作。

5月11日晚上11时许，物资转运组的湛江市委军民融合办志愿者接到官渡镇防疫指挥部的紧急任务，需要派员协助镇工作人员搬运3卡车防疫物资。在时间紧、任务重的情况下，志愿者们充分发挥党员先锋作用，闻令而动，积极响应。除有值守卡点任务的人员外，其他6名同志全部听从安排，迅速赶到点位执行装卸任务。高负荷的搬运任务，使同志们都出现了不同程度的破皮、扭伤和擦碰。轻伤不下火线，他们简单休息后又继续投入"战斗"。持续到凌晨2时多，志愿者共搬运各类防疫物资10余吨，完成任务后，他们全部累得瘫倒在地上，一根手指也不想动，但第二天早上，他们又准时出现在卸货现场，继续投入"战斗"。

连日来，这支"粮草队"日夜奋战，涌现出了许多动人画面。志愿者欧雄常负责后勤保障与临时性应急任务，每天工作十七八个小时，扛上搬下，全力保障了各个志愿者驻点的物资供应。5月9日凌晨2时，欧阳红军，一人一次性卸了100顶帐篷，累到腰都直不起来，衣服裤子湿了一遍又一遍。李玉林来物资转运组之前，右腿与右臂受了伤，还没有痊愈，但他没有和任何人说，拖着受伤的右腿与右臂也丝毫不落下风，一晚和民兵们一起卸了9车物资，依然咬牙坚持……

他们的辛勤努力和无私奉献，让官渡镇防疫后勤物资得以保障。正是这样一支支勇敢无畏、默默付出的抗疫队伍，保障了这场战"疫"的胜利。

（2022年5月18日）

南方日报

推动重要热带果树种业创新，这场会议在湛江召开

记者林露　通讯员黄炳钰　为推动我国重要热带果树种业创新，提升热带果树产业竞争力，并促进热带果树学术交流，广东省园艺学会联合中国热带作物学会园艺专业委员会于 6 月 10—11 日在广东省湛江市召开 2022 年学术研讨会。

会议由中国热带农业科学院南亚热带作物研究所（简称中国热科院南亚所）承办。本次学术研讨会主题为"热带园艺作物种业高质量发展"，会议共邀请了 15 位果树领域知名专家作学术报告，并通过实地观摩考察的形式开展研讨交流。全国从事荔枝、龙眼、菠萝、芒果及香蕉研究的科研院校单位代表共 40 余人出席会议，另有部分人员通过视频在线参会。

会议开幕式上，中国热带作物学会园艺专业委员会主任、中国热科院南亚所所长杜丽清研究员致欢迎词。随后，广东省园艺学会理事长、华南农业大学园艺学院院长胡桂兵教授和中国热带作物学会秘书长赵松林研究员分别代表广东省园艺学会和中国热带作物学会致辞。

在学术报告环节，国家香蕉产业技术体系首席科学家谢江辉研究员、国家苹果产业技术体系首席科学家马锋旺教授、国家香蕉产业技术体系岗位专家易干军研究员、国家桃产业技术体系岗位专家王力荣研究员和华中农业大学刘继红教授 5 位特邀专家分别作了学术报告，另外 10 位专家分别围绕荔枝、龙眼、香蕉、菠萝和芒果 5 种主要热带果树在种质资源收集评价、种质创新、优良新品种选育与推广以及重要科学问题机制解析进行了汇报。

6 月 11 日上午，参会代表前往中国热科院南亚所科研试验基地现场考察，实地参观了国家荔枝龙眼产业技术体系湛江试验站基地，并品鉴了 20 余份荔枝新品种（品系）果实，随后代表们参观了菠萝、香蕉、芒果科研试验基地和国家热带果树种质资源圃。专家们对中国热科院南亚所保存的丰富的热带果树种质资源进行了高度评价，一致认为该项工作对发展热带果树种业有重大意义，并表示愿意同中国热科院南亚所在热带果树资源共享、新品种选育和基础科学研究等方面开展深入合作。

本次学术研讨会的成功举办，将较好地彰显广东省园艺学会和中国热带作物学会园艺专业委员会在我国热带果树行业领域的知名度并提升影响力。同时，通过各位知名专家共同分享学术前沿成果，结合各单位的实地经验交流，有利于进一步加深对我

国热带果树种业研究现状的了解，对推动热带果树种业创新工作提供一定的助益，为实现我国热带果树种业自立自强提供新的思路。

（2022年6月12日）

湛江新闻网

专家学者云集湛江探讨热带园艺作物种业高质量发展

记者陈荔雅　通讯员黄炳钰　为推动我国热带特色优势果树种业高质量发展，6月10—11日，广东省园艺学会、中国热带作物学会园艺专业委员会在中国热带农业科学院南亚热带作物研究所（简称南亚所）联合举办了"热带园艺作物种业高质量发展"学术研讨会。广东省内外科研院所及高校的40多位专家学者云集于湛江，着重就热带特色优势果树种业创新与产业发展进行深入研讨，为推动热带园艺作物种业高质量发展贡献科研力量。

研讨会上，专家学者们分别围绕荔枝、龙眼、香蕉、菠萝和芒果5种主要热带果树在种质资源收集评价、种质创新、优良新品种选育与推广以及重要科学问题机制解析进行了汇报与交流，与会人员纷纷表示获益匪浅。

6月11日，专家学者们实地参观了南亚所的荔枝、龙眼、菠萝、香蕉、芒果试验基地及国家热带果树种质资源圃，在田间地头进一步展开热带园艺作物种业研究与产业发展等学术交流研讨。

据介绍，南亚所多年来一直致力于种质资源收集和新品种选育研究工作，有力推动了菠萝、芒果、荔枝、香蕉、澳洲坚果、剑麻、甘蔗等热带作物新品种新技术的研发示范推广和产业化。目前，累计获国家级奖励8项，省部级奖励50余项，多项成果填补了我国热作产业发展空白，为助力热区农业经济发展、农民增收、乡村振兴作出了重要贡献。

（2022年6月12日）

科技日报

只要你有能力，就一定能找到施展才华的舞台

记者赵卫华、何沛苁、李忠明　通讯员黄炳钰　习近平总书记在党的二十大报告中指出，当代中国青年生逢其时，施展才干的舞台无比广阔，实现梦想的前景无比光明。朱利飞是中国热科院南亚所荔枝龙眼研究中心的科研助理，听了党的二十大报告后她表示："生在这样一个伟大的时代，只要你有能力就一定能找到施展才华的舞台。"中国科学院大学的王昊大学本科毕业后，响应国家号召成为一名科研助理，他说："党的二十大报告又一次提到要发展绿色低碳产业，这给我增强了信心。我希望通过我们的努力，未来能够实现农业废弃物制氢产业化。"

（2022年10月20日）

湛江新闻网

加快推进甘蔗机械化

记者陈荔雅　通讯员黄炳钰、严程明　2月15日，中国热带农业科学院南亚热带作物研究所联合广东省农业技术推广中心，举办甘蔗机械化种植、收获现场观摩活动暨座谈会。

观摩会现场，操作人员向代表们演示了预切种式双芽段甘蔗种植机作业、甘蔗叶打捆离田作业和洛阳辰汉4GQ-130切段式甘蔗联合收获机作业。

座谈会上，与会人员就甘蔗机械化种植和收获过程中存在的难点以及可能存在的问题进行了深入交流、热烈探讨，并提出相应的解决方案。

种植大户代表表示，希望加快推进甘蔗机械化，降低人工成本，提高工作效率，促进甘蔗产业蓬勃发展。

（2023年2月16日）

南方+

助力"甜蜜事业"！多家单位齐聚观摩甘蔗机械化种植与收获

记者林露　通讯员黄炳钰　近年来，广东省甘蔗机械化生产率提升进展缓慢，为促进广东甘蔗产业机械化发展，2月15日，南亚所联合广东省农业技术推广中心举办了甘蔗机械化种植、收获现场观摩活动暨座谈会。广东省农业农村厅、广东省农技推广中心和湛江市农业农村局相关领导及科室工作人员，中国热带农业科学院南亚所、农机所科研人员，湛江市农技推广站技术人员，以及湛江君实糖业有限公司、甘蔗种植大户代表等70余人参加了观摩会和座谈会。

在活动现场，操作人员演示了预切种式双芽段甘蔗种植机作业、甘蔗叶打捆离田作业和洛阳辰汉4GQ-130切段式联合收获机作业。南亚所副研究员苏俊波现场讲解了甘蔗机械化种植与收获的前景、优势以及目前存在的问题，并详细回答了代表们提出的问题。

现场演示结束后，在湛江市君实糖厂座谈会上，代表们就甘蔗机械化种植与收获过程中存在的难点和可能存在的问题进行了深入讨论，并提出了相应解决方案。

此次观摩会，高效展示了甘蔗机械化种植和收获过程，加深了种植户对甘蔗机械化的印象，并集思广益，针对甘蔗机械化过程中存在的问题提出了解决方案，让广东甘蔗机械化发展又朝前迈进了一步。

（2023年2月16日）

光明网

今日高考
"硕果"在前，勇敢去摘！

记者武玥彤　通讯员黄炳钰

今天是全国高考首日

愿每一个为梦想拼搏的你

都能摘得"硕果"

"檬"想成真

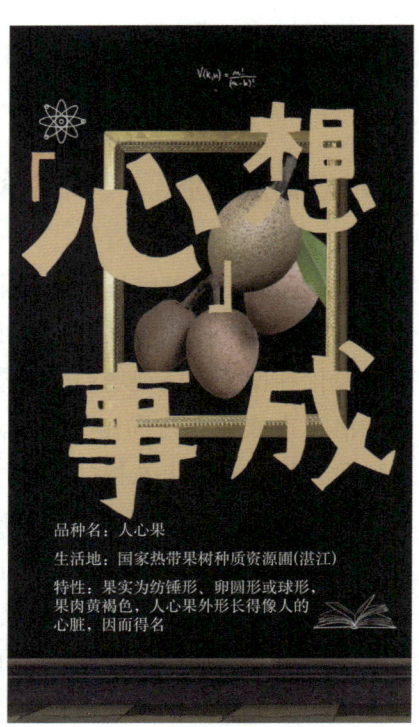

"心"想事成

"文"思泉涌

锋"芒"毕露

第四章 媒体报道

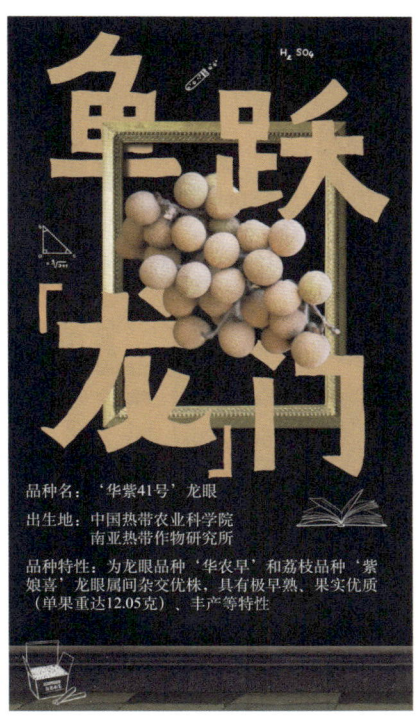

鱼跃"龙"门

"菠"云见日

"苹"步青云

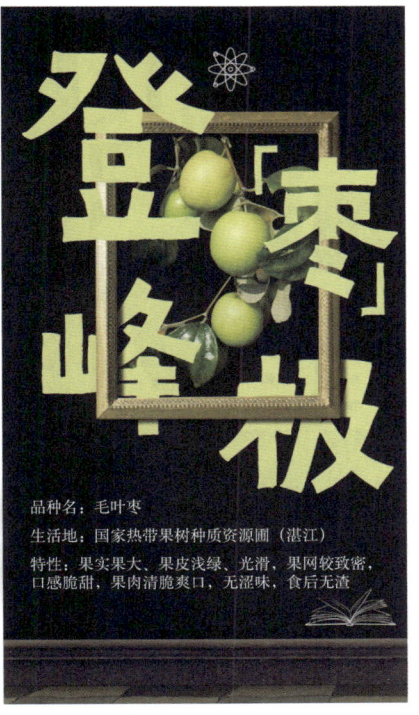

登峰"枣"极

鹏程万"荔"　　　　　　　大展"红"图

一鸣"晶"人　　　　　　　"莲"战皆捷

一组"果味"高考祝福
送给今年的高考学子！
"凡是过往，皆为序章；
凡是未来，皆有可期。"
"硕果"在前，勇敢去摘！
高考加油！

（2023年6月7日）

湛江新闻网

热带果树学术研讨会在湛江召开

记者陈荔雅　通讯员王姬　6月9—12日，中国热带农业科学院南亚热带作物研究所联合广东省园艺学会在湛江市召开了"加强原始创新，助力热带果树产业健康发展"热带果树产业发展研讨会暨2023年度果树学术研讨会，全国20多家科研院校的100余位热带果树从业者齐聚一堂参与交流研讨，为推动我国热带果树原始创新、提升热带果树产业竞争力、促进热带果树学术交流建言献策。

在学术报告环节，10位果树领域知名专家分别围绕梨、柑橘、葡萄、荔枝、芒果、香蕉和澳洲坚果等在种质资源创新、新品种选育、绿色高效栽培、采后保鲜及相关科学问题等方面作了精彩的报告，并与现场的参会人员进行了交流互动。

6月11日上午，参会代表前往中国热科院南亚所科研试验基地现场考察，实地参观了国家荔枝龙眼产业技术体系湛江试验站基地、国家热带果树种质资源圃，并品鉴了20余份荔枝新品种（品系）果实。同时，专家和参会代表们针对热带果树重点学科发展分组开展深入的研讨交流，为热带果树产业的健康发展和科学研究建言献策。

（2023年6月12日）

湛江日报

助力热带果树产业健康发展

记者陈荔雅　通讯员王姬　6月9—12日，中国热带农业科学院南亚热带作物研究所联合广东省园艺学会，在湛江市召开"加强原始创新，助力热带果树产业健康发展"热带果树产业发展研讨会暨2023年度果树学术研讨会，全国20多家科研院校的100余位热带果树从业者齐聚一堂，参与交流研讨，为推动我国热带果树原始创新、提升热带果树产业竞争力建言献策。

在学术报告环节，10位果树领域知名专家分别围绕梨、柑橘、葡萄、荔枝、芒果、香蕉和澳洲坚果等，在种质资源创新、新品种选育、绿色高效栽培、采后保鲜及相关科学问题方面作了精彩报告，并与现场参会人员进行交流互动。

参会代表还前往中国热科院南亚所科研试验基地现场考察，实地参观国家荔枝龙眼产业技术体系湛江试验站基地、国家热带果树种质资源圃，并品鉴了20余份荔枝新品种。

（2023年6月12日）

南方+

事关热带果树产业健康发展，这场学术研讨会在湛召开

记者林露　通讯员王姬　6月9—12日，中国热带农业科学院南亚热带作物研究所联合广东省园艺学会在湛江召开2023年度果树学术研讨会。会议由农业农村部热带果树生物学重点实验室、中国热带作物学会园艺专业委员会、海南省热带作物营养重点实验室、海南省热带园艺产品采后生理与保鲜重点实验室、湛江市热带作物遗传改良重点实验室承办。

本次学术研讨会主题为"加强原始创新，助力热带果树产业健康发展"，会议邀请了国家梨产业技术体系首席科学家张绍铃、华中农业大学教授郭文武、中国科学院

植物研究所研究员田世平、西北农林科技大学教授徐炎、浙江大学教授滕元文、华南农业大学教授李建国、中国科学院华南植物园研究员段学武、中国热带农业科学院热带生物技术研究所研究员刘菊华、中国热带农业科学院南亚热带作物研究所所长杜丽清和研究员武红霞10位果树领域知名专家作学术报告，并通过实地观摩考察和分组研讨的形式开展交流。全国从事热带果树的20多家科研院校单位代表共100余人出席会议。

杜丽清在致辞中表示，希望全体参会人员能在此次会议中增进交流、开阔视野、收获知识和友谊。随后，广东省园艺学会理事长、华南农业大学园艺学院院长胡桂兵教授代表广东省园艺学会致辞。

在学术报告环节，10位专家分别围绕梨、柑橘、葡萄、荔枝、芒果、香蕉和澳洲坚果在种质资源创新、新品种选育、绿色高效栽培、采后保鲜及相关科学问题等方面作报告，并与现场的参会人员进行交流互动。

6月11日上午，参会代表前往中国热科院南亚所科研试验基地现场考察，实地参观了国家荔枝龙眼产业技术体系湛江试验站基地，并品鉴了20余份荔枝新品种（品系）果实，随后代表们参观了国家热带果树种质资源圃。同时，专家和参会代表们针对热带果树重点学科发展分组开展深入的研讨交流，为热带果树产业的健康发展和科学研究建言献策。

本次会议的召开，为我国热带果树和温带果树研究搭建了一个交流和探讨的平台，让参会人员分享学术前沿成果、相互借鉴、共同提高，为热带果树产业高质量发展建言献策，共同推动我国热带果树产业健康发展。

（2023年6月13日）